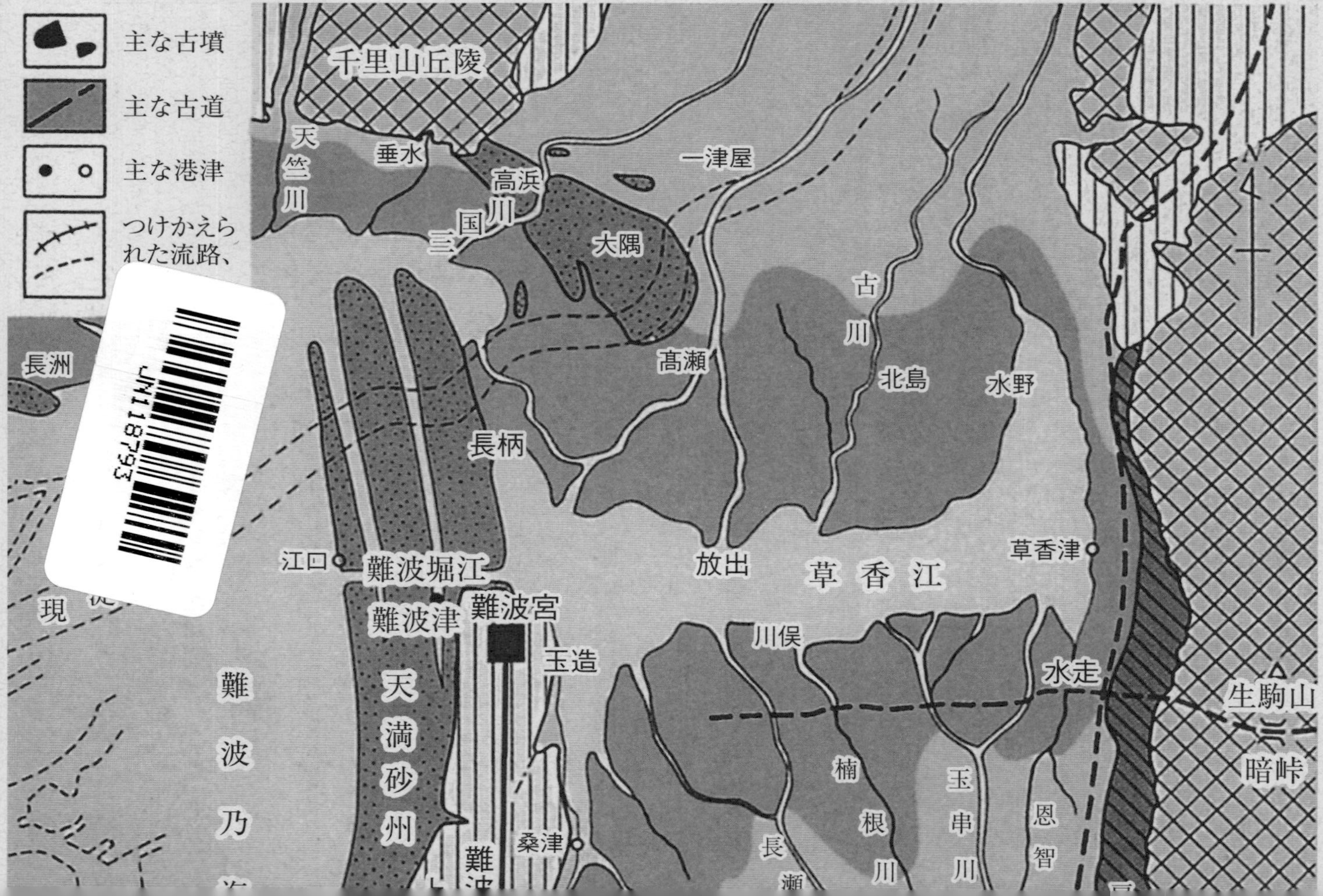

主な古墳
主な古道
主な港津
つけかえられた流路、
千里山丘陵
天竺川
垂水
高浜
三国川
大隅
一津屋
古川
北島
水野
高瀬
長柄
長洲
江口
難波堀江
難波津
難波宮
玉造
放出
草香江
草香津
川俣
水走
生駒山
暗峠
楠根川
玉串川
恩智
長瀬
天満砂州
桑津
難波乃

大学的大阪ガイド

——こだわりの歩き方

大阪公立大学現代システム科学域 編
住友陽文・西尾純二 責任編集

昭和堂

錦橋（大阪市土佐堀川、写真提供：住友陽文）

千歳橋（大阪市大正内港、写真提供：阿久井康平）

『義経千本桜』道行初音旅　忠信実は源九郎狐（吉田栄三）・静御前（吉田文五郎）

適塾・緒方洪庵旧宅（大阪市中央区、写真提供：住友陽文）

田尻漁港　日曜朝市（写真提供：西尾純二）

田尻漁港（写真提供：西尾純二）

摂津名所図会　蘆刈嶌

カワガラス（写真提供：横田靖氏）

はじめに

一九六三年、大阪府八尾《やお》市に生まれ育った筆者の個人的な体験だが、小学低学年ぐらい（一九七〇年頃）まで、休日に母・弟と近鉄電車に乗って心斎橋に出かけることがあった。その際に「大阪に行く」と言って出かけたものであった。

八尾の人間が「大阪人」と言われても、もちろん違和感も異論もなかった。兵庫県伊丹《いたみ》市に住む友人のもとには「大阪府伊丹市」という住所表記で年賀状が届くと言って笑っていたし、尼崎市も「大阪」でくくられることがあるが、だからといって尼崎市民がひどく気分を害したという話は聞かない。

しかし、筆者が五年近く住んだ愛知県ではそうではなかった。関西人のわれわれからしたら、稲沢市や春日井市などは「名古屋」というくくりで良いと思い、「ああ、名古屋ですね」と言うと、即座に「いえ、稲沢市です」「春日井市です」などと訂正を受けた経験が何度かあった。大阪府内にいて経験しないことである（府県名と府県庁所在地名が異なるというのも大きいが）。これはむしろ、愛知県民というより大阪府民の感覚の問題であろう。文化的な領域としての、もしくはイメージとしての「大阪」というのは行政区域としての大阪市はいうまでもなく、大阪府をはみ出すものであるように思える。イメージとしての「大阪」は、等身大の「大阪」を超えて包摂力を発揮する存在なのかもしれない。

　このことを前近代史にたずねてみると、現在の大阪府域はきわめて多様、というよりまとまりを欠く領域であった。

　かつて、現在の大阪府の中心部は河内湾と呼ばれる海域であり、やがて縄文時代から弥生時代にかけて上町台地の砂州が北部に向かって伸びていき、およそ五世紀頃の古墳時代に上町台地の発達した砂州によって東側の河内湾と西側の海域が分断されることになった。その後、分断されてできた河内湖に流入してくる大和川などの河川によって三角州が発達し、湖自体も埋め立てられるかっこうとなって、室町時代から江戸時代にかけて現在の大阪平野の原型ができあがる。

　上町《うえまち》台地の北端から見ていくと、大坂城（一五八三年築城）、難波宮《なにわのみや》（六五二年完成）、大坂（石山）本願寺（一五三三年創建）、高津宮《こうづぐう》（八六六年創建）、生國魂《いくくにたま》神社（一五八三年石山碕から移設）、四天王寺（五九三年創建）などが上町台地の上に建てられていることも、この地が大阪に文明ができる前から堅固な陸地であったことを裏づけている。

　しかし、江戸時代（≒近世）はおろか、明治維新後になっても現在の大阪府という単位はまだ成立していなかった。前近代では摂津《せっつ》・河内《かわち》・和泉《いずみ》という国があり（摂津の一部は兵庫県に入り込んでいた）、江戸時代の摂河泉《せっかせん》三か国は、幕領・藩領・御三家領・旗本領・宮家領・寺社領・公家領など、多様な所領があり、それらが複雑に入り組んでいた。また領主の交代も比較的頻繁にあり、現在の大阪府という領域の統一性をはばんでいた。そのなかの最大の領主は江戸幕府であり、全体の石高の約三分の一ほどを占めていた。三か国においては、高槻・麻田・狭山・岸和田・吉見・伯太・丹南・尼崎などの小さい藩があったのみである。実際に本書第三部では「大阪弁」というのは存在せず、地域ごとに異なる方言が存在していることが紹介されている（西尾純二「大阪方言の地域的多様性とその背景」）。行政的にも文化的にも、大阪府という領域に統一性などなかったのである。

「大坂」という地名は、実はこの上町台地の北端あたりを元々は指していた。だいたい一五世紀の終わり頃だ。その後にこの地に大坂本願寺ができ、のち大坂城が作られた。それから上町台地を中心に「大坂」と呼ばれる領域は広がっていったものの、それでも同領域は、近世では北は天満から堂島あたりにかけてであり、東は最大で大坂城までで現在のJR環状線よりさらに内側で、南は現在の千日前線あたりまでと一部は日本橋筋沿いに細長く南に伸びる領域（長町または名護町と呼ばれた）であり、西は木津川あたりまでと安治川沿いにやや西に延びた地域までであった。JR大阪駅や地下鉄梅田駅など「梅田」と呼ばれる地域は「大坂」ではなかったのだ。

維新新政府が樹立されると、政府は慶応四（一八六八）年五月二日に大阪府を設置し、大坂裁判所（旧大坂鎮台）に大阪府庁[1]を置いた。場所は、現在の大阪城西隣の大手前ではなく、大阪市中央区本町橋二丁目のマイドームおおさかである（西町奉行所跡、大阪商工会議所の北隣）。その後一八七四（明治七）年に西区江之子島に府庁舎は移転した。この二代目の府庁舎の西側、木津川をはさんだ反対岸は川口町であり、幕末に条約を締結した諸外国の人々が住み、営業を行なっていた地域、すなわち居留地であった。今も川口基督教会（一八九一年設立）の建物（一九二〇年建設）があるなど異国情緒の残る場所である。大坂は新政府の成立によってその領域を広げ、地域の様相を大きく変えていった。さらに、一八

（1）明治初年までは「大坂」という地名が使われることが多かったが、一八七七（明治一〇）年頃から「大阪」という地名が使われることが多くなった。

八九（明治二二）年に市制が施行されると、大阪市が成立した。その時の大阪市の面積は約一五・三平方キロメートルで、それでも現在の大阪市の一四分の一ほどの大きさでしかなかった。

幼い頃に「大阪に行く」という場合の「大阪」とは、そのような前近代から一九世紀頃までの「大坂／大阪市」のことを結果的に指していたことになる。

慶応四（一八六八）年一月の鳥羽伏見の戦いのあとに大久保利通が大阪遷都を主張し、三月には明治天皇は本願寺掛所《かけしょ》（津村別院、御堂筋にある北御堂）を行在所《あんざいしょ》（仮皇居）とし、四四日間大阪に滞在した。その後、政府内に反対者が多く大阪への遷都は実現しなかったのは歴史の知るところである。

明治政府は、閏四月二一日に政体書を出し、それにより地方の行政区画が誕生していく。五月二日には先述の通り大阪府が設置された。六月二二日には堺県（和泉一帯）が誕生する。明治二（一八六九）年一月には摂津県と河内県もできた。その後、摂津県はその一部は豊崎県を経て兵庫県に、また河内県は堺県に編入されることとなった。

現在の大阪府に相当する領域は、明治維新で地方行政区画としてはバラバラにされたのである。さらに一八七六（明治九）年四月一八日には、堺県は奈良県を併合することとなった。のち一八八一年二月七日に堺県は大阪府に併合されるが、この時はまだ奈良県が堺県とともに大阪府に併合されたままであった。奈良県が大阪府から独立するのは、その六年後の一八八七年一一月四日、大日本帝国憲法が制定される二年前のことであった。その時にようやく、大阪府はほぼ現在の大阪府の領域となった。

もし、この時に奈良県が大阪府から独立しなければ、現在の大阪府の面積は一八九九平方キロメートルではなく、奈良県（面積三六九一平方キロメートル）とあわせて五五九〇平方キロメートルになっていた。現在四七都道府県中、面積の広さで大阪府は四六番目であるが、奈良県と合併したままであったら、愛知県を抜いて二七番目となったはずである。それでもなお四七都道府県の平均面積八〇四一平方キロメートルには遠くおよばない。大阪府は一八八七年に、面積としては愛知県を少しだけ凌駕するほどの大きさの自治体の領域をあきらめて、あえて最小レヴェルのスケールを選択したことになる。

やや余談になるが、現在のスケールとなった大阪府の名称が変更される法案が戦前の帝国議会で提案されたことがある。一九二三（大正一二）年の第四六議会に赤田瑳一衆議院議員らが、大阪市を「大阪都」にし、大阪府を「浪速《なにわ》県」にするとの提案を行なったのである。興味深いのは、それが、「大阪」という地名が大阪市の範囲でだけ残され、大阪府の領域ではそれが取りはずされて、代わりに「浪速」という地名が付けられるという提案であったということである。(2)「大坂」という地名は元々は上町台地の北端あたりを指していたという感覚からすれば、やはり府の領域に「大阪」という地名を冠するよりも、「大坂」よりも元々は広い範囲を指していた「難波（浪速）」を府の名称にする方がしっくりいくということだったのかもしれない。もちろんこの法案は議会を通らなかった。大阪府と大阪市の名称は変更されることはなかったが、いわゆる「大阪都構想」で逆に大阪市が廃止され、大阪府が大阪市の権限を代行する案が近年になって出現したことは、「大阪」という地名のイメージとそれが示す領域が大阪市という領域でとどまることを許さない感覚が不可逆的になったことを示すのかもしれない。

とにかく、そういったスケールの大阪府だが、それでも府内各地は個性豊かな地域性が

（2）東京市役所『大都市制度調査資料第一輯　特別市制ニ関スル諸案（其ノ二）』（国立国会図書館蔵）四〇九—四二一頁。

展開されているのは、本書で描くとおりである。

さて、本書では「大学的大阪ガイド」の構成を考えるうえで、いくつかのことに留意した。それは、あまたある「大阪ガイド」に屋上屋を架すのではなく、大学ならではの「大阪ガイド」をつくるということである。それにより、ひょっとすると、あらかじめ読者の頭の中にある「大阪」はあまり出てこないだろう。むしろこの本を読むことで、異なった、新しい「大阪」の姿が読者の頭の中にインプットされるはずである。

そこで、本書は次の三つの柱を立て、それらを本書の主要な論点とした。第一は、環境というものを考えてみるために、自然と人為という対比とその関係はいかなるものかという点である。「自然と作為（人為）」というのは、政治思想史家の丸山眞男の顰《ひそ》みにならったものである。第二は、公共性とは何かを考えてみようとした。行政だけではなく、民間の社会的な営みのなかや、それらと行政との関係においても留意した。第三は、「大阪」とは何かという点についてである。それは大阪府という地理的領域にとどまらず、文化的存在としての「大阪」にも注目した。

以上のように本書をどのような論点と構成で編むかということを考える前に、一番最初に大きな示唆を得たのは、一つは中山祐一郎氏（第一部）の仕事であった。そしていま一つはエル・ライブラリー（大阪産業労働資料館）館長の谷合佳代子氏（第二部）による、あるシンポジウムでの発言であった。

中山氏の仕事から示唆を受けて、環境における自然と人為の関係を第一部の論点にした。自然な状態での弱肉強食による競争場裡が展開されて、弱者が淘汰され強者が生き残るわけでは決してなく、ある特定の生物が生き残る環境を人間が人為的に準備し、その環境に適合した生物が結果的に生き残って、それが強者になるだけであった。ということは、競争のための土俵が提供されていく仕組みが環境にとって重要だということになる。

自然環境の「自然」とは、そういう作為的な環境保全や改変の結果なのだ。われわれの目の前にある「自然」は、すでに人の手が加えられ、淘汰と生態系の変化が幾度となく繰り返された結果（であり、さらなる前提）としての「自然」であった。自然が人為によって変化を余儀なくされていくことは、決して悪いわけではない。またそれは、やむをえないものでもある。環境改善もまた人為を通してであることを考えるなら、むしろわれわれは自然環境の保全については、その人為の役割について自覚的でいる必要が求められるであろう。

谷合氏の発言は、第二部の谷合氏の「大阪産業労働資料館（エル・ライブラリー）」でも言及されている映画『パブリック　図書館の奇跡』をめぐる「《公共性を持つ空間》のあり方と未来」という、二〇二〇年七月七日に開催された、映画配給会社による座談会（Zoom）でのものであった。それは、谷合氏が館長を務めるエル・ライブラリーが大阪府という公共の施設に間借りをする私設の図書館でありながら、すべての人にオープンな、その意味でパブリック（公共的）な機能を果たす図書館であるとの発言であった。谷合氏はここから、「パブリック」[3]というのは設立主体が公立なのか私立なのかにかかわらず、その機能によるところが大きく、さまざまな設立主体が入り交じって全体として公共的な働きをするという将来の社会への展望を示していたのである。私は、これは大事な指摘だと思い、谷合氏にもこの企画に参加してもらおうと執筆を依頼した。

この「パブリック」とは何か、「公共とは何か」という論点は第二部で展開をし、他の

（3）「公」という字は、ひそかにするという意味の「ム」（＝「私」）が開かれた（「ハ」）状態を表す漢字である。また私鉄もまた公共交通機関と呼ばれるように、設置者の公私の別は公共的機能や働きに本質的な相違があるわけではない。溝口雄三『中国の公と私』研文出版、一九九五年、三―四頁参照。

専門図書館や博物館や文学館についても紹介することができた。とりわけこういった公共的な役割を果たす施設が廃止されたり、休業を余儀なくされている大阪府において大変意義があると考える。

最後の第三部は、「大阪」のイメージをめぐって論じたものである。「大阪」という時、イメージされる風景は「通天閣」「大阪城」「道頓堀のネオン」などであり、「大阪」を連想させる存在としては「タコ焼き／お好み焼き」「阪神タイガース」などであろう。また、その「大阪らしさ」でいえば、個性豊かで自由奔放、あるいは豪放磊落で反骨精神旺盛な気質などであろうか。この第三部ではそういったイメージと実際の「大阪」とのズレなどにも注目してみた。

この「はじめに」を書いている二〇二二年二月は、二年前から始まった新型コロナウイルスの流行が世界中で拡大して深刻な被害をもたらし、日本でも多数の感染者と多くの死者を出した。政府も各地方自治体も人の命を助けるためのしっかりした施策を打ち出さず、おおむね個人による「自粛」や行動様式変容に依存することとなった。政府や自治体は必要な病床を削減したり、検査に抑制的であった分、個人は自らの身を守るためにマスクをし、人混みを避けた。事業者はわずかな補償で休業せざるをえず、倒産や閉店が見られた。しかし、大阪でさえ、不満を持った人たちによる無軌道な騒ぎや行政とのモメ事があったとは寡聞にして知らず、いわばお行儀のよい生活態度を維持したと言ってよかった。大阪人が「権力など糞喰らえだ」という気質なら、大きな騒動があってもよさそうであったが、そういうことにはならなかった。大阪人も「社会」のために自らの行動を抑制し、大人しくしていたのだ。これは戦前からの近代の歴史を研究している者としては、やや意外なことであった。「社会のため」「他人に迷惑をかけないよう」行動するという、近代的な行動様式が現代になって定着したことを実感させた。そのことは必ずしも悪いことではないにせよ、しかし反面では空気を読んで言いたいことを言わない心性を作り、あるいは言いたいことを黙らせる抑圧的な閉塞感を作っているとしたら、それは問題であろう。

そういったさまざまな角度から、現代の社会や環境を大阪という場において考えてみるきっかけに本書がなれば、望外の幸せである。

責任編集者　住友陽文

〔参考文献〕
今井修平・村田路人編『街道の日本史33　大坂　摂津・河内・和泉』吉川弘文館、二〇〇六年
大阪府編『大阪百年史』大阪府、一九六八年
小山仁示・芝村篤樹『大阪府の百年』山川出版社、一九九一年
住友陽文「コロナ禍の「自粛要請」とその受容の精神史」（小路田泰直編『疫病と日本史　―「コロナ禍」のなかから』敬文舎、二〇二〇年

第1部

自然と人為——環境とは何か

泉北丘陵の自然
――外来植物と人のくらし――

中山祐一郎・木村　進

はじめに

外来種とは、「過去あるいは現在の自然分布域外に、意図的あるいは非意図的に導入された種、亜種あるいはそれ以下の分類群」である（『岩波 生物学辞典 第五版』）。導入とは人為的に移動させることで、意図的であるかどうかは問われない。自然分布域とは生物が本来有する能力で移動できる範囲によって定まる地域のことである。どんな生物でも、植物でも、自ら移動することができる。移動するだけでなく、行った先で定着しないと分布を広げることができないので、移動そのものの能力だけでなく、気候などの環境条件がその生物の生存と繁殖に適していることも分布域を規定する要因となるが、それは人が定めた国境ではない。したがって、しばしば誤解されるが、外来種とは外国から来た生物種のことではないのである。ただし、日本は生物の自然分布域を規定する海に囲まれていることもあり、外国産の外来種[1]が多いことは確かである。

また、導入された時期も問われない。そのため、イネなどの農作物や、稲作に付随して渡来したとされる里山の動物（スズメやモンシロチョウなど）や植物（イヌビエやエノコログサなど）も外来種になる。しかし、これでは一般の認識との乖離が大きすぎるだろう。実際には、地球規模での人による生物の移動が増大したのは大航海時代（一五世紀）以降であることから、世界的に一五世紀以降に導入されたことが明らかな生物を外来種とみなすことが多い。日本でも、安土桃山時代以降か、あるいは江戸時代末期もしくは明治維新以降に導入された生物に限定することが普通である。それ以前に導入された生物は、「史前帰化生物」や「古代帰化生物」、「近世帰化生物」とよんだり、「在来種」として扱ったりすることが多く、通常は外来種問題の対象にはしない。外来種が問題なのではなく、ある種の外来種が及ぼす被害があり、現在の社会で大きな問題になっているので、それを外来種問題とよんで対策を講じることにしている。そのために、導入の時期をどこかで区切る必要があるわけだ。

いずれにしても、外来種の存在には人がかかわっている。そのかかわりは、導入だけではない。たとえば、日本における外国産の外来植物種（外来植物）は一二〇〇種以上あるが、そのうち生態系や人の生命・身体、農林水産業などへ被害を及ぼすために侵略的外来種として問題視されるものは二〇〇種程度である（環境省二〇一五）。侵略と言っても、在来植物をおしのけて増殖していくことはあまりなく、開発などにともなってその場所の植物の

（1）　国外由来の外来種、外国産種、国外外来種などとよばれる。それに対して国内の他地域から導入された生物種は、国内由来の外来種や国内外来種とよばれる。

集団（植生）がはぎ取られてできた空白地（裸地）にすばやく侵入し、在来植物に代わって裸地を緑に変えているのがその実態であることが多い。競争力が強いことで有名なセイタカアワダチソウも、新しい場所へ侵入するためには人による環境の改変を必要としている。そのために、都市化された地域では外来植物の割合が高まるのである。

このようなことから、外来植物は人が自然環境にどのように干渉しているかを示す指標になる。本章では、大阪府の南部に位置する泉北丘陵を舞台に、人のくらしの変化に対応して変わっていく生物相について、とくに外来植物に焦点をあてて紹介する。

1　泉北丘陵の植生変遷と人のくらし

大阪平野は、東方の生駒山地と金剛山地によって奈良盆地と区切られ、南方の和泉山脈によって和歌山平野と区切られている。これらの山地から大阪湾岸部に向けて、多くの起伏をともなった丘陵地がみられる。そのなかで、石津川とその支流が複雑に入り組んだ丘陵地帯が泉北丘陵である（図1）。ここでは泉北丘陵のうち、堺市南部に広がる丘陵地帯の植生の変遷についてみていきたい。

堺市南部の丘陵地は人が近くに生活する「里山」で、コナラやアカマツの多い雑木林と農地や草地がすぐ近くにあり、古くから森林の恵みを利用しながら農業が行われてきた。また、ミカンの栽培も広く行われ、モウソウチクやマダケ、ハチクを植えた竹林もあちこちにみられる。さらにスギやヒノキの植林も少しある。里山の大部分を占める雑木林は、

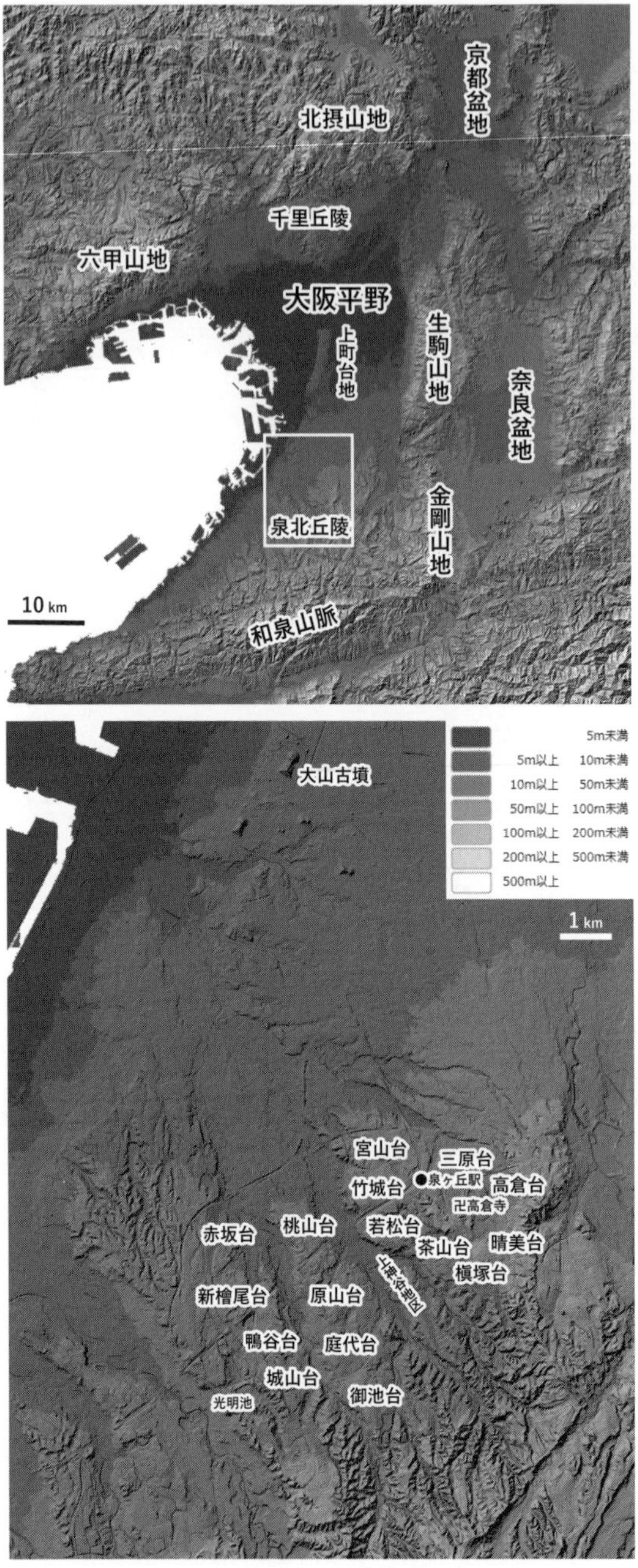

図１　大阪平野周辺の地形と泉北丘陵

上図の枠内が下図に相当する。地理院地図（国土地図 Web）より作成。

石油やガスが使われるようになるまでは薪炭林として薪や炭の原木を採取したり、農地に肥料として混ぜる落葉や若枝を集めたりするために使われてきた。一方、草地は、草を刈りとって農地の肥料に利用するとともに、牛馬の餌や屋根をおおう材料を確保する場として重要であった。

里山は私たちのくらしに欠かせないものであり、人が利用することで里山特有の自然景観がかたちづくられ、守られてきた。しかし、一九六〇年代になって全国的に状況が大きく変化した。肥料は化学肥料に代わり、柴や炭は石油やガスに代わっていった結果、樹木の伐採や落葉・若枝集めが行われなくなった。放置された樹木は大きく成長して林内が暗くなり、水田では耕作が放棄されて草が生い茂るようになるなど、里山の自然にさまざまな変化が生じてきている。

以下では、丘陵地の景観の移り変わりを、五つの時期に分けてみていく。

人が出現する前の植生のようす

丘陵地などに人がやってくる前にどんな植物が生育していたかは、地層に含まれる植物の化石（葉や果実、種子などの大型植物化石や花粉化石）などから推定するしかない。ここでは、市原（一九九三）の記述を参考にしてまとめておく。

光明池（図1）の底に見られる大阪層群のうち、約五〇万年前と推定される地層をはさんで、その上部には現在でもこの付近にみられるハンノキやエゴノキの果実が、その下部には寒冷地に分布するミツガシワの種子やチョウセンゴヨウ（チョウセンマツ）の果実などが含まれることから、この時期は現在より寒冷だったことがわかる。ほぼ同時代の地層からはブナ属、トウヒ属、ゴヨウマツ属の花粉がみつかっており、このころは地球全体が氷期に入っていたことが確認されている。その後、温暖な時期（間氷期）に入るが、このことは、泉北丘陵のやや新しい別の地層から常緑のコナラ属（カシ類）の化石がみつかることからわかる。同じ時代の他の地層からはナギ、クロマツ、スギ、コウヤマキ、ヤマモモ、タブノキ、イスノキ、サカキなどの化石がみつかっているので、当時は現在とよく似た気候で、針葉樹をまじえた照葉樹林が大阪湾の海岸沿いに分布していたと考えられる。このように、寒冷な時期と温暖な時期が交互にやってきて、それにともなって植物の種類も変化をくりかえしてきたのである。もちろん、この間の植生の変化に人はかかわっていない。

人が出現してから縄文・弥生時代まで

大陸から日本列島に人が移ってきたのは、約四万年前とされている。このころの人は石器をつくり、野生の動物を狩ったり、植物を採集したりして食べていた。堺市の百舌鳥本町からは、サヌカイトという硬い石を加工した槍先形の石器がみつかっている。この時期は最後の氷期にあたり、現在では金剛山や葛城山にしか残っていない夏緑樹林が、大阪の平野部にも広がっていた。

最後の氷期が終わるとだんだん温暖な気候となり、氷が溶けて海水面が上がってくる。今から九〇〇〇―六〇〇〇年前（縄文時代早期〜前期）には、気候が非常に温暖化したことが知られ、海岸線が大阪平野に深く入り込み、上町台地が半島のように突き出し、その東に河内湾と呼ばれる内海が広がっていた。堺市でも、そのころの海岸線は図１の五ｍの等高線に近く、当時の貝塚などの遺跡はこの線よりも山側にある。この時代の地層からは、暖地に生える常緑性のカシ類やシイ、ヤマモモ、イヌマキなどの花粉がみつかっている。その後、ふたたび寒くなり、今から約四〇〇〇年前には現在とほとんど同じような気候となり、海岸線も大阪湾が埋立てられる前に近いものになった。このころには、人は定住生活しており、やがて稲作をはじめるようになる。稲作は、現在の堺市域では石津川の下流域ではじまり、やがて東南部の丘陵近くまで達したようだ（『堺市史　続編　第一巻』）。その後の泉北丘陵周辺の自然の変化には、人の活動が大きく影響することになる。

古墳時代から奈良・平安時代まで

この時期の堺市の地形や気候は現在とほぼ同じで、丘陵地はシイやカシ類を中心とする照葉樹林におおわれていたと考えられる。しかし古墳時代になると、泉北丘陵は須恵器の生産の中心地となり、須恵器を焼くための燃料として樹木が伐採されるようになった。そのために、成長が遅く切り株から芽を出す力の弱いカシ類はだんだん少なくなり、代わって成長の速いコナラなどの落葉広葉樹が増加した。コナラは一度切り倒されても切り株から萌芽によってふたたび若い木が成長してくるので、十数年後には燃料として使えるようになる。このことは西田（一九七六）が泉北丘陵の窯跡から出土する炭片を分析したデータからもわ

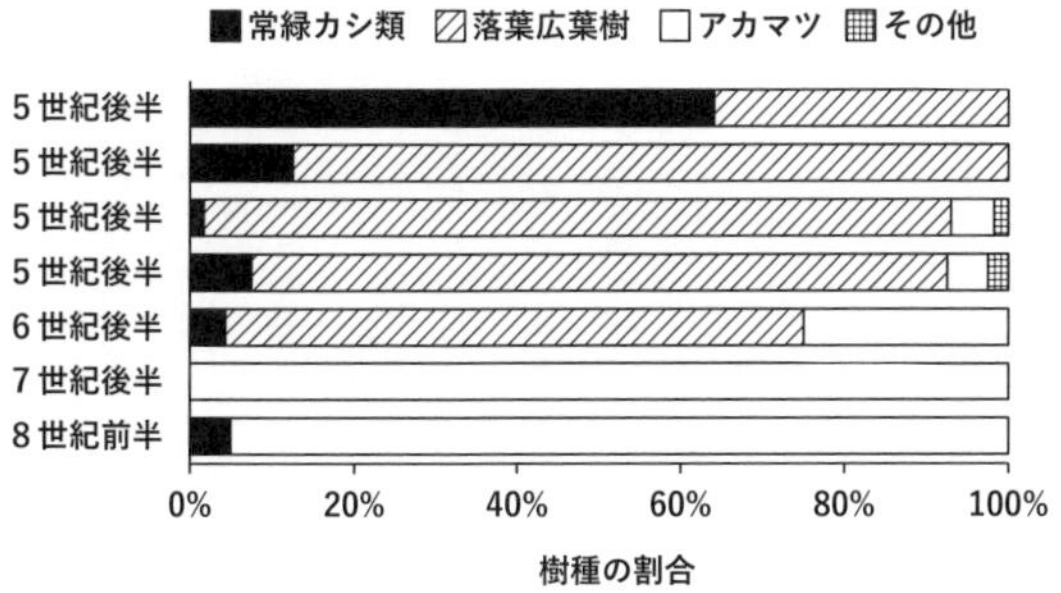

図2　泉北窯跡の炭片から推定した樹種の変遷
西田（1976）のデータより作図。5世紀後半の4つはそれぞれ異なる窯跡。

かる（図2）。初期には常緑のカシ類も使われたが、五世紀後半の古墳時代中期には燃料の大半がコナラとなった。そして古墳時代後期にはアカマツが使われるようになり、七世紀後半の奈良時代に入るとほとんどアカマツばかりになった。あまりに短い周期でくりかえし木を切り倒したために、窯跡周辺ではコナラも育たないほど土壌が悪くなり、やせた土地でも育つアカマツばかりになってしまったのだろう。このように、泉北丘陵の自然は人の手によって大きく改変されていき、はげ山が広がっていったと考えられる。[2]

その後、須恵器の生産が全国に広がったため、須恵器の生産地としての泉北丘陵の役割はそれほど重要ではなくなった。燃料となる樹木を伐採することが減っていった結果、少しずつ森林が回復していったと思われる。

江戸時代・明治時代から戦前まで

江戸時代になると、人口も増えてきて、水田耕作が広まるにつれて、農業を営むために有用な資源として、ふたたび山林の価値が高く評価されるようになる。山林は、薪や炭の林として燃料を得るためだけではなく、水田に肥料として入れる下枝や落葉を集めるためや、水田に必要な水を確保するためにも重要だったのである。[3] 林の中の下草や木の下枝などが刈り出されると、林床は明るくなって、陽生のコナラやアカマツの実生も成長できる状態になるので、一定の期間をおくと雑木林は新しく再生する。適度な伐採間隔が維持される限り雑木林は安定して継続できるので、このような人のくらしの中で里山の景観がつくり出されてきたと考えられる。

（2）『日本三代実録』には八五九（貞観元）年にこの地で須恵器を焼くための薪を切り出す山をめぐって「陶山の薪争い」が起こったことが記されていることから、伐採できる樹木がほとんどなくなってしまったと考えられる。

（3）一六五六（明暦二）年に堺奉行の石河利政が上神谷・和田谷の村々に出した「山掟」には、「（一）村むらの松山において、むざと下枝を打ち払ってはならぬ。本木を伐採することは禁制である。下刈については、村むらで先規の通りに行うこと。（二）家を建てるか、人に所望されるかして木を伐るときは、必ず奉行まで届けたうえ、奥山の木を伐るべきこと。（三）竹藪や雑木たりといえども、みだりに山を荒らし、ことに商売にすることは禁制である」ということが書かれており、違反者をきび

戦　後

このような里山林の利用は、少しずつ形態を変えながら昭和になっても継続された。戦時中は一時的に樹木が伐採され、里山が荒廃したという記録が残っているが、戦後になって少しずつ回復し、里山として活用される時代が続いた。

この状態が全国的にも大きく変化するのは一九六〇年代に入ってからである。いわゆる燃料革命によって、これまで薪や炭を使っていたのが、石油や天然ガスを使うようになり、

しく処罰することも定められている（『堺市史　続編　第一巻』）。それでも、日々のくらしに必要な肥料や燃料を確保するために下刈は続けられたので、江戸時代の里山は草山や柴山であり、戦前にみられた里山の景観が成立したのは森林の保護や拡大が進められた明治期に入ってからだと考えられる。

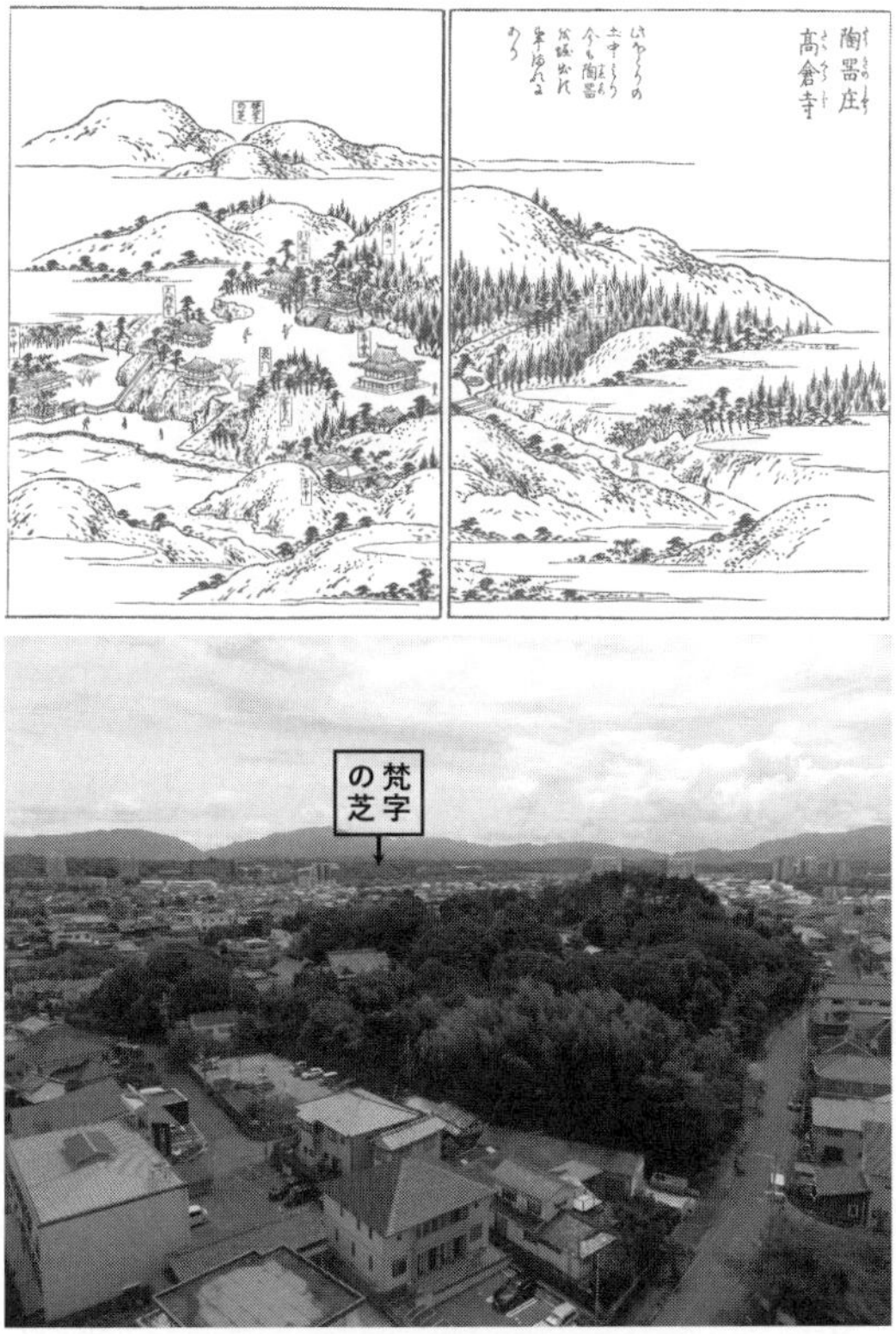

図 3　泉北丘陵の景観の比較

上：『和泉名所図絵』に描かれた高倉寺。底本は1796年刊（1976年の翻刻版[1]より転載）。

周辺にはアカマツやスギとみられる樹木が描かれているが、広葉樹はみられず、草山あるいは柴山であったと考えられる。遠景の「梵字の芝」のある山も同様である。

下：高倉寺周辺の現在の様子（木村撮影）。

境内にはツブラジイ（コジイ）などの常緑広葉樹が優占している。境内の右手前には竹林が、右奥にはスギがみられる。「梵字の芝」があったと考えられる山とその周辺は、泉北ニュータウンと大阪狭山市の間にある陶器山から天野山に至る尾根。大部分はコナラを中心とする二次林で、一部に竹林や常緑のシイやカシ類が混じる。

農村でもプロパンガスが普及して薪や炭が使われなくなり、雑木林を伐採する必要がなくなってしまった。さらに、化学肥料の普及により肥料のための下草刈りをする必要もなくなり、里山の大部分の雑木林は放置されることとなった。その結果、泉北丘陵でも、雑木林は山菜やキノコ採りに入ったり、シイタケのほだ木を採ったりするくらいしか使い道がなくなってしまったのである。このような人の働きかけの減少は、植物にとっては遷移を進行させる要因となる。

泉北丘陵のアカマツ林は、与謝野晶子が幼少期に松茸狩を楽しんだと書いているように、明治時代にはマツタケの産地であった。このアカマツ林も管理されなくなって、落ち葉がたまったりしてマツタケが採れなくなってしまった。さらに、マツの老齢化や環境の変化による病害虫の被害も加わって、一九七〇年代にはアカマツが次々と枯れる松枯れが進行し、アカマツ林が激減した。その後にはコナラなどが生育するようになり、落ち葉や下枝の持ち出しもしなくなったために、それらが分解されて土壌条件もよくなり、伐採されなくなったコナラ林では樹木が大きく成長し、今まで前例がないほど良好なコナラ林が見られるようになった（図3）。このまま放置すると、林内はさらに暗くなって、若いコナラが成長できなくなり、代わりに日陰でも大きくなれるカシやシイ類などが増えていくと考えられる。

二〇一五年ごろから二〇二一年にかけて、泉北丘陵のコナラ林でカシナガキクイムシによるナラ枯れが猛威をふるった。太いコナラほど被害を受けやすく、次々と枯れて、松枯れに続く大きな変化が生じた。この変化は植生遷移の進行に沿うものであり、本来であれば古墳時代より前に見られたような照葉樹林が回復していくはずであるが、竹林が拡大している地域もあり、これから植生がどのように変わっていくか予想がつかない。里山林を生活のために維持する必要がなくなった今日、里山林がもつ生物多様性[4]は、その重要性を知った市民が行政との協働[5]で守っていくしかないのだろう。

2 都市開発と外来植物──泉北ニュータウンにおける外来タンポポの変遷

都市近郊の里山として利用されてきた泉北丘陵にも高度経済成長の波が押し寄せ、一九六一（昭和三六）年には当時の河盛安之介堺市長が「一〇〇万都市構想」を打ち出した。一九六五年に泉北ニュータウン事業が認可されて、翌年から造成がはじまり、一九六七年には宮山台地区でまちびらきが行われた。その後も泉北ニュータウンの造成は進められ、一九八二年までに泉北丘陵の約一五五〇ヘクタールが開発された。この一七年間に、水田を中心とした農地や里山林として利用されてきた山林が、広大なニュータウンへと変貌した。二〇二一年は最初の入居から五四年目となる。

里山的な自然を人が開発した地域には、外来種が侵入して分布を拡大していくことが知られているが、泉北ニュータウンはこのプロセスを解明するための格好の場所といえる。筆者のひとりである木村は、開発が始まって数年後の一九七五年からこの地域で「タンポポ調査」を継続してきた。タンポポ調査とは、外来種のタンポポの割合を指標として、市民が身近な環境の変化を調査する取り組みである。市民参加型の環境調査の先駆けであり、大阪では五年ごとに調査を行い、二〇二〇年に一〇回目をむかえた。ここでは、蓄積

（4）コラム「生き物のすみ場所としての堺市域」参照

（5）この点で、市民からの要望に応えて、堺市が二〇二〇年三月に、鉢ヶ峯寺地区の約一四haの里山林を、開発のおそれがあり保全が必要ということで特別緑地保全地区に指定したことは、泉北丘陵の里山林の保全にとって画期的な施策である。

図 4　タンポポの在来種（カンサイタンポポ：左）と外来種（セイヨウタンポポ：右）の頭花（木村撮影）

された四五年間のデータをもとに、タンポポの種類変化を指標として、ニュータウン造成による泉北丘陵の自然の変遷をみていきたい。

タンポポ調査の方法と大阪府におけるタンポポの変遷

タンポポ(6)にはたくさんの種類があり、とりわけ日本はタンポポの種類の多い地域である。大阪には在来種としてカンサイタンポポとシロバナタンポポが、外来種としてセイヨウタンポポとアカミタンポ

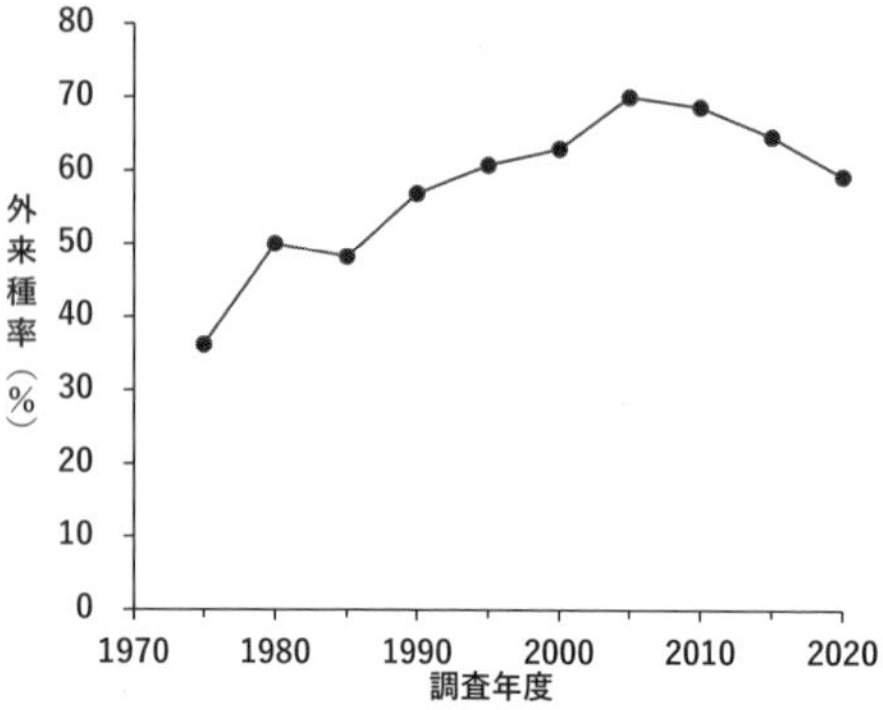

図 5　大阪府におけるタンポポの外来種率の変化

(6)　キク科タンポポ属の総称で、日本の在来種としては約一五種ある。

ポが、それぞれ分布する。

タンポポは、小さな花がたくさん集まって、ひとつの花のように見える頭花をつくっている。頭花のまわりにある萼《がく》のような部分は総苞片《そうほうへん》とよばれ、在来種のタンポポではこれが上を向いて密着しているが、外来種では反り返っている（図4）。

タンポポ調査では、まず調査者がタンポポを探して歩き、みつけたタンポポの種類を調査票に記入する。調査票は、調査地点の緯度・経度や地名を記載するようになっている。二〇〇五年以降は、同定に正確を期すため、必ずタンポポの頭花を採取して、瘦果《そうか》(7)ができていればそれも貼付して提出するようにした。そして事務局で、調査票に添付された頭花や瘦果をもとに種名を確認する。それらの結果を、国土地理院の二五〇〇〇分の一地形図を一〇〇等分した約一km四方の区画（三次メッシュ）を分布地点の単位として集計して、種類別の分布地点数を数えて、タンポポ全体に占める外来種の割合（外来種率）を算出する。

大阪府全域における外来種率は、調査開始時の一九七五年では全体の三六％であったが、二〇〇五年には七〇％と倍増した（図5）。しかし、その後は在来種が増えはじめ、外来種の割合は六〇％まで低下している。

(7) 一般にタンポポのタネとよばれており、種子のようにみえるが、実際は堅く乾燥した果実である。

堺市における外来種の割合の変化

堺市では、外来種の多いメッシュが、一九七五年には市の北部に限られていたが、しだいに南部地域にも広がっていることから、泉北ニュータウン地域の開発にともなって外来種が急速に分布を拡大したことがわかる（図6）。一九八五年には泉北ニュータウンにも外来種がかなり広がり、外来種が優勢なメッシュもみられるようになった。そして、二〇

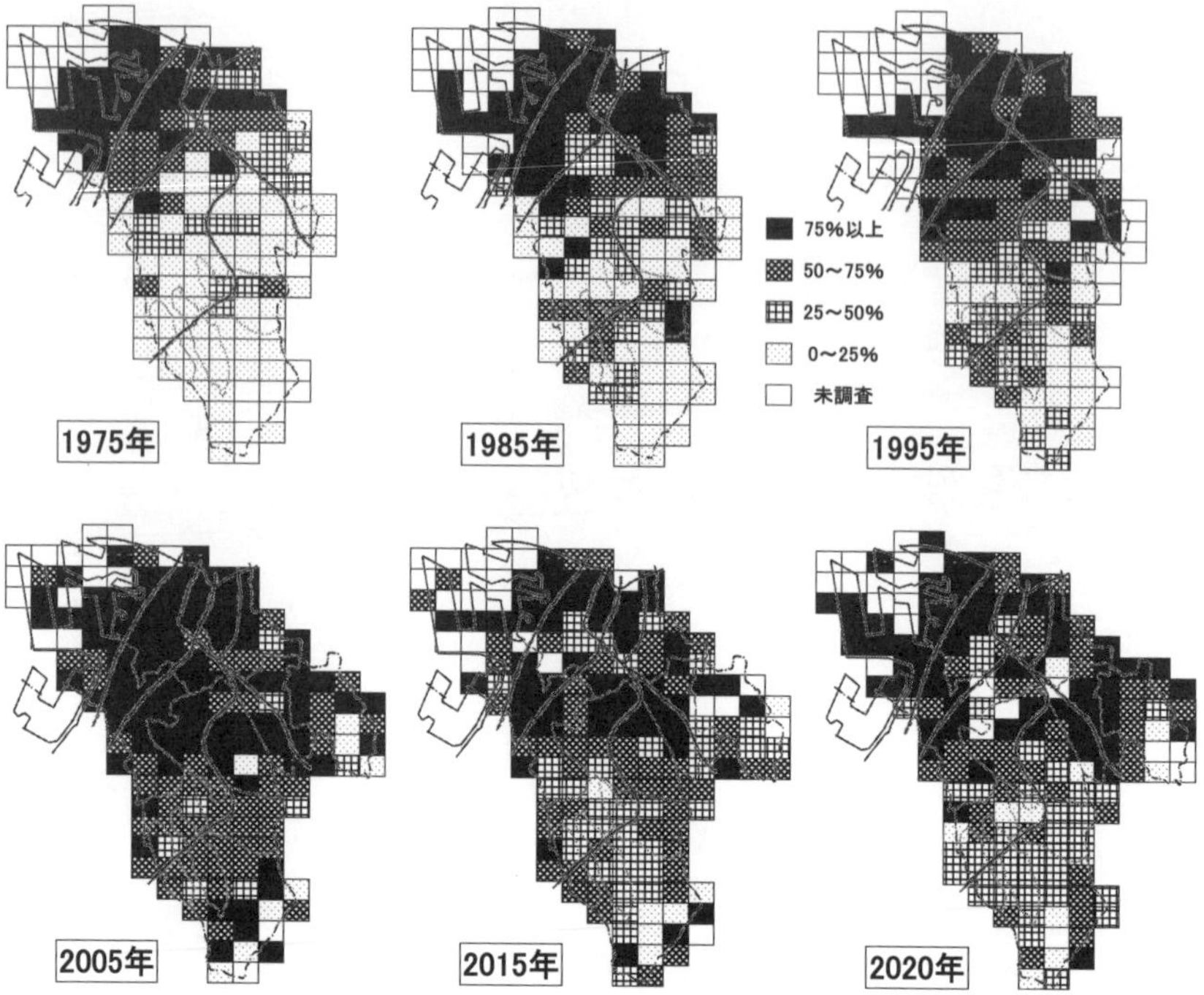

図 6　堺市におけるタンポポの外来種率の 3 次メッシュ単位での変化

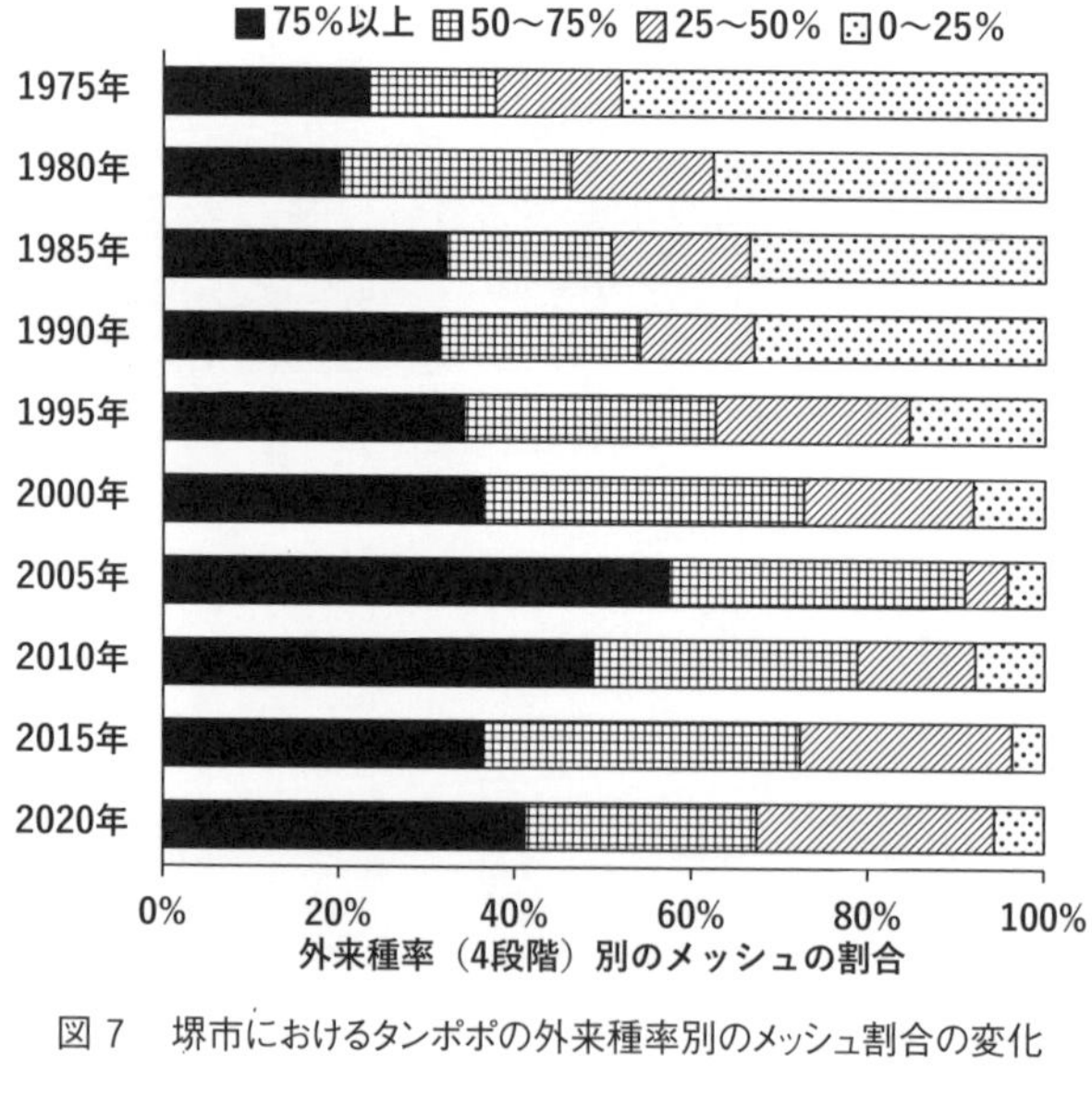

図 7　堺市におけるタンポポの外来種率別のメッシュ割合の変化

〇五年には泉北ニュータウンのほぼ全域で外来種が優勢となった。しかし、二〇一五年にはそのうちの半分近くで在来種が優勢になった。メッシュごとの外来種率を四段階に分けて示すと、この変化がよくわかる（図7）。外来種率が〇―五〇％の、つまり在来種が多いメッシュは、一九七五年には六〇％以上を占めていたが、どんどん減少して、二〇〇五年にはわずか一二％になった。しかし、その後は在来種が増えはじめ、三〇％近くにまで回復している。

泉北ニュータウンにおける外来種の割合の変化

泉北ニュータウンとその周辺におけるタンポポの変化について、さらに詳しくみていきたい。図8は二〇〇〇年のタンポポの分布状況であるが、太線で囲んだ泉北ニュータウンの区域内に外来種が多く分布していることがわかる。それに対して、太線の外側は農地や丘陵地の雑木林で、大部分が在来種であり、一部の道路沿いに外来種がわずかに侵入している状態である。

泉北ニュータウンのうち堺市に含まれる地区は、造成年代の異なる一六の町に分けられる（表1）。最初に調査を行った一九七五年に外来種が発見されたのは泉北高速鉄道の泉ケ丘駅周辺に限られ、地区としては一九六九年―一九七一年に造成された竹城台と三原台のみであった。それが一〇年後の一九八五年になると、一九七七―七九年に造成された城山台と新檜尾台を除くすべての地区に分布を拡大している。このことから、造成後に外来種が侵入を始めるまでに五―一〇年程度の期間が必要であると推定される。造成された初期には周辺地域に外来種はなく、種子の供給に遅れが生じるためであろう。外来種率が最

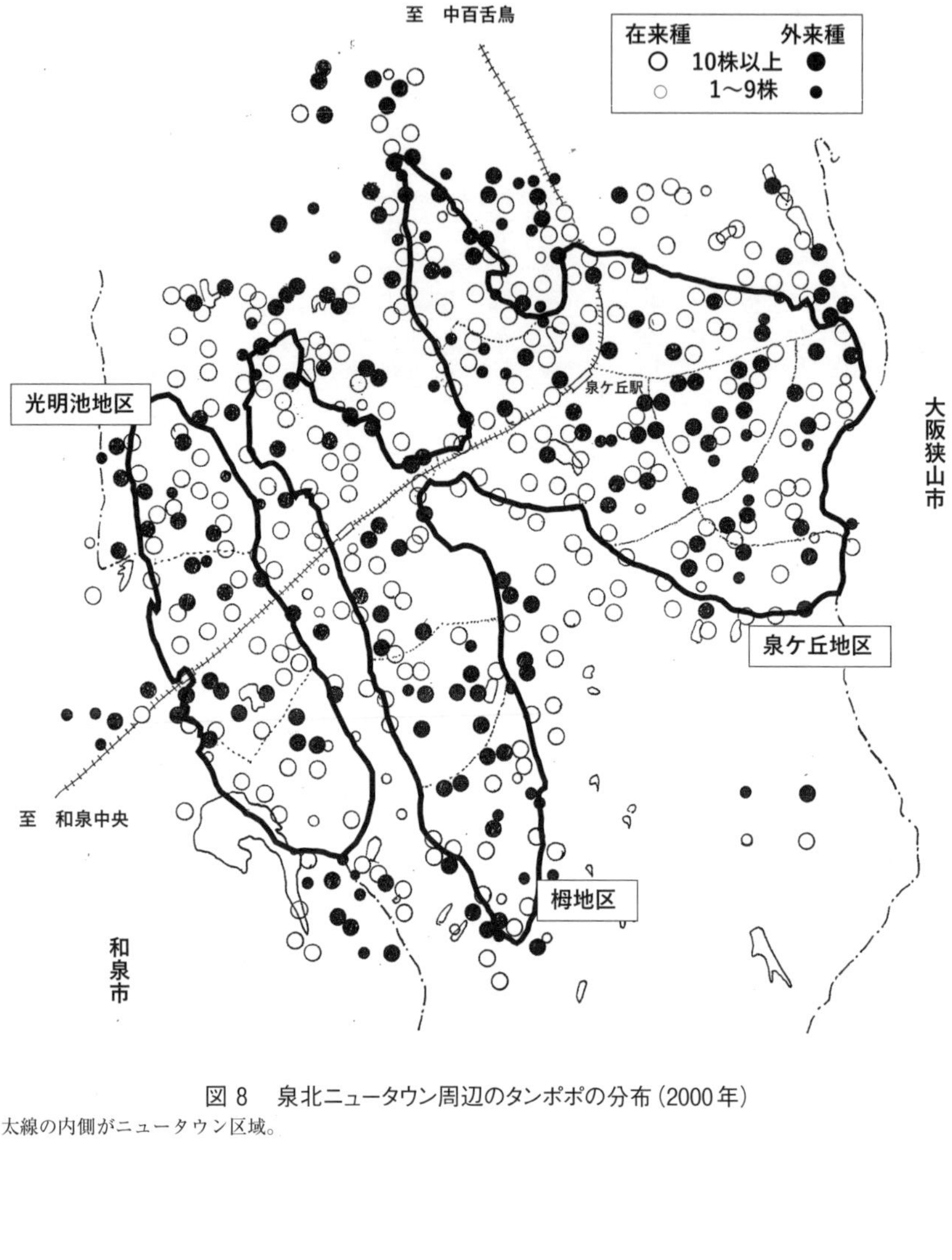

図 8　泉北ニュータウン周辺のタンポポの分布（2000 年）
太線の内側がニュータウン区域。

表 1　泉北ニュータウンにおける町別の外来種率（%）の変化

町名	造成年	調査年度							
		1975	1985	1995	2000	2005	2010	2015	2020
宮山台	1967	0.0	33.3	38.2	30.9	72.7	33.3	31.8	31.1
竹城台	1969	40.0	36.4	58.1	40.0	73.3	37.5	31.6	29.4
若松台	1970	0.0	50.0	37.9	15.2	37.5	59.2	60.7	33.3
茶山台	1971	0.0	46.2	60.9	54.5	61.5	76.9	52.4	33.3
三原台	1971	14.3	33.3	54.5	48.1	52.6	73.3	64.3	43.8
高倉台	1971	0.0	72.7	42.4	68.7	55.6	66.7	61.5	46.8
槇塚台	1972	0.0	50.0	42.3	27.8	50.0	44.4	56.5	46.2
晴美台	1972	0.0	50.0	48.4	44.4	50.0	48.0	43.8	35.3
桃山台	1972	0.0	75.0	37.7	29.7	43.8	46.3	15.0	36.0
原山台	1973	0.0	30.8	50.0	47.4	60.0	62.9	53.1	46.9
庭代台	1974	0.0	62.5	51.1	59.5	55.5	54.5	38.2	25.0
御池台	1979	0.0	40.0	54.2	24.2	75.0	50.0	43.5	27.8
赤坂台	1975	0.0	40.0	20.0	17.4	57.1	57.1	30.4	34.8
鴨谷台	1977	0.0	40.0	45.8	31.6	52.2	53.6	36.0	23.3
城山台	1977	0.0	0.0	46.3	30.8	47.1	43.8	43.5	24.5
新檜尾台	1979	0.0	0.0	69.2	51.9	50.0	57.7	45.9	35.3
全体		3.4	41.3	47.3	38.9	55.9	53.9	44.3	35.8

も高くなったのは多くの地区で二〇〇五年であり、その後は減少に転じていることもわかる。

ただし、外来種率がピークに達する年代は地区によって少しずつずれている。造成年代が一九七七年以降の地区では他の地区より外来種の増加が遅く始まるが、一九九五年にはほとんど差がみられなくなり、その後はよく似た変化を示すようになる。いずれの地区でも二〇〇〇年に外来種率がいったん低下し、二〇〇五年に増加している。これは、分譲後一〇年を過ぎると第三者に所有権を移転できるので、住宅地の様々な改変工事が行われるようになったためと考えられる。そして、二〇一〇年以降は確実に外来種率が減少している。

泉北ニュータウン地域では、外来種率が最も高い時期でも五六％である。その後に開発された他の地域では、このように住宅開発が進むと外来種率が九〇―一〇〇％近くに達する場合が多いことから、泉北ニュータウンはピーク時にも外来種の割合が低いことが特徴となっている。泉北ニュータウンでは造成当時から用地の二〇―二三％を公園として残す計画が進められ、できるだけ現況林を残した（増田二〇一八）ことで、内部に在来種が残存できたのであろう。また、日本在来のタンポポは酸性土壌でよく生育し、ヨーロッパ原産の外来種はアルカリ性土壌を好む（木村一九八二）ことから、土壌がアルカリ化した都市部に比べて、開発後も土壌が酸性[8]であった泉北丘陵では外来種の割合が比較的低く抑えられたのかもしれない。そして、ニュータウンは広大な農地や里山林に囲まれているので、それらの場所も在来種の種子の供給源となり、早期に在来種が復活してきたと考えられる。同様の現象は泉北ニュータウンより少し先がけて開発が進んだ千里ニュータウンでも明らかになっているし、東京の多摩ニュータウンなどからも報告されている。

これからのニュータウンとタンポポ

このように、開発の前にはまったく分布していなかった外来種[9]が、開発とともに侵入し、急速に広がっていくことがデータとして示されたのは、このタンポポの事例が初めてである。当初はこのまま外来種だけになるという人もいたが、木村らは適切な管理をすれば在来種が復活することを確信していた。実際に、開発が一段落して、植栽された樹木も大きく成長し、当初の期待通りの緑豊かなニュータウンが実現するにつれて、外来種が減少し

（8） 泉北丘陵の地層には大阪層群の海成粘土が多く含まれ、風化すると土壌が酸性を示すようになる。

（9） 四五年間のタンポポ調査の間に明らかとなった事実として、雑種タンポポの存在がある。外部形態から外来種と思われていたタンポポの多くが、在来種と外来種の交雑によってできた雑種だったというものである（森田・芝池二〇一二）。大阪府でも、二〇一五年の調査で行われたDNA解析では、外部形態からセイヨウタンポポと判断された個体の六七・六％が雑種であった（伊東ら二〇一六）。一方、一九七〇年代に堺市内で採集され、セイヨウタンポポと同定されていた個体の種子を調べたところ、そのほとんどが雑種ではなく純粋な外来種であった（森田・芝池二〇一二）ことから、これまでに述べた外来種の増加には雑種形成も影響していると考えられる。

て在来種のタンポポが勢力を盛り返した。このことは、泉北ニュータウンの自然が回復したことを示すとともに、タンポポの種類の比率が環境の指標として有効であることを示している。

現在、五〇年以上が経過したニュータウンの再生がうたわれている。居住者がどのような街にしたいかが重要ではあるが、私たちは適切な管理をすることで、造成前の自然に近い里山林や草地に近づけていくことが望ましいと思う。そのときには、タンポポもふたたび在来種だけになっているのだろうか。見届けたいものである。

3 農業生態系の改変と外来植物——上神谷《にわだに》地区における基盤整備事業と水田畦畔の植生変化

泉北ニュータウンの泉ヶ丘地区と栂地区の間に位置する、石津川の支流に挟まれた小丘陵には、南東から北西に伸びる尾根の両側に水田地帯が広がっている。ここは上神谷《にわだに》とよばれる地区に属し（図1）、かつては地形に沿って細かく区切られた水田が傾斜に沿って階段状に並ぶ棚田の景観がみられた（図9）。大阪府立大学農学部（当時）の教員を中心にしたグループは、上神谷地区の水田地帯をフィールドにして、田んぼのあぜ道（水田畦畔）の植物を主な対象にした生物多様性に関する研究を一九九〇年代に展開した。ここではその研究成果（前中ら一九九三・山口ら一九九八・伊藤ら一九九九）を引用しながら、人のくらしの変化が植生に及ぼす影響について述べることにする。

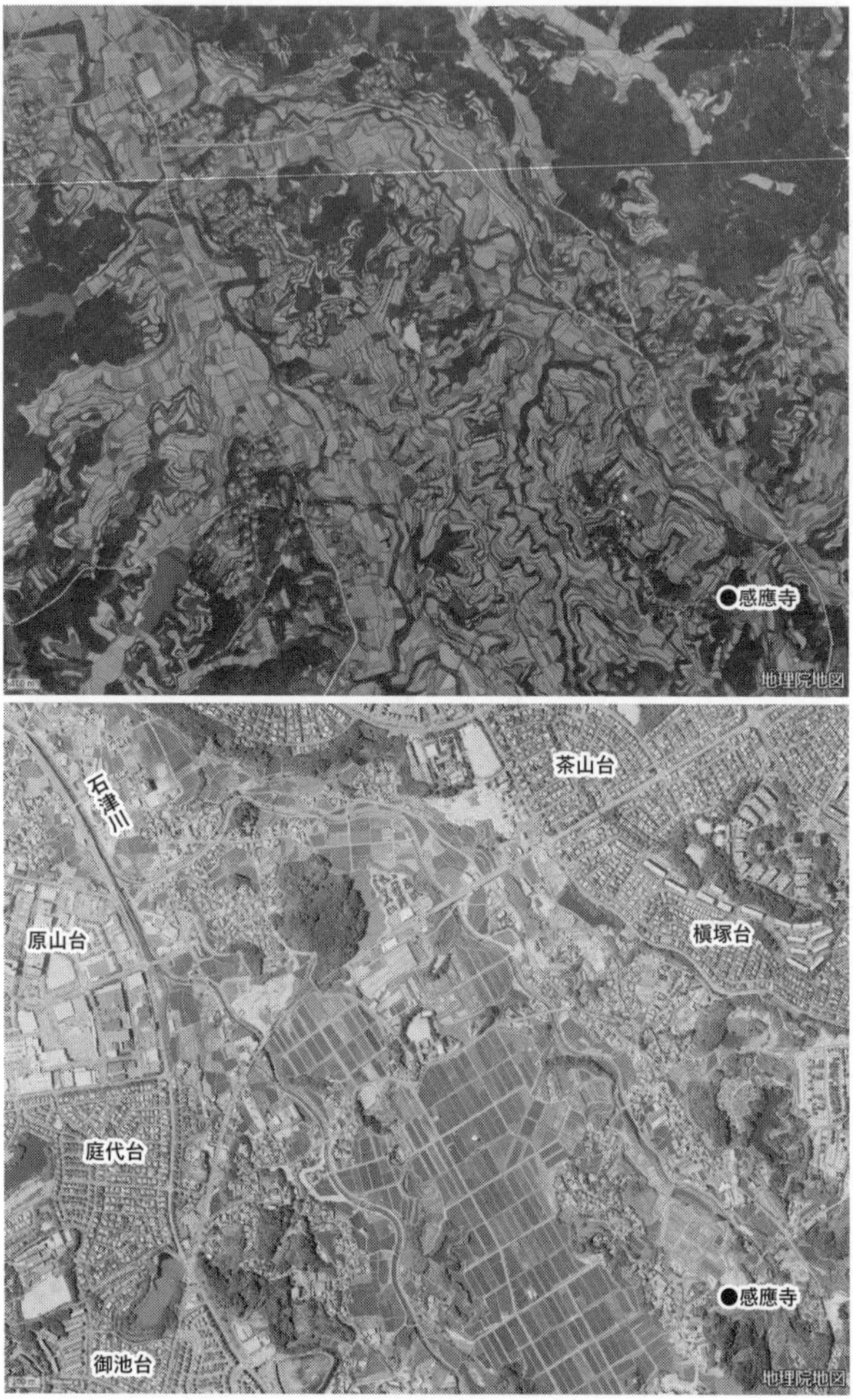

図９　上神谷地区の水田地帯
地理院地図（国土地図 Web）より作成。
上：1961年６月６日撮影、下：2007年７月24日撮影。

伝統的畦畔の植生

水田畦畔は、ススキやチガヤ、シバなどのイネ科の多年草(10)を主体とした「草原」とみなすことができる。平面的な広がりはないが、畦畔に生えている植物は野山にみられる「ススキの原っぱ」などと同じなのである。ただし、日本列島のほとんどの地域では森林が発達するのに十分な降水量があるため、草原は何も手を加えずに放っておくと森林になって

(10)　種子発芽から枯死までの期間が二年以上の草本。一年のある時期（冬の間など）に地上の茎や葉の大部分が枯れることはあるが、地下部（地下茎や根）は存続し、やがて地上部が再生する。

しまう。このような、時間にともなう植生の移り変わりを遷移とよぶ。私たちが普通に目にすることのできる草原は、火入れや刈取り、放牧などの人間の影響のもとで遷移が抑えられている状態とみることができる。

刈取りなどの、群落の構造を乱す作用を人為攪乱とよび、人為攪乱によって維持されている草原を二次草原、または半自然草原とよぶ。水田畦畔も半自然草原の一種であるが、その植生は時と場所によって異なっている。

図10　基盤整備されていない伝統的畦畔

畦畔には、歩行可能な平坦面（あぜ）と、平坦面から水田に続く高低差の少ない斜面（まえあぜ）、平坦面から隣の水田または道路に続く法面（畦畔草地）の三つの部分がある（山口・梅本一九九六）。田植えの前には、まえあぜをえぐりとり（あぜきり）、その後に良くねった土を塗り付ける（あぜぬり）。これは水田の漏水防止のために行われるのだが、植物にとってはやや強度の人為攪乱となるため、まえあぜには多年草が定着しにくく、水田内部にみられるのと同じ一年草[11]が優占する（図10）。

一方、あぜ（平坦面）では、農作業のじゃまにならないように、年に数回、鎌や刈払い機によって草が刈り取られる。これも人為攪乱であるが、土を掘り返すような強度の攪乱ではないので、多年草が生育することになる。とくにイネ科の多年草は成長点が地表面や地下にあり、地上部が失われても再生できるので、草

（11）種子発芽から成長、開花・結実、種子散布、枯死までの一生を一年以内に完結する植物。攪乱の程度や頻度の高い場所で優占しやすい。

刈りされる場所で優占するのである。

上神谷地区で伝統的な管理が行われている水田の畦畔（伝統的畦畔）では、チガヤはどの畦畔の平坦面にも生育していた。一方、背の低いシバは、草刈りが年に三―六回と比較的多く行われている畦畔の平坦面にはみられたが、草刈りが年に二回の場所では少なくなり、代わって背の高いススキが増える傾向がみとめられた。草刈りの回数は、同じ水田の畦畔でも畦畔草地の方が平坦面よりも少ない場合が多く、そのために畦畔草地ではシバは出現せずに、ススキが多くなる。草刈りの頻度は個々の農家の勤勉度や趣向に左右されるので、それが畦畔ごとの植生の違いを生む、つまり種の多様性[12]を高める要因となっているのだ。

畦畔に生育するのはイネ科の多年草だけではない。伝統的畦畔にはヨモギやスイバなどの比較的背の高い植物と、カタバミやヒメクグ、ノチドメなどの背の低い植物がともに生育し、とくに平坦面は密に覆われていた。また、春にはカンサイタンポポやアリアケスミレ、秋にはワレモコウやアキノタムラソウなどの草花が、数は少ないものの彩りを添えた。これら数多くの植物種によってつくられる多様性は、草刈りによって大きく低下することはなく、草刈りの後に多様性が増加した場合もあった。背丈の異なる様々な多年草が生育するため、草刈りがあっても背の低い種がある程度残り、植生が早く回復するからだと考えられる。

基盤整備による畦畔植生の変化

水田の畦畔の役割は、水田に水を保持することだけではない。畦畔の半自然草原は、牛

(12) 同じ場所にさまざまな種が共存している様子。種数が多いほど多様であると判断されるが、種数が同じ場合でも、特定の種の個体数が多くて他の種の個体数が少ない（均等度が低い）場合には多様性は低くなる。また、種の多様性は「同じ場所」とみなす範囲の捉え方（対象とする空間スケール）によって三つに区別される。たとえば、一本の畦畔に含まれる種数（α多様性）が同じでも、畦畔ごとにある程度の種類の違い（β多様性）があれば、水田地帯全体での多様性（γ多様性）は高くなる。

表2　畦畔の平坦面における植物の種数と外来種の割合（伊藤ら1999をもとに作成）

畦畔の種類	種数					外来種の割合
	在来種		外来種		合計	
	多年草	一年草	多年草	一年草		
伝統的畦畔	33	21	5	7	66	18.2%
基盤整備10年後	21	21	9	16	67	37.3%
基盤整備6年後	22	20	7	18	67	37.3%
基盤整備直後	23	37	5	11	76	21.1%
全体	52	53	12	24	141	25.5%

馬の飼料（まぐさ）や肥料（刈敷）を得るための採草地でもあった。長年にわたる刈取りの結果、伝統的畦畔では、イネ科の多年草を主体とし、その中にさまざまな植物が季節や草刈りなどに応じて盛衰をくり返す、全体として多様性の高い安定した植生が成立した。そこは小動物の生息地でもあり、地域の生態系の維持や景観形成のうえで重要な役割を果たしていた（前中ら一九九三）。しかし、生活様式や農業技術の変化にともない、飼料や肥料としての刈草は不要となり、労働力軽減のために薬剤による除草が行われるようになったことで、畦畔の植生も大きく変化していった。さらに大規模に畦畔の植生を変化させたのが、圃場《ほじょう》整備事業にともなう水田の区画整理、いわゆる基盤整備である。上神谷地区では一九七九（昭和五四）年から水田の基盤整備事業が進められ、多様な形をした棚田が方形に整備されていった（図9）。

基盤整備されてからの年代が基盤整備直後（当年）、六年後、一〇年後と異なる畦畔の植生を伝統的畦畔の植生と比較したところ、種の数は伝統的畦畔と基盤整備後の畦畔でほとんど変わらなかった（表2）。しかし、出現した種類やその割合は基盤整備によって大きく変化していた。

図11　基盤整備された水田畦畔（上神谷地区）

左上：基盤整備直後の畦畔、左下：基盤整備６年後の畦畔。いずれも1997年撮影[2)]
右側の２枚は、それぞれ左側と同じ場所の2021年10月の様子（中山撮影）。

基盤整備直後の畦畔では、メヒシバやキンエノコロ、イヌビエなどの在来の[13]一年草や、ヒメムカシヨモギやアメリカセンダングサなどの外来の[14]一年草が増加していた。基盤整備六年後までにはこれらの一年草が優占するが、そこから徐々に多年草へと置き換わっていく。基盤整備後一〇年が経過した畦畔では、在来の[13]多年草であるチガヤは出現するものの割合や量は少なく、セイタカアワダチソウやメリケンカルカヤといった背の高い外来の[14]多年草が繁茂し、背の低い植物はシロツメクサ以外にはあまりみられなくなった。また、

（13）　これらは稲作に付随して渡来した「史前帰化植物」と考えられているが、通常は在来種として扱われている。

（14）　これらは江戸時代末期から現在までに導入された現代の帰化植物であり、一般的に外来種と扱われている。シロツメクサ（クローバー）も江戸時代末期にヨーロッパから渡来した外来種である。

春に咲くタンポポでも、在来種のカンサイタンポポが減って外来種[15]が増えていた。外来植物の優占は平坦面よりも畦畔草地で顕著であり、基盤整備六年後にすでにセイタカアワダチソウが優占していた（図11）。

基盤整備後の水田畦畔では、草刈りの回数が減少する傾向があった。また、草刈りされた場合には、一年草が多いために刈取られた後に再生する植物が少なく、多様性が急激に低下してしまう。場所によっては裸地化し、雨が降ることによって土壌が流亡することもあった。

基盤整備で新たに作られた畦畔は、もともとの畦畔の表土が戻されずに心土がむき出しの裸地状態になった（図11）ので、種子散布能力に優れた一年草がまず侵入して定着したのだと考えられる。在来の多年草は、心土の中に残っていた栄養繁殖体や種子により、基盤整備後の畦畔に出現したのであろう。その中で、乾燥に強いヨモギやチガヤなどは生き残るが、ノチドメやヒメクグなどの水分を好む在来の多年草は基盤整備による乾田化[16]の影響で衰退してしまったと考えられる。外来植物は、このようにしてできた「生態的空き地」に侵入してきたのである。

ただし、これらの外来植物は、基盤整備後にこの地区に侵入したのではない。堺市は都市化の激しい場所であり、上神谷地区にも路傍や空き地には外来植物が定着していた。外来種には多年草でも種子散布能力の高いものが多いので、水田地帯の周辺にすでに定着していた個体に由来する種子が、基盤整備によって生じた裸地に侵入したのであろう。また、乾燥以外の土壌条件の違いも、外来種の定着に影響しているかもしれない。セイタカアワダチソウなどの外来植物はpHが五・七以下の場所にはほとんど出現しないが、表層土壌が

（15） 2 都市開発と外来植物で述べたように、純粋な外来種ではなく、そのほとんどは在来種と外来種との雑種だと思われる。

（16） 基盤整備のねらいには、区画を大きくして大型の農業機械が入れるようにすることの他に、排水路を整備して稲を育てないときには水を抜いて乾かすことのできる乾田にすることがある。

はぎ取られてpHが上昇した場所には定着しやすくなる（平館ら二〇一〇）。一方、伝統的畦畔は背の低い植物で密に覆われており、草刈りによっても裸地ができにくいため、周辺に外来植物が生育していても侵入・定着しにくいと考えられる。その結果、外来種の割合に二倍以上の違いが表れたのである（表2）。

さらに五年が経過すると、チガヤの優占度が高くなり、シロツメクサやセイタカアワダチソウの優占度は低くなったものの、在来の多年草はほとんど増加していなかった（道下・山口二〇〇四）。

上神谷地区から水田がなくなったわけではない。水田には畦畔も備わっている。しかし、基盤整備やそれにともなって生じた水田の管理様式の変化は、畦畔の植生を伝統的畦畔とはまったく異なる、季節的な変化に乏しい単純なものに変えてしまったのである。

おわりに

筆者のひとりである中山は、二〇二一年に上神谷地区の水田地帯を訪れた。一九九七年の調査（伊藤ら一九九九）に携わり、その後も水田雑草の採集などで訪れることはあったが、あぜ道を歩くのは二〇年ぶりのことであった。春に咲くタンポポはどの畦畔でもほとんどが在来種であり、外部形態から外来種と判断された個体の割合は〇％―一一％であった。泉北ニュータウンでみられた在来タンポポの復活が、ここでもみられたのである。その一方で、外来種のブタナが目立ってもいた。秋にはチガヤが優占し、セイタカアワダチソウは目立たなくなっていた。しかしススキは減ってしまい、代わってイネ科の外来多年草であるタチスズメノヒエやセイバンモロコシが目についた（図11）。基盤整備された水田畦畔では、チガヤを主体としていても、その他の在来植物を欠く、外来植物の多い植生になってしまい、三〇年程度では元の植生に回復しないことが知られている（山戸ら一九九九）。上神谷地区の水田畦畔の植生は、この先どうなっていくのだろうか。

外来植物が繁茂しているということは、人が外来植物を持ち込んだだけでなく、外来植物の定着しやすい環境をつくり出したことを示している。植物図鑑を片手に、あぜ道や住宅地を歩いてみてほしい。それが、私たちのくらす環境をみつめなおすきっかけとなると思う。

〔参考文献〕

市原実『大阪層群』創元社、一九九三年
伊東明・山口陽子・高田こころ・名波哲「西日本における雑種タンポポの分布状況と五年間の変化」タンポポ調査・西日本実行委員会編『タンポポ調査・西日本二〇一五調査報告書』二〇一六年
伊藤貴庸・中山祐一郎・山口裕文「伝統的畦畔と基盤整備畦畔における植生構造とその変遷過程」『雑草研究』四四巻、一九九九年
小葉田淳編『堺市史　続編 第一巻』堺市役所、一九七一年
環境省『我が国の生態系等に被害を及ぼすおそれのある外来種リスト（生態系被害防止外来種リスト）』二〇一五年　https://www.env.go.jp/nature/intro/2outline/iaslist.html
木村進「なぜセイヨウタンポポが都市に広がっているのか―都市化に伴うタンポポ類の分布変化とその原因―」『Nature Study』二八巻七号、一九八二年
西田正規「和泉陶邑と木炭分析」大阪文化財センター編『陶邑Ⅰ』一九七六年
平舘俊太郎・楠本良延・吉武啓・馬場友希「土壌が支える生物多様性」根本正之編著『身近な生物の保全生態学――生物の多様性を知る』培風館、二〇一〇年

前中久行・石井実・山口裕文・梅本信也・大窪久美子・長谷川雅美・近藤哲也「畦畔草地の景観構成要素・生物生息地としての評価と適正な植生管理に関する研究」『日産科学振興財団研究報告書』一六、一九九三年
増田昇「ランドスケープの視点から泉北ニュータウンの将来像を展望する」『フォーラム堺学第二十四集』堺都市政策研究所、二〇一八年
道下雄大・山口裕文「基盤整備後一五年間の畦畔植生の変化」『雑草研究』四九巻（別号）、二〇〇四年
森田竜義・芝池博幸「雑種タンポポ研究の現在―見えてきた帰化種タンポポの姿」森田竜義編著『帰化植物の自然史―侵略と攪乱の生態学』北海道大学出版会、二〇一二年
山口裕文・梅本信也「水田畦畔の類型と畦畔植物の資源学的意義」『雑草研究』四一巻、一九九六年
山口裕文・梅本信也・前中久行「伝統的水田と基盤整備水田における畦畔植生」『雑草研究』四三巻、一九九八年
山戸美智子・服部保・浅見佳世「兵庫県三田市の基盤整備地と非整備地における畦畔法面上のチガヤ群落の比較」『雑草研究』四四巻、一九九九年

〔出典〕
1) 秋里籬島（著）・竹原信繁（画）『和泉名所図絵』堀口康生校訂、柳原書店一九七六年発行の翻刻版
2) 伊藤貴庸『整備段階の異なる水田畦畔の植生―堺市上神谷における事例―』大阪府立大学農学部学士論文、一九九八年

column

生き物のすみ場所としての堺市域——堺市レッドリストにおける要注目生態系としての視点から——

佐久間大輔

日本地図の中で大阪がどの辺りにあるか、迷う人はそれほど多くないだろう。瀬戸内海の一番奥、本州が中国地方と紀伊半島に分かれるところ。そして、日本最大の湖である琵琶湖から流れ出た淀川が注ぐ場所に大阪はある。わかりやすいこの立地が、大阪の都市としての特徴でもあり、自然の特徴も示す。瀬戸内海の一番奥、という立地はもっと広い視野で見れば中国大陸まで含めた外界と日本の内陸部の玄関口、良港としての立地だ。難波津そして堺は古くからの港湾都市として発達、臨海部の市街地は室町期から文化の花開く国内有数の都市であった。淀川の存在は京都や奈良への舟運も可能にしていた。淀川そして大和川などによって内陸から運ばれた大量の土砂は肥沃な河内平野を形作り、さらに海に干潟を作り、砂州や海岸線を形成した。水田地帯やハス田の基盤を作り、豊かなチヌの海をうんだ背景となる。

気候としては瀬戸内型気候区の東の端に位置し、温暖ながら日本全体から見ると案外少ない年間降水量となる。江戸時代中頃のワタやアブラナなどの生産につながり、またもっと古い時代からたくさんのため池を必要とした背景となる条件だ。

こうした地形や気候の条件を背景に大阪には難波宮など古代からの都市が立地した。堺市もまた、大規模な古墳が林立する、古代から繁栄した地である。中心市街地だけでなく、周辺も都市を間近に控えた近郊農村として中世から発展し、江戸期にはさらに干拓、農地の拡大が進んだ。明治以降は大阪の衛星都市としても交通機関の沿線を中心に都市化が進んだ。堺市域は関西でも早くから都市化の進んだ地域と言える。

こうした都市の立地、さらに歴史は、自然環境の理解にも重要だ。歴史の理解に自然は重要だ、と市史や町村

図1　湿った水田に再発見されたヒメミズワラビ（イノモトソウ科）堺市レッドリスト2021　Bランク　撮影：横川昌史

図2　リンドウ（リンドウ科）　堺市レッドリスト2021　Bランク　写真提供：堺市

史の冒頭に自然のことが書かれているが逆も真なりだ。堺市域に今生き残る生物を考えるために、地理や歴史が大切なのだ。大阪周辺に人が住み始めたと言われるのは数万年前。現在の自然を考える上で「人がいなかった時代」だけを仮定するにはやや遠すぎる。最終氷期が終わり、温暖な時代に変わり、人が住み始めて堺市域の自然はその姿をゆっくりと変えてきた。冷涼な森は温暖な照葉樹林へと移り、さらに人が森を伐り、使い続けることで照葉樹林はだんだんと減り、アカマツの疎林がひろがり、薪として使い続けられた林はコナラやクヌギの落葉樹林へと誘導された。一九六〇年代までそうした変化が数千年をかけてゆっくりと進んでいった。低地も氾濫原は水田へ、丘陵の裾野は畑へと転換され、灌漑のための水路やため池のネットワークが営々と築かれていった。数千年に及ぶ稲作の歴史の中で氾濫原や湿性林など人が住む以前の平野の自然の面影はため池のほとりなどにわずかにのこるばかりだ。

　こうした状態になり、それでは堺市域がとても生き物なんて住まない場所になっていたかと言えばそんなことはない。確かに、屋久島に残るような、大規模な照葉樹林にしか生き残れない昆虫や動物、植物はいない。大きな氾濫原がひろがる場所にのみ住む生物は、有史以前から歴史時代にかけてゆっくりといなくなっていたことだろう。それでも、そのゆっくりとした変化の中で、水辺の植物はため池や水田の周りにしっかりと生き延び、森の生き物にもまた、わずかに残った社寺林に生き残る

図3　都市化した堺市域　中区付近

もの、雑木林の中ですみ場所を見つけるものなどがいた。

それにもまして、稲作等の農業と薪炭利用によって環境が変化したことにより、かえって生きながらえる場所を見いだした生物群もいる。草地の生き物たちだ。最終氷期最寒冷期と言われる二万三千年前は単に寒かっただけではない。海水準の低下によって瀬戸内海は盆地となり、大阪湾も紀伊水道まで陸であり、堺を含め大阪は海岸部ではなく内陸であった。気候の変動は雨量にも影響する。気温も低く雨量も少なければ森林の発達は悪く、草原的な環境が発達しやすい。実は瀬戸内海から近畿中部にかけては、中国大陸の東北部から朝鮮半島にかけて分布を持つ、草地や疎林的な環境に適応した動植物が点々と分布している。こうした生き物たちが切り拓かれた森の縁や、ため池や水田の畦に広がる草地的環境、明るい林床に生き残る場所を見いだした。草地の生き物たちは実は大阪の氷期の生き残りとして歴史の証人とでもいうべき存在である。よく名が知られ、かつ堺市レッドリストに挙げられているキキョウやリンドウもそうだ。すでに堺市から絶滅してしまったカセンソウなどもある。

こうした状態が大きく変化したのがこの五〇年間である。戦後から高度成長期、現代に至るまでのこの半世紀あまりで、丘陵地はニュータウンや大学、病院などの大規模施設、工場団地などに姿を変え、水田やため池も埋め立てられ、住宅地に、マンションに、学校、道路へと姿を変えた。残された場所も大きく変化した。かつて柴を刈り、日常の煮炊きに落ち葉を集め、肥料や飼料として草を刈られ続けた痩せた里山のアカマツ林は、もはや利用されずに放置され、そこに外来生物であるマツノザイセンチュウが引き起こした「松枯れ」が蔓延して一気に衰退してしまった。薪や炭を得るために必要とされていたコナラやクヌギは電気や石油の時代になり、もはや必要とされず、かつてないほどに大きく繁り過ぎ、カシノナガキクイムシが媒介するナラ枯れの餌食になってい

図4　水路の端に生き残るミズオオバコ（トチカガミ科）　堺市レッドリスト2021 Aランク　撮影：弘岡知樹

図5　堺市南区別所の農村風景

る。水田も離農者が増えたことで山裾を中心に放棄田が増え、残った場所は「農地改良」により畦がコンクリートになり、冬はからからに乾く乾田となった。このような環境の変化により、すみ場所を失い、絶滅の危機にある生き物は大変な数に上る。生き物が絶滅する、というのはその種類だけの惨劇ではない。その種類が乱獲に合うとか、その種類だけが次々に死んでしまう病気がはやるというケースは現実には少ない。ここに書いたような、その生き物が生活する空間が無くなるケース、生きてエサや養分をとり、子を残し、その子がまた成長できる空間が失われてしまうことの方がよほど多い。絶滅した種は同じ場所に生きるさまざまな生物の衰退の代表なのだ。ため池が埋め立てられるというような物理的に失われるケースも、ため池は残っていてもコンクリート護岸になって草が生えず、エサも隠れ場所もないというように変質してしまって質的に失われてしまうケースもある。これは水田や河川、林など様々なケースで同様だ。

レッドデータブックとは単純に絶滅しそうな生き物たちのリストではない。この半世紀の現代社会による環境の改変によって、生き延びる場所を失い、私たちの世代のライフスタイルによって絶滅に追いやられそうな生き物たちの代表選手のリストである。我々の祖父母の世代に普通であった自然とそれを楽しむ文化を、子や孫の世代に引き継ぐことができないかもしれない。それは我々の世代の責任に他ならない。ＳＤＧｓでも生物多様性保全でも、こうした事態を避け、将来の世代にどのように自然を残すことができるかということが問い直されている。

堺市のレッドリストは「どんな生き物に絶滅の危険があるのか」という種別のリストと、もうひとつ「どんな環境（生物のすみ場所）が減少しているのか」という生態系のレッドリストから構成されている。種のリストと生態系は縦軸と横軸のように状況を明らかにしてくれる。堺市域にはブナの繁る高い山も大きな湖もない。そうした堺市において、絶滅危惧種を育む環境となっているのは、ため池群であり、平地に広がる水田であり、アカマツやコナラのまとまった林である。なんてことは無いありふれた環境——正確にはちょっと前まではありふれていた環境である。しかし、そうした水田は年々急速に減少しているのだ。隣の大阪市内では市内の水田の面積は合計しても大規模な公園一つ分にも満たない。平野区や此花区などにはまだあるだろうと思うかもしれないが、歩いてみてほしい、ちょっと前まで田んぼだった場所がほとんどマンションや駐車場などに変わってしまっているはずだ。堺市でも同じことが進んでいる。営農していた世代の離農という引き金が引かれてしまっているのだ。都市域における生物の生息場所の確保を、安易に営農者の農地管理に期待できる状況ではなくなりつつある。ではどうすればいいのか。非常に難しい問題である。堺市域での自然保護の最優先課題は営農の継続なのかもしれない。

農地とは農業生産のための空間であり、生物への配慮よりも農業者の都合や生産性が重要だという方もいるだろう。近視眼的な経済的判断としてはその通りかもしれない。しかし、それは一方では農地の機能を単機能としすぎではないだろうか。水田の洪水調節機能、緑地としての機能、そして生物多様性を保つ上での機能などすべて合わせて農地の機能である。これらの公益的機能のために、行政は農地の保全を図る様々な制度をもっているのである。

狩猟採集という完全に生態系に依存した時代から、その中に共存するシステムとして発達してきた農業である。現代でも太陽や水、土壌、そしてしばしば果樹などでは受粉をいまでも生態系に依存している。植物工場にまで生態系機能を求めるつもりはないが、農地には生態系保全の機能が必要だ。それは私たちの生きていく環境として、文化や情緒を育むためにも必須のものである。

農地とおなじように雑木林や社寺林もため池も、駐車場にしてしまえばいくら、マンションを建てればいくら、と計算できてしまう誰かの財産である。しかし、同時にその環境は地域の自然の中で生き物を育み、温度や騒音を和らげ、地域の風景を形作ってきた。「誰かだけ」のものとして機能したわけではなく地域にとっての重要な場所でもある。こうした公益的機能を持つ場所をどうやって保全していくか。人口減少社会となり、高すぎる開発圧はそう長くは続かないかもしれない。自然にとってそれは朗報かも知れないが、そこまでの数十年の間をどうやってつなぐか。生物多様性の保全意識を、現代の街作りの目線や工夫の中に実装していかなければならない。

大和川の鳥類、哺乳類、両生爬虫類

和田　岳

はじめに

大和川は、大阪市立自然史博物館に一番近い大きめの河川なので、二五年ほど前から、その下流部の水鳥のカウント調査を毎月一回実施してきた（以下、水鳥カウントと呼ぶ）。また、機会あるごとに大和川水系の生物に関する情報や標本も集めてきた。

二〇〇二年から二〇〇六年には、市民と大阪市立自然史博物館の学芸員が一緒になって、大和川水系の水質や生物相についての調査プロジェクトを実施した。このプロジェクトは、大和川の頭文字のYをとって、プロジェクトYと呼ぶ。参加したメンバーは、一七八名・四団体に及ぶ。二〇〇六年には、その成果を元にして、特別展「大和川の自然」を開催した。

以下では、大和川の環境を生物の視点でざっと見渡した上で、今まで大阪市立自然史博物館で取り組んできた成果を中心に、大和川水系の大阪府部分に生息する脊椎動物（魚類を除く）を紹介する。両生類、爬虫類、上流域・中流域の鳥類の記述は、おもにプロジェクトYの成果に基づく。下流域の鳥類の記述は、水鳥カウントに基づく。

1　大和川水系

大和川は、奈良盆地の東端を源流とし、南下した後、奈良盆地をおおむね西に流れ、大阪府に入ってからも西に向かい、大阪湾に流入する（図1）。かつての大和川は、大阪府に入ると、その流れは北上し淀川に合流していたが、江戸時代の工事によって現在のような流れに付け替えられた。

大和川の流域は、奈良盆地全域と、大阪府の南河内地域と堺市東部に拡がる（図1）。大阪府側で流れが大きく付け替えられただけでなく、奈良県側でも平安時代から流路の付け替えが行われてきた。大和川水系の大部分は、岸は護岸が整備され、流路には段差が付けられ、本流も支流も、源流部を除き、人の影響を強く受けている。周辺環境は水田や市街地が中心で、排水や下水の流入という意味でも人の影響を受けている川である。

これだけ人の影響を強く受けていても、大和川水系はさまざまな生物を育んでいる。

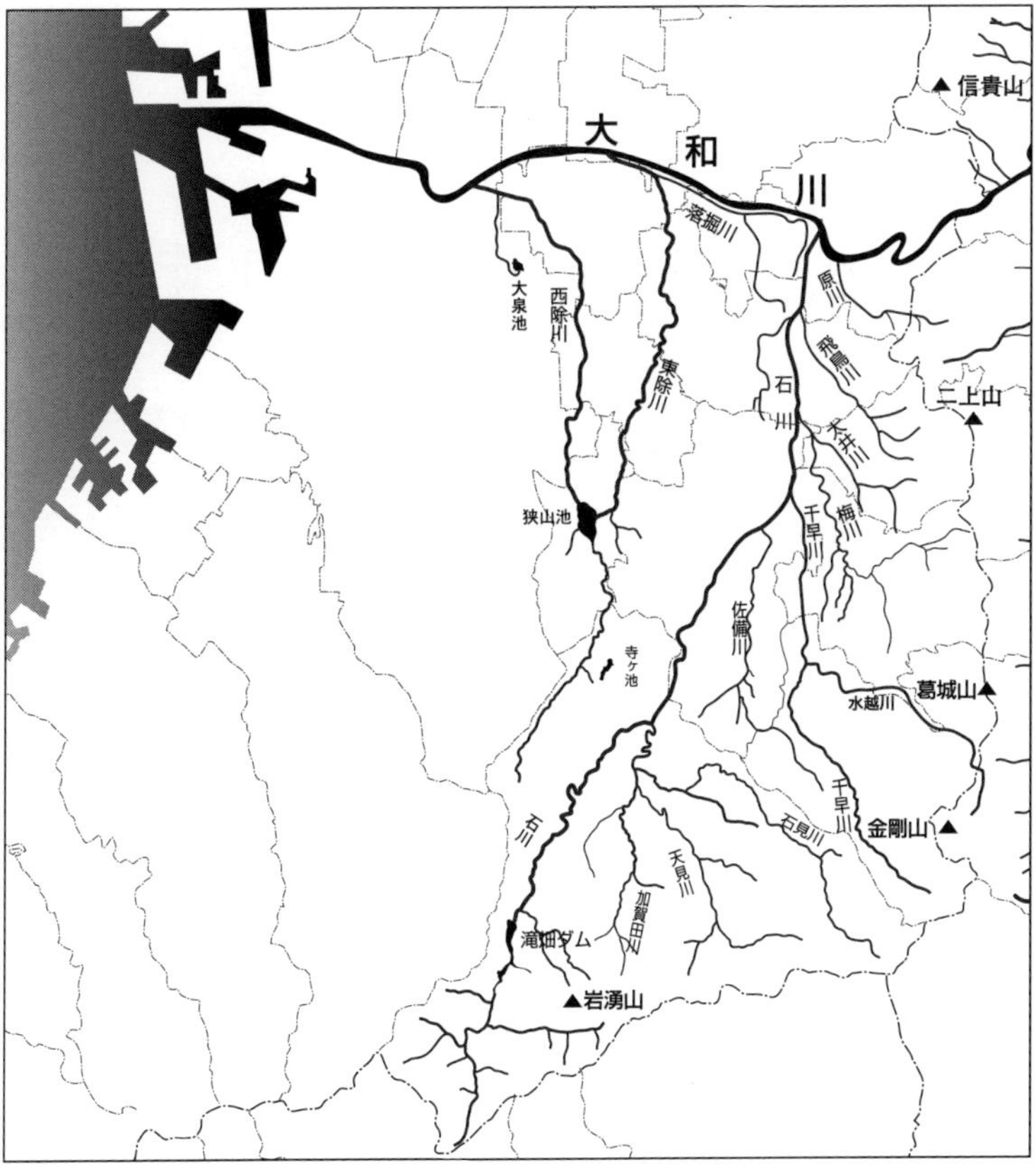
大和川
信貴山
落掘川
大泉池
西除川
東除川
原川
飛鳥川
石川
二上山
大井川
梅川
千早川
狭山池
佐備川
寺ケ池
水越川
葛城山
千早川
石見川
金剛山
石川
天見川
加賀田川
滝畑ダム
岩湧山

図１　大和川水系

2　大和川の環境

大和川流域の周辺には高い山地がなく、一番高いのは大阪府南東部の金剛山地と和泉山脈東部になる。そのため多くの本流・支流の源流部は山林ではなく、水田になっていることが多い。源流部が山林で、上流域に渓流があるのは、大阪府南東部の石川水系の源流域にほとんど限られる。

大和川水系の周辺の山手の地質は、大部分が花崗岩類からなっている。そして、大和川水系には、花崗岩類が風化した砂が多く供給される。そのため、大和川の底質は、砂地が卓越しており、全体的に浅い。中流域から河口域には、砂地の中州が多く見られるのが、大きな特徴になっている。

大和川は、国土交通省が発表する一級河川の水質ランキングで、かつては毎年のようにワースト1となり、年中行事のように話題になっていた。これは源流部から河口まで、周辺環境がおもに水田と住宅地など人間の影響を強く受けた環境であることと関係する。しかし、下水道を整備するなどの努力が続けられてきた中で、かつてと比べて水質は随分改善された。今では、下流域でも水の透明度は高く、泳いでいる魚の様子もよく見える。

3　大和川水系の両生類

大和川水系の大阪府部分に現在生息する両生類を、表1に示した。かつては、この他にナゴヤダルマガエルが生息していたが、現在は絶滅している。大和川水系では、オオサンショウウオやモリアオガエルの記録もあるが、人為的に持ち込まれた可能性が高く、また定着もしていない。

両生類は成体になると、水辺から離れ林床などで生活するものも多いが、幼生（オタマジャクシ）時代は、いずれも水中で生活する。幼生の生活場所は、ため池や田んぼなど止水域であることが多く、流水の河川で幼生時代を送る両生類は限られ、大和川水系（大阪府部分）には二種しかいない。

マホロバサンショウウオは、河川最上流域で産卵し、流涙中で幼生時代を過ごす小型サンショウウオ類の一種である。大和川水系で分布する場所は少なく、大和葛城山と金剛山、及び石川源流部にのみ分布する。

カジカガエル（図2）は、大阪府で唯一河川でのみ繁殖するカエル類である（図2）。河川上流の渓流に生息する。大和川水系（大阪府部分）での分布を図3に示す。マホロバサンショウウオの生息エリアに似ているが、少し下流側になる。

表1　大和川水系（大阪府部分）に現在生息する両生類リスト.

目名	科名	和名	学名
有尾目	サンショウウオ科	マホロバサンショウウオ	*Hynobius guttatus*
	イモリ科	アカハライモリ	*Cynops pyrrhogaster*
無尾目	ヒキガエル科	ニホンヒキガエル	*Bufo japonicus*
	アマガエル科	ニホンアマガエル	*Dryophytes japonicus*
	アカガエル科	タゴガエル	*Rana tagoi*
		ニホンアカガエル	*Rana japonica*
		ヤマアカガエル	*Rana ornativentris*
		ウシガエル※	*Lithobates catesbeianus*
		ツチガエル	*Glandirana rugosa*
		トノサマガエル	*Pelophylax nigromaculatus*
	ヌマガエル科	ヌマガエル	*Fejervarya kawamurai*
	アオガエル科	シュレーゲルアオガエル	*Zhangixalus schlegelii*
		カジカガエル	*Buergeria buergeri*

※外来生物

図2　カジカガエル

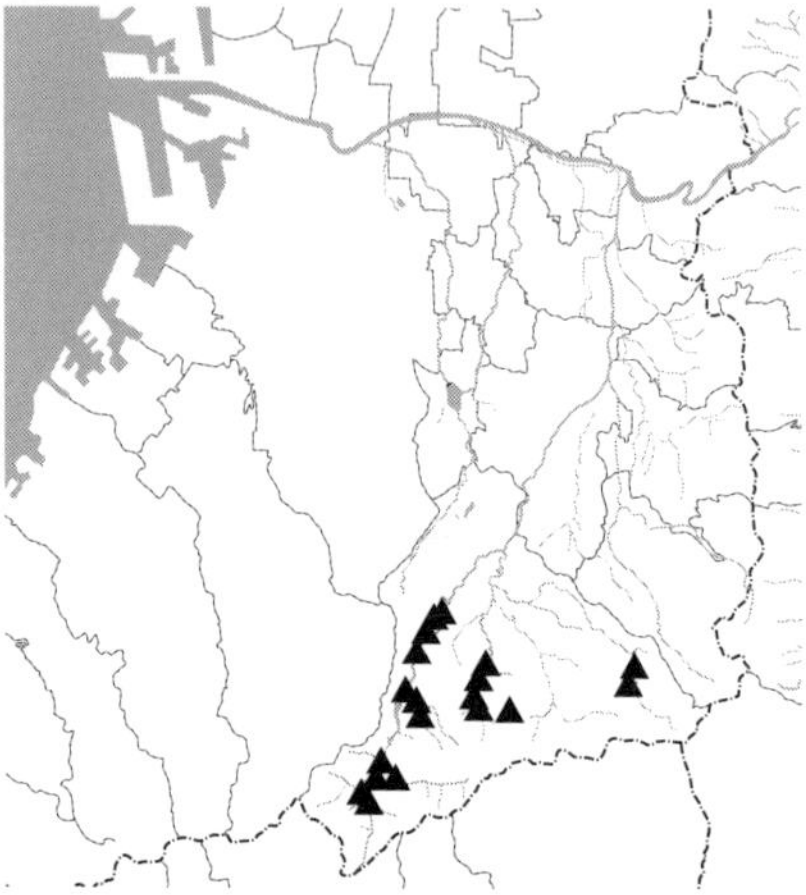
図3　大和川水系（大阪府部分）のカジカガエルの分布．2005年～2006年の5月～6月の確認地点

繁殖はしていなくても、大和川水系の河川では、アカハライモリ、ツチガエル、トノサマガエルなどが見られることがある。おもには水田周辺を流れる小河川で見られ、まれにさらに下流でも見つかる。いずれも大阪府で減少している。

ヌマガエルや外来生物のウシガエルは、大和川水系（大阪府部分）の河川の中流から下流域で比較的頻繁に見られる。河川では繁殖できないはずなので、水田や周辺の水路やため池から頻繁に流れてきていると考えられるのだが、詳細はよく分からない。

4　大和川のカメ

大和川水系の大阪府部分に現在生息する爬虫類を、表2に示した。この他に外来生物のワニガメやカミツキガメの記録もあるが、繁殖・定着はしていないと考えられるため、リストには含めなかった。

爬虫類の中で、カメ類が一番水域とのつながりが強く、その他では、両生類や小魚を狙うヤマカガシやヒバカリなどのヘビ類が、水田や小河川に出没する程度である。カメ類は、両生類とは違って、ため池と河川を利用する種に、大きな違いがなく、大和川水系に生息するカメ類のすべてが、ため池でも河川でも記録されている。

大和川水系に生息するカメ類四種の内、外来生物のアカミミガメが一番個体数が多く、大和川でみかけるカメの九割以上はアカミミガメであると言っても過言ではないほど、中流域から下流域に広く多数生息する。次に多いのはクサガメで、アカミミガメと同じく中流域から下流域に広く生息する。ニホンイシガメは、クサガメよりは上流よりに分布し、上流域から中流域で見られる。ニホンイシガメの生息環境は、むしろ山手の水田周辺の水路や小さな池が中心と考えられ、また近年減少が指摘されており、大和川水系の河川で見られることは多くない。

大和川で特筆されるのは、他の河川と比べてニホンスッポン（図4）との遭遇頻度が高いことである。その大きな理由としては、砂に潜ることが多いニホンスッポンにとって、大和川の底質がおもに砂地であることが大きいだろう。また、大和川は比較的浅い場所が多いので、砂地周辺で活動している様子も見つけやすい。その分布は、中流域が中心である（図5）。

大和川の中流域から下流域では、カミツキガメやワニガメといった外来カメ類が見つかっている。今のところ産卵や子ガメは見つかっていないので、繁殖はしておらず、逃がされた飼育個体が見つかっているだけと考えられている。しかし今後、繁殖・定着する可能性は否定できず、注意していく必要がある。大型のカメ類なので、噛みつかれると、大きなケガにつながる恐れがある。

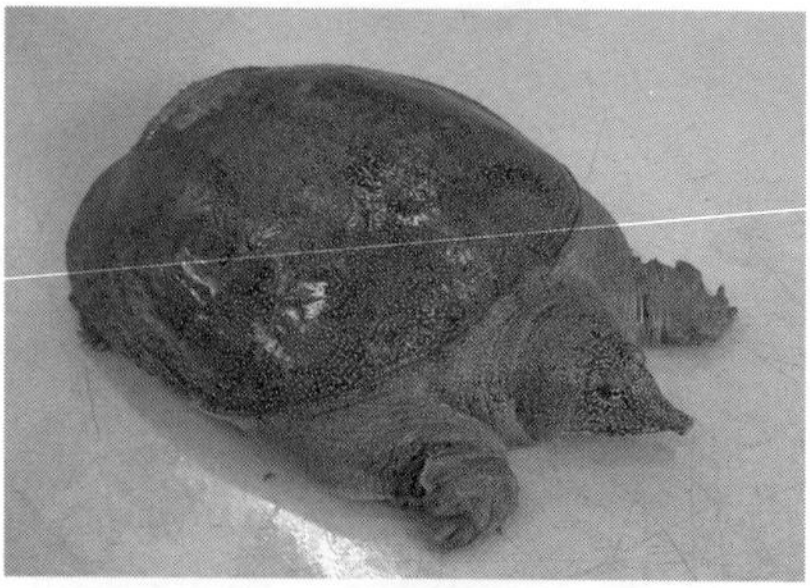

図4　ニホンスッポン

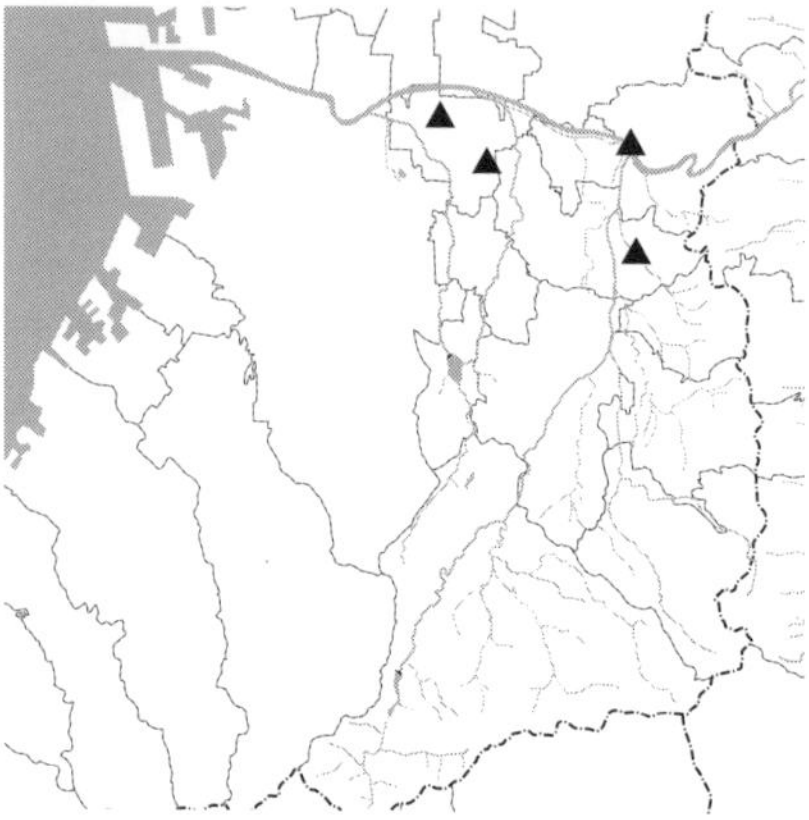

図5　大和川水系（大阪府部分）のニホンスッポンの分布．2004年～2006年の確認地点

表2　大和川水系（大阪府部分）に現在生息する爬虫類リスト．

目名	科名	和名	学名
カメ目	イシガメ科	クサガメ	*Mauremys reevesii*
		ニホンイシガメ	*Mauremys japonica*
	ヌマガメ科	アカミミガメ※	*Trachemys scripta*
	スッポン科	ニホンスッポン	*Pelodiscus sinensis*
有鱗目	ヤモリ科	ニホンヤモリ	*Gekko japonicus*
	トカゲ科	ニホントカゲ	*Plestiodon japonicus*
	カナヘビ科	ニホンカナヘビ	*Takydromus tachydromoides*
	タカチホヘビ科	タカチホヘビ	*Achalinus spinalis*
	ナミヘビ科	シロマダラ	*Lycodon orientalis*
		ジムグリ	*Euprepiophis conspicillatus*
		アオダイショウ	*Elaphe climacophora*
		シマヘビ	*Elaphe quadrivirgata*
		ヒバカリ	*Hebius vibakari*
		ヤマカガシ	*Rhabdophis tigrinus*
	クサリヘビ科	ニホンマムシ	*Gloydius blomhoffii*

※外来生物

5 大和川の哺乳類

大和川水系の大阪府部分に現在生息する哺乳類を、表3に示した。かつてはニホンイタチも生息していたが現在は確実な記録がない。逆に、アライグマやハクビシンといった外来哺乳類が、近年新たに確認されるようになり、アナグマの観察記録も増えている。大阪府北部と比べると、キツネやニホンジカが生息しておらず、洞穴棲コウモリの種数も少ない。一方で、食虫類の種数が多い。

多くの哺乳類にとって、河川は水辺というより、線状に連続した草地という意味合いの方が強い。とくに市街地化が進んだ地域では、河川敷は唯一の草地環境であることが少なく、農耕地のエリアでも丈の高い草本は河川敷に多く見られる。そのため、草地に棲息するカヤネズミは、山際や山間部の農耕地周辺を除けば、大阪府では河川沿いの草地にのみ生き残っている（図6、7）。

市街地を中心に、河川は哺乳類の通路としても活用されており、タヌキやアライグマなどの中型哺乳類は、しばしば河川敷で見つかる。また山地から平地まで連なる河川は、山地に生息するイノシシなどの哺乳類が、平地にやってくる通路になることもある。

こうした中で、河川などの水辺でおもに暮らす数少ない哺乳類にカワネズミとヌートリアがいる。カワネズミは渓流に生息する比較的大きな食虫類であるが、その生息状況は謎に包まれている。大阪府での記録は数少ないのだが、河内長野市南部の山間部の河川で観

表 3　大和川水系（大阪府部分）に現在生息する哺乳類リスト.

目名	科名	和名	学名
齧歯目	リス科	ニホンリス	*Sciurus lis*
		ムササビ	*Petaurista leucogenys*
	ネズミ科	ヒメネズミ	*Apodemus argenteus*
		アカネズミ	*Apodemus speciosus*
		カヤネズミ	*Micromys minutus*
		ハツカネズミ※	*Mus musculus*
		ドブネズミ※	*Rattus norvegicus*
		クマネズミ※	*Rattus rattus*
	ヌートリア科	ヌートリア※	*Myocastor coypus*
兎形目	ウサギ科	ニホンノウサギ	*Lepus brachyurus*
食虫目	トガリネズミ科	ニホンジネズミ	*Crocidura dsinezumi*
	モグラ科	ミズラモグラ	*Euroscaptor mizura*
		アズマモグラ	*Mogera imaizumii*
		コウベモグラ	*Mogera wogura*
		ヒミズ	*Urotrichus talpoides*
翼手目	キクガシラコウモリ科	キクガシラコウモリ	*Rhinolophus ferrumequinum*
	ヒナコウモリ科	アブラコウモリ	*Pipistrellus abramus*
		テングコウモリ	*Murina hilgendorfi*
食肉目	ネコ科	イエネコ※	*Felis catus*
	ジャコウネコ科	ハクビシン※	*Paguma larvata*
	イヌ科	タヌキ	*Nyctereutes procyonoides*
	イタチ科	ニホンテン	*Martes melampus*
		アナグマ	*Meles anakuma*
		シベリアイタチ※	*Mustela sibirica*
	アライグマ科	アライグマ※	*Procyon lotor*
偶蹄目	イノシシ科	イノシシ	*Sus scrofa*

※外来生物

図 7　カヤネズミの巣

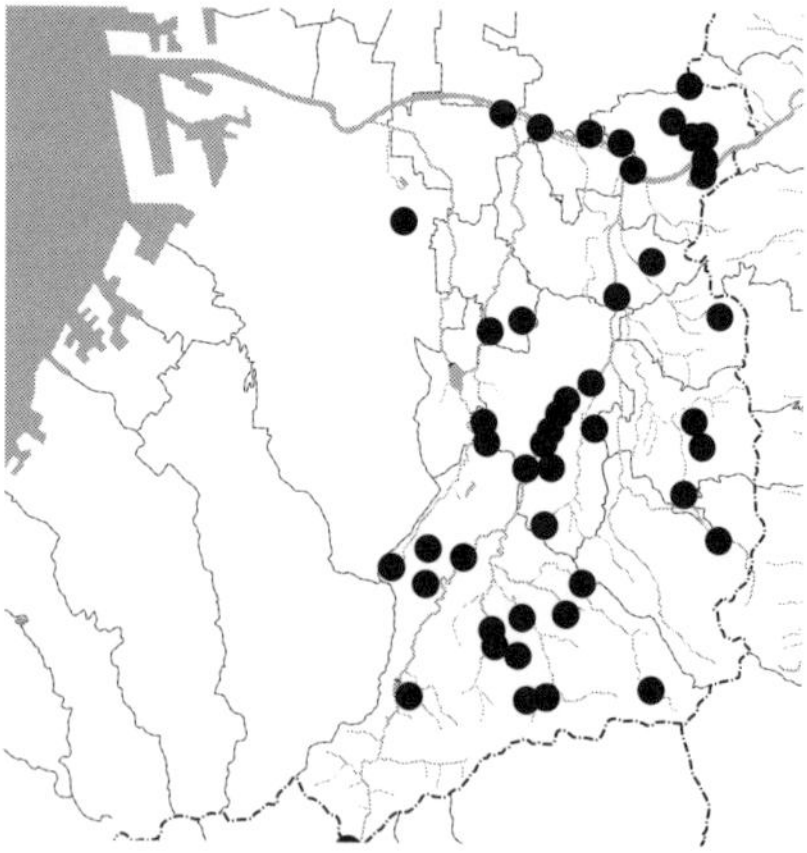

図6　大和川水系（大阪府部分）のカヤネズミの分布. 2004年9月～2006年3月の巣の確認地点

察されたことがある。近年の記録はないが、今も生息していると信じたい。

ヌートリア（図8）は、草食でネコ大の大型齧歯《げっし》類で、南アメリカ原産の外来生物である。大阪府では、二〇〇〇年に淀川で初めて見つかった。その後二〇〇四年には淀川本流に拡がり、さらに二〇〇九年頃までには淀川水系全体に分布を拡大した（図9左・中）。能勢町や豊野町といった山間部にまで進出した。この時点で、ヌートリアは大阪府北部に拡がっていたものの、大和川水系をはじめ、大阪府南部ではほとんど記録されていなかった。しかし、二〇一四年頃から大和川水

図8　ヌートリア

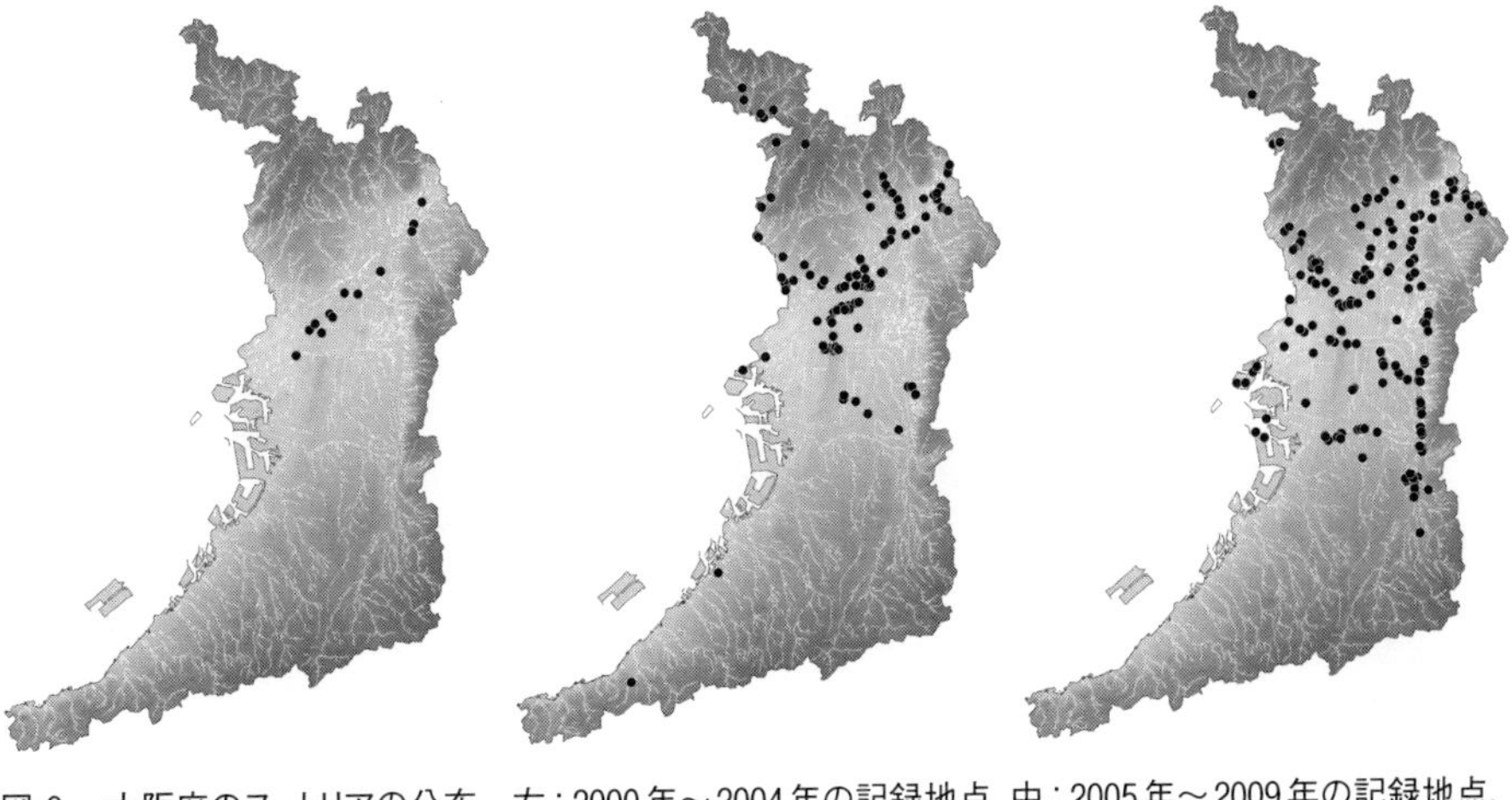

図9　大阪府のヌートリアの分布　左：2000年〜2004年の記録地点、中：2005年〜2009年の記録地点、右：2015年〜2019年

系でヌートリアが記録されるようになった（図9右）。すぐに石川などの支流にも進出し、二〇一九年には奈良盆地でもヌートリアが見つかるようになった。二〇二一年には千早赤阪村からもヌートリア情報が舞い込み、大和川水系（大阪府部分）にすでに広くヌートリアが生息していることがうかがわれる。ヌートリアのような草食の大型齧歯類は、もともと日本の河川には生息しなかった。それが日本の河川で増加することは、河川生態系に大きな影響を与える可能性が高いが、その影響の詳細は明らかになっていない。

6　大和川の鳥類

a. 上流域の鳥類

大和川水系（大阪府部分）で上流域といえるのは、石川の上流域だけである。移動力の高い鳥類にとって、河川上流域は林と一体となった環境であり、ミゾゴイ、オオルリ、キセキレイなど、河川を含む谷間に生息する鳥はいるものの、河川に生息すると言える鳥はほとんどいない。唯一の例外は、カワガラスだろう。

カワガラス（図10）は、少なくとも大阪府では河川上流部の渓流環境に生息する鳥で、水中で水生昆虫などを採食し、河川近くにコケで巣をつくって営巣する。大和川水系（大阪府部分）では、石川とその支流の上流部のみに分布する（図11）。

b. 中流域の鳥類

大和川水系（大阪府部分）で中流域といえるのは、石川の中流域から大和川の合流部辺りが中心になる。高水敷はあまり広くなく、低水敷には砂洲が発達する。アオサギ、ダイサギ、コサギといったサギ類が見られるほか、冬期にはヒドリガモなどの水面採食ガモ類が渡来する。特筆すべきは、砂洲でコチドリやイカルチドリといったチドリ類が営巣することである。

コチドリは、河川敷の砂地のほか、農耕地周辺の裸地や造成地などでも営巣する。大和川流域では、石川から大和川本流で珍しくない（図12）。

一方、イカルチドリ（図13）は、河川の砂地でしかほぼ営巣しない。大阪府でイカルチ

図10　カワガラス　横田靖氏撮影

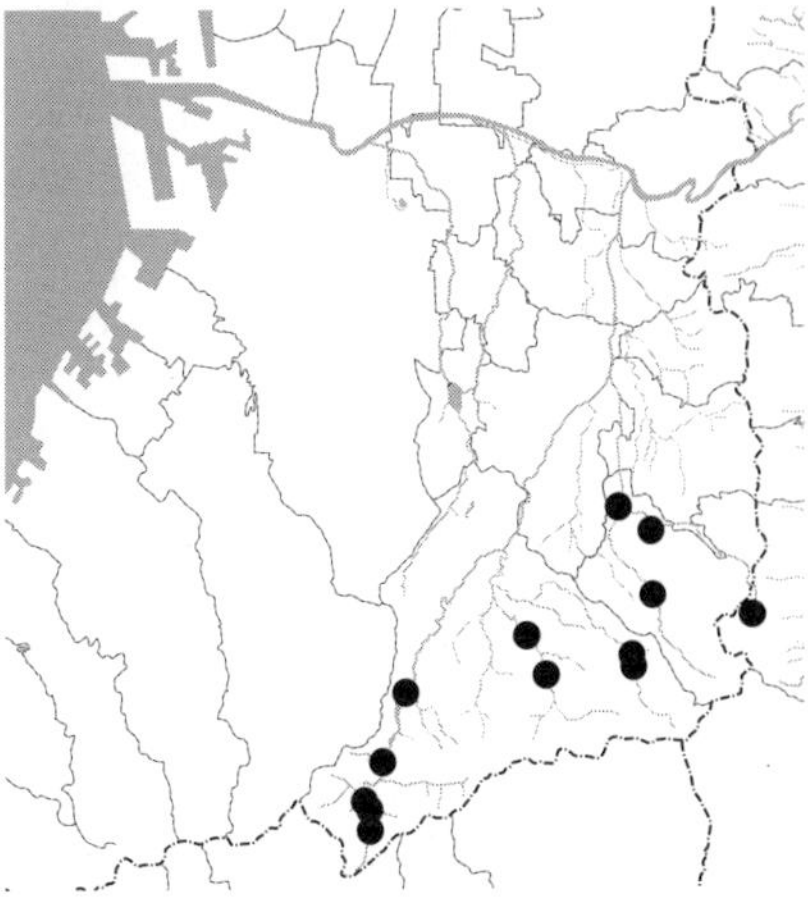

図11　大和川水系（大阪府部分）のカワガラスの分布　2005年～2006年の1月～6月の確認地点

ドリの繁殖が記録されている河川は、大和川・石川のほかには、猪名川・余野川、安威川、淀川、男里川と極めて限定されている。それぞれの場所の生息数も少なく、『大阪府レッドリスト２０１４』では絶滅危惧Ⅱ類に選定されている。大和川（大阪府部分）に安定して生息する鳥類としては、希少性のランクが一番高い。大和川（大阪府部分）でのイカルチドリの分布を図12に示した。大和川の支流である石川の中流部にのみ分布していた。かつては、石川中流部から大和川合流点付近にまで広く分布していたことを考えると、生息域が随分狭くなっている。イカルチドリの繁殖をさまたげる大きな要因の一つは、繁殖期である四月から六月の河川敷への人や車の立ち入りである。石川のイカルチドリを絶滅させないためには、繁殖期の営巣地周辺への立ち入りの制限などの措置が必要だろう。

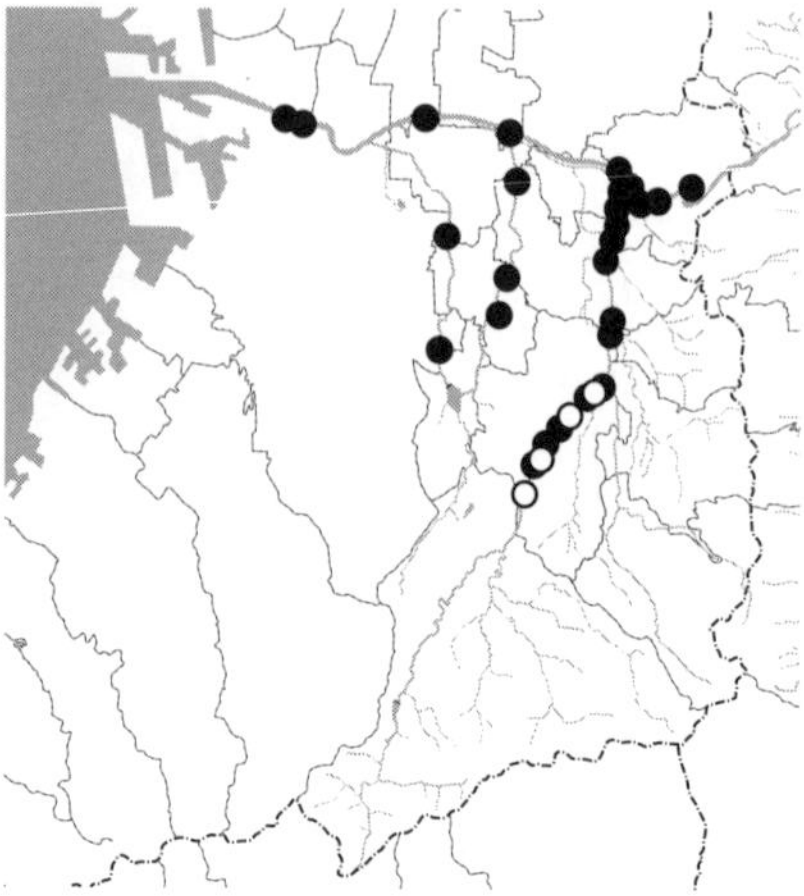

図12　大和川水系（大阪府部分）のコチドリ（●）とイカルチドリ（○）の分布　2004年４月〜６月の確認地点

図13　イカルチドリ　横田靖氏撮影

c．下流域の鳥類

大和川下流域の水鳥を表4に示した。一九九四年五月から、毎月一回の新明治橋から河口までの水鳥カウントを始め、現在も継続している。調査範囲は、ちょうど大阪市域の南側にあたる。表4に示したのは、その調査で記録された水鳥のリストになる。月一回しか

表 4　大和川下流域（新明治橋～河口）で記録した水鳥リスト．1994 年 5 月～2021 年 4 月に毎月実施した水鳥調査に基づく

目名	科名	和名	学名
カモ目	カモ科	オカヨシガモ	*Anas strepera*
		ヨシガモ	*Anas falcata*
		ヒドリガモ	*Anas penelope*
		アメリカヒドリ	*Anas americana*
		マガモ	*Anas platyrhynchos*
		カルガモ	*Anas zonorhyncha*
		ハシビロガモ	*Anas clypeata*
		オナガガモ	*Anas acuta*
		コガモ	*Anas crecca*
		ホシハジロ	*Aythya ferina*
		キンクロハジロ	*Aythya fuligula*
		スズガモ	*Aythya marila*
		ホオジロガモ	*Bucephala clangula*
		カワアイサ	*Mergus merganser*
		ウミアイサ	*Mergus serrator*
カイツブリ目	カイツブリ科	カイツブリ	*Tachybaptus ruficollis*
		カンムリカイツブリ	*Podiceps cristatus*
		ハジロカイツブリ	*Podiceps nigricollis*
カツオドリ目	ウ科	カワウ	*Phalacrocorax carbo*
ペリカン目	サギ科	ゴイサギ	*Nycticorax nycticorax*
		ササゴイ	*Butorides striata*
		アマサギ	*Bubulcus ibis*
		アオサギ	*Ardea cinerea*
		ダイサギ	*Ardea alba*
		チュウサギ	*Egretta intermedia*
		コサギ	*Egretta garzetta*
ツル目	クイナ科	オオバン	*Fulica atra*
チドリ目	チドリ科	タゲリ	*Vanellus vanellus*
		ケリ	*Vanellus cinereus*
		ダイゼン	*Pluvialis squatarola*
		コチドリ	*Charadrius dubius*
		シロチドリ	*Charadrius alexandrinus*
	シギ科	タシギ	*Gallinago gallinago*
		チュウシャクシギ	*Numenius phaeopus*
		アオアシシギ	*Tringa nebularia*
		タカブシギ	*Tringa glareola*
		キアシシギ	*Heteroscelus brevipes*
		イソシギ	*Actitis hypoleucos*
		トウネン	*Calidris ruficollis*
		ハマシギ	*Calidris alpina*
	カモメ科	ミツユビカモメ	*Rissa tridactyla*
		ユリカモメ	*Larus ridibundus*
		ズグロカモメ	*Larus saundersi*
		ウミネコ	*Larus crassirostris*
		カモメ	*Larus canus*
		セグロカモメ	*Larus argentatus*
		オオセグロカモメ	*Larsu schistisagus*
		コアジサシ	*Sterna albifrons*

調査していないので、シロカモメやオニアジサシなど、この期間、この範囲で記録されたのに、調査では見逃されている種も多い。以下では大和川で普通種の動向を紹介する。見逃しているのは、いずれも稀な種なので、問題ないだろう。

大和川で普通に見られるサギ類は、アオサギ、ダイサギ、コサギの三種である。三種とも大和川水系の中流域から河口まで広く分布する。このうち、アオサギはこの二五年の間に、ダイサギはこの十数年の間に顕著に個体数が増加した。カワウは大和川中流域から河口に見られ、ときに数十羽から一〇〇羽以上の群れが見られることがある。また、河口の阪神高速湾岸線の大和川橋脚にカワウの集団ねぐらがあり、多い時には数百羽の群れが見られる。

カモ類には、ほとんど潜水しない水面採食ガモ（陸ガモ、あるいは淡水ガモと呼ばれることもある）と、頻繁に潜水する潜水採食ガモ（海ガモ、あるいは潜水ガモと呼ばれることもある）がある。大和川の大部分は浅いため、大部分のエリアでは、ほぼ水面採食ガモしか見られない。年中見られるのはカルガモのみで、他は冬鳥である。ヒドリガモやコガモが多く、近年はオカヨシガモやマガモが増加している。阪神高速湾岸線から河口の間は、大和川水系では唯一水深が深く、冬になると潜水採食ガモの群れが見られる。大きな群れが見られるのはホシハジロとキンクロハジロで、スズガモも混じる。少数だがウミアイサも頻繁に見られ、さらに少ないがホオジロガモが観察されることもある。

カイツブリ類は、潜水して採食するため、潜水採食ガモと同じく、基本的には阪神高速湾岸線から河口の間で見られる。カイツブリが記録されることはほとんどなく、冬期にカンムリカイツブリとハジロカイツブリが見られる。多い時には、一〇〇羽を超えるカンム

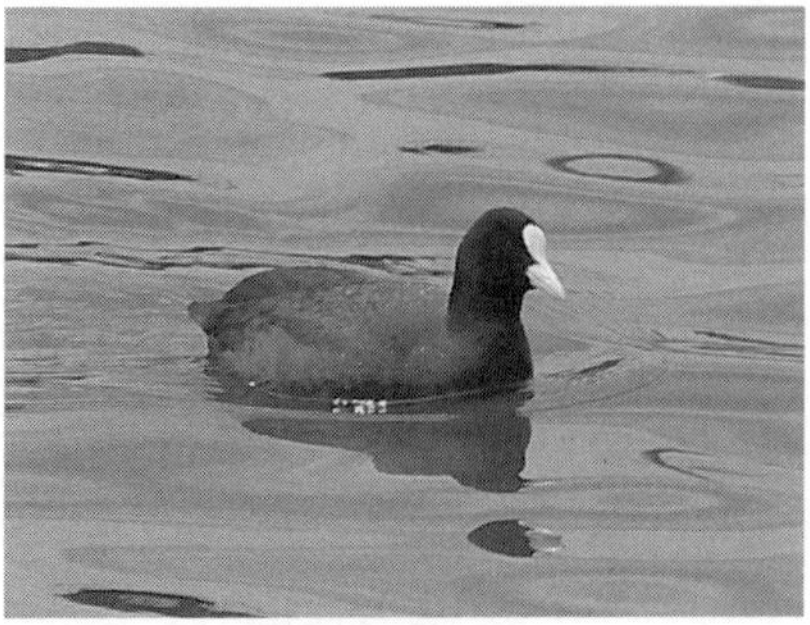

図14　オオバン

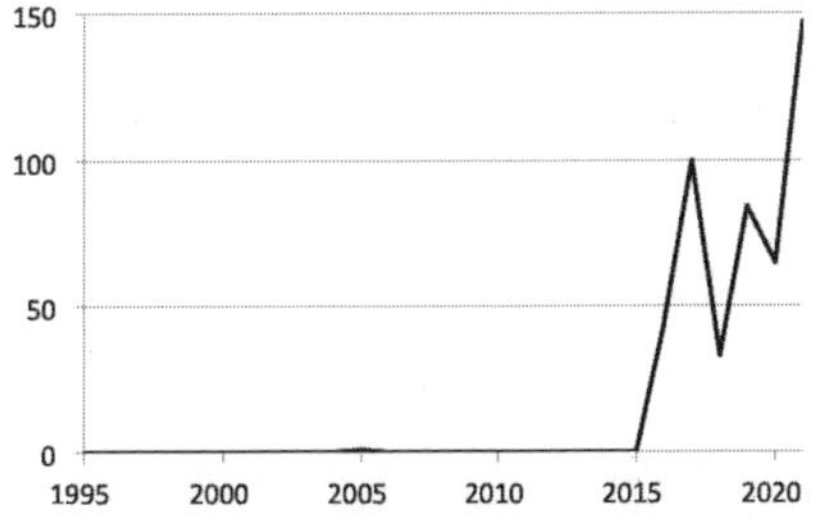

図15　大和川下流域のオオバンの個体数の年次変化　大和川（新明治橋〜河口）における1月末日前後の水鳥カウントにおける個体数

リカイツブリや数十羽のハジロカイツブリの群れが見られることがある。

かつて関西では、オオバン（図14）はごく少数が見られるだけの冬鳥で、大阪府では滅多に見られなかった。しかし、一九八〇年代に入って観察例が増え始め、一九九〇年代には稀ではなくなり、二〇〇〇年代には普通の冬鳥になった。大和川でもほとんど見られない鳥だったが、二〇一五年度の冬以降、一一月〜三月までの間、毎月の調査で毎回数十羽が記録されるようになった。現在では、大和川で冬に一番目立つ鳥の一つになっている（図15）。

大和川下流域で広く見られるシギ・チドリ類は、コチドリとイソシギである。コチドリは繁殖しており、とくに三月から四月には、鳴いて飛び回るディスプレイがしばしば見られる。イソシギは繁殖期にもしばしば観察されるのだが、繁殖しているのかどうか定かではない。その他のシギ・チドリ類が記録されるのは、おもに阪堺大橋から河口の干潟になる。一九八〇年代には、春と秋の渡りの季節には、観察会が開かれるほど多くのシギ・チドリ類が渡来したが、一九九〇年代以降、シギ・チドリ類の渡来数はすっかり少なくなった。見た限りでは、干潟の状況はさほど変化しておらず、どうしてシギ・チドリ類の渡来数が減少したのかは、よく判らない。

大和川河口域は、大阪湾岸全体でも有数のカモメ類の集結場所である。カモメ類の大群は、おもに遠里小野《おりおの》橋から阪堺大橋の間に見られ、時には阪堺大橋から河口周辺にいることもある。個体数が多いのは、ユリカモメ（図16）、ウミネコ（図17）、セグロカモメ（図18）の三種で、カモメやオオセグロカモメも毎年記録される。年によってはズグロカモメやシロカモメなどが混じることもある。また、四月から六月頃には、河口域を中心にコアジサシが見られることがある。

ウミネコ以外のカモメ類は冬鳥で、一〇月頃増え始め、翌年の四月頃に減少する（図19）。

図16　ユリカモメ

図17　ウミネコ

図18　セグロカモメ

一方、ウミネコは七月に個体数が増加し、冬には減少して、真冬にはほとんど見られなくなる（図18）。大和川河口のウミネコは夏鳥のような個体数の季節変化をするが、大阪府での繁殖例はない。少数のユリカモメやセグロカモメは、夏にも残ることがある。

カモメ類の多くは、この二〇年ほどの間に、大阪湾岸での個体数の減少が著しく、大和川河口も例外ではない。一月末頃のユリカモメ個体数の経年変化を図20に示した。この季節は、ユリカモメの個体数が一年で一番多い季節なのだが、二〇〇三年までは四〇〇〇羽を超えるのが普通だったのが、二〇〇四年以降は三〇〇〇羽を超えることはなくなり、しばしば一〇〇〇羽をも下回るようになっている。また、かつては一定数のカモメやオオセグロカモメが毎年越冬していたのが（図19）、近年は個体数が極めて少なくなっている。

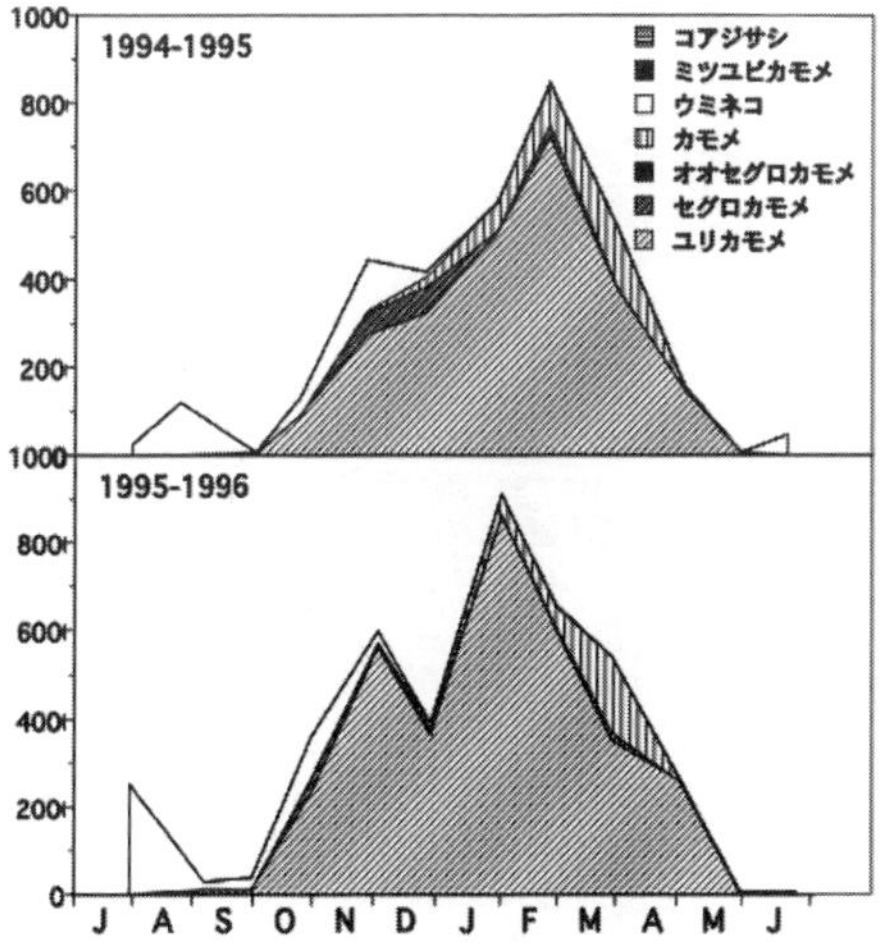

図19　大和川河口のカモメ類の個体数の季節変化
大和川河口域（遠里小野橋～河口）における水鳥カウント結果を示す

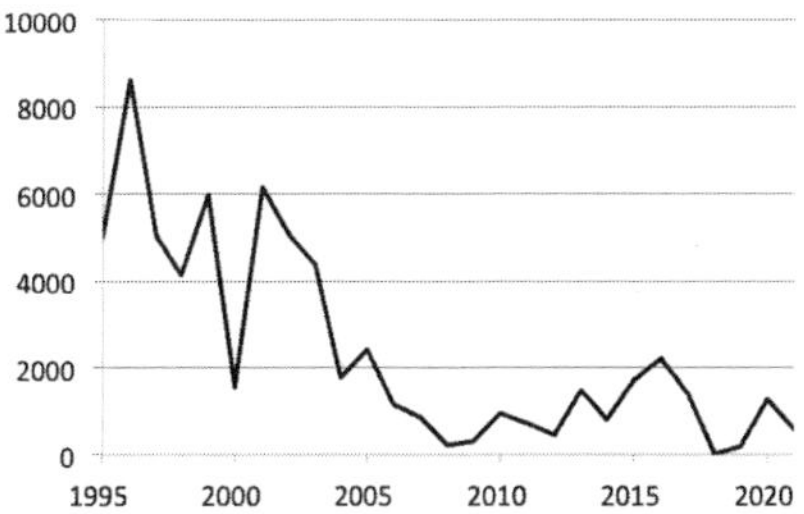

図20　大和川河口のユリカモメの個体数の変遷
大和川河口域（遠里小野橋～河口）における1月末日前後の水鳥カウントにおける個体数

ユリカモメやカモメは、大阪湾岸全体でも減少が著しい。

7　大和川の生物と私たちのこれから

以上のように、大阪府部分だけに限っても、魚類以外の脊椎動物だけに限っても、大和川水系にはさまざまな生物の営みがある。それは時代とともに変わり、増える生物がいれば、減る生物もある。外来生物の増加をはじめ、そうした変化には、人間が関わっている部分も少なくない。人間との関わりの中で減少し、絶滅しそうになる生物があるとしたら、責任のある人間がなんらかの対策を考える必要があるだろう。

どんな生物にどんな対応をする必要があるのかを考える第一歩は、その動向を把握することである。広いエリアの状況を長期間にわたって把握するのはなかなかに難しい。そのために必要なのは多くの目である。多くの人が、大和川の生物を多少なりとも気に掛け、見守る。そういった意識を広めることが大切だろう。

二〇〇二年から二〇〇六年に、市民と大阪市立自然史博物館の学芸員が一緒になって、大和川水系の水質や生物相について調査した。この最初のプロジェクトYから二〇年経って、再び同様の調査を行う計画がある。また、プロジェクトYに限らず、大阪市立自然史博物館では、大和川水系を調査し、情報や標本を集め、また流域での観察会などを開いている。興味のある方は、ぜひ大阪市立自然史博物館の活動に関わって、これからの大和川水系の生物相の見守りに参加してもらえればと思う。

〔参考文献〕
秋田耕佑・平井規央・石井実「大阪府南部におけるコガタブチサンショウウオ（*Hynobius yatsui* Oyama）の分布と生息環境」「関西自然保護機構会誌」33、二〇一一年
浦野信孝・藤田俊兒・西村真樹「大阪府における洞穴を利用するコウモリ類と分布」「コウモリ通信」24（1）：二〇一九年
大阪市立自然史博物館　第35回特別展「大和川の自然」解説書、大阪市立自然史博物館、二〇〇六年
大阪府生物多様性保全ネットワーク「大阪府レッドリスト２０１４」大阪府環境農林水産部みどり・都市環境室みどり推進課、二〇一四年
日本野鳥の会大阪支部「大阪府鳥類目録」日本野鳥の会大阪支部、一九八七年
日本野鳥の会大阪支部「大阪府鳥類目録２００１」日本野鳥の会大阪支部、二〇〇二年
和田岳「大阪湾岸のカモメ類分布調査２０２０報告　その２：過去との比較」「大阪鳥類研究グループ会報」145：7、二〇二一年

大阪産（もん）魚介類の調理文化と魚食普及

――黒田桂菜

はじめに

大学の講義で大阪湾の漁業の話をすると、学生の多くは、大阪で漁業をしているイメージがないと驚く。普段よく食べる魚を尋ねると、大阪湾では漁獲されないサーモンと答える学生が多い。実は、学生だけでなく、大阪府民の多くが大阪産（もん）の魚を日常的に食べていない。その理由の一つとして、大阪湾に対する負のイメージが関係している。一九六〇～七〇年代の高度経済成長に伴い、大阪湾は死の海と評されるほど、水質が悪化した。さらに、埋め立てによって大阪のほとんどの自然海岸は消失しており、府民が海に親しめる場所は限られている。大阪府が二〇一七年に行った「大阪湾の環境の保全・再生・

創出」に関するアンケートでは、過去三年間を大阪湾を訪問したことがない府民の約七〇%が大阪湾に愛着や魅力を感じないと回答している。

大阪湾は地形的には河内湾、河内潟、河内湖を経て現在の地形になったものであり、現在の大阪平野の多くはかつて海であった。大阪城周辺で見つかった森の宮遺跡の貝塚からは、マダイ、クロダイ、サワラ、スズキなど、現在も大阪湾で漁獲される魚の化石が出土している。四ツ池遺跡（現在の堺市石津川流域）からは、弥生時代に用いられたイイダコ壺が発見されており、高度な漁業技術を備えていたことがうかがえる。このことから、大阪に居住していた我々の祖先は、様々な魚を味わい、豊かな食生活を送っていたと考えられる。

その後、時代が移っても大阪の漁業技術は非常に秀でており、佃村（現在の大阪市西淀川区）の漁民が江戸に献魚し移住したことから、佃煮が生まれたことは有名な話である。佐野（現在の泉佐野市）の漁民も、対馬や五島列島へ渡っており、大阪の先駆的な漁業は日本の各地に広がった。また、西日本の海の幸が大阪に集中することで、商いが活発化するとともに、大阪の魚食文化が発展した。大阪の人々は魚を利用し、大阪を発展させてきたのである。

図1　大阪産（もん）ロゴマーク

大阪湾は大きな生け簀にたとえられる。その生け簀には、淀川や大和川などの河川から窒素やリンなどの栄養が豊富に流れ込む。そのため、それらを餌にする植物プランクトンが多く、植物プランクトンを餌にする小魚が豊富に存在する。大阪府は、府内で生産される魚や野菜などの一次生産品とその加工品を「大阪産（もん）」としてブランド化し、PR活動を行っている（図1）。現在、大阪の漁獲量の多くは泉州地域の漁業者が担っており、その海岸地域では大阪産（もん）の調理文化が受け継がれている。大阪産（もん）魚介類とその調理文化について、泉州地域における魚食を通して詳しく見てみよう。

1　泉州地域における魚食の現状

かつて魚で栄えた大阪は、現在どのような魚食環境にあるのだろうか。二〇一六年に筆者らが行った魚食に関するアンケートを基に、大阪府南部に位置する泉州地域（堺市以南九市四町）の魚食状況を見てみよう。

堺市と泉州地域でも南部に位置する泉佐野市、阪南市の三市を比較してみる。これまでに大阪産（もん）魚介類（以下、大阪産（もん））を食べたことがある市民は、泉佐野市と阪南市では回答者の約四〇％であったのに対し、堺市は約二〇％であった（図2）。「大阪産（もん）を購入する理由」にその背景がうかがえる。「美味しいから」や「大阪産（もん）が手に入りやすいから」と回答した市民は、泉佐野市や阪南市に多く、「たまたま大阪産だった」「特に理由はない」の回答は堺市に多い。泉佐野市や阪南市では、大阪産（もん）を手軽に購入し、大阪産（もん）を認識して購入する傾向にある一方、堺市ではそもそも大阪産（もん）が浸透していないと考えられる。しかし、泉佐野市や阪南市でも、約半数の回答者が大阪産（もん）を購入したことがないことから、大阪産（もん）が市民にとって遠い存在となっている要因は居住地以外にもあるようである。

表1は、日頃の食事で肉より魚を食べない（食べられない）理由をまとめたものである。三市共通して、「下処理や調理が面倒」という理由が多く、調理にかける手間や時間を短縮したいというニーズがうかがえる。自宅でよく食べる魚では、三市ともにサケ、サバ、マグロ、ブリが上位を占めており、切り身で購入できる魚のニーズが高い。令和二年度（二〇二〇年度）の水産白書によると、二〇二〇年のサケ、マグロ、ブリの一世帯一年あたりの消費量は、一九八九年と比べ、地域差が見られなくなっているという。このことから、各地で獲れた魚介類より全国的に流通し、調理しやすい魚を選ぶ傾向がうかがえる。一方、阪南市では、「洗い物が面倒」「ゴミが厄介」「保存しにくい」が他の二市より

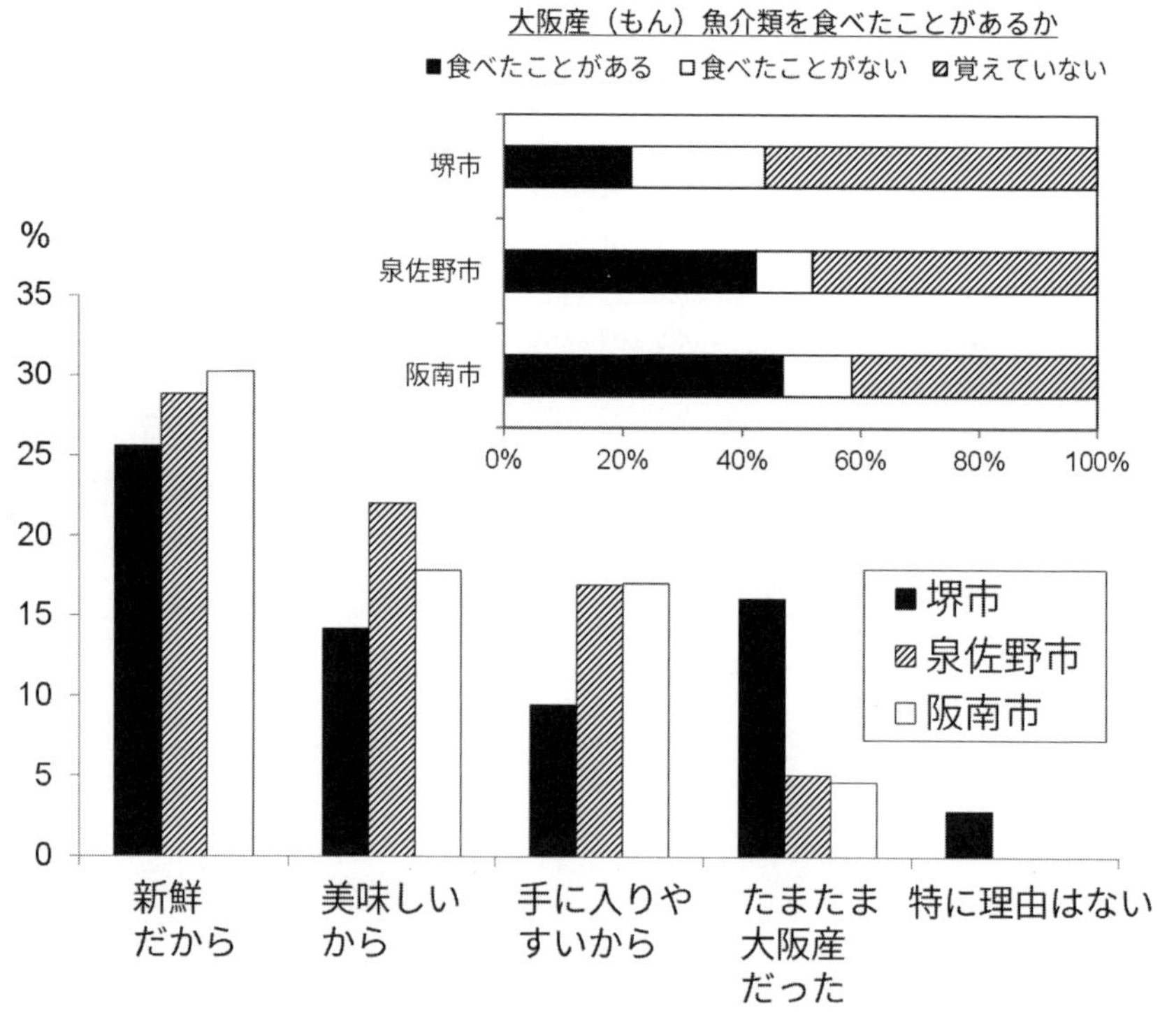

図2　大阪産（もん）を購入する理由

目立っており、魚を調理する人ならではの視点であることが興味深い。

最後に、筆者らが二〇一八年に行った大阪府民一〇〇〇名を対象としたアンケート結果を紹介したい。普段から肉をよく食べる人ほどサーモンを好む一方、日常的に魚をよく食べる人ほどアジやイワシ、タイを好むことがわかった。サーモンは、切り身で売られることが多く、アジやイワシは頭《かしら》付きで売られることが多い。魚食大国といわれる日本であるが、一人あたりの魚の消費量は年々減少しており、二〇一一年には、ついに肉の消費量が魚の消費量を上回った。食の簡便化志向が高まり、頭付きの魚より切り身、魚より肉を選

表1　魚を自宅で食べない理由

理由	堺市	泉佐野市	阪南市
高価である	14.5	20.0	10.2
下処理が面倒	14.1	13.8	14.3
調理が面倒	12.5	13.8	14.3
調理方法がわからない	6.4	10.8	5.4
調理後の調理器具の洗浄が面倒	6.9	6.2	9.5
ゴミが厄介	8.3	10.8	15.0
保存しにくい	7.7	7.7	9.5
調理する時間がない	4.8	1.5	6.8
鮮度のよいものが手に入らない	9.1	4.6	2.7
魚を好まない（回答者）	7.2	4.6	6.1
魚を好まない（同居家族）	5.6	4.6	3.4
その他	3.0	1.5	2.7

単位は％

ぶことが多くなった。そのことが、魚の嗜好にも影響しているといえよう。

2　泉州地域の調理文化

日本各地で、魚のブランド化が盛んに行われている。「関さば」「関あじ」は、魚のブランド化の先駆けとなったものである。大阪産(もん)魚介類のブランド化に向けた取組みは、稚魚放流による漁獲量の増加が期待されるキジハタ（アコウ）の「魚庭《なにわ》あこう」やマイワシの「金太郎いわし」がある。キジハタは高級魚であり、主に飲食店で消費されている。また、「金太郎いわし」は主に関東方面に出荷されている。そのため、大阪府民が「魚庭《なにわ》あこう」や「金太郎いわし」を家庭で消費する機会は残念ながら少ない。そこで、本章では、身近な魚を使った家庭料理に着目し、「ハレ」の日や「ケ」の日にふるまわれてきた泉州地域の調理文化を取り上げる。

「ハレ」の日の調理文化

日頃の食事が肉中心という読者の方でも、祝い事や祭りなどの「ハレ」の日には、魚を食べることが多いのではないだろうか。すしは、「ハレ」の日に食べる代表的な料理である。すしといえば、江戸前の握りずしに対して、大阪の大阪ずしといわれる。大阪ずしは、すし萬の「雀ずし」や吉野寿司の「箱ずし」など老舗すし屋の高級ずしが有名である。「箱ずし」の源流である「押しずし」は、「ハレ」の日にふるまう家庭料理であり、家庭の味として日本の各地域で受け継がれてきたものである。「押しずし」とは、木枠の型にすし飯と具材をのせ、板や手で押し抜いたすしのことをいう。すしの歴史の過程で、押しずしの型をなくし、手で握るようになったのが、江戸発祥の握りずしである（日比野二〇〇八）。

『聞き書大阪の食事』には、昭和初期における「ハレ」の日のごちそうとして、押しずしが紹介されている。中河内地域（旧大和川流域）や北河内地域（淀川流域）では、春の花見や夏祭り、秋祭りのごちそうに生節のそぼろを用いた押しずしをつくっていたそうである。摂津山間部（豊能町）では、けずりかつおを醤油で湿らせたものを用いた押しずしがつくられていた。これらの地域では、魚は日常的に手に入らない貴重なものであり、当時の地理的環境が強く影響していたことがうかがえる。また、各家庭に押しずしの型があり、松竹梅の型枠や箱型のものが使われていた。

大阪府外の押しずしは、サンマ、アジ、サバ、サワラ、コノシロなどの魚を酢でしめたものを用いることが多く、大阪でも、しめさば（大阪では「きずし」と呼ぶ）に白板昆布を用いたバッテラがある。一方、泉州地域で主として用いられる魚介類は、アナゴ、ハモ、エソ、エビであり、現在も春の節句や秋祭りにつくられている（図3）。ハモやエソは、骨が多いため、骨切りした後、包丁でたたいてそぼろ状にし、醤油や砂糖で味を調える。エソは、主にかまぼこに用いられる魚であるが、安価であり、何よりよく獲れたため、身近な食

図3　エソを使った押しずし（提供：河原美也子氏）

材として取り入れられたのだろう。大阪府の南端にある岬町では、地域によって用いる魚が異なるという。多奈川ではアナゴ、深日《ふけ》ではハモが使われている。

このように、泉州地域では身近な魚を用いた押しずしが伝承される一方、魚が容易に手に入らなかった河内・摂津地域でも、工夫を凝らした押しずしがつくられていた。与えられた自然環境の中で、できる限りのごちそうとして押しずしをつくり、「ハレ」の日を楽しんできたのだろう。近年は、安価な回転すしが全国的に普及し、すしは、握りずし本来の特徴であるファストフードになりつつある。大阪の押しずしは、色んな具材がなじんだすし飯を楽しむスローフードであり（橋本二〇一七）、かつてはどの地域でも「ハレ」の日に欠かせない料理であった。近年、押しずしの調理文化の伝承が課題となっている。「ハレ」の日のごちそうに、地域の食材を使った家庭でつくる押しずしをじっくり味わってみてはどうだろうか。

「ケ」の日の調理文化

大阪産（もん）魚介類といえば、大阪の漁獲量の多くを占めるイワシ類に代表される。また、個々の漁獲量は少ないが、多種多様な魚介類が獲れることも大阪産（もん）魚介類の大きな特徴といえよう。図4は、大阪府阪南市尾崎漁業協同組合のセリの様子である。この日、セリに上がった魚は、底引き網漁業で獲れたマダイ、クロダイ（チヌ）、カレイ、ハモ、スズキ、イヌノシタ（アカシタ）、ネズミゴチ（ガッチョ）、アジ、アカガイ、ヒイカ、シャコ、アシアカエビであり、大阪産（もん）の種類がいかに豊富であるかがわかる。尾崎漁業協同組合の南佳典組合長によると、漁獲後、船上での魚の選り分けが大変な作業だ

図 4　尾崎漁協のセリの様子

図 5　セリに上がる大阪産（もん）魚介類（左からヒイカ、ガッチョ、アカシタ）

図 6　ごより

図 7　ごより豆

図 8　じゃこごうこ（出典：大阪湾のお魚レシピ）

という。多種類の魚を選り分けるだけでなく、プラスチックや空き缶、木の枝などのゴミを網から外さなければならない。さらに、帰港後は、船上で選り分けた魚介類を、セリ用に選り分ける作業もある（図5）。このような選り分け作業で出る雑魚《ざこ》は、かつて「ケ」の日の重要な食材として、また保存食として扱われてきた。「ねぶと」と呼ばれるテンジクダイや小エビ、ハゼなどを乾燥させた「ごより」は、泉州地域の漁村で日常のおかずの材料として親しまれたものである（図6）。特に、時化《しけ》が多く魚が十分に獲れない冬は、貴重なおかずになっていた。ごより豆は、一晩水につけた大豆と軽く炒った「ごより」を醤油や砂糖、みりんで味付けし煮詰めた料理であり、『聞き書大阪の食事』に紹介されている和泉海岸（現在の岸和田市）の日々の食事にたびたび登場する（図7）。小エビと塩抜きした水なすの古漬けをだし汁、醤油、砂糖などで炊いた「じゃこごうこ」も泉州地域で受け継がれている郷土料理である（図8）。水なすは泉州地域の特産品であり、大阪産（もん）名品に認証されるなど大阪を代表する野菜である。このように、泉州地域の調理文化には、小魚を主とする大阪産（もん）魚介類の特徴を活かした知恵と工夫がたくさん詰まっている。

3　大阪産（もん）魚介類の魚食普及に向けた試み

魚屋が年々姿を消している。つい最近まで、筆者の近所に簡素な店の軒先で鮮魚を売る魚屋があった。以前は、新鮮な魚を買い求める客でにぎわっていたが、残念ながら閉店した。地元の駅でその店主を見かけた際、店主は大きな銀色の箱を背負っていた。その銀色の箱とは、ブリキ製のカンであり、かつて鉄道利用の魚行商が運搬具として使用していた道具である。二〇二〇年まで、近畿日本鉄道では鮮魚列車が運行しており（現在は、一般列車に鮮魚運搬車両をつないでいる）、その店主は伊勢方面からの行商人だったと思われる。伊勢志摩地方からの魚行商は、産地直送を先駆的に行い、大阪庶民に高い品質の魚を手頃な価格で提供していた（山本二〇一二）。大阪の庶民にとって、このような魚行商や魚屋が旬の魚や美味しい食べ方を知る重要な役割を担っていたといえよう。現在、消費者の多くはスーパーマーケットで魚を購入しており、消費者と魚屋の魚を介したコミュニケーションが失われつつある。これは、泉州地域のアンケートで見られた「調理方法がわからない」ため、魚を自宅で食べない理由につながると考えられる。

近年、魚食普及の試みが各地で行われており、阪南市で行われている魚食普及の様々な取組みを紹介したい。阪南市には、尾崎・西鳥取《にしとっとり》・下荘《しもしょう》の三つの漁業協同組合がある。底曳網、船曳網、刺網、定置網など多様な漁法により獲れる魚は、大阪湾で獲れる多種多様な魚が集約されており、魚食普及の場として最適な地域である。

伝統漁業体験を通した魚食普及の試み

先に触れたとおり、弥生時代、大阪湾ではイイダコ漁が行われていた。イイダコの雌を煮ると、体内に詰まっている卵が「イイ（飯）」のようになることが、名前の由来になっている。西鳥取漁業協同組合の名倉勲氏によると、「昭和四〇年」（一九六五年）頃まで、アカガイの貝殻二枚を用いた仕掛けによる伝統漁が行われていたそうである。現在、イイダコの漁獲量が減少し、イイダコの伝統漁は行われておらず、我々が日常的にイイダコを食べる機会は乏しくなってしまった。

イイダコの伝統漁を体験するイベントが二〇一六年、二〇一七年に阪南市西鳥取漁港で行われた。参加者が、仕掛けづくり、漁獲体験、試食までを体験するという、日常にない体験を通して、地域の文化や漁業への関心を高めることを目的としている。各年、総勢五〇名が参加し、各々が作った仕掛けを使って、イイダコの漁獲体験を行った後、イイダコの煮つけを試食した。イベント終了後のアンケートでは、地域の伝統文化や地産の食材に対する関心が高まったという感想が多く、生産現場を知る機会を増やすことが魚食普及につながるのではないだろうか。

大阪湾のイメージ向上の試み

「森は海の恋人」とは、宮城県でカキ養殖業を営む畠山重篤氏らが始めた植樹運動のキャッチフレーズである。森で培われた栄養は、川を通して海に流れこむ。陸の豊かさは海の豊かさにつながっている。ここで紹介する「海と陸のつながりを味わおう」は、食を通して海と陸の豊かさを体感することを目的とした環境イベントである。二〇一四年から阪南市で行われており、年間六回のイベント（六月田植え、八月漁業体験、九月稲刈り、一月ノリの漉き枠作り、二月ノリ漉き、三月収穫祭）である。

参加者は、自ら植え、収穫した米と自ら漉いたノリでおむすびを食べる。八月の漁業体験では、小さい子供が大阪産（もん）のタコ（泉《いずみ》だこ）を掴む様子が見られた（図9）。参加者のアンケートから、イベント当初、大阪湾はきたないというイメージを抱いていた参

図９　「海と陸のつながりを味わおう」漁業体験の様子

加者が、回を重ねるごとに好印象に変化しており、このような環境イベントに繰り返し参加することが、大阪湾に対する意識の変化に効果的であることがわかる。大阪府が二〇一八年に行った「新・大阪府豊かな海づくりプランの実現」に関するアンケートによると、大阪府や漁業協同組合が行っているイベントに参加したことのある回答者の約四〇％は大阪産（もん）を食べたことがあるが、参加したことのない回答者では、約一〇％に過ぎない。大阪湾に触れ合い、大阪産（もん）の魚を食べるきっかけ作りを増やすことが求められる。

地魚料理教室による魚食普及の試み

ＨＡＮＮＡＮキッチンは、ＮＰＯ法人大阪湾沿岸域環境創造研究センターが主催する大阪産（もん）魚介類を使った料理教室である。漁業者やプロの料理人を講師に迎え、日常的なメニューからお正月料理まで幅広い料理を通して、大阪産（もん）の魚介類を身近に感じてもらう試みである。料理教室で度々取り上げられたのは、阪南市でよく獲れるイヌノシタ（アカシタ）である。キッチンバサミで簡単にさばくことができ、魚をさばくことに抵抗があっても簡単に調理できる（図10）。興味のある読者はぜひ試していただきたい。同センターでは、前述した「押しずし」や「じゃこごうこ」などの郷土料理を高校生に伝

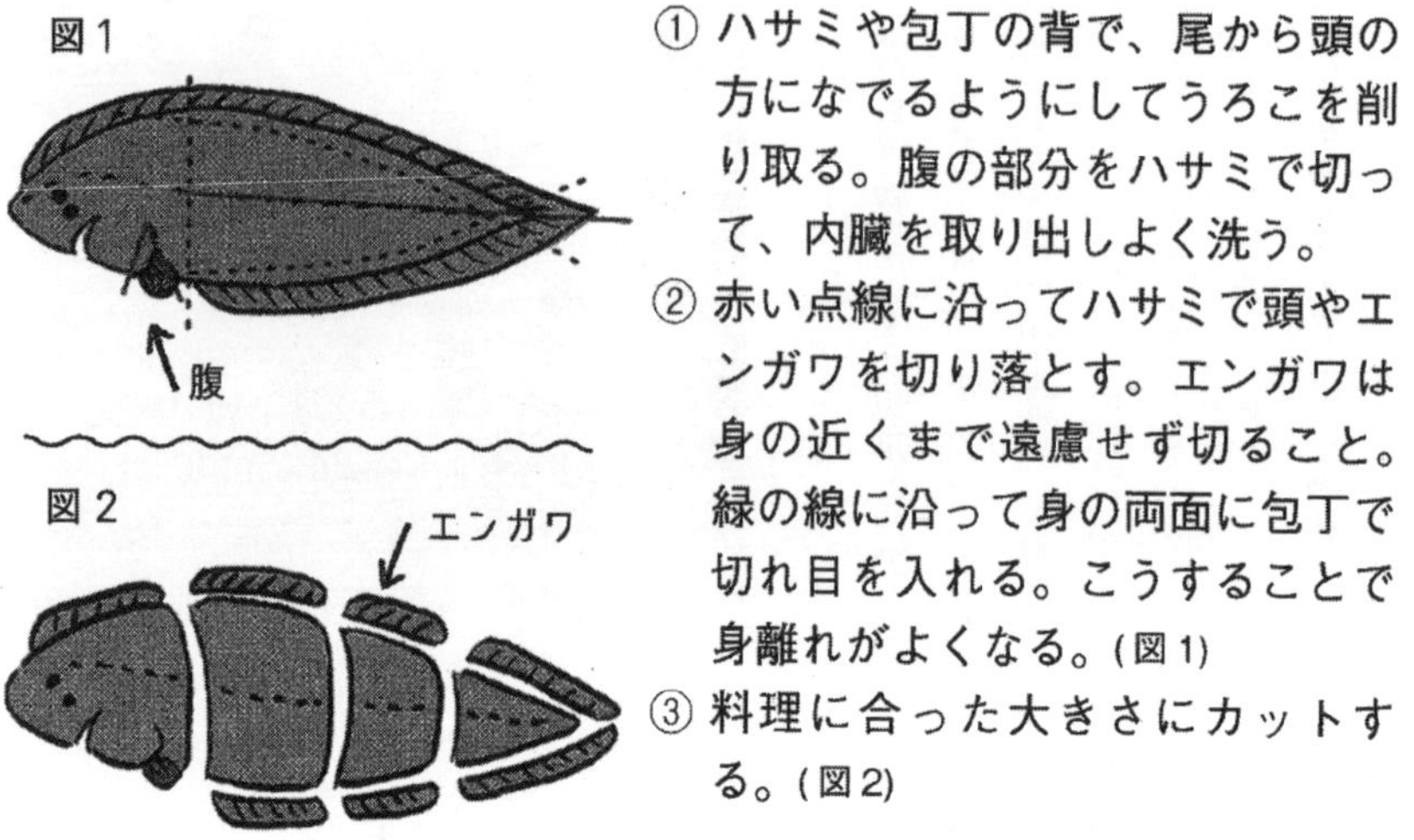
図1
腹
図2
エンガワ
① ハサミや包丁の背で、尾から頭の方になでるようにしてうろこを削り取る。腹の部分をハサミで切って、内臓を取り出しよく洗う。
② 赤い点線に沿ってハサミで頭やエンガワを切り落とす。エンガワは身の近くまで遠慮せず切ること。緑の線に沿って身の両面に包丁で切れ目を入れる。こうすることで身離れがよくなる。(図1)
③ 料理に合った大きさにカットする。(図2)

図10　アカシタのさばき方（出典：大阪湾のお魚レシピ）

える料理教室も行っている。

ここに紹介した魚食普及イベントは、その場で食べるという体験が欠かせない。しかし、二〇二〇年度は、新型コロナウイルスの影響で、食に関連したイベントが実施困難な状況となり、オンラインでの料理教室が増えた。二〇二一年三月に、尾崎漁業協同組合と同センターが行ったオンライン親子料理教室では、大阪周辺に限らず、東京や福井からの参加者もあり、オンラインならではの光景が見られた。終了後のアンケートから、参加者の満足度が高いだけでなく、大阪産（もん）魚介類に対する参加者の関心が高まる効果も見られた。オンライン料理教室は、コロナ禍が明けた後も、魚食普及のツールとして期待できそうである。

おわりに

関西を代表する歌手である上田正樹の「悲しい色やね」という歌に「大阪の海は悲しい色やね」という歌詞がある。[1] この歌ができた一九八二年頃は、大阪湾の環境は死の海と化しており、海の生物にとっても悲しい海だった。その後、大阪湾の環境再生に向けた様々な取組みが行われ、水質環境は改善してきたが、人々の大阪湾に対する関心は依然低いままである。かつて、大阪湾は豊かな魚食文化を生み出し、人々の生活の一部であった。前述した「ごより」は、材料となる雑魚が船上で海に戻され水揚げされないことや作り手の減少から、年々手に入りづらくなっているという。「ごより」をはじめ、先人たちが工夫してつくり上げた調理文化の伝承は喫緊の課題である。大阪湾という大きな生け簀は、大阪湾を取り巻く人間活動の影響を受け続けてきた。私たちは、生け簀の中身を少しでも豊かにして将来世代に引き継ぐ必要がある。そのためには、私たち自身が、大阪産（もん）魚介類を調理し、味わい、その豊かさに気づくことが大切である。読者の皆さんには、大阪の海はどのような色に映っているのだろうか。本書を読み、「大阪の海の色」が少しでも良い色に映っていることを願いたい。

（1）作詞　康珍化、作曲　林哲司、一九八二年

〔参考文献〕
上島幸子ほか『聞き書　大阪の食事』農山漁村文化協会、一九九一年

橋本卓児ほか「大阪寿司の食文化（1）」『食生活研究』三七、二〇一七年
日比野光敏「祭りとすし」『食の文化フォーラム26米と魚』ドメス出版、二〇〇八年
山本志乃「鉄道利用の魚行商に関する一考察」『国立歴史民俗博物館研究報告』一六七、二〇一一年
NPO法人大阪湾沿岸域環境創造研究センター『大阪湾のお魚レシピ』二〇二〇年

難波《なにわ》の葦の物語——古典文学の中の大阪——

青木賜鶴子

1　難波の葦《あし》は伊勢の浜荻《はまおぎ》

古代の難波宮《なにわのみや》があったのは現在の大阪市中央区法円坂のあたりと推定されている。「あり通ふ難波《なには》の宮は海近み海人娘子《あまをとめ》らが乗れる舟見ゆ」(1)（『万葉集』一〇六三）と詠まれたように、奈良時代は難波宮の西まで海であり、東側も入海で、上町台地が海の中に南から半島のように突き出し、その先端に難波宮があった。

現在の大阪市南部にある「難波（なんば）」の地名は、「なにわ」の音変化であるが、古代「難波（なには）」と呼ばれた地はもう少し広い地域、現在の大阪市一帯を指すと考えられている。

（1）いつも通う難波の宮は海が近いので、海女の乙女たちが乗っている舟が見えるよ。

「難波の葦《あし》は伊勢の浜荻《はまおぎ》」ということわざがある。これは、難波でアシと呼ぶ草を伊勢ではハマオギというところから、物の呼び名や風俗・習慣は所によって違うことのたとえである。葦は難波の象徴であり、難波といえば葦、という暗黙の了解があったことの証でもある。

アシ（葦・蘆（芦）・葭）は水辺に群生するイネ科の多年草で、茎は堅く、高さ二、三メートルにもなる。アシといっても今はあまり馴染みがないが、夏に日陰を作るのに立てかける「よしず」はアシを編んだものである。「アシ」は「悪《あ》し」に通じるから「ヨシ」と呼ぶようになった。「よしず」の「す（簀・簾）」は、アシや竹などを粗く編んだものをいい、縦に並べて編んだものが「よしず」、横に並べて編んで垂らすのが「すだれ」である。平安時代の「御簾《みす》」は「御」をつけて丁寧に呼んだもので、部屋のまわりなどに垂らして外部からの視線を遮った。

図1　葦

『百人一首』には、難波の葦を詠んだものが二首ある。

難波潟みじかき葦のふしの間《ま》も逢はでこの世[2]をすぐしてよとや（伊勢[3]）

「難波潟」の「潟」は、遠浅の海岸で満潮の時は隠れ、潮が引くとあらわれるところをいう。「ふしの間」は節と節とのあいだ、転じて「ほんの少しの間」の意で、難波潟に生えている葦の短い節と節との間のような、ほんのしばらくの間も、あなたに逢わずにこの世を過ごせとおっしゃるのですか、と詠んでいる。「難波」のイメージは、アシの生い茂る「潟」なのである。

（2）この世の中。自分の一生。「よ（節と節の間）」を掛ける。「ふし」の縁語。

（3）生没年未詳。藤原継蔭の娘。宇多天皇の后藤原温子（基経の娘）に仕え、仲平（温子の弟）と恋愛し、宇多天皇の寵を賜って皇子を生む。のちに、宇多天皇の皇子敦慶親王との間に、女性歌人中務を生んだ。三十六歌仙の一人。

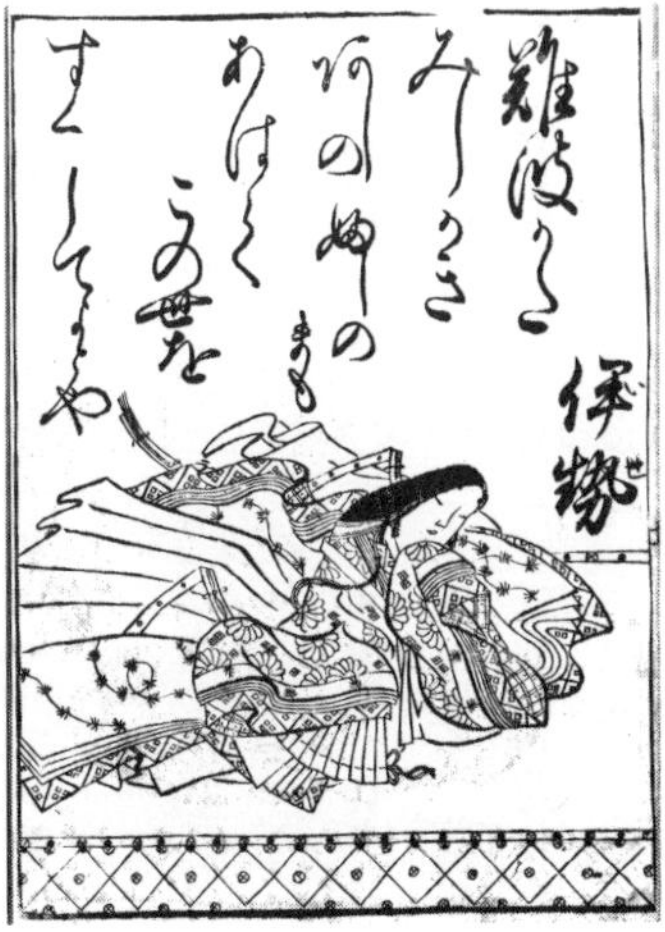

図2　菱川師宣画『小倉百人一首』（1680年刊）伊勢

図3　菱川師宣画『小倉百人一首』（1680年刊）皇嘉門院別当

難波江の葦のかりねの一よゆゑみを
つくしてや恋ひわたるべき（皇嘉門院別当[4]）

『千載和歌集』恋三の詞書によれば「旅宿に逢ふ恋」すなわち旅先の宿で出会った恋、のテーマで詠んだもの。「難波江」は難波の入り江で、歌は、難波江の葦の刈り根の一節《よ》ではないが、ただ一夜の短い旅の仮寝のために、この身をささげ尽くして、ひたすら恋い続けなければならないのでしょうか、の意。「よ」は、節と節との間のことで、「刈根の一節《よ》（葦を刈り取った一節）」に「仮寝の一夜」を掛け、「身を尽くし」に「澪標《みおつくし》」を掛ける。澪標の「つ」は「まつ毛（目《ま》つ毛）」の「つ」と同じく「の」の意味をもつ助詞であり、澪標とは「水脈《みを》つ串」、水脈すなわち海路を示すための標《しるべ》をいう。この澪標も難波の名物であったので、現在の大阪市のマークになっている。

（4）生没年未詳。源俊隆の娘。崇徳院皇后聖子（皇嘉門院。関白藤原忠通の娘）に仕えた。一一七五年・一一七九年ほかの兼実家の歌合に参加した。一一八一年十二月皇嘉門院他界の際には生存していて尼であったことが知られる。

このように葦は古代の大阪（難波）を代表する名物といってよい。ここでは、その名物の葦をめぐる物語を紹介し、その変容を辿ってみたい。

2　『大和物語』の「蘆刈」（前半）——難波の男女

難波の葦をめぐる物語として有名なのが、『大和物語』[5]第一四八段をはじめとする、いわゆる「芦刈説話」である。長いので前半と後半に分けて紹介する。

摂津国難波に住んでいた素性賤しくない夫婦は、年々暮らし向きが悪くなり、家は壊れたまま修理もできず、使用人たちも出て行って二人だけになってしまうが、人に使われたことのない貴族の身分が災いして、働くこともできず、貧乏になるばかり。思い悩んだ末に男が言う。

「おのれは、とても[6]かくても経《へ》なむ。女のかく若きほどに、かくてあるなむ、いといとほしき。京にのぼり、宮仕[7]へをもせよ。よろしき[8]やうにもならば、我をもとぶらへ。おのれも人[9]のごともならば、必ず訪ねとぶらはむ」

男の自分はどうとでもなるから、若い女のあなただけでも、都に上って宮仕えせよ、お互い少しましな暮らしになったら訪ねあおう、などと、泣く泣く約束して、女は都に上り、ある貴人に仕えるようになる。そうなっても元の夫を片時も忘れず、手紙をことづけるが、消息がつかめない。そのうち、主人の妻が亡くなり、女は妻になった。はた目には結構な境遇であったが、人知れず思うことはただひとつ、元の夫のことばかり。そこで、今の夫

（5）歌物語。作者未詳。九五一～九五二年頃にほぼ成立。九世紀から十世紀前半の実在人物（帝・皇族、貴族とその女房など）が登場する前半部と、古代の有名無名の人々の伝承を収録する後半部から成る。

（6）どのようにしても過ごしてゆけるでしょう。

（7）宮仕えもなさい。宮中にかぎらず貴人の家に仕えることも含む。

（8）少しましになったら。「よろし」は「よし」よりも低い評価。

（9）人並みになったら。

に申し出る。

「津の国といふ所のいと[10]をかしかなるに、いかで難波に祓《はらへ》しがてらまからむ」と言ひければ、「いとよきこと、我ももろともに」と言ひければ、「[11]そこにはなものし給ひそ。おのれ一人まからむ」と言ひて、いでたちていにけり。

「津の国という所がたいそう面白いということなので、難波に祓《はらえ》がてら行ってみたい」と言い、「私も一緒に」という今の夫をなんとかとどめて、一人で難波にやってくる。「祓《はらへ》」は、神に祈って、罪や穢れ、厄災などをはらい除くこと。また、その儀式をいう。河原や海辺で行うことが多く、難波はその名所であったので、それを口実として、難波に出かけるのである。

(10)「をかしかるなる」の撥音便「おかしかんなる」の「ん」無表記の形。景色のたいそう面白いということなので。「なる」は伝聞。

(11) あなたはいらっしゃらないでください。

図4　出車（『源氏物語図典』小学館、1997年）

少し横道にそれるが、この時代の貴族女性の移動手段は牛車である。牛車は身分により乗る種類が決まっていて、一般貴族は網代車《あじろぐるま》に乗った。牛車の前後には簾《すだれ》がかけてあり、女性の場合は簾の内側に「下簾《したすだれ》」と呼ばれる薄い布をかけて下に長く垂らし、「出衣《いだしぎぬ》」といって車の簾の下から女性の衣の端を出した。これを「出車《いだしぐるま》」という。出車のしつらいは、乗る人のセンスの見せ所であった。この女が乗っていった牛車も「出車」に仕立ててあったはずである。

3 『大和物語』の「蘆刈」（後半）——再会

祓を済ませた帰り、女は、牛車をあちらこちらへと行かせて、もとの家のあったあたりにやって来るが、家もなければ人もいない。心の通じた従者もおらず、あちこち探させるわけにもいかない。困り果てて、車を止めて思い悩む。車を止めるには牛車から牛を外し、榻《しじ》という台に牛車の轅《ながえ》（牛につなぐための棒）を乗せるのである。そうして物思いにふけっていると、貧しい身なりの男が行くのに気づく。

供の人は「日暮れぬべし」とて、「御車うながしてむ(12)」と言ふに、「しばし」と言ふ所に、葦荷《にな》ひたる男の乞食《かたゐ》のやうなる姿なる、この車の前より行きけり。それが顔を見るに、その人と言ふべくもあらずいみじきさまなれど(13)、わが男に似たり。これを見て、よく見まほしさに、「この葦持ちたるをのこ呼ばせよ。かの葦買はむ」と言はせける。

帰りを急ぐ供人をとどめ、ふと見ると、葦を背負った、乞食のような姿の男が、車の前を通り過ぎる。その男は、ひどい様子をしてはいるが、元の夫に似ている。「葦を買うから、あの男を呼ぶように」と命じて、近くで顔をよく見ると、まさに夫その人なのであった。

女は、「こんなものを売り歩いて生活する人生とは、どういうものか」と泣き、食べ物を与え、葦を高値で買おうとするが、供人に不審に思われて強くも言えない。そのうち、男の方も、元の妻と気づく。明るい外からは車の簾の内側が見えないから、はじめ男からは見えなかったのだが、呼ばれて車に近づき、下簾の隙間から覗き見て初めて、妻であっ

(12) 車を急がせよう。

(13) 探しているその人とは言えないほど ひどい様子をしているが。

図 5　牛をはずして車を止める（『春日権現験記絵』巻五〈『続日本の絵巻』中央公論社、1991 年〉）

図 6　草を刈る（『石山寺縁起』巻一〈『日本の絵巻』中央公論社、1988 年〉）

たと気づいたのである。

『顔も声もそれなりける』と思ふに、思ひあはせて、わがさまのいといらな(14)くなりたるを思ひけるに、いとはした(15)なくて、葦もうち捨てて、走り逃げにけり。「しばし」と言はせけれど、人の家に逃げて入りて、竈《かま》の後方《しりへ》にかがまりをりける。

顔も声も妻であると気づいて、落ちぶれた自分を振り返り、なんともきまりが悪いので、葦も何もかも捨てて走って逃げてしまう。そして、竈《かまど》の後ろにうずくまって隠れている。竈は、土や石で築き、鍋・釜などをかけて煮炊きする設備、今でいうコンロである。

男は、追いかけてきた女の従者に硯を借りて、

君なくてあし(16)かりけりと思ふにもいと
　ど難波の浦ぞすみうき

と歌を書いて封をして、ことづける。あな

(14)　この上なくひどくなっているのを。「いらなし」は、(程度が)はなはだしい。
(15)　きまりが悪くて。
(16)　「悪《あ》しかりけり」に「葦刈りけり」を掛ける。

たがいなくなって良くなかった、葦を刈って生活するような身の上に落ちぶれてしまったと思うにつけても、いよいよ難波の浦は住みづらいことです。男の悲痛な叫びである。女は手紙を開けて見て、こらえきれずよよと泣く。

物語はここで終わり、いったんは女の返歌はなかったと記されるのだが、いまの『大和物語』は、最後に取って付けたように女の返歌を載せている。

あしからじとてこそ人の別れけめなにか難波の浦もすみうき(17)

不幸にはなるまい、葦を刈って暮らすような生活はすまいと思って、別れたはずであったのに、どうして難波の浦が住みづらいことがありましょう、と詠むこの歌は、男を冷淡に突き放したようであり、直前までの女の態度とは相容れないように感じられる。やはり、もともとはなかった女の返歌を後人が付け足したのかもしれない。

4 『拾遺和歌集』

前節二首の和歌は、三番目の勅撰和歌集である『拾遺和歌集』（一〇〇六年頃成立）には、次のような詞書を伴って載っている（雑下・五四〇〜五四一）。

難波に祓《はらへ》しにある女まかりたりけるに、もと親しくはべりける男の、葦を刈りてあやしきさまになりて道にあひてはべりけるに、さりげなくて、年ごろはえあはざりつる事など言ひつかはしたりければ、男の詠みはべりける

君なくてあしかりけりと思ふにもいとど難波の浦ぞ住みうき

(17)「悪《あ》しからじ」に「葦刈らじ」を掛ける。

返し

あしからじよからむとてぞ別れけんなにか難波の浦は住みうき

難波に祓をしに行った女が男と再会し、和歌のやりとりをするところは『大和物語』後半と共通するが、前半の話がないので、冷淡な女の歌の違和感は薄らいでいる。

5　『今昔物語集』

同じ歌は、平安時代末期の説話集である『今昔物語集』巻第三十「身貧しき男を去る妻《め》摂津守の妻《め》となる語第五」にも見える。摂津に下る事情は異なるが、話の大筋は共通していて、女の再婚相手が摂津守となり、夫とともに任国へ下向する途中、難波江《なにわえ》で葦を刈る落ちぶれた前夫を見つけ、哀れんで和歌を添えて衣を与えると、男はそれと気づいてわが身を恥じ、返歌に思いを託して逃げた、というもの。

大きく異なるのは歌が詠まれた事情と順序で、女は「あの葦刈りの下人達の中で、この男がとりわけ品がよく、かわいそうな気がしたから」と言って、衣《きぬ》を男に与える。その衣に添えてやったのが女の歌である。

あしからじと思ひてこそは別れしかなどか難波の浦にしもすむ

歌も少し違っていて、先々悪くはなるまいと思ってあなたと別れたはずなのに、あなたはどうしてこのような葦刈りなどして灘波の浦に住んでいるのですか、の意である。

男は衣をもらい、思いがけないことと驚いて見れば、紙の端になにやら書いてある。そこで、これは自分の昔の妻だったと気づくと同時に、自分の宿世が言いようもなく悲しく恥ずかしくなり、硯を借りて（これは『大和物語』と共通）、歌を書く。

君なくてあしかりけりと思ふにはいとど難波の浦ぞすみうき

あなたがいなければやはりよくなかったのだと思うにつけ、いっそう難波の浦は住みづらく思われます、というこの歌を見て、女はいよいよ哀れに悲しく思う。男はそのあと、葦も刈らずに走り隠れてしまった。その後、女はこれを一言も人に語ることはなかった、という。

杉本苑子の短編「蘆刈りの唄」（『今昔物語ふぁんたじあ』所収）は、『今昔物語集』の葦刈説話を基にしているが、前半はまったく別のお話。宮中の楽所に所属する狛直方《こまのなおかた》という楽人は、二十四歳でありながら女性を知らなかったが、有馬の湯での湯治の帰り、摂津国で助けた婢《はした》が忘れられず、家を売り借金までして女を買う。女は実は良い家の生まれで、よく見るととても美しい。あるとき夫は盗みの罪を着せられて打擲《ちょうちゃく》された挙句に職を失う。そこで女が働きに出ることになる。男は打擲されたせいで左手がうまく曲がらなくなり、楽人として生きていくこともできない。楽人の仕事しか経験がなく左手がうまく使えないのでまともな仕事にも就けない。一方、女は都で出世する。ある時難波にやってくると男は芦刈人足になっている。呼び寄せるとまぎれもなく元の夫。夫は呼ばれた車を見て車の主に気づき、途中で逃げ出す。涙涙の別れ。…ということで、芦刈人足となってからの結末は『今昔』と同じで、悲劇で終わる。

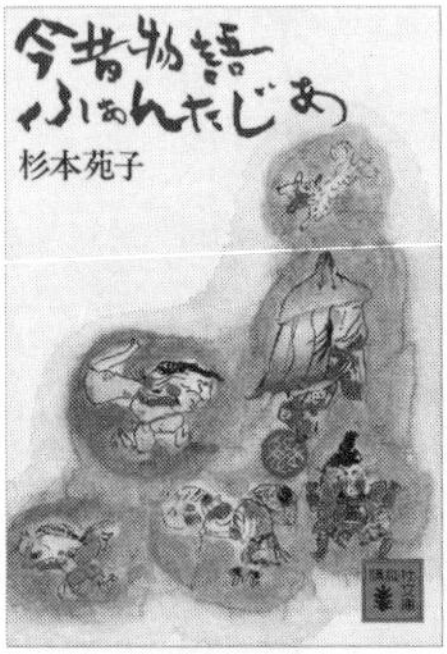

図7　『今昔物語ふぁんたじあ』講談社文庫表紙

6　謡曲『蘆刈』

世阿弥作の謡曲「蘆刈」は、以上の芦刈説話を基にしたものである。摂津国に住む日下《くさかの》左衛門《さえもん》は、貧困のために妻と離別した。その後、女は京都のある貴人の乳母《めのと》となり、相応の暮らしができるようになった。そこで女は従者を伴い、日下の里を訪ねた。ところが左衛門はすっかり零落しており、その居場所も分からない。難波の浦でたまたま来合わせた葦売りの男から葦を買おうとしたところ、女はその男がかつての夫であることを知る。二人は共に再会を喜び、連れ立って都へと帰る、というもので、謡曲だけがハッピーエンドで終わる。

図8　月岡耕漁画『能楽図絵』「芦刈」1904年

『大和物語』等の話との違いをあげるなら、次の三点になるだろう。

第一に、『大和物語』等では女は離別後、貴人の後妻となるが、謡曲『蘆刈』では乳母であり、離別しても夫婦関係がはっきりとは解消されていない。

第二に、芦刈人となった男は『大和物語』では「蘆になひたる男のかたひのやうなる」と醜さを匂わす程度に描かれるだけであるのに対し、謡曲『蘆刈』では卑しさや辛さが男自身によって語られ、より一層強調されている。ただし、その蘆を刈り運ぶ姿に風雅な心が感じられ、落ちぶれてもなお都人としての心を残しているように描写される。

第三に、物語の結末については、『大和物語』では男の和歌「君なくてあしかりけりと思ふにも…」が詠まれた時点で一応の区切りがついている。しかし謡曲『蘆刈』では、再会の後、女は男に正装をさせ、共に都に帰るという幸福な結末を明示している。(18)

(18) 家原彰子「謡曲《蘆刈》小考―季節の転換を中心に」『同志社国文学』六九、二〇〇八年一二月。

7 『摂津名所図会』――「芦刈嶌」と「鵜殿の葦」

一七九八年刊の『摂津名所図会』は、巻六下河邊郡下に、「芦刈嶌《あしかりじま》」をあげ、

大物浜を芦かりしまともいふ。むかし此浦に日下左衛門《くさかの》といふ者あり。家究めて貧く遂に夫婦あかぬ別れをして女は都に登り夫は此嶋の蘆を刈て日毎に市に沽《うり》て世のいとなみとなしけり。其芦を刈たるより刈嶌といふ。又夫婦再び会事を待よりまつしまともいふ。今は只松嶋と書也。

と説明し、『大和物語』を引用している。「大物浜《だいもつ》」の別名が「芦刈島」であるというが、大物であれば現在の尼崎市である。「日下左衛門」という名前からは謡曲の影響がうかがえる。

同じく『摂津名所図会』巻五嶌上郡「鵜殿蘆《うどののあし》」の項に、

鵜殿村の堤に生出る蘆也。篳篥《ひちりき》の義觜《こした》に可也とて、むかしより世に名高く、貢《みつぎもの》に献《たてまつ》

図 9　『摂津名所図会』巻六下「芦刈嶌」

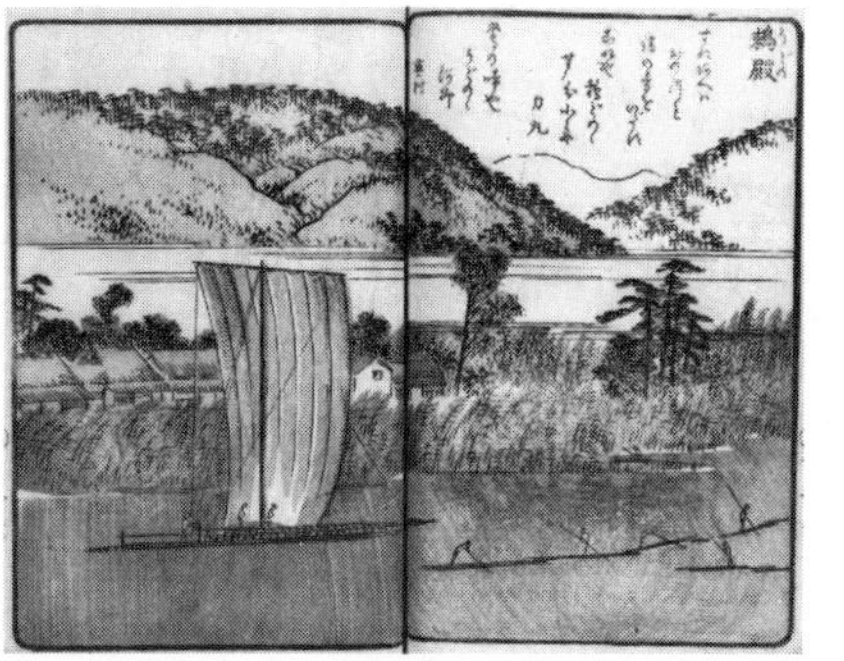

図10　『淀川両岸一覧』下船之巻「鵜殿」1863年刊

るなり。

とある。鵜殿は現在の高槻市東部にあたり、道鵜町から上牧にかけ、淀川河川敷に広大な葦原が広がっている。篳篥の義觜《こした》（現在は蘆舌《ろぜつ》と呼ばれる）とは、オーボエのリードにあたる部品で、これを振動させて音を出す。鵜殿の葦は、その蘆舌に最も適した葦とされ、江戸時代には貢物として用いられた。一九四五年頃まで、毎年一〇〇本ずつ宮内庁に献上されたという。(19) 鵜殿の葦は有名であったらしく、『淀川両岸一覧』にも描かれている。

なお「鵜殿」の地名は古く、『土佐日記』にも、任国の土佐からの帰途、淀川を上る途中、「今夜、鵜殿といふ所に泊る。」という記述がある。

(19)　高槻市ホームページ「鵜殿の葦」http://www.city.takatsuki.osaka.jp/kakuka/machi/bunkazai/gyomuannai/rekishikan/daionokuni/34.html（二〇一一年八月八日閲覧）

8 谷崎潤一郎『蘆刈』

谷崎潤一郎の『蘆刈』(20)は、さきほどの鵜殿をはじめとする淀川河川敷の葦原を舞台に展開する、夢幻能(21)のような一篇である。冒頭部分を引用する。

君なくてあしかりけりと思ふにもいとゞ難波《なにわ》のうらはすみうき

まだおかもとに住んでいたじぶんのあるとしの九月のことであった。あまり天気のいゝ日だったので、ゆうこく、といっても三時すこし過ぎたころからふとおもいたってそこらを歩いて来たくなった。遠はしりをするには時間がおそいし近いところはたいがい知ってしまったしどこぞ二三時間で行ってこられる恰好《かっこう》な散策地でわれもひともちょっと考えつかないようなわすれられた場所はないものかとしあんしたすえにいつからかいちど水無瀬《みなせ》の宮へ行ってみようと思いながらついおりがなくてすごしていたことにこゝろづいた。

作者が阪神間の岡本に住んでいた頃、後鳥羽院(22)ゆかりの旧蹟、水無瀬の宮へ出かけたついでに、淀川の中州で月見をしていると、葦の中から男があらわれる。

男は自分と同年輩のようだった。男は巨椋《おぐら》の池(23)へ月見に行くところで、幼いころ十五夜の晩になるといつも父に連れられて二里も三里も歩いてそこに行った、はじめて連れて行かれたのは七つか八つ、父はどこかの大家の別荘のような邸の中を生垣の隙間からのぞいていた、中ではその家の女主人らしい人が琴を弾き、腰元やその他の人たちと月見の宴を

(20) 『改造』一九三二年一一月—一二月号に発表。引用は日本の文学59『春琴抄』(一九七三年、ほるぷ出版)による。

(21) 生きている人間だけが登場する現在能に対して、霊的な存在が主人公となる能をさす。

(22) 一一八〇—一二三九。第八十二代天皇。一一八四年即位、在位十五年。譲位ののち王政の復古を図ったがならず、隠岐に遷せられ、その地で崩御。歌道に秀で、『新古今和歌集』を勅撰した。

(23) 京都府南部、宇治川と木津川にはさまれた遊水地帯にあった池で『万葉集』には「巨椋の入江」と詠まれている。『蘆刈』執筆翌年の一九三三年から干拓が行なわれ、現在は消滅している。

していた、今から四十何年も昔のことだ、と思い出話を始めた。

その邸の女主人は父（愼之助）のあこがれの人で、父は「あのお方」とも「お遊様《ゆうさま》」とも呼んでいた。お遊さんは十七の年に粥川家に嫁いだが四、五年して夫と死に別れ、二十二、三の年にはもう未亡人だった。明治初年のことで、男の子もいたので、再縁は許されず、そのまま嫁としてぜいたくな暮らしを続けていた。

父はお遊さんへの恋心を持ったまま、その妹のおしず（静）と結婚するが、夫の気持ちを知るお静は夫婦の交わりをせず、二人してお遊さんに仕えることにする。こうして三人で遊びにいったり、旅行に出かけたりする奇妙な生活が続く。

それについておもい出しますのは父は伽羅《きやら》の香とお遊さんが自筆で書いた箱がきのある桐《きり》のはこにお遊さんの冬の小袖ひとそろえを入れてたいせつに持っておりましてあるときわたくしにその箱のなかのしな〴〵を見せてくれたことがございました。そのおり小そでのしたにたゝんで入れてありました友禅の長じゅばんをとり出しましてわたくしの前にさし出しながらこれはお遊さまが肌身につけていたものだがこのちりめんの重いことをごらんといいますので持ってみましたらなるほど今出来《いまでき》の品とはちがいその頃のちりめんでございますからしぼが高く糸が太うございまして鎖のようにどっしりと目方《めかた》がかゝるのでございます。どうだ重いかと申しますからほんとうにおもいちりめんだといいましたら我が意をえたようにうなずきましてちりめんというものはしな〳〵しているばかりでなくこういうふうにしぼが高くもりあがっているところがねうちなのだ、このざんぐりしたしぼの上からおんなのからだに触れるときに肌のやわらかさがかえってかんじられるのだ、縮緬《ちりめん》の方も肌のやわらかい人に着てもら

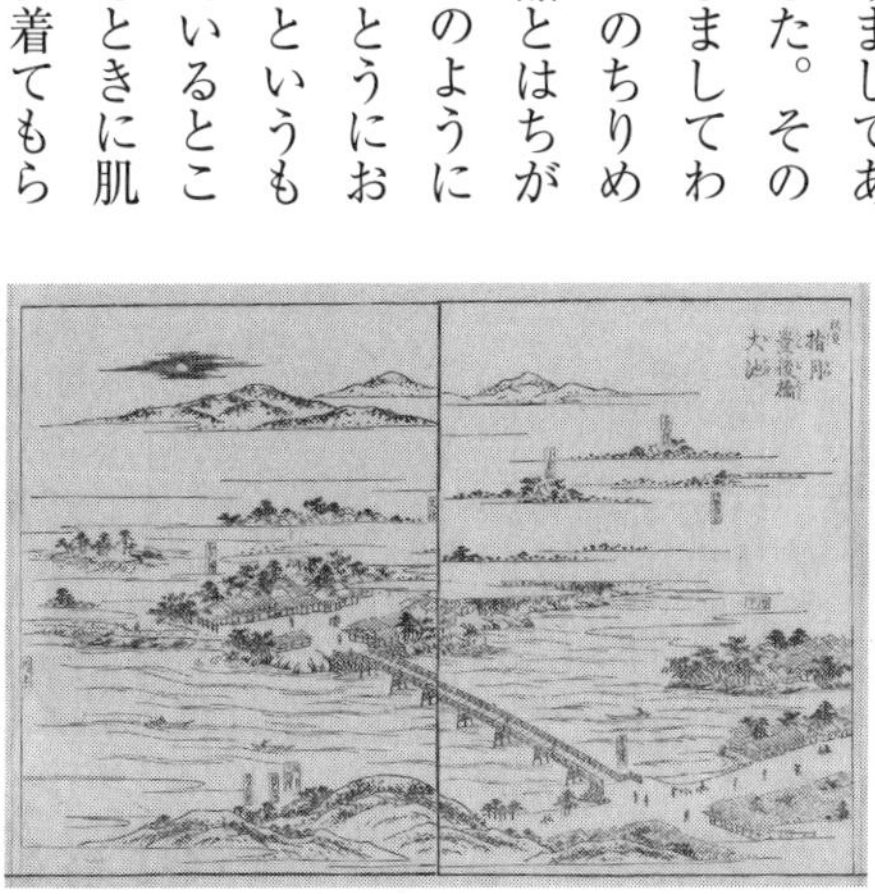

図11　『都名所図会』巻五「指月（しげつ）・豊後橋・大池（おいけ）（巨椋池）」

うほどしぼが粒だってきれいに見えるしさわり加減がこゝちよくなる、お遊さんという人は手足がきゃしゃにうまれついていたがこの重いちりめんを着るとひとしおきゃしゃなことがわかったといいまして今度は自分がそのじゅばんを両手で持ちあげてみて、あゝあのからだがよくこの目方に堪えられたものだといいながらあだかもその人を抱きかゝえてでもいるように頬をすりよせるのでござりました。

するとあなたがそれを見せてもらった時はよほど成人していたのでしょうねと問うと、いやまだそのときはようよう十くらいであったが言葉通りに記憶していて、分別がつくにしたがってだんだんその意味が理解できたのだという。それではあなたは誰の子かと尋ねると、まだ続きを聞いてくれという。

数年してお遊さんの男の子が亡くなり、実家に戻されたお遊さんに、年上の宮津という造り酒屋の主人との縁談がもちあがる。父がこのときどこまでも恋を貫こうとしたならば心中しかなかったが、お静のこともあってそうはできなかった。

お遊さんは宮津と再婚する。しかし裕福で遊び人の宮津はすぐに飽きて、お遊さんを別荘で贅沢に遊ばせておくだけになった。

父の実家はだんだん没落してしまい、ついには長屋暮らしをするくらいに落ちぶれていた。その頃になってようやく夫婦らしくなった父とお静から生まれたのが自分だと男はいう。

左様々々、その母と申しますのはおしずのことでござりましてわたくしはおしずの生んだ子なのでござります。父はお遊さんとそんなふうにして別れましてからながいあいだの苦労をおもいまたその人の妹だというところにいいしれぬあわれをもよおしましておしずとちぎりをむすびましたのでござります。と、そういってそのおとこはしゃべりくたびれたように言葉をとぎって腰のあいだから煙草《たばこ》入れを出したので、いやおもしろいはなしをきかせていたゞいてありがとうぞんじます、それであなたが少年のころお父上につれられて巨椋の池の別荘のまえをさまよってあるかれたわけは合点がゆきました、ですがあなたはそのゝちも毎年あそこへ月見に行かれると仰っしゃったようでしたね、げんに今夜も行く途中だといわれたようにおぼえていますがというと、さようでござります、今夜もこれから出かけるところでござります、いまでも十五夜の晩にあの別荘のうらの方へまいりまして生垣のあいだからのぞいてみますとお遊さんが琴をひいて腰元に舞いをまわせているのでござりますというのである。わたしはおかしなことをいうとおもってでもゝうお遊さんは八十ぢかいとしよりではないでしょうかとたずねたのであるがたゞそよ〳〵と風が草の葉をわたるばかりで汀《みぎわ》にいちめんに生えていたあしも見えずそのおとこの影もいつのまにか月のひかりに溶け入るようにきえてしまった。

そう、この男は亡霊だったのである。まさに夢幻能の終わり方ではないか。夢幻能では、前場で旅人（ワキ）がその土地の人間（シテ＝主役）と出会い、その土地の過去にあった話を聞いているうち、シテが「実は私はその幽霊だ」と名告って消える。後場ではその幽霊が再び登場し、当時について語り舞い、消えてゆく。男は、息子の姿を借りた、父慎之助の亡霊なのであった。

谷崎は、男に語らせているうちはすらすらと筆が運んでいったが、語り終わらせたところで困ってしまった。しかし、最後の部分が突如として閃き、解決したことが『雪後庵夜話』[24]に見えている。この結末によって『蘆刈』は一気に昇華した、と私は思う。

難波の名物「葦」にまつわる葦刈の物語は、さまざまに形を変えながら、豊かな文学世界を形作っているのである。

〔参考文献〕
『竹取物語　伊勢物語　大和物語　平中物語』小学館（新編日本古典文学全集）、一九九四年。『大和物語』は高橋正治校注・訳
馬淵和夫・国東文麿・稲垣泰一校注・訳『今昔物語集』小学館（新編日本古典文学全集）、一九九九―二〇〇二年
京樂真帆子著『牛車で行こう！　平安貴族と乗り物文化』吉川弘文館、二〇一七年

（24）『谷崎潤一郎全集』第一九巻（一九七四年普及版、中央公論社）所収。

浪華八百八橋の変遷

阿久井康平

1　水の都大阪、橋の都大阪

大阪は「浪華八百八橋」と言われる。その由来は江戸時代に遡る。市街地に八百八もの橋が架けられていたかと言えばそうではない。当時、大坂には二百余りの橋が存在したとされるが、なぜ「八百八橋」と称されることになったのか。

江戸時代に幕府が直接架設・管理した橋は、公儀橋《こうぎばし》と呼ばれる。大川筋の天満橋や天神橋、東横堀川の高麗橋や本町橋などの一二橋が該当する。そのほかの橋は、町橋と呼ばれ、商業や生活のために地域の有力な商人や町人らの自己負担により架設・管理されてきた。町橋の管理費などの負担は、橋の規模や周辺の町の性格によって多様であり、一般的には橋詰の町（橋本町《はしもとちょう》）が管理の責任を担った。架替えや修繕の際は橋本町が大半を負担、残りを近隣の橋掛り町《はしがかりちょう》と呼ばれる町が負担し、その負担額は橋から遠くなるほど少なくなる[1]という管理方法であった[2]。こうした「公」を「民」の力で支える管理の仕組みは、現代の都市計画やまちづくりの分野におけるエリアマネジメント[3]の先駆けとも捉えられる。そして、この町人の勢いが「八百八橋」と形容される所以でもあった。

2　都市の近代化、橋の近代化

大阪は水の都でもある。江戸時代に大阪市内の堀川の整備が豪商や有力な藩によって行われ、一六一五（元和元）年の道頓堀川をはじめ多くの堀川が開削された。大阪の都市基盤は、大阪城を中心に、南北の筋、東西の通りによって碁盤の目状に構成される。都市内において、縦横に川や堀、道路が走ることで、それぞれの交差箇所では自ずと橋が必要となる。

　これらの通りや筋は、都市軸としてのアイデンティティを想起させ、橋は地点の位置関係をピンポイントに示す都市の記号にもなり得る。時に、それらは、都市のランドマークとして聳えるとともに、渡るという行為のみならず、佇む、出会い、そして別れなど、様々な景観体験[4]をもたらす都市の舞台にもなってきた。

　このような橋の変遷をたどると、近世においては多くが木橋であったわけであるが、本章では「浪華八百八橋」がターニングポイントを迎える契機となった都市の近代化に焦点

（1）　松村博『大阪の橋』松籟社、一七頁、一九八七年

（2）　例えば、心斎橋の架替えの場合、橋詰の二つの町で五〇パーセントを負担し、残りの五〇パーセントを橋に近い町から順に一〇パーセントずつ逓減（一割落し）しながら割り当てていた。戎橋の場合、道頓堀にある芝居小屋の負担が大きく、橋掛り町へは一割落しに町の間口の広さを加味して負担率を決定していた[8]ことなどが明らかにされている。

（3）　エリアマネジメントとは、地域における良好な環境や地域の価値を維持・向上させるための、住民・事業主・地権者等による主体的な取り組み[9]であり、民間が主体となってまちづくりや地域経営のマネジメントを行う取り組みである。現在では、大都市の公園や道路などの公共空間をはじめ、地方都市の商業地域、郊外住宅街など、全国各地でエリアマネジメントの取り組みが実践されている。

（4）　例えば、対象物や周囲の眺め、連続的に変化する眺めの変化、地理的な空間認知として想起される都市のイメージなど、多様な景観の体験を意味する。

を当て、これに伴う橋の近代化（主に明治期から昭和初期）の変遷やその内容を捉えたい。

現代にみるわが国の主要な市街地の骨格は、大正初期から昭和初期にかけての近代都市計画によって形づくられたと言っても過言ではない。

特に、一八八八（明治二一）年の東京市区改正条例の公布、そして一九一八（大正七）年の大阪市、横浜市、京都市、神戸市、名古屋市への五大都市への市区改正条例の準用[5]は、のちの都市計画事業に影響を与え、いち早い近代都市形成のきっかけとなった。

図１　明治21年に架設された天神橋[10]

大正期になると都市美の概念が萌芽する。都市美とは美しい都市風景を追求する活動の概念として位置づけられ、全国各地で都市美観、街路、河川、橋、建築物、公園、植樹、屋外広告物、色彩など、多岐に渡る切り口から議論が活発化した。そのなかで橋は、都市計画事業を通じて集中的かつ面的に架設されることもしばしばあり、景観形成の重要な構成要素[6]として位置づけられていたのである。

また、橋のデザインの歴史からみると、明治維新がひとつのターニングポイントになっている。大阪でもそれまでの主流であった木橋にかわり、一八七〇（明治三）年に東横堀川に架けられた高麗橋をはじめ、鉄材を使用した橋が相次いで架設された。そして、一八八八（明治二一）年に大川に架けられた天満橋や天神橋のように、橋門や親柱《おやばしら》[7]などに装飾を付したいわゆる「装飾橋梁」が続々と登場し、市街地のシンボルにもなった（図1）。一九一五（大正四）年に架けられた難波橋では、コンクリー

（5）内務大臣官房都市計画課『都市計画要覧』一頁、一九二二年

（6）例えば、松村博『橋梁景観の演出』一九八八年、伊東孝『東京の橋—水辺の都市景観—』一九八六年など

（7）主に橋の袂に設置される部材。

（8）前掲（1）一七頁

（9）国土交通省土地・水資源局『エリアマネジメント推進マニュアル』九頁、二〇〇八年

（10）日本橋梁建設協会『新版日本の橋—鉄・鋼橋のあゆみ—』四七頁、二〇〇四年

トや石材を全面的に適用し、中之島公園と一体化が図られるような先駆的な事例もみられるようになった（図2）。難波橋はライオン橋の愛称で、いまもなお親しまれている。

その後、大正末期から昭和初期にかけて、土木技術者、建築家、都市計画家らの協働による橋のデザインが隆盛を極める。今日でも私たちの生活に馴染みの深い、西（大阪）の第一次都市計画事業による中之島橋梁群、東（東京）の帝都復興事業による隅田川橋梁群もこの時代に架けられたものがほとんどである。

3 第一次都市計画事業による橋梁群の計画・デザイン

一九二一（大正一〇）年より実施された第一次都市計画事業は、大阪市区改正設計を受けて事業化され、中心市街地の一大改造事業となった。市区改正設計は、大阪市における最初の都市計画であり、主に街路の新設や拡築、既設街路の舗装や幅員の整理[12]を目的とするものであった。当時、描かれていた都市の将来像は、交通機能を完全にし、大阪港を充実させた商工都市としての発展[13]であった。

この第一次都市計画事業で注目すべきは、御堂筋をはじめとする三八路線の街路事業に伴って、市街地に一五四もの橋梁群[14]が新設・改築されたことである（図3）。そして、一連の橋梁群の計画・デザインにあたっては「変化と調和[15]」という全体コンセプトと考えられる言葉も確認できる。

当時の都市形成の過程をみると、中之島エリアにおける大阪市庁舎、中央公会堂、中之

図2　大正4年に架設された難波橋[11]

（11）関西建築協會「関西建築協會雑誌」第1輯第1号、口絵、一九一八年

（12）大阪市役所「第一次都市計画事業誌」三五頁、一九四四年

（13）三輪雅久・大阪都市計画（史）研究会『都市づくりのこころ―都市計画の手法と実践』三八頁、二〇〇〇年

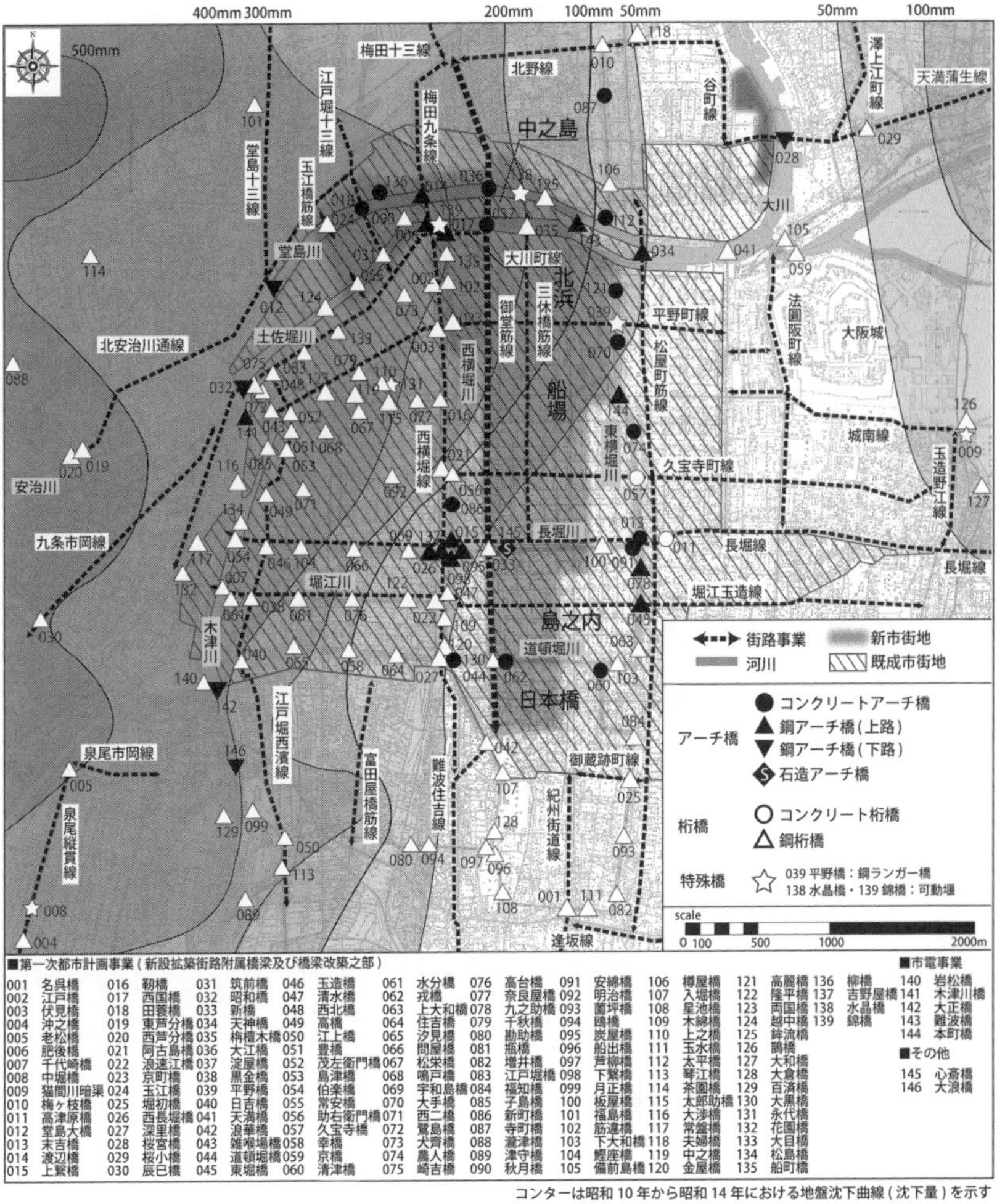

図 3　大阪市の近代都市形成図と架設橋梁（大阪市街地図⑯⑰をもとに筆者作成⑱）

（14）一五四橋として、第一次都市計画事業誌には一五一橋に関する情報⑲のみしか記載されていないが、リスト漏れがあったと思われる吉野屋橋、同事業で可動堰として架設された水晶橋（堂島川可動堰）、錦橋（土佐堀川可動堰）の三橋を加えている。

（15）前掲（12）三五五頁

（16）地図資料編纂会『昭和初期日本都市地図集成』一九八七年

（17）財団法人大阪都市協会『近代大阪の五十年』一一四頁、一九七六年

（18）（14）で示した一五四橋のうち、架橋地点が明らかな橋梁のみ地図上に表記している。また、第一次都市計画事業による架設橋梁以外の橋梁（市電事業による架設橋梁やその他の主要な近代橋梁）についても併せて表記している。

（19）前掲（12）三〇八―四〇三頁

島図書館などの公共建築の建設をはじめとするシビックセンターの確立、北浜や船場エリアを中心とした近代建築の林立による新市街地の確立をみることができる。新市街地や既成市街地を中心に、わが国トップクラスの街路等級であった御堂筋をはじめ、縦横の街路網が整備されたことがみてとれる（図3）。

4　近代橋梁群の計画・デザイン思想——技術者・建築家による協働と主導

第一次都市計画事業を通じた橋梁群の計画・デザインに関与した技術者・建築家の経緯、そして関係者らの相関関係や協働のプロセスは複数の論考[20][21]より確認できる。その中心人物であったのは、大阪市役所の技術者堀威夫[22]である。

堀は、大阪市都市計画部長であった直木倫太郎の勧誘をきっかけに、一九二三（大正一二）年三月に東京帝国大学（現在の東京大学）を卒業後、大阪市役所に入所した。市役所への入所後、都市計画部技術課長兼電気局技師長の清水熙《ひろし》、都市計画部技術係長の花井又太郎、都市計画部技師の大村四郎らの指導を仰ぎ、技術者としてのキャリアをスタートすることになった。

清水らの指導のもと、堀が橋梁事業の主担当を担ったことが分かる。当時は、現在の道路橋示方書などのように、橋の設計基準が確立されていない状況でもあった。そうしたなか、堀の「まっさきにやらなければならないのは都市計画道路の大きな橋ね。ことに堂島川とか土佐堀川、上から下がってくれば、桜宮橋、天満橋、天神橋、渡辺橋、肥後橋など

（20）　財団法人大阪市土木協会「座談会大阪の橋の移り変わり—戦前から近代まで—」一九七六年
（21）　財団法人大阪市土木協会「技人一如—堀威夫土木学会功績賞受賞記念対談—」一九八〇年
（22）　一八九九（明治三二）年二月生、一九八五（昭和六〇）年一一月没。一九二三（大正一二）年四月に大阪市役所に入所。土木部技師、一九三七年七月より土木部橋梁課長、一九四五年九月より復興局次長、一九四七年より港湾局長を経て、一九五六年には大阪市助役を歴任[27][28]した。

ああいう大きな橋ね。これらのタイプを先に決めてしまうことになりました[23]」、「堂島川や土佐堀川で架橋しなければならない、幅員が十二間（約二十二メートル）以上の大きな橋がたくさんあったので、これらの橋のタイプを先に決めてかかろうということになりました[24]」という言葉から分かるように、幅員の大きい街路に架かる主要な橋の計画・デザインを先決したことが明らかである。

また、花井の学友であった田中豊（復興院土木局橋梁課長・内務省復興局土木部橋梁課長・東京帝国大学教授）が顧問として招聘されたことに加えて、清水の友人であり設計コンサルタントであった樺島正義（東京市橋梁課長・樺島工務店）との協働を行い、樺島が堀のアドバイザーの役割を担っていたことも興味深い事実である。

こうして、堀を中心に橋梁群の計画・デザインが展開されたわけであるが、堀は、技術者と建築家との協働を重要視し、相互理解のもとで最良の成果が得られること主張した。そして、建築家で京都帝国大学建築学科教授の武田五一、武田の教え子であり大阪市土木局の元良勲、京都帝国大学土木学科教授の高橋逸夫といった三人の技術者・建築家と協働し、橋の計画・デザインを主導した（図4）。

とりわけ、堀は「大阪は水の都である。水都大阪の美観は先づ水辺からである。水辺の美観は先づ橋からである。橋を忘れて水都の美を期待せんと企つるものは帯を忘れて衣裳を装はんとするものである[25]」、「都市の橋梁は特にまたその美観に屢々《しばしば》積極的に働きかける云ふ点を忘れてはならない[26]」ということを主張していることからも、橋は水都の美、水辺の美を構成する要素として、極めて高い位置づけを示していることが伺える。

四人の技術者・建築家の橋の計画・デザイン思想を概観すると、［構造形式］［意匠］に

（23）前掲（21）五頁

（24）前掲（20）二頁

（25）堀威夫　大阪の橋梁を語る「セメント界彙報」第358号、一六頁、一九三八年

（26）前掲（25）一五頁

（27）前掲（21）序文

（28）社団法人日本鋼構造協会　大阪の橋の近代化と堀威夫さんのこと「JSSC」No.5

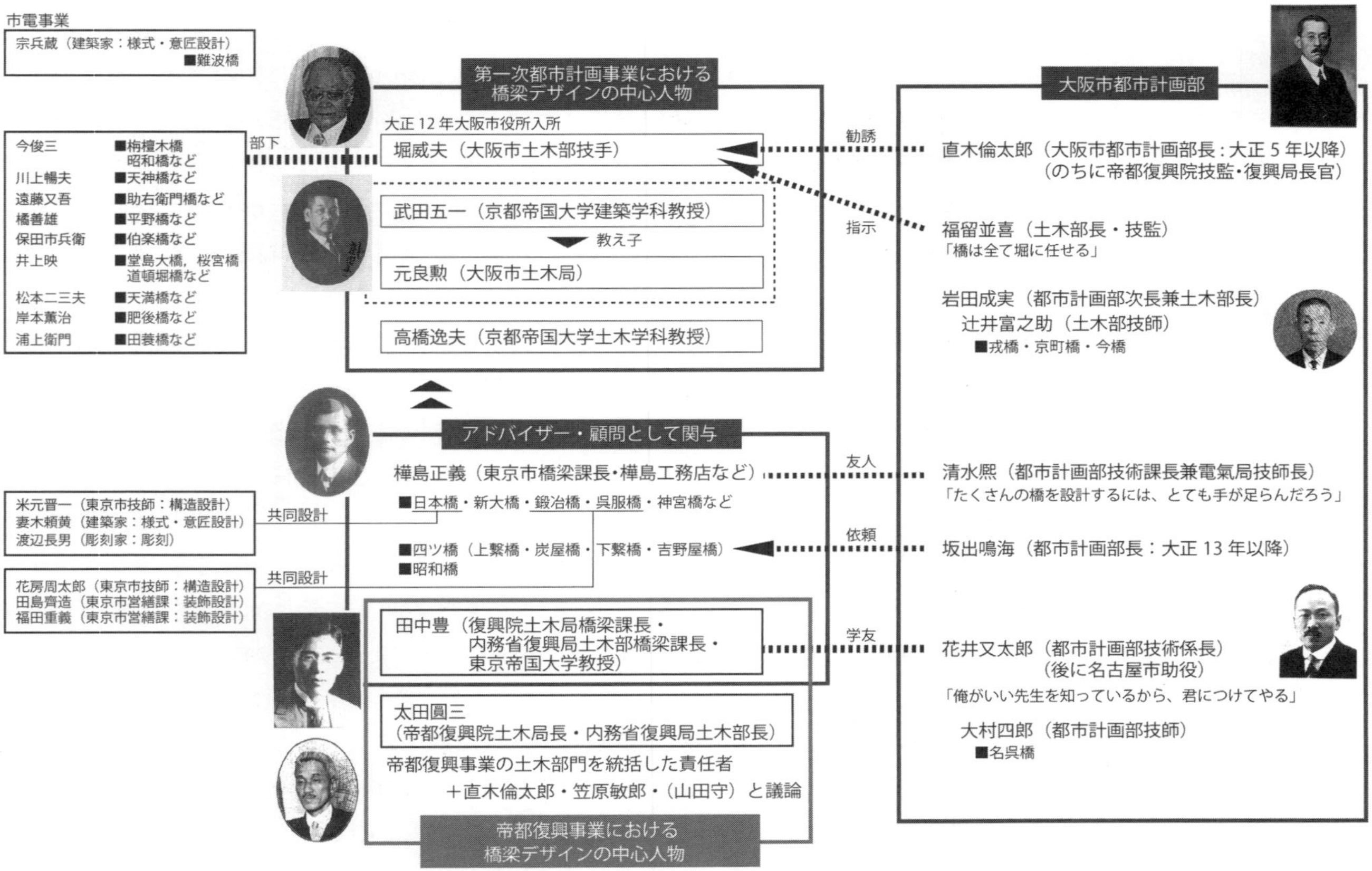
市電事業
宗兵蔵（建築家：様式・意匠設計）
■難波橋
第一次都市計画事業における
橋梁デザインの中心人物
大正12年大阪市役所入所
堀威夫（大阪市土木部技手）
武田五一（京都帝国大学建築学科教授）
教え子
元良勲（大阪市土木局）
高橋逸夫（京都帝国大学土木学科教授）
部下
今俊三 ■栴檀木橋 昭和橋など
川上暢夫 ■天神橋など
遠藤又吾 ■助右衛門橋など
橋善雄 ■平野橋など
保田市兵衛 ■伯楽橋など
井上映 ■堂島大橋，桜宮橋 道頓堀橋など
松本二三夫 ■天満橋など
岸本薫治 ■肥後橋など
浦上衛門 ■田蓑橋など
大阪市都市計画部
勧誘
直木倫太郎（大阪市都市計画部長：大正5年以降）
（のちに帝都復興院技監・復興局長官）
指示
福留並喜（土木部長・技監）
「橋は全て堀に任せる」
岩田成実（都市計画部次長兼土木部長）
辻井富之助（土木部技師）
■戎橋・京町橋・今橋
アドバイザー・顧問として関与
樺島正義（東京市橋梁課長・樺島工務店など）
■日本橋・新大橋・鍛冶橋・呉服橋・神宮橋など
■四ツ橋（上繋橋・炭屋橋・下繋橋・吉野屋橋）
■昭和橋
共同設計
米元晋一（東京市技師：構造設計）
妻木頼黄（建築家：様式・意匠設計）
渡辺長男（彫刻家：彫刻）
共同設計
花房周太郎（東京市技師：構造設計）
田島齊造（東京市営繕課：装飾設計）
福田重義（東京市営繕課：装飾設計）
友人
清水熈（都市計画部技術課長兼電氣局技師長）
「たくさんの橋を設計するには、とても手が足らんだろう」
依頼
坂出鳴海（都市計画部長：大正13年以降）
学友
田中豊（復興院土木局橋梁課長・
内務省復興局土木部橋梁課長・
東京帝国大学教授）
花井又太郎（都市計画部技術係長）
（後に名古屋市助役）
「俺がいい先生を知っているから、君につけてやる」
大村四郎（都市計画部技師）
■名呉橋
太田圓三
（帝都復興院土木局長・内務省復興局土木部長）
帝都復興事業の土木部門を統括した責任者
＋直木倫太郎・笠原敏郎・（山田守）と議論
帝都復興事業における
橋梁デザインの中心人物
図4　第一次都市計画事業による橋梁群の計画・デザインを主導した技術者・建築家の相関関係（文献[20][21]を用いて筆者作成

留意されていることが分かる。［構造形式］とは、コンクリート橋や鋼橋などの使用材料の違いや、アーチ橋や桁橋などの形の違いやその組み合わせによって決まるものであり、道路幅員や長さなどの道路条件、河川幅や舟運に配慮した水面から桁下までの空間確保などを総合的に加味して選定されるものである。［意匠］とは、ここでは橋体表面や高欄、親柱、橋塔などの付属物の外観の設えを主に指す。

［構造形式］の選定については、堀が「リファインド・シンプリシティー（洗練されたる単純さ）」[29]という言葉を挙げている。その意味づけは、架橋地点に応じた機能の満足や合理的な形の追求であった。また、堀は、直木や清水との議論を踏まえ「大阪は大阪でやっていこう、堂島川と土佐堀川とペアーにして渡辺橋のように考えていた」[30]ということも示し、ペアーの意味として、同一街路軸線上で隣接する橋は、［構造形式］や［意匠］を統一する手法がみてとれる。

また、高橋は「重要な場所には鋼材若しくは鉄筋コンクリートの拱橋（鉄筋コンクリートのアーチ橋）を採用することとなる」[31]、「元来鉄筋コンクリート拱は、大阪の河川を横ぎる場合の如く地盤の柔弱なる土地にては、橋台が沈下移動する惧《おそれ》あるを以《もっ》て、寧《むし》ろ不適当の型である。鉄筋コンクリートアーチを架けて、特に荘厳にして雄大なる曲線美を表はすことに努めたものである」[32]と示している。自重が大きくなる傾向にあるコンクリートアーチ橋は、地質が軟弱な場所において不適切と指摘しながらも、その形状は雄大なる曲線美を有するという特質を主張し、重要な場所には鋼アーチ橋もしくはコンクリート橋を採用する方針を示している。つまり、アーチ橋が架けられた箇所は、場所性が重視されたことが考えられる。さらに、高橋は「同一河川軸上で同形式を連続して採用することは面白く

（29）　堀威夫　欧米の橋梁を見て「大大阪」第13巻第4號、一八二頁、一九三七年
（30）　前掲（20）一〇頁
（31）　高橋逸夫　大阪の橋梁「大大阪」第15巻第9號、六一頁、一九三九年
（32）　前掲（31）六二―六三頁

ない[33]」と主張し、河川軸上で隣接する橋梁は、異種の［構造形式］の配置が望ましいことを示している。こうした考え方は、中之島エリアや東横堀川の橋梁群の配置に符号する（図3）。

［意匠］について、まず大川・中之島エリアの橋に着目すると、渡辺橋や肥後橋、堂島大橋などに見られるように、橋台や橋脚と一体となったスケールの大きい塔を有する橋が複数確認できる（図5）。塔は、必ずしも橋の構造上、不可欠な部材ではないが、武田は［意匠］に関して構造的に拘泥しないことを前置きし、「水都大阪の美は橋に表はれ、橋の美は更にそれぞれの塔に表れる。これらの塔型は何れも大阪独特の美を発揮している[34]」、「渡邊橋の如く両側に垂直に屹立する塔を持つた橋は、その塔によつて両側の径間に与へると同時に、中央の主径間の水平性を目立たしむるに役立つてゐるのである[35]」と示しているように、塔は橋梁美を獲得し、構造部の要点を明確し、水平性を強調する部材としての意味が与えられていることも分かる。

また、橋の［意匠］の計画・デザイン思想として、武田は、隣接建築物が確立されていない場合と確立されている場合の二つのケースを提唱した。前者については「大阪市の場合に於ては橋の方が建築物より先きに出来たと云ふ例が多いのであるが此の際には橋の形の意匠を附近建築物の標準として将来役立たしめると云ふ程の信念を持つて計画すべきであらう[36]」、後者については「橋の附近に大建築が圧倒的に存在してゐる場合には、意匠を全然其建築に協調を保たしめ、橋と建築物とを一と調子に溶和する様にするのが至当[37]」と述べ、橋と建築物の関係性を読み解きながら、［意匠］の統一や調和の手法の見解を示している。

（33）前掲（31）六一頁

（34）武田五一　大阪の橋の美（都市と橋梁）「大大阪」第6巻第4号、五頁、一九三〇年

（35）前掲（34）四―六頁

（36）武田五一　橋梁の外観「土木學會誌」第15巻第5號、三四三頁、一九二九年

（37）前掲（34）七頁

（38）大阪市立大学工学研究科都市系専攻都市計画研究室所蔵「昭和四年大阪市街地地形図」

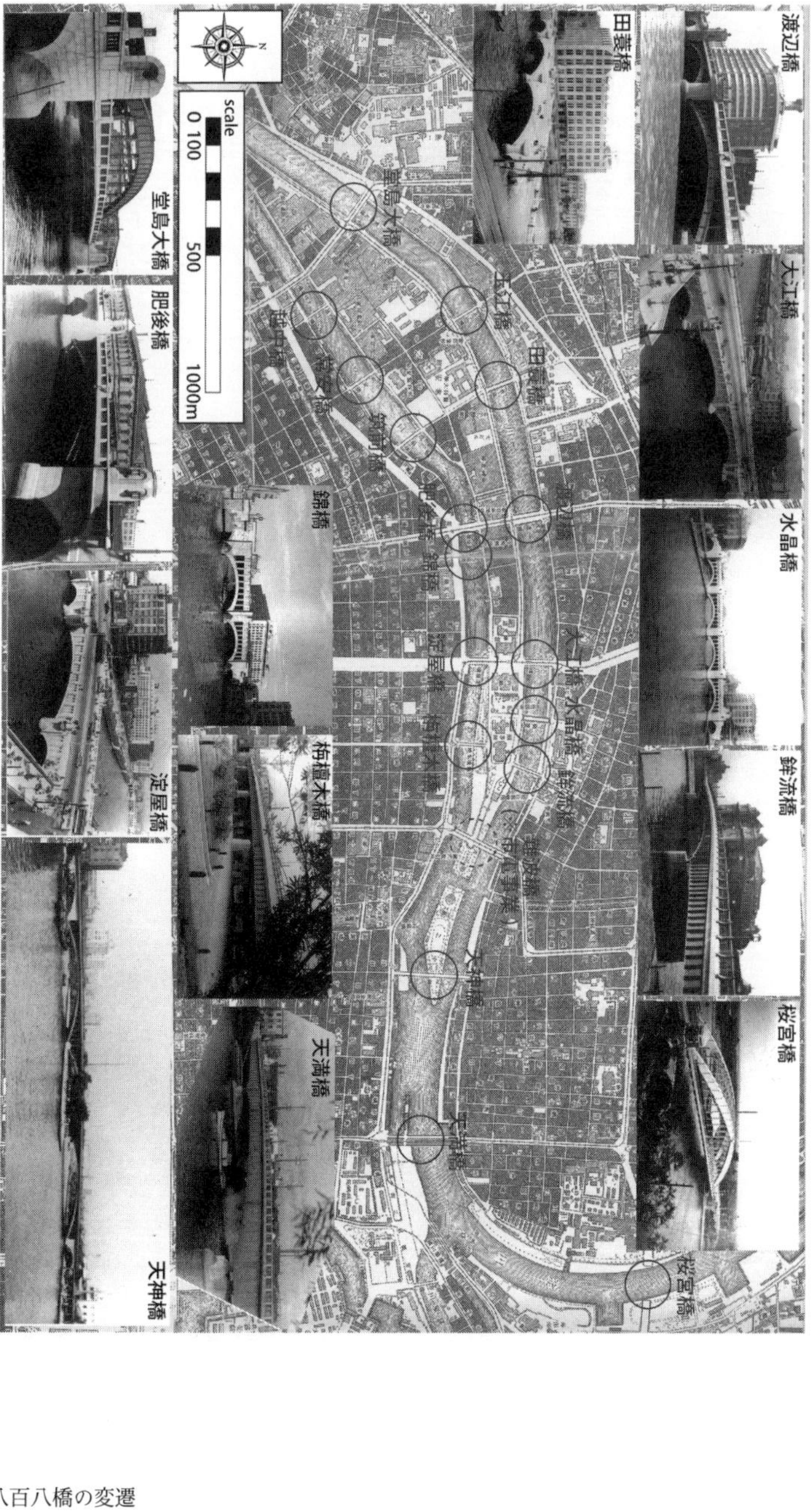

図５　大川・中之島エリアにおける橋梁群（昭和四年大阪市街地地形図[38]に筆者加筆）

こうした主要な橋梁群の計画・デザイン思想を鑑みながら、以下では、市街地のなかでも特に計画・デザインに注力された中之島橋梁群について幾つか紹介したい。

5　個別の橋のデザイン

・大江橋・淀屋橋

大江橋と淀屋橋は御堂筋において、中之島の大阪市役所を挟み、対となる橋である。大江橋と淀屋橋は、一九三五（昭和一〇）年に竣工し、［構造形式］はそれぞれ四径間コンクリートアーチ橋、三径間コンクリートアーチ橋が採用された（図6）。両橋は、意匠設計コンペによってデザイン案が決定され、隣接建築物である大阪市庁舎の［意匠］に配慮することが条件とされていた。

堀は、意匠設計コンペを回顧し「あれを懸賞募集したころには、橋梁のいわゆるアピアランスに対しての思想というものは何もできていない、まったくパリの橋のまねということ」[39]と述べている。

また、第一次都市計画事業誌では「橋体は双方共鉄骨鉄

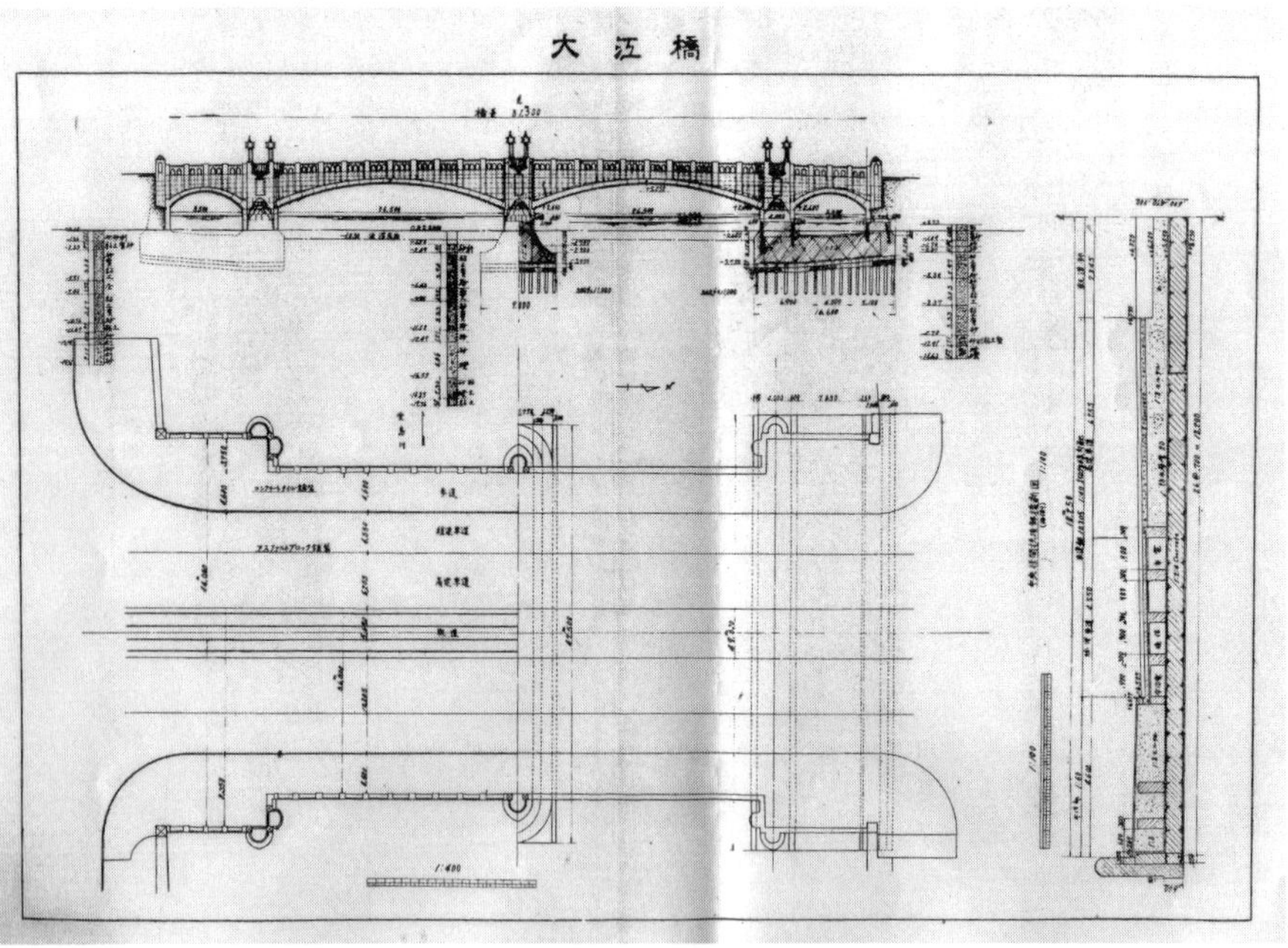

図6　大江橋橋梁一般図[42]

筋コンクリート拱とし、大阪市庁を双方から睨んで、二橋とも同一形式により調和よきものとすることを主眼とした(40)」と記述されていることから、場所性に配慮した［構造形式］の選定に至った経緯が伺える。両橋の姿は現代でも健在である。

注目すべきは、堀が「大江橋の設計を急ぐからということで、大江橋をとにかくメタリックで計算を試みたんです。（中略）これはね、私だけ内緒でやったようなものですね。家に持って帰ってやってた(41)」と述べているように、意匠設計コンペ実施前に、鋼アーチ橋で［構造形式］の検討を実施していたことである。図3からも分かるように、当該架橋地点周辺は地盤沈下が懸念されることから、コンクリートアーチ橋の適用は不適当と考えられたことも推察される。

・渡辺橋・肥後橋

渡辺橋と肥後橋は、現在の四ツ橋筋（当時：梅田九条線）において中之島を挟み、対となる橋である。肥後橋は一九二六（大正一五）年に竣工し、［構造形式］は三径間鋼アーチ橋が採用された。渡辺橋は一九二七（昭和二）年に竣工し、［構造形式］は同様に三径間鋼アーチ橋が採用された

両橋の［意匠］にはネオ・ルネッサンス様式が採用され、二橋と隣接建築物の朝日新聞社（一九一六（大正五）年竣工）の［意匠］の設計には、武田五一が関与していたことも分かっている。また、堀の論考と照らしあわせて、同一街路軸にて［構造形式］［意匠］が統一されていることが特徴である（図7・図8）。

(39) 前掲(20)一〇頁
(40) 前掲(12)六四七頁
(41) 前掲(21)六頁
(42) 前掲(12)附図
(43) 日本建築協会「建築と社会」第12輯第12号、口絵、一九二九年
(44) 大阪市土木部「大阪都市計畫事業橋梁総覧」九六頁、一九三一年

図 7　昭和初期の中之島エリア東部（掲載写真[43]）に筆者加筆）

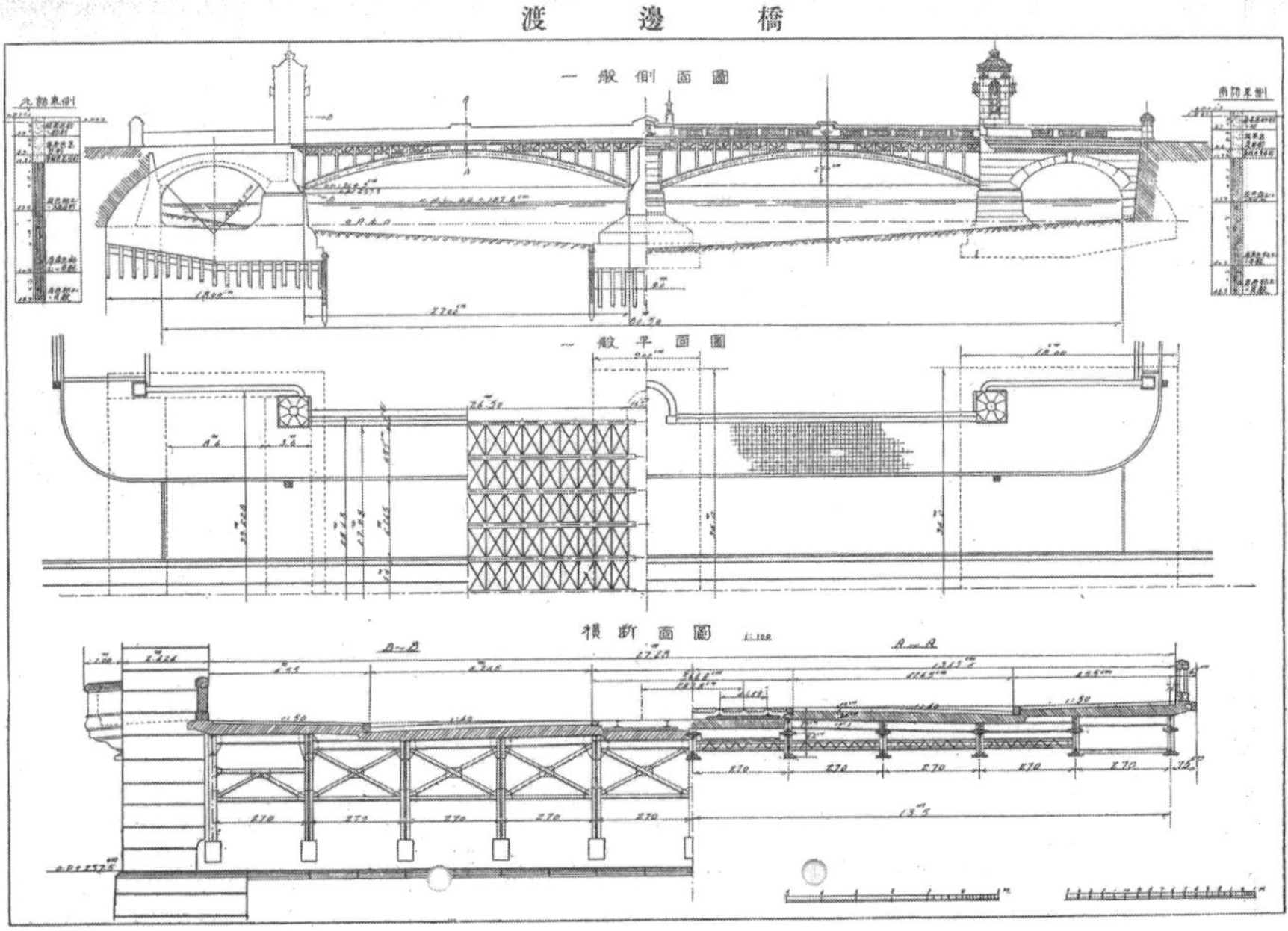

図 8　渡辺橋橋梁一般図[44]

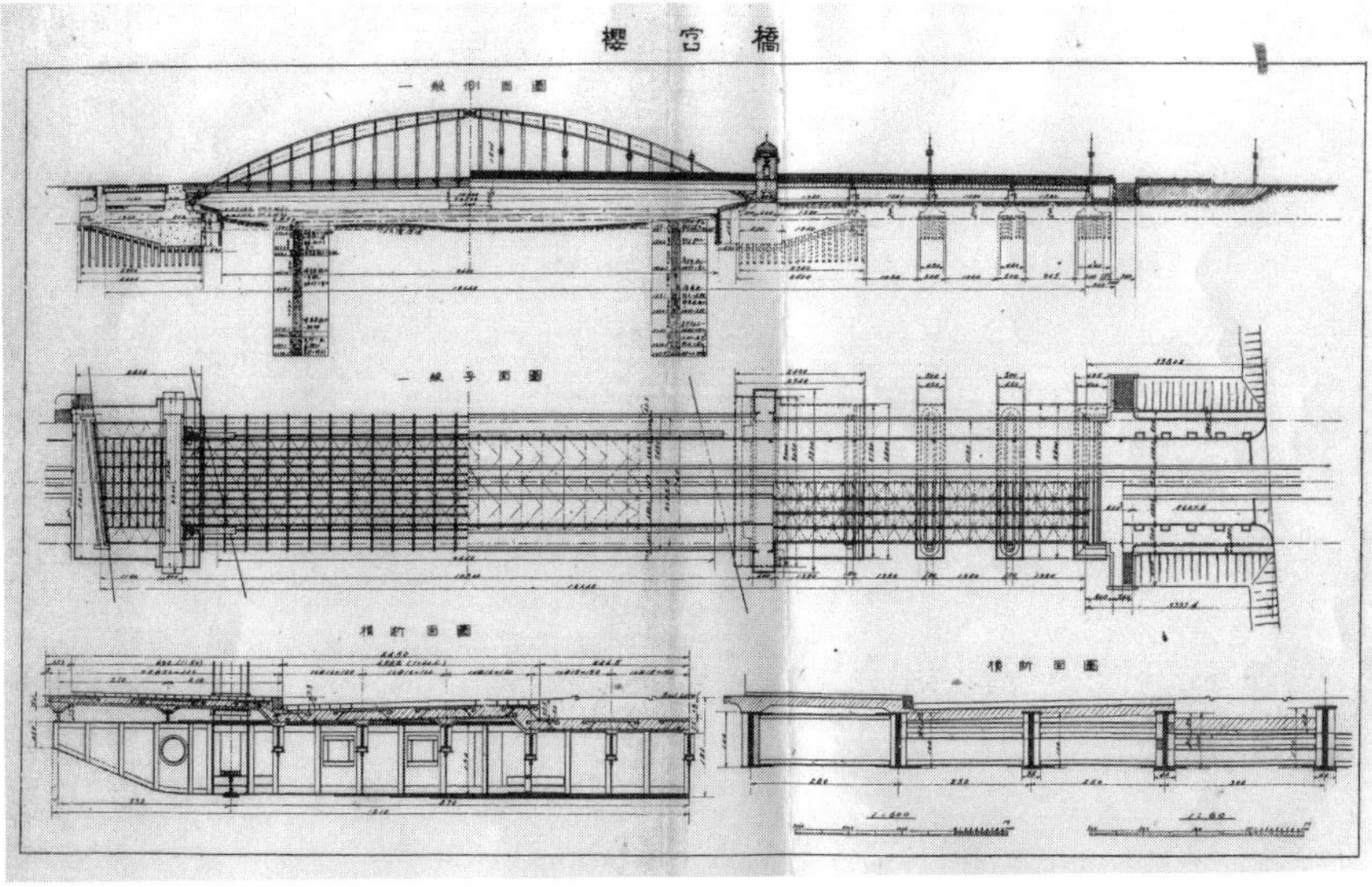

図 9　桜宮橋橋梁一般図[42]

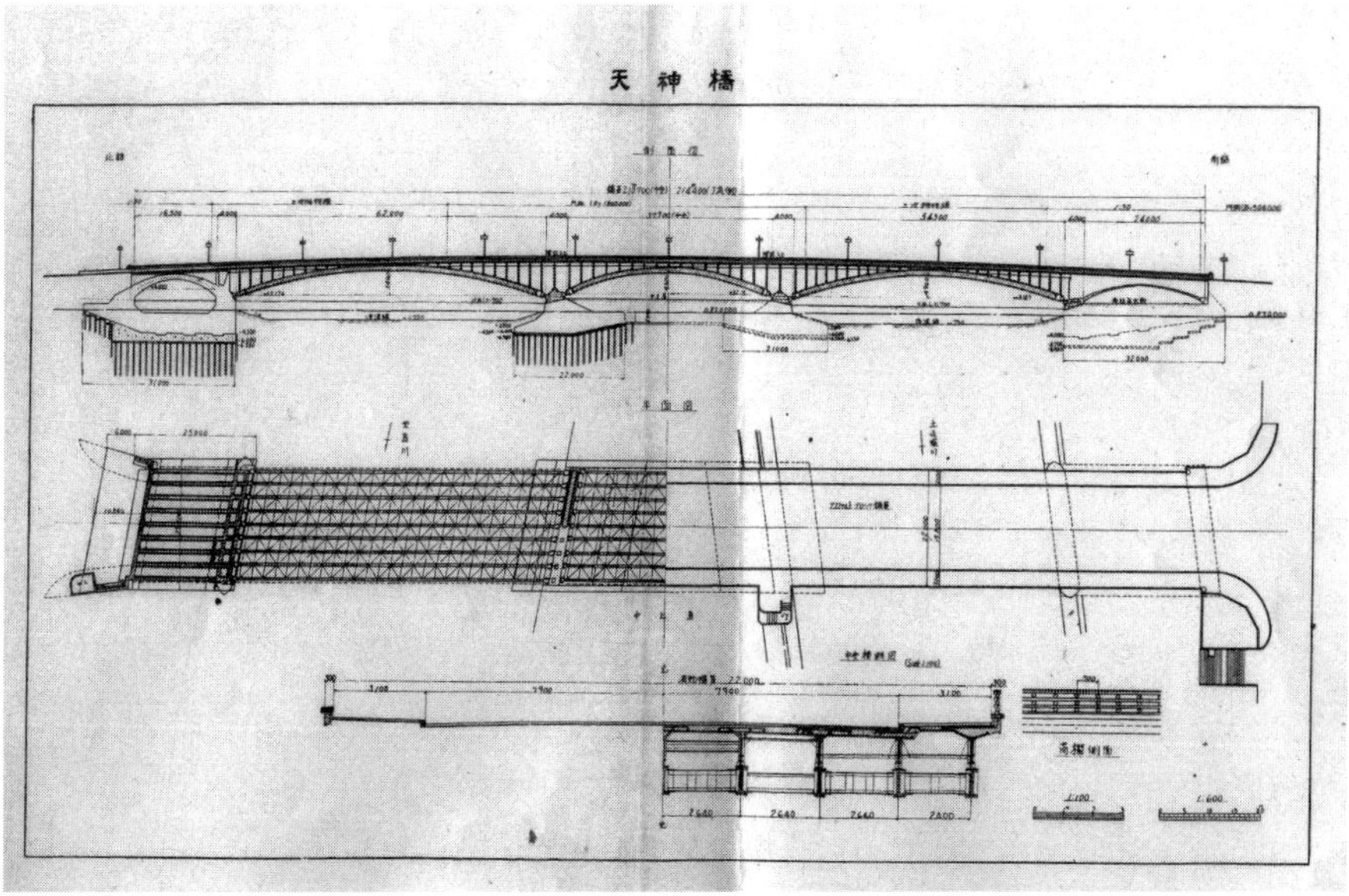

図10　天神橋橋梁一般図[42]

・桜宮橋

桜宮橋は、大川筋の「桜の通り抜け」で有名な造幣局の近くに架かる橋である。桜宮橋は、一九三〇（昭和五）年に竣工し、［構造形式］には鋼アーチ橋が採用された。桜宮橋は、当時わが国最大規模の支間長を誇った。尖塔型のアーチ部材は、地盤沈下の影響を懸念し、あらかじめ水平変位の許容に対応した新しい［構造形式］としての試みを図る挑戦的な事例でもあった（図9）。

・天神橋

天神橋は、中之島公園の剣先に架かる橋である。天神橋は、一九三四（昭和九）年に竣工し、［構造形式］には三径間鋼アーチ橋が採用された（図10）。一つの構造体で中之島を横断する橋でもある。

堀が「最初の計画では周囲の風物及地形を考慮して全径間を鉄筋コンクリート無鉸拱とし、13径間にて渡るつもりであつた」[45]と述べるように、当初の［構造形式］は、一三径間のコンクリートアーチ橋が計画されていたが、地質条件や河川条件から望ましくないという判断のもと、鋼アーチ橋に至った経緯[46]が事業誌より確認できる。

・水晶橋

水晶橋は、一九二九（昭和四）年に竣工した。水晶橋は、市内の枝川の汚濁を除くことを目的に可動堰（堂島川可動堰）として架設された（図11）。

可動堰の形式にはティンター・ゲート[47]が採用された。堂島川に早急に可動堰を設置し、

（45）堀威夫　天神・天満・大江・淀屋諸橋「土木工学」第3巻第5號、三三二頁、一九三四年
（46）前掲（12）三六四頁
（47）前掲（44）一一〇頁
（48）阿久井康平　大阪市立大学大学院博士論文「近代化黎明期の水辺市街地における橋梁デザインの展開とその景観論的意義」甲第3529号、二〇一六年

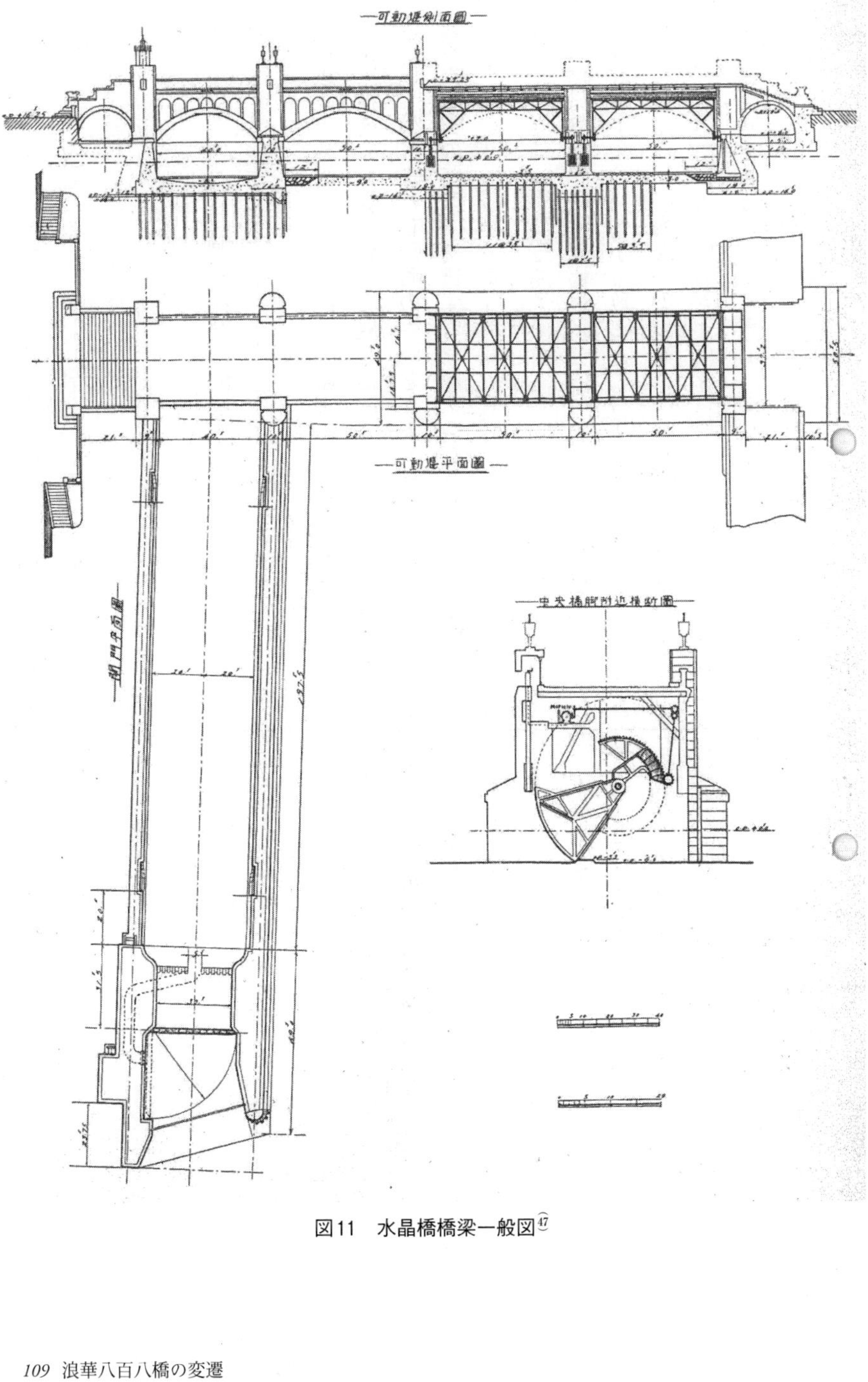

図11　水晶橋橋梁一般図[47]

浄化を図る必要があった。一方で、架設地点は、周辺環境との関係性や外観の扱いが重要視され、橋の内部にティンター・ゲートや設備を格納するような構造が適用された。現在は、可動堰としての機能は役目を終え、人道橋として現役である。

6　浪華八百八橋の発展と継承

近代以降の技術革新、高度経済成長期以降に急速に発展した社会インフラの整備に伴い、橋梁技術も目覚ましい発展を遂げてきた。人流や物流をはじめ、時代のニーズに応えるように、橋もまた私たちの生活を支え、日々進化してきた。まちを歩くと、現代では高速道路や複数の路線が交錯するジャンクション、大型船の航行を可能にする大スパンの橋やループ橋（図12・13）、まちのシンボルを担う長大橋（図14）など、「浪華八百八橋」にも新たなバリエーションをもたらしている。

近代橋梁のなかには架橋後、一〇〇年を経過する橋梁も見られる。本編で紹介した第一次都市計画事業の開始から数えるとちょうど一〇〇年が経過する。市街地に残存する橋梁に限って言えば、まもなく架設後一〇〇年を迎えようとする橋梁も複数存在する（図15）。一方で、河川や堀割の埋め立てに伴って、いまではもう見られない橋も多いが、「橋」の生きた証を示すように、地名として歴史が息づく場所も多い。

「橋」は、場所と場所といった物的な空間をつなぐ媒体としてのみならず、歴史や文化をつなぎ、そしてひととひとをつなぐ役割も担っている。時折、立ち止まり、触れること

図12　なみはや大橋（筆者撮影）

図13　千本松大橋（筆者撮影）

図14　千歳橋（筆者撮影）

図15　水晶橋（筆者撮影）

で、水の都大阪、橋の都大阪の歩みを感じることができるのではないだろうか。

〔参考文献〕
松村博『大阪の橋』松籟社、一九八七年
内務大臣官房都市計画課『都市計画要覧』一九二二年
松村博『橋梁景観の演出』鹿島出版会、一九八八年
伊東孝『東京の橋―水辺の都市景観―』鹿島出版会、一九八六年
日本橋梁建設協会『新版日本の橋―鉄・鋼橋のあゆみ―』二〇〇四年
関西建築協會「関西建築協會雑誌」第1輯第1号、一九一八年
大阪市役所「第一次都市計画事業誌」一九四四年
三輪雅久・大阪都市計画（史）研究会『都市づくりのこころ―都市計画の手法と実践―』二〇〇〇年
財団法人大阪市土木協会「座談会大阪の橋の移り変わり―戦前から近代まで―」一九七六年
財団法人大阪市土木協会「技人一如―堀威夫土木学会功績賞受賞記念対談―」一九八〇年
地図資料編纂会『昭和初期日本都市地図集成』一九八七年
財団法人大阪都市協会『近代大阪の五十年』一九七六年
堀威夫　大阪の橋梁を語る「セメント界彙報」第358号、一九三八年
堀威夫　歐米の橋梁を見て「大大阪」第13巻第4號、一九三七年
高橋逸夫　大阪の橋梁「大大阪」第15巻第9號、一九三九年
武田五一　大阪の橋の美（都市と橋梁）「大大阪」第6巻第4号、一九三〇年
武田五一　橋梁の外観「土木學會誌」第15巻第5號、一九二九年
日本建築協会「建築と社会」第12輯第12号、一九二九年
大阪市土木部「大阪都市計畫事業橋梁総覧」一九三一年
堀威夫　天神・天満・大江・淀屋諸橋「土木工学」第3巻第5號、一九三四年
国土交通省土地・水資源局「エリアマネジメント推進マニュアル」二〇〇八年
社団法人日本鋼構造協会「大阪の橋の近代化と堀威夫さんのこと」『JSSC』No.5
阿久井康平　大阪市立大学大学院博士論文「近代化黎明期の水辺市街地における橋梁デザインの展開とその景観論的意義」甲第3529号、二〇一六年

原子炉と地域社会
——熊取町の京都大学複合原子力科学研究所——

住友陽文

はじめに——大阪府に存在する原子炉

ＪＲ阪和線の天王寺駅から快速に乗ると、三〇数分ほどで泉南郡熊取町《せんなんぐんくまとりちょう》にあるＪＲ熊取駅に着く（図１）。現在、快速が止まる駅である。

熊取駅が設置されたのは昭和戦前期の一九三〇（昭和五）年六月である。ＪＲ阪和線の前身にあたる阪和電気鉄道（一九二六年四月設立）が、阪和天王寺駅から和泉府中駅まで開通していた路線を阪和東和歌山駅まで延伸させた時、熊取町大久保に熊取駅を設置したのである。[1]

この時点では熊取駅には特急も急行も止まらなかった。一九四四年に阪和線が国有化さ

（１）　熊取町史編さん委員会編『熊取町史　本文編』熊取町、二〇〇〇年、七〇二頁

図1　JR熊取駅東口（筆者撮影、以下同）

図2　京都大学複合原子力科学研究所

れ、敗戦後になると準急は止まるようになったが、急行は熊取駅を素通りした。一九五一年に急行が止まるようになった。さらに再び一九五八年、国鉄阪和線には急行の代わりに快速が走るようになったが、やはり熊取駅に快速は止まらなかった。

　では、熊取駅に現在と同じように快速が止まるようになったのはいつなのか。そして、それはなぜなのか。それは一九六五年三月一日からであった。快速が熊取駅に止まる二年前の一九六三年四月に、熊取町朝代《あさしろ》に京都大学原子炉実験所（図2）が設置され、その翌年六月二五日に同研究所原子炉一号炉が臨界実験に成功し、七月八日に開所式が執行された[2]。快速が熊取駅に止まるようになったのは、このように京大原子炉実験所の教官・技官・職員をはじめ、研究者の募集に応募して採用された研究者や原子力専攻の学生などの受講生を迅速に輸送するためであった。

　この泉南地域に原子炉があるのを知ってい

（2）『京都大学原子炉実験所四十年史』京都大学原子炉実験所、二〇〇三年、四―五頁

る者は、泉州に住んでいる人でもあまり多くはない。忘れられているのである。同実験所ができたばかりの熊取町は人口一万二千人余りの農村地帯、実験所の周囲は竹藪と田んぼばかりで、民家もまばらであり、実験所の正門前の通称「原子炉通り」（泉佐野打田線）も、駅から実験所までは舗装されていたが、その先（南東向き）は地面むき出しの道のままであった。[3]

官舎に住む者は限られていたので、そこに入れなかった研究者たちは堺市内から電車に乗って通学・通勤していたのである。

この忘却された、京都大学の原子炉の所在が、なぜ京都ではなく、そこからはるか離れて泉南地域にあるのか。この章では、その歴史的経過を追っていくこととしよう。

（3）細見周『熊取六人衆―反原発を貫く研究者たち』岩波書店、二〇一三年、三〇頁

1　京都の原子炉設置に大阪府が反対

戦時中の総力戦体制に協力した保守や革新系の政治家や官僚たちが、敗戦後に日本の核開発をひそかに継承し、学術研究と動力源開発に活かそうとしたのが原子力であった。原子力が戦後政治における保守政党と社会党との根源的対立を解消し、保守合同をうながした。[4] 一九五四（昭和二九）年三月に三木武吉《みきぶきち》らの庇護のもとに、超党派で原子力調査費を超党派の議員とともに改進党の若手国会議員であった中曽根康弘《やすひろ》らが提案し、可決させている。中曽根は翌一九五五年の七月に、保守系議員と左右の社会党議員らとともにジュネーヴ原子力平和利用会議に出席して、日本の「原子力の平和利用」の礎を作った。一二

（4）住友陽文「原子力開発と五五年体制―国家構造改革論としての原子力開発構想―」、小路田泰直・岡田知弘・住友陽文・田中希生編『核の世紀―日本原子力開発史』東京堂出版、二〇一六年

月には、原子力基本法を含む原子力三法が成立した。その年の一〇月に左右社会党が統一され、一一月に自由民主党が結党された。

中曽根らがジュネーヴを訪問している七月に日本学術会議が原子力に関するシンポジウムを開催し、関東と関西に一基ずつ研究用原子炉を設置するということを決めた。また同じ時期に初代の経済企画庁長官になった高碕達之助《たかさきたつのすけ》が、大阪に実験原子炉を設置することを示唆していた。[5]さらに九月には、研究用原子炉を京都大学と大阪大学とで供用するという議論が持ち上がりだした。[6]それが具体化したのが、関西研究用原子炉の宇治市設置構想であった。

このあと、関西研究用原子炉の適地については、各地での反対運動もあって、二転三転し、最終的に大阪府泉南郡熊取町に落ち着くのだが、これは決して反対運動があったことによってその候補地がどんどん南下し、泉南地域に押し出されていったというわけではなかった。理由はそれだけではなかったのである。それは、反対運動という押し出す力と、高度経済成長期の開発戦略として学術用の原子炉を誘致しようという引っ張る力が必要であったのである。では、引っ張る力とは何か。

戦災からの復興を経て、地方自治体が大きな飛躍をとげていくのは一九五〇年代になってからである。市町村の財政基盤と自治権限が、シャウプ勧告にもとづく新税制による地方税制度の確立と町村合併の促進事業によって強化された。戦後大阪府で初の公選知事に選ばれたのは、保守系政党の支持を受けた赤間文三《あかまぶんぞう》で、さらに一九五一（昭和二六）年には再選をはたした。一九五四年三月二六日の府議会で自民党議員が「大阪府は文化都市でもなければ観光都市でもない、煙の都をもつてわれわれ誇りと」して大阪府事業場公害防

（5）熊取町教育委員会編『「京都大学研究用原子炉」の誕生』熊取町教育委員会、一九九六年、六九頁
（6）前掲『「京都大学研究用原子炉」の誕生』七一頁

止条例（一九五〇年公布・施行）などは控えめにやってもらいたいと述べたのに対して、大森通孝《みちたか》副知事は「適地に適当な工場を誘致することが必要」と答弁している。(7) そういうなかでの、一九五五年の関西研究用原子炉設置構想の浮上なのであった。

　経済企画庁長官の示唆にもかかわらず、当初原子炉の設置場所は大阪府ではなく、京都府宇治市であった。宇治市木幡《こはた》の旧陸軍火薬庫跡地（図3、陸軍砲兵廠火工廠宇治火薬製造所分工場）が候補であった。この構想は秘密裏に進められたので、原子炉の宇治設置構想についての公表は、当初なされなかった。一九五六年一月に、京大で原子炉を作る計画があり、それにより全国一の原子力センターを目指すものであると『産経新聞』に報じられた。(8) 同年六月には同じく『産経新聞』が、京大原子炉の敷地は宇治市の元火薬庫跡地にほぼ内定したと報じた。(9)

図3　宇治市木幡（南側から臨む）

　一一月には、京都大学に関西研究用原子炉設置準備委員会が設置され、委員長には京都大学理学部教授の湯川秀樹が選ばれた。一二月には原子炉の宇治市設置がほぼ決定していたが、(10) 翌年一月九日の設置準備委員会で宇治市に設置されることが正式に決まった。

　この決定を受けて、大阪府内で反対の声が上がった。大阪地評が「地元の声を無視」するものであると、宇治市の原子炉設置について抗議したのである。(11) 大阪地評とは、戦後の

(7)　小山仁示・芝村篤樹『大阪府の百年』山川出版社、一九九一年、二五〇頁

(8)　前掲『「京都大学研究用原子炉」の誕生』七七頁

(9)　前掲『「京都大学研究用原子炉」の誕生』八五頁

(10)　前掲『「京都大学研究用原子炉」の誕生』九五頁

(11)　前掲『「京都大学研究用原子炉」の誕生』九六頁

労働組合のナショナルセンターである日本労働組合総評議会（総評、一九五〇年七月結成）の大阪の組織である大阪地方評議会（一九五一年二月結成）のことである。

すると、大阪府や大阪府議会、さらに続いて大阪市も反対の声を上げたのである。[12]また、大阪府などの訴えで厚生省がこの原子炉宇治設置案に「万一の場合最悪」と反対をした。[13]宇治市で万が一放射能漏れがあれば、その下流を流れる淀川が汚染される。「下流の五〇〇万の人口の水道水をどうしてくれるのだ」ということになって、[14]大阪府をはじめ大阪府下の自治体が原子炉の宇治設置案に反対をしたのである。

2　大阪府が呼び込んだ研究用原子炉

大阪府などが原子炉の宇治設置案に反対したが、ではその原子炉の候補地はどこにいったかというと、反対していた大阪府内に設置が求められたのである。実は、研究用原子炉を京都ではなく大阪に設置するというのは、大阪府の成長戦略にとって至上命題であった。だからそのこともあり、大阪府は宇治設置案に必死で反対し、今度は大阪への誘致を始めたのである。

ところが、その反対運動があってもなお京都大学などは簡単には断念しなかった。断念は大学としての権威を失うということもあり、あくまで京都大学としては宇治設置案に固執することになった。

しかし一九五七（昭和三二）年六月には、文部省大学学術局長の緒方信一などから他候

（12）　前掲『「京都大学研究用原子炉」の誕生』九八、一〇〇頁
（13）　前掲『「京都大学研究用原子炉」の誕生』九七頁
（14）　伏見康治『時代の証言―原子科学者の昭和史』同文書院、一九八九年、二六二頁

図 4　高槻市阿武山（茨木市安威から臨む）

図 5　高槻市塚原八十塚（阿武山）

補地の選定の話もではじめ、綾部市が原子炉適地として名乗りを上げた。宇治設置案に固執することが困難になってきたのである。さらに七月には、原子炉設置に宇治市議会自身が反対をした。くわえて八月には、京都府相楽郡木津町（現、木津川市）も原子炉設置候補地として名乗りを上げることとなる。[15]

八月二〇日には、第五回設置準備委員会では、宇治案を断念して大阪府高槻市阿武山《あぶやま》（図4、5）を推薦するようになった。ここの近くには、すでに京都大学防災研究所地震観測所があった。赤間知事もこの設置案について協力を約束するも、早くも二六日には隣接する茨木市に反対期成同盟が結成され、さらに吹田市議会でも反対の声が上がった。[16]

他方では、原子炉設置案が出た高槻市阿武山付近では地代が値上がり、地主も賛成に傾いたと言われ、関西の財界も高槻案には全面支持で、大阪商業会議所も設置を促すよう声明を出した。[17]

（15）前掲『「京都大学研究用原子炉」の誕生』一一七—一二〇頁

（16）前掲『「京都大学研究用原子炉」の誕生』一二〇—一二三頁

（17）前掲『「京都大学研究用原子炉」の誕生』一二三—一二四頁

一九五七年一一月、原子炉設置の適地については大阪府が斡旋することになり、原子炉の候補地についてはいったん白紙となった。適地については月末までに選定することになったが[18]、結局そこでも決まらなかった。京都府内での原子炉設置構想を断念させて、大阪府内での設置構想に切りかえてきた大阪府の開発構想は、今度は府内の反対運動に苦しめられていくのである。

原子炉設置反対運動の理論的後ろ盾となったのが武谷三男の議論であった。敗戦直後は、アメリカの原爆投下の正当化と重なる科学万能論を説き、「原子力の平和利用」を支持していたのが物理学者の武谷三男であった。しかし武谷は、一九五四年三月一日のビキニ事件（三月から始まる合計六回の核実験の初回に第五福竜丸が被曝したが、実際にはもっと多くのマグロ漁船が被曝をしていた）を契機に、性急な原子炉設置に反対していくようになる。この時のいわゆる「放射能マグロ」のいくぶんかは、大阪中央市場をへて富田林市民の食卓に上がってしまったという事件まであり、その後、問題のマグロは富田林市毛人谷《えびたに》の山中に埋められたということがあった[19]。このビキニ事件によって、そして科学技術論的な観点からだけではなく、住民の忌避感や感情にも向き合うべきで、地域住民の意思を尊重して科学者の意見を押し付けてはならぬという武谷の議論は、名古屋大学理学部教授の坂田《さかた》昌一《しょういち》を通して日本学術会議における原子炉の安全性についての議論にも影響を与えつつ、大阪府内の原子炉設置反対運動を理論的に支えていくことになった[20]。

高槻市設置案に反対する茨木市では、一九五八年二月に関西の研究用原子炉は人里離れた海岸にすべきと言った武谷三男の発言を市長が紹介した。また設置者側は高槻市設置案については、日本学術会議からの勧告があれば白紙にするとも述べた[21]。一方、二月二八日

(18) 前掲『「京都大学研究用原子炉」の誕生』一三八頁

(19) 大阪府編『大阪百年史』大阪府、一九六八年、三九一頁

(20) 樫本喜一「初期原子力政策と戦後の地方自治―相克の発生―関西研究用原子炉交野案設置反対運動を事例に」、大阪府立大学大学院人間社会学研究科編『人間社会学研究集録』第二号、二〇〇六年、八五―八六頁

(21) 前掲『「京都大学研究用原子炉」の誕生』一四五―一四六頁

図6　交野市星田

に大阪府議会は「研究用原子炉宇治設置反対に関する決議案」を採択し、原子炉の宇治設置案を完全に否定した。

大阪府としては、なんとしても原子炉を大阪府内に設置したい考えであった。実際に同年一二月末頃には高槻市阿武山で決着しないと、研究用原子炉の適地が名古屋に取られるという懸念がささやかれだし、[22]大阪府では危機感が現れだした。

高槻市案でも難航しだした大阪府では、さらに新たな候補地をさぐりだした。今度は交野町星田地区（現、交野市）設置案であった（図6）。この交野町設置案の頃から、原子炉設置の動向は大学から大阪府に主導権が移った。実際にこの頃、京都大学平沢総長が大阪府に研究用原子炉問題について協力を要請している。[23]

3　住民の感情と民意

新たな原子炉適地として白羽の矢が立った交野町は、高槻市からさらに南下した場所に

（22）前掲『「京都大学研究用原子炉」の誕生』一五九頁

（23）前掲『「京都大学研究用原子炉」の誕生』一六〇頁

あり、枚方市《ひらかた》・寝屋川市《ねやがわ》・四條畷町《しじょうなわて》（現、四條畷市）、それに奈良県生駒町《いこま》（現、生駒市）に囲まれた人口一万一六七四人（一九五五年時）の町であった。高槻市は六万三七七九人（同上）であったから、交野町の人口規模は高槻市のわずか五分の一以下であった。反対運動を極力回避して人口規模の小さな町が適地とされたと思われる。

一九五九（昭和三四）年二月一九日には、大阪府議会副議長の高橋重夫《しげお》らが交野町星田案の説明を周辺の地域に行なうために来訪した。それが水本村（現、寝屋川市）であった。水本村は交野町の西側に隣接する村で、当時人口わずか四五〇〇人に満たない村であり、その村の一部が被差別部落であった（人口の約半分）。一九五七年の寝屋川市との合併を大阪府から勧告された時は、寝屋川市の反対にあい、不調に終わっている[24]。その水本村に府議会副議長がやってきたのである。副議長の高橋は日本社会党の府議会議員（枚方市が選挙区）で関西電力の元社員であった。高橋副議長は交野町星田地区の山手開発の一環でゴルフ場建設の話が上がったが、それなら原子炉の設置がよいのではないかということになったという説明をした[25]。

図７　水本村役場跡（寝屋川打上新町）

水本村では、東海村の原子炉を視察したりして独自に原子炉について学んでいった。その結果村としては反対するほうがいいという声が村内で現れた。三月二三日に水本村議会（図７）で原子炉誘致の賛

（24）中西清太郎『廃墟の中から――わが水本村の闘い』羊書房、一九八八年、一二一―一二二頁

（25）前掲『廃墟の中から』一二六、一二八頁

否が問われ、賛成一、条件付き賛成五、反対六、欠席三ということになり、賛否が同数となっていた。二七日には大阪府庁で水本村側との交渉が行なわれた。府側からは、交野町設置で最も利害関係のある水本村の理解を得、それから交野町の星田地区にお願いしたいという説明があった[26]。

当の交野町では、全体的に賛成の空気があり、積極的な反対はなかったが、三月末には、東海村の視察や府側などの説明を踏まえ、水本村で反対運動が展開されることになった。その主力は村内の被差別部落であった[27]。

このようにして、交野町原子炉設置問題は激しい反対運動にあった。原子炉設置に熱心であった大阪府側では三月四日に府議会で、赤間知事は「世界的大産業都大阪の建設」推進のために道路整備、私鉄乗り入れ、大阪・堺両港整備、大阪空港の国際空港化の推進、大臨海工業地帯の造成、重化学工業の誘致を宣言し、高度成長期大阪の開発路線を明示していた。その直後四月二三日に府知事選があり、赤間府政を継承する左藤《さとう》義詮《ぎせん》新知事（大阪万博を成功させた知事として知られる）が当選した。

水本村では、関西研究用原子炉交野町設置反対村民決起大会を六月一三日に開いて「断固反対」を主張し、原子炉設置のための立入調査を阻止するための監視所まで作ったほどであった。さらに七月には、京都大学と大阪府庁に反対期成同盟が観光バスを借り切って陳情活動まで行なった。寝屋川市と枚方市は反対の意思表示をしたが、候補地の交野町や隣の四條畷町、それに大東《だいとう》市では反対運動が行なわれなかった。

八月には、交野町役場を訪れた府議会議員の高橋重夫と交野町長の山野《やまの》清重《きよしげ》が水本村住民から暴力をふるわれる事件が起き、交野町長が「公正な判断を妨げる」ことになり、「地

（26） 前掲『廃墟の中から』一三六―一三八頁

（27） 前掲『「京都大学研究用原子炉」の誕生』一六二頁

方自治体の自主性を侵害するもの」であると水本村長に抗議するにいたった。水本村長の木下喜代次《きよじ》はすぐに正式に交野町長に謝罪した。

しかし、この事件をきっかけに交野町案は廃案となった。そして同年一二月七日、四條畷町が大阪府原子力平和利用協議会（会長は田中楢一《ならいち》副知事）から原子炉設置の候補地に推薦されることとなった。(28) 四條畷町は交野町よりさらに人口の少ない町であった。一九五五年時点での四條畷町の人口は九〇四九人であった。高槻市から南下して交野町、そして交野町からさらに南下して四條畷町に候補地が転々としてきたのである。

国としても四條畷町案は最後の望みであったのか、一二月一二日には四條畷町に中曽根康弘科学技術庁長官が来訪して講演までしたのである。中曽根は、「二〇日頃までには候補地を決めたい」と述べたあと、設置が決まれば地元に特別交付金を出すと約束したのである。あたかも四條畷町に決まったかのような口ぶりに、地元住民が反対に転じ、反対運動が起きたのである。(29) 反対運動のなか、国も大学も大阪府も信用が失墜していったのである。

(28) 門上登史夫『実録関西原子炉物語─熊取に第三の火が灯るまで』日本輿論社、一九六四年、四頁

(29) 前掲『実録関西原子炉物語』七頁

4　熊取町の誘致と大学研究用原子炉設置協議会の結成

関西研究用原子炉の候補地が宇治、高槻、交野、そして四條畷と転々としつつも、そのたびに反対運動にあって一向に設置場所が決まらなかったのは、科学的根拠にこだわりすぎたからであった。むしろ重要なことは、設置自治体の住民だけではなく、周辺地域の住

民の合意が重要であった。

一九五九（昭和三四）年一二月末、四條畷案で立ち往生する研究用原子炉について帖佐《ちょうさ》義行《よしゆき》（総評大阪地評事務局長）、亀田得治《とくじ》（日本社会党参議院議員）、門上登史夫《かどかみとしお》（日中国交回復関西国民会議常任理事）、梅原昭《あきら》（全日本農民組合連合会大阪府連書記長）ら、社会党議員や民主団体の代表が集まり協議を持った。研究用原子炉に肯定的な見地から、民主勢力独自の原子炉対策を講じることを確認するためであった。このなかでも大阪地評の帖佐が最も研究用原子炉について前向きであった。[30] これまで大学が主導権を握ってもうまくいかない、大阪府が主導権を握ってもうまくいかなかった。民主団体が住民合意を引き出す役割を買ってでて、それで原子炉設置問題を前に進めようとしたのである。もちろん民主団体や社会党、それに共産党も基本的には「原子力の平和利用」には賛成であり、あとは設置場所の決定という「各論」を解決するだけであった。

とくに社会党は熱心であった。高橋重夫府議も社会党の議員であるし、岡沢完治府議（大東市選出）もそうであった。ついに大学側とこれら民主団体とが歩み寄り、原子炉設置問題を解決するための協議会が作られることとなった。

一九六〇年四月一一日、原子炉設置問題をいったん白紙にしたうえで、日本社会党・日本共産党・大阪総評・全日本農民組合・部落解放同盟・民主法律協会、その他民主諸団体と大阪府・京都大学・大阪大学などによって大学研究用原子炉設置協議会が結成された。この設置協議会は、田中楢一大阪府原子力平和利用協議会会長から研究用原子炉の「候補地の選定について一任されたので、従来の候補地を一切白紙に戻し、民主的かつ科学的に候補地を選定し、原子力基本法に定める自主・民主・公開の三原則に則り、平和利用と安

（30）前掲『実録関西原子炉物語』一一三頁

全性を確保することを絶対条件として、大阪府下に研究用原子炉を設置することを申し合わせた」という声明書を発表した(31)。田中楢一は大阪府副知事であり、この「声明書」によって原子炉設置問題の主導権は上記諸団体の連合体に移行する格好となった。

その日の午後、原子炉設置問題に新たな展開があった。大阪府泉南郡熊取町の有志（阪《さか》上《うえ》政進《まさちか》町長、谷口博一町議長、その他町議ら五人）が大阪府庁を訪問したのである。原子炉について研究するので専門の講師を紹介してほしいということを申し入れるためであった(32)。阪上熊取町長らが大阪府庁を訪ねたのは、まことにタイミングが良すぎた。それもそのはず、すでにこの年の一月一二日に阪上熊取町長が原子炉誘致を正式に町の重要課題としてとりあげ、役場内（図8）に原子炉誘致委員会ができていたのである(33)。おそらく、設置協議会結成の話は熊取町側に伝わっており、府庁と連絡を取りながら、設置協議会の結成に合わせて熊取町側は府庁を訪問したに違いない。

図8　熊取町役場

さて、設置協議会はほぼ大阪市東区（現、中央区）の大阪コクサイホテル（一九九九年に閉鎖、現在はその場所にホテルシティプラザ大阪が建っている）で開催された。大阪府庁は豪華な応接セットをしつらえた「ゼイタクすぎるほどデラックス」な部屋を設置協議会のた

(31)　前掲『「京都大学研究用原子炉」の誕生』一一頁
(32)　前掲『実録関西原子炉物語』七五―七六頁
(33)　前掲『実録関西原子炉物語』一〇六―一〇八頁

めに毎回提供した。それは、「原子炉設置問題を一刻も早く解決したい」という表れであったという。[34] 同年四月には、私立大学ではあるが、近畿大学が東大阪市のキャンパスに近畿大学原子力研究所を設立した。関西研究用原子炉の設置者側にはあせりもあったと思われる。

五月一七日には熊取町が設置協議会に誘致の申し入れを行ない、二四日に府に明確に原子炉誘致の意思が伝えられた。五月末までには、南河内《みなみかわち》郡美原《みはら》町（現、堺市）も原子炉誘致に名乗りを上げたほか、柏原《かしわら》市（国分《こくぶ》と本堂《ほんどう》の二地区）、豊能《とよの》郡能勢《のせ》町が新たに候補地に加えられ、旧来の高槻市・交野町・四條畷町と合わせ、八か所が原子炉設置候補地として並んだ格好となった。さらに翌月には吹田市山田地区、河内長野《かわちながの》市広野《ひろの》地区、堺市泉ヶ《いずみが》丘《おか》地区、和泉《いずみ》市北池田地区などの名前もあがり、全部で大阪府内の候補地は一六市町村二二地区（最終的に二六地区まで増える）となった。

誘致を主張する地域も含め、これだけ候補地が上がったにもかかわらず、原子炉の設置問題は全く解決しなかった。一つは、原子炉の安全性に疑問が残った点であり、これは武谷三男や坂田昌一の議論の影響が大きかった。解決をさまたげた今一つの理由は、やはり候補地周辺の反対運動であった。だから設置協議会も、「立地問題は科学的（大学）に民主的（現地住民の意志を尊重する）に決定する」ということにこだわろうとしたのである。[35] そのこともあり、七月四日の設置協議会では、委員の卒田《そった》正直《まさなお》と田辺納《おさむ》から交野町星田地区と四條畷は適地から「除外」すべしと指示があった。両地域は、被差別部落を含む水本村に近接する地域であったためである。卒田は部落解放同盟大阪府連合会委員長で、部落解放同盟常任中央委員にも選出された部落解放運動家であった。田辺は日本社会党の大阪

（34） 前掲『実録関西原子炉物語』一四六頁

（35） 前掲『「京都大学研究用原子炉」の誕生』六〇頁

表１　関西研究用原子炉設置候補地の評価

	利　便	工　費	地元条件	発展性	総　合	
塚原（高槻市阿武山）	A	B	C	C	6	A’
山田（吹田市）	A	A	B	A	1	A
星田（交野町）	A	A	C	C	3	A
四條畷	A	C	C	C	8	B
広野（河内長野市）	C	A	B	B	6	C
美原	B	B	A	A	3	B
釜室（堺市泉ヶ丘）	C	B	B	C	9	C
熊取	B	A	A	B	3	A’
下池田＊（堺市泉ヶ丘）	B	A	B	A	2	A’

（出典）熊取町教育委員会編『「京都大学研究用原子炉」の誕生』熊取町教育委員会、1996年、12頁
注　この表は1960年７月２日の大学研究用原子炉設置協議会専門委員連絡委員会に提出された資料
　＊北池田の間違いか？

府議会議員であった。その二人の指示どおり、交野町と四條畷町は候補地から完全に除外されることとなった[36]（図９）。

七月一八日の設置協議会では、候補地を河内長野市・美原町・堺市・熊取町にしぼることとなった[37]。このなかで誘致に名乗りを上げたのは熊取町と美原町だけである。大学側としては交

（36）前掲『「京都大学研究用原子炉」の誕生』一三頁

（37）前掲『「京都大学研究用原子炉」の誕生』一四頁

図９　関西研究用原子炉の設置候補地の変遷

通の便を考えれば吹田市山田も捨てがたかったが、地域住民の意志を尊重することを基本原則にしていた設置協議会としては、事実上、熊取町と美原町の二択となっていた。さらに設置協議会は原子炉実験所工費の点で熊取町を有利と考えており、熊取町が最も現実的な案であった（表1）。

ところが七月中旬、設置協議会にメンバーを送り込んでいた日本共産党が研究用原子炉設置に反対を表明したのである。[38] 同時に、候補地の一つである熊取町に隣接する泉佐野市で反対運動が開始された。九月三日には、大学研究用原子炉熊取町設置反対泉佐野市期成同盟が「声明書」を発表し、熊取町の設置には反対すると主張したのである。その「声明書」では、「原子力の平和利用が我が国の学術の進歩と、産業の振興を促し、人類社会の福祉と国民生活水準向上に寄与することは論をまたない」と述べられ、さらに、「放射線が本来人体の細胞を変える有害な特性を持っている限り、しかも、原子炉から生じる廃液と廃気から、放射能を完全に除くことのできない現在、その附近住民として不安の念を去ることができない」と訴えるものであった。[39] 泉佐野市を流れる佐野川の上流に位置するのが熊取町であり（図10、11）、原子炉設置候補地から流れる川の下流に位置する泉佐野市の意見を聴かず、「熊取町の誘致運動の熱意によってのみ選定されたことは、全く非科学的であり、非民主的であって」、設置協議会も自らの声明でうたっている原子力三原則に「明白に違背する」と声を上げたのである。[40] 泉佐野市は漁港を抱えていることもあり、原子炉の廃液や放射能汚染に敏感であったのである。

実は、戦後の町村合併促進事業の一環で、熊取町は泉佐野市や貝塚市との合併問題に揺れたことが二度あった。一度目は一九五三年、二度目は高度経済成長が始まる一九五五年

（38） 前掲『「京都大学研究用原子炉」の誕生』四九頁

（39） 前掲『「京都大学研究用原子炉」の誕生』三九頁

（40） 前掲『「京都大学研究用原子炉」の誕生』四〇頁

で、こちらは泉南自立構想のような壮大な地域構想下のものであった。地場産業の織物業が斜陽になり、町の財政も苦しくなって国からの交付税をあてにしなければならなくなった熊取町では町内の意見が二分したが、結局どちらも拒否して独立を保ったという経緯があった。熊取町が原子炉を誘致できた要因は、町村合併をしなかったというところにもあった。(41)

図10　佐野川（熊取町大久保中あたり　西側を望む）

図11　佐野川（熊取町阪和線寄りから東側を臨む）

（41）　熊取町史編さん委員会編『熊取町史　本文編』熊取町、二〇〇〇年、第六章第四節

5　京都大学原子力研究所の誕生

その反対運動にもかかわらず、一九六〇（昭和三五）年一〇月一二日の第一四回大学研究用原子炉設置協議会で京都大学の丹羽義次《にわよしじ》教授が、熊取町が最適地であると説明し、熊取町が候補地として内定された[42]。そして設置協議会の委員それぞれは、各種民主団体を通じて反対する泉佐野市民を説得していくことと決定した[43]。

一〇月三一日に、泉佐野市は東京工業大学の西脇安《にしわきやすし》・武田栄一《えいいち》両博士を招聘し、市民を集めて「原子炉を聞く会」を開催するなどして、反対運動の科学的根拠を見いだそうとしていた[44]。

一二月九日、田中楢一大阪府原子力平和利用協議会会長が木村毅一《きいち》関西研究用原子炉設置準備委員会委員長に、熊取町朝代地区を最適地とすると伝えたと公表した[45]。木村は京都大学教授で、初代京都大学原子炉実験所所長となる人物であった。新聞でも、原子炉設置は「熊取町を最適地として確認した」と報道された[46]。「最適地として確認」ということであって、決定し設置問題が解決したわけではなかった。実際に民主諸団体は、「地元住民の納得なしに（設置方針の決定を――引用者）強行しようとするものであって、かかる設置方針がとられる限り民主団体は飽迄設置に反対する」という姿勢をとっていた[47]。

関西研究用原子炉の設置場所は事実上熊取町に決したが、問題は周辺地域、とくに泉佐野市の反対運動のゆくえであった。泉佐野市では市長・市議会を中心に、熊取町原子炉設

(42)　前掲『「京都大学研究用原子炉」の誕生』一一九頁
(43)　前掲『「京都大学研究用原子炉」の誕生』一一九頁
(44)　前掲『実録関西原子炉物語』一二四頁
(45)　前掲『「京都大学研究用原子炉」の誕生』一三五頁
(46)　前掲『実録関西原子炉物語』一三九頁
(47)　前掲『「京都大学研究用原子炉」の誕生』六二―六四頁

置に反対する期成同盟が反対運動を展開した。それは翌年一九六一年になっても続き、一月には市民も参加した決起集会も行なわれた。期成同盟は大阪府や設置協議会に抗議し、何度も交渉の場が持たれた。泉佐野市で反対運動の指導者になっていたのは松浪庄造《まつなみしょうぞう》で、彼は、同じ泉佐野市出身の社会党府議であった田辺納のもとで農民運動に従事してきた人物でもあった。(48)

一九六一年五月四日、泉佐野市原子炉設置反対期成同盟と原子炉対策民主団体協議会が会談し、設置者に対し「停戦」を要請するとのことで意見が一致した。(49) しかし大学側と泉佐野市とが完全に和解となったわけではなかったが、六月には京都大学は工事の準備作業を進め、約九万五千坪の用地買収を完了させたうえで測量用の標柱を打ち込んだ(50)（図12）。一方、民主団体委員一行は八月になって泉佐野市を訪れ、反対の意見を聴くにいたっている。また反対運動の指導者と関係のある田辺府議が、大学と泉佐野市との間の調停役を買ってでた。それに連動して、しばらく動いていなかった設置協議会が両者の斡旋に乗りだした。

図12　泉佐野打田線（熊取町朝代東から南側を臨む）

そして、ついに一一月一一日、泉佐野市がこの斡旋案を承諾したのである。(51) ち

(48) 前掲『実録関西原子炉物語』一六〇頁
(49) 前掲『「京都大学研究用原子炉」の誕生』二四頁
(50) 前掲『実録関西原子炉物語』一五九頁
(51) 前掲『実録関西原子炉物語』一六一頁

なみに、この同じ日に東大阪市にある近畿大学原子炉実験所の原子炉がついに臨界に達している。これが偶然かどうかはわからない。

この斡旋案は、京都大学と泉佐野市反対期成同盟と取り交わした「おぼえがき」として残されている。調印したのは、泉佐野市長山本昇平・泉佐野市議会議長古妻正三と京都大学木村毅一であり、その他に立会人として大学研究用原子炉設置協議会の門上登史夫・鎌田庄蔵・田辺納（社会党）・田中楢一（副知事）が自筆で署名した。以下にその「おぼえがき」を抜粋しておこう。

三、放射性排水は厳重に処理し、放射能を含んだ水は所外に絶対に排水しないこと。

五、京都大学研究用原子炉実験所（仮称）（以下「実験所」という）の所外における空気、河川水、涌水、農水産物、土壌などの放射能測定（測定場所及び）並びに影響調査の方法については、監視機構である大阪府原子炉問題審議会（以下「審議会」という）において検討すること。

六、原子力被害による補償については、審議会が議決のためにあらゆる努力をはらうこと。

七、京都大学研究用原子炉の平和利用と安全性などの確保をはかるため、審議会を早急に発足せしめ、その構成員として地元の代表者を加えること。

八、実験所は関係地元の了承なくして原子炉の増設を行なわないものとすること。

九、実験所附近に道路を設け、住宅建設の促進をはかること。

十、実験所の設置並びに周辺部の開発に伴う佐野川の改修については、改修計画をたてて実施すること。

十一、実験所設置に伴う周辺部の開発については、総合的開発計画を検討の上、実施することと。

十二、府及び実験所は、地元の産業（特に繊維産業）文化の発展に積極的な協力援助を与えるよう努力すること。

十三、地元（泉佐野市のこと―引用者）は実験所の運営並びに炉の安全性確保のため、積極的な協力援助を与えるよう努力すること。(52)

鞏固な反対運動を展開していた泉佐野市が市内の道路整備、住宅建設の促進、佐野川の改修など、総合的な開発計画事業の補助を大学側に約束させたのである。

（52） 前掲『「京都大学研究用原子炉」の誕生』二一七―二一八頁

おわりに

これまで述べてきたように関西研究用原子炉の設置候補地は、京都府宇治市案に反対した大阪府によって逆に大阪府内に引き入れられ、紆余曲折を経て大阪府南部の熊取町に決定された。また、これ以後、原子炉は都市郊外からも遠く離れた辺境地に押し出されて設置されていくのは、現在の商業用原子炉の設置場所を見ても明らかであった。その意味で、京都大学原子炉実験所の設置の経緯はこれ以後の原発立地のモデルになった。

科学的根拠を示すだけではなく、住民の合意が必要であること、周辺地域の反対運動が小さいこと、そして事故のリスクに見合うとされる開発利益との交換、こういうことが配慮されていくきっかけとなった。その結果、原子炉の場所は多くの人の目の届かない場所に追いやられた。リスクの可能性は、開発利益の享受に隠れてあえて触れられないようになった。民主的手続を経たということで、辺境地に原子炉が追いやられたことそれ自体は、視野の外にはじかれることとなった。戦後民主主義にとって、そのことは死角となった。福島第一原発事故が起きた時、何度も叫ばれた「想定外」というのは、まさにこのように歴史的に人為的につくられた死角そのもののことであった[53]。

京都大学原子炉実験所は、現在は京都大学複合原子力科学研究所と改称し、町内の朝代西に今もある。一九六〇（昭和三五）年に一万〇八一五人であった熊取町の人口も、二〇二一年七月現在四万三一三九人となり、約四倍増となった。一九六〇年から二〇二一年七月までの間の大阪府の人口増が一・六倍であったのに比べると、相対的に大幅な増加であったことがわかる。

（53） 住友陽文「戦後民主主義の想定領域—原子力開発と55年体制」、『史創』一号、二〇一一年を参照。

第2部

社会・文化と行政
―公共性とは何か

大阪産業労働資料館（エル・ライブラリー）
——私立公共図書館という存在——

谷合佳代子

1 図書館と公共性

私にとって「公共とは何か」を考えるきっかけになった映画は、「パブリック 図書館の奇跡」（二〇二〇年公開）である。大寒波の夜、オハイオ州シンシナティの公共図書館がホームレス七〇人に占拠されるという珍騒動を描き、公共とは何かを問う社会派作品だ。ここではホームレスの人々が普段から図書館を使い倒している様子がコミカルに描かれる。情報収集の場としても、身だしなみを整える場としても、図書館は彼らにとってなくてはならない存在だ。

この映画を見てもわかるように、アメリカの公共図書館は「無料貸本屋」ではない。そこでもう一つ思い出す映画が、ドキュメンタリー「ニューヨーク公共図書館　エクス・リブリス」（二〇一九年公開）である。二〇〇分に及ぶ長編の中では、この図書館の驚くべき姿が映し出されていく。その専門分野の多彩さ、そのサービスのきめ細かさ、ボランティアを含めたスタッフの多さ、豊かな蔵書、荘厳な図書館建築――と、いくらでも賛辞が湧いてくる、羨ましいとしかいいようのない実態である。

例えば、ＷｉＦｉルーター機を持たない貧困家庭には図書館がルーターを貸し出し、パソコンの操作方法も教える。職業紹介や職業訓練のようなことまで図書館が担い、資料を収集するだけではなく、図書館員自らが講師となってセミナー番組を作成・録画・配信することもある。研究資源となる一次資料のアーカイブ機能も高い。

二〇〇三年に出版された菅谷明子『未来をつくる図書館』には、無一文の移民だった若者がこの図書館で学んだことによって起業家へと生まれ変わったという事例も述べられているぐらい、ビジネス支援・就職支援にも余念がない。二〇二〇年代の今でこそ日本の図書館もビジネス支援を掲げるところが増えたが、ＮＹ公共図書館を紹介する同書は当時の日本の図書館界で驚きをもって受け止められた。

何よりも驚きだったのは、これが公立ではなく民間財団の運営する私立図書館であることだった。莫大な運営費は寄付によって賄い、ＮＹ市も運営費の半分を負担することによって行政と民間とのパートナーシップが成立している。

世界で最も有名な図書館と呼ばれるＮＹ公共図書館が官民協働によって運営されている事実は、実は大阪の図書館史を紐解けば驚くべきことでもないとわかる。建物が国の文化財に指定されている大阪府立中之島図書館は、一九〇四年に住友家が建築して大阪府に寄贈したものである。開館当時は「大阪図書館」と呼称され、二年後に「大阪府立図書館」と改称された。住友家は建物を寄贈しただけではなく、蔵書についても学者を雇用して選書させたうえで寄贈しており、さらに一九二二年の増築の際も費用を負担している。このように、財閥が寄付した図書館ではあるが、「住友図書館」とは命名されず、大阪府立図書館という呼称と共に府によって運営されてきた。

さらに一九三七年には、大阪市天王寺区にあった大原社会問題研究所から土地・建物を安価に譲渡され、世界的な稀覯本を寄贈された大阪府は、一九五〇年に同研究所跡地に「大阪府立図書館天王寺分館」を建造してこれらを収蔵した（のち、大阪府立夕陽丘図書館に改称、一九九六年に閉館。蔵書の大部分は新設された大阪府立中央図書館に移管）。[1] このように、大阪府立図書館の二館は共に民間の寄付によって創設されたという経緯がある。しかしいずれの篤志家も昨今流行りの「ネーミングライツ」を主張することなく、大阪府民の財産として大切に引き継がれているのだ。

映画「パブリック」においては図書館がホームレスの人々のライフラインとして重要な役割を果たしていることを示していた。NY公共図書館では、ホームレスや貧困層の人々に情報・場所・機器を提供することにより彼らが失業生活から脱皮することを援助している。そのことが結果的には社会を潤し、市民社会を豊かにすることを図書館員や為政者が知っているのだ。NY公共図書館のおかげでビジネスで成功したという人々が巨額の寄付という形で図書館にお返しをしている。このような循環が生まれる場所が、理想的な知的公共空間ではないだろうか。

翻ってこの大阪ではどうか。次に二〇〇八年からの「橋下行革」による文化行政の結果

（1）『大阪府立夕陽丘図書館だより　ゆうひがおか』六五号、一九九六年

を見てみよう。

2　大阪における公共施設の統廃合

橋下徹知事の登場により、大阪府の公共サービスが一斉に低下したわけだが、この流れはいわゆる「維新政治」登場前から始まっていた。ただ、それが劇的に発現したのが二〇〇八年の「橋下改革」であった。二〇〇八年二月の知事選挙に当選するや、彼は「グレートリセット」を掲げて「大阪府の施設は府立図書館を残してすべて売り払う」と公言し、府職員に対しては、自分たちが破産会社の社員だと思えと檄を飛ばして耳目を集めた。廃止予定の施設や事業のリストが新聞紙上を賑わせたりした（表1）。

その際に真っ先に廃止されたのが、「大阪府労働情報総合プラザ」（以下、プラザ）である。二〇〇八年七月末に廃止なので、年度途中という強引な幕引きであった。そのプラザを二〇〇〇年四月から委託運営していたのが当法人「大阪社会運動協会」（社運協[2]）である。大阪府の直営時代と比べて八年間で利用者を四倍に増やし、経費は削減するという実績を生んだ図書館であったが、「努力が報われる大阪に」「結果を出した者を重用する」という自らの理念に背いてまで橋下氏が性急な廃止を求めたのにはどんな理由があるのだろうか。プラザ存続を求める署名活動も展開されたが、七月三一日でプラザは廃止となった。翌八月一日、社運協は公的資金に一切頼らないエル・ライブラリー（大阪産業労働資料館）という新しい図書館を一〇月に立ち上げることを宣言し、サポート会員の募集を始めた。二〇

（2）当時は財団法人大阪社会運動協会。二〇一二年より公益財団法人に移行した。

廃止または補助金を減額・廃止された文化施設

府立施設・団体	
労働情報総合プラザ※	2008年7月末で廃止。資料は財団法人大阪社会運動協会が新たに立ち上げた大阪産業労働資料館（エル・ライブラリー）が引き取る。
国際児童文学館	2009年度末に閉館、府立中央図書館に移転
青少年会館	2009年廃止、長谷工に売却。現在はマンションに。
ワッハ上方（大阪府立上方演芸資料館）※	ホール閉鎖。施設は縮小して、吉本興業に委託されていたが大阪府直営となる。
ドーンセンター（女性センター）	機能縮小。補助金全廃。DV等女性の法律・医療相談の廃止。
弥生文化博物館※	幹線道路沿いにある立地からして売却候補となっていたが、廃止は免れる。特別展の中止など影響が出た。
近つ飛鳥博物館※	立地からいって売却は不可能なので廃止は免れたが、開催予定でポスターも完成していた特別展が中止になるなど、影響が出た。
泉北考古資料館※	2010年4月、堺市に移管され、「堺市立泉北すえむら資料館」と改称。2016年9月末、老朽化により閉館。
狭山池博物館※	地元関係自治体等との協働、連携強化を指示され予算が削減されたが、詳細不明。
総合青少年野外活動センター	2010年度末で廃止
おおさか府民牧場	2010年度末で廃止
大阪センチュリー交響楽団※	財団法人大阪府文化振興財団が運営していたが、2011年度より大阪府の補助金全廃、自立化。名称も「日本センチュリー交響楽団」に変更。
大阪市立施設・団体	
弁天町・城北市民学習センター	2013年度末で廃止（市民学習センターは5カ所→3カ所）
伊賀青少年野外活動センター、びわ湖青少年の家	2013年度末で廃止（野外活動施設は3カ所→1カ所）
なにわの海の時空館　※　▲	2013年3月閉館
大阪市音楽団※	1923年設立の日本で最も長い歴史を誇る交響吹奏楽団。大阪市直営だったが、2014年、一般社団法人による運営に移行（2018年度から公益財団法人）。2015年にはOsaka Shion Wind Orchestraに名称変更。

いきいきエイジングセンター　▲	2013年度末で廃止
環境学習センター	
大阪南港魚つり園	
大阪南港野鳥園	
舞洲野外活動施設	
大阪北港ヨットハーバー	
大阪府・市が出資団体である法人施設	
アジア太平洋人権情報センター（ヒューライツおおさか）※	2009年度より補助金全廃
大阪人権博物館（リバティおおさか）※	2013年度より補助金全廃。2015年度より大阪市から土地返還訴訟を提訴され2020年6月に和解、移転が決まる（移転先未定）。
大阪国際平和センター（ピースおおさか）※	2015年4月、「加害展示が自虐的」との理由により、リニューアル
その他の文化団体	
大阪フィルハーモニー交響楽団※	大阪府から補助金全廃に続き、2012年度からは大阪市の補助金も減額
文楽協会※	2013年度から観客動員数の増減によって補助金の額が決まる「インセンティブ方式」が導入され、2014年度で大阪市からの運営補助金全廃
部落解放・人権研究所※	大阪府が補助、委託してきた諸事業が2008年8月以降、ごくわずかな事業を除き、すべて廃止。研究所の図書室である「りぶら」は事実上の閲覧停止状態。
橋下市政の今後の廃止計画（主なもの）	
市民交流センター	10カ所全廃
子育てプラザ	24カ所→18カ所
老人福祉センター	26カ所→18カ所
スポーツセンター	24カ所→18カ所
プール	24カ所→9カ所
クレオ大阪	北＝子育ていろいろ相談センターに統合（2015年4月）、西＝子ども文化センターを吸収（2016年4月）、南・東＝他施設との複合化を検討（時期未定）

（表）橋下徹大阪府知事・大阪市長の時代に廃止・補助金減額または全廃した文化施設・文化団体について主なものを記す。名称の後ろに▲をつけたものは前任の平松邦夫市長時代に廃止が決まっていたもの。（https://www.jcp-osaka.jp/osaka_now/1697に掲載されている「大阪民主新報」2015年3月15日付の一覧表に、筆者が当該団体のWEBサイトと大阪市会議事録等を参考に情報を追加。筆者の追加分は名称の後ろに※を付けた）。

〇八年以来一三年、全国の市民、労働組合、諸団体、企業の寄付と市民ボランティアによって支えられ、エル・ライブラリーは運営を続けている。

3 エル・ライブラリーの資料と運営

私たちが行ってきたことは、「官が捨てた図書館を民が再生させる」という、日本図書館史上前例のない事業である。それは、私立図書館として公共サービスの質をできる限り維持し、アーカイブし続けてきた資料を次世代に引き継ぐという使命を全うすることだ。

エル・ライブラリーの資料は、社運協が一九七八年の設立以来、『大阪社会労働運動史』（既刊九巻）編纂のために収集してきた図書・記録文書や博物資料に加えて、プラザの旧蔵書を加えた構成となっている。主な資料構成と蔵書規模を列記する。

蔵書構成

・図書：六万三千冊

・新聞・雑誌：三千タイトル、五万八千点

・アーカイブズ（記録文書）：書架延長二〇〇メートル

・博物資料：数百点

・資料作成・発行年：一九〇〇年ごろから現在まで

図2　閲覧室で開催したイベント風景

図1　閲覧室

図4　書庫兼会議室で開催した読書会の風景

図3　収蔵品

図5　書庫内資料

また、セミナーや歴史講座を主催し、図書館員などによる持ち込み企画も開催、ほとんどのイベントを無料または低額開催している。WEBサイト上で明治・大正・昭和初期の新聞記事データベースを公開し、大学研究者との共同研究の成果として労働史オーラルヒストリープロジェクトも展開して動画を公開している。

前述のように社運協は橋下徹知事の時代に公的資金を全廃され、年間予算の七割を失った。さらに入居している府立労働センターの家賃も二倍にされるという仕打ちを受けて、極端な財政難の中で運営を続けている。人員削減に加えて役職員の給与は五割―七割カットを一三年続けており、市民ボランティアが人員不足を補って余りある活躍で支えてくれている。収入の八割を寄付に拠るため、常時サポート会員を募集し、古本市やバザーを開催するための様々な現物寄付を募っている。

4　私立図書館という公共空間

図書館法は自治体が設置する公共図書館について定めたものと一般には理解されているが、その第二条二項に、「地方公共団体の設置する図書館を公立図書館といい、日本赤十字社又は一般社団法人若しくは一般財団法人の設置する図書館を私立図書館という」と定義されていることはあまり知られていないだろう。公益法人が設置し一般公衆に対して開かれた図書館であれば、公立図書館でなくても公共図書館とみなされるのである。

図書館法第二十六条は「国及び地方公共団体は、私立図書館の事業に干渉を加え、又は図書館を設置する法人に対し、補助金を交付してはならない」とも規定している。これを、「ノーサポート、ノーコントロールの原則」という。これに拠れば、エル・ライブラリーは大阪府・市から補助金を交付される可能性はないということになる。その代わりに行政から指示や干渉を受けることもないということだ。わずかな補助金のために膨大な文書を作成して行政に報告書を提出する手間を思えば、このほうがよいのかもしれない。

また、プラザの時代にはサービス対象者はあくまで大阪府民であったが、エル・ライブラリーのサービス対象者は全世界に広がっている。府民に対する公平なサービスというのは実は不自由なサービスであり、誰にも公平公正にと強調するあまり、レファレンス対応時間が杓子定規に決められたり、貸出履歴を本人にも知らせないといったお堅い運営が行われる。(3) 民間図書館の自由で柔軟な運営はこれからの時代には合っているのかもしれない。

その伝でいえば、「まちライブラリー」という究極の民間図書館のことも忘れてはならない。大阪はまちライブラリー発祥の地である。まちライブラリーとは、個人や団体が自宅や店舗、職場など様々な場所に設置する私設図書館のことであり、明確な定義はない。本を通じて人と人を結び、居場所とネットワークを広げていくことをそのコンセプトとしており、二〇〇七年に磯井純充氏が大阪市のオフィスビルのテナント利用者を対象として始めた「ISライブラリー」を嚆矢とする。二〇二一年七月末現在では全国八六八カ所に広がっている。

公営施設の民間への業務委託や指定管理制度が進み、さらには公営企業が民間企業へと転身していく（大阪市営地下鉄の民営化など）昨今、公的空間（領域）が私的なものに侵食さ

(3) 貸出履歴は個人の思想信条が反映されていると容易に判断できるため、図書館界は履歴を残さないことを是としてきた。これは日本図書館協会「図書館の自由に関する宣言」がその考えの根底にある。利用者の秘密を守りつつ本人が履歴を活用する方途を探るべきではないだろうか。

れ始めている一方で、私的な空間（領域）が公共に開かれていくことも増えているのはよいことだ。まちライブラリーしかり、私立大学図書館の地域住民への開放しかり。このように、メンバーシップを広げていくという考え方があってもいいのではないか。つまり、究極のパブリックは私的空間（領域）を広げていく、またはそれぞれのコミュニティをたくさん作って重ねていく（開いていく）ことによって実現するのではないだろうか。公共性について長らく考察を続けてきたユルゲン・ハーバーマスが理想として描いた「市民的公共性」[4]の萌芽が、ここには見える。私たちが目指すべき市民的公共性は、六〇年前にハーバーマスが追求したものよりもはるかに生活世界に根差したものになるという予感がする。

ここでもう一度、映画「パブリック」と「ニューヨーク公共図書館」に話を戻そう。どちらの映画でも、ホームレスの人々とその他の利用客との相克が描かれていた。悪臭を理由にホームレスの人々を図書館から追い出すことは公共性に反するのではないか？　図書館員たちは常にその葛藤を抱えている。果たしてハーバーマスがいうようなコミュニケーション（「話し合い」）によって両者のコミュニティは理解しあうことが可能なのだろうか。公立の公共空間ならば、退館を命じること自体が違法なのかもしれない（実際、アメリカではホームレスの人から図書館が訴訟を起こされ、敗訴している）。

わが大阪ではどうだろう。あまり人目につかない「大阪府立図書館条例施行規則」第六条に、「他の入館者に危害若しくは迷惑を及ぼし、又は及ぼすおそれがある者……図書館の管理上支障があると認められる者」には「入館を禁止し、又は退館を命ずることができる」と明記されている一方、多くの利用者が読むであろう府立図書館のＷＥＢサイトに掲

（4）　ハーバーマスの『公共性の構造転換』は原著一九六二年刊。彼の公共圏とコミュニケーション理論については様々な論者から批判され、長い論争の歴史がある。二〇〇八年には幻影と断じる論も登場した（長崎励朗「現代日本と幻影の公共圏」『京都大学生涯教育学・図書館情報学研究』七、二〇〇八年）

載されている「利用案内」には、退館命令という、ぎょっとする言葉は一切書かれていない。

ホームレスの人々の就労を支援し、彼らを納税者にすることを使命と感じる図書館員と、一方で利用者の圧力に屈して彼らを排除することが自分の業務となってしまっている図書館員。このジレンマと葛藤は一人の人間の中でも、図書館界というコミュニティの中でも起きる。そう簡単に解決策が見いだせるとは思えない。

公共圏をめぐる議論はますます多様化を深めるだろう。公共空間・公共事業を行政機関だけで支えることがもはや不可能になっていることは明らかだ。しかしそこにつけこみ、私的領域（市場）での利益のみを追求し、労働者の権利をないがしろにする考え方には大いに警鐘を鳴らしたい。大阪で起きている公共サービスの低下や文化行政の劣化に対抗するために、労働条件の低下や解雇など多くの犠牲が払われているが、一方で新たな自主・自立・創造的な文化を生み出す契機になっているかもしれない。常に矛盾は存在し、それはアウフヘーベン（止揚）されるのを待っている。主体は私たち府民だ。

足の引っ張り合いと憎悪に満ちた社会を作るのか、支えあう社会を作るのかを考える力を培うために、図書館という知的基盤が存在する。図書館の究極の使命は次の戦争を阻止することだと私は考えている。その役目を果たすのが公立か私立かを問う必要はないのだ。

〔参考文献〕
菅谷明子『未来をつくる図書館 ニューヨークからの報告』岩波書店、二〇〇三年
『中之島百年 大阪府立図書館のあゆみ』編集委員会編『中之島百年：大阪府立図書館のあゆみ』大阪府立中之島図書館百周年記念事業実行委員会、二〇〇四年

中岡成文『ハーバーマス コミュニケーション的行為 増補』筑摩書房、二〇一八年
ユルゲン・ハーバーマス著、細谷貞雄・山田正行訳『公共性の構造転換 市民社会の一カテゴリーについての探究 第二版』未來社、一九九四年
大阪市政調査会編『橋下市政検証プロジェクト報告書』大阪市政調査会、二〇二〇年
藤井聡・村上弘・森裕之編著『大都市自治を問う 大阪・橋下市政の検証』学芸出版社、二〇一五年
『橋下・大阪維新の会を考える グローバル化・都市戦略・ハシズム』元気ネット大阪、二〇一二年
礒井純充『マイクロ・ライブラリー図鑑 全国に広がる個人図書館の活動と五一四のスポット一覧』まちライブラリー、二〇一四年
青柳英治編著『ささえあう図書館「社会装置」としての新たなモデルと役割』勉誠出版、二〇一六年

column

リバティおおさか（大阪人権博物館）

吉村智博

博物館には、その運営形態の面から三つの種類があり、博物館法（一九五一年公布・五二年施行、社会教育法のもとにある法律）で定める条件（職員体制、開館日数など）によって、「登録博物館」、「博物館相当施設」、「博物館類似施設」に分類されている。大阪人権博物館もまたこの法律にのっとった「登録博物館」である（逐次更新される『日本博物館協会会員名簿』）。

差別や人権に関する問題を主なテーマにしているので、人権啓発施設と思われがちだが、公益財団法人が運営し、館長と学芸員を配するれっきとした社会教育機関である。全国的にみても人口一〇万人あたりの博物館数が一館未満（二〇二〇年、前掲『日本博物館協会会員名簿』などにもとづく筆者の調査）と、決して文化的に豊かとは言えない大阪府にあって、設立当初からひときわ異彩を放ち、その存在感を増してきた。残念ながら二〇二一年現在、大阪人権博物館は長期休館中であるため、常設の展示施設をもたず、来館者を受けて入れない。

「リバティおおさか」の愛称で国内外から一七〇万人もの来場者をむかえた大阪人権博物館は、一九八五年一二月四日、「大阪人権歴史資料館」としてオープンし、大阪市浪速区で三五年の歴史を刻んできた（二〇二〇年六月一日から長期休館）。差別・人権問題に関する総合的な博物館として多くの関係者・関係機関の尽力によって設立・維持・運営されてきた。その設立目的には「部落問題をはじめとする人権問題に関する調査研究をおこなうとともに、関係資料や文化財を収集・保存し、あわせてこれらを展示・公開することにより、人権思想の普及と人間性豊かな文化の発展に貢献する」と記されており、基本理念の一つに「人権に関する総合博物館」としての役割を果たすと掲げられている。

展示として取り上げてきたテーマは、日本社会全般にひろく存在する部落差別、民族差別、性差別、障害者差別をはじめ、公害被害、病、薬害、労働、いじめなど、人間の社会的生活と深く関わる諸問題であった。これらの問題に関わる貴重な資料を幅広い視点から収集保存・展示公開し、差別・人権問題を学ぼうとする社会人や学生・生徒などを対象に教育普及事業も積極的におこなってきた。

そもそもリバティおおさかが大阪市浪速区に設立された大きな理由は、被差別部落の人びとが差別の克服を教育機会の保障によって実現しようとした小学校が存在した場所だからである。当時の地権者であった多くの人から順次買収して大阪市に寄贈された土地に栄小学校（一八七二年五月創立、大阪府内で二番目の小学校）の三代目にあたる新校舎が建設され、地元の人びとが長年通っていた。リバティおおさかの立地は、まさに被差別部落の人びとが教育機会の保障に情熱を傾けた場所であり、当事者がこの地を歴史的資料を収集・保存・公開する博物館の建設地に選定したのも、そうした歴史的・文化的背景があってのことだった。その意味で、もとの立地は、栄小学校旧校地という歴史的な〝記憶遺産〟に他ならなかった（写真参照）。

かつての栄小学校の入口部分を活用した旧リバティおおさかのエントランス部分（大阪市浪速区、2020年撮影）

三五年間にもわたって社会から一定の評価をうけてきたリバティおおさかが長期休館を余儀なくさせられているのは、大阪市が浪速区の立地から博物館の建物を撤去して土地を明け渡すよう求める訴訟をおこしたことにその大きな原因があった。二〇一五年七月二三日の提訴から、市側との和解が成立した二〇二〇年六月一九日までのおおよそ五年の歳月は、被告となったリバティおおさかの関係者にとって非常に長い闘いで、誰もが提訴内容に驚愕し、強い抵抗を感じる日々であった。

しかし、博物館活動のなかで積み重ねてきた社会教育機関としての信頼と実績が多くの人びとからの支援の輪を生み、リバティおおさかの必要性をあらためて日本のみならず、世界的にも知らしめることとなった。例年、JICA（国際協力事業団）の主催する「博物館とコミュニティ開発」プログラムの受け入れを続けてきたことのほかに、ICOM（国際博物館会議）の大会が初めて日本（京都）で二〇一九年に開催され、FIHRM（国際人権博物館連盟、二〇一〇年創立）の大会も併催されたことで、日本における人権に関する諸問題に世界中の衆目が集まったのである。そうした海外からの高い関心もまた、リバティおおさかへの支援となった。

現在、リバティおおさかは長期に休館しているが、近い将来に再出発するため、目下さまざまな準備をおこなっているところである。そのひとつとして、館の理念と現状に基づいた討論を重ねている。再出発の際には、差別・人権問題に関心の高い人びとが、ふたたびリバティおおさかの活動に接し、学習や研究をおこなえるようになっていると確信している。

〔参考文献〕

朝治　武「再出発に向けた大阪人権博物館の課題と展望」『部落解放』七九五、二〇二〇年
朝治　武「大阪人権博物館をめぐる近年の動向」歴史科学協議会『歴史評論』八五六、二〇二一年
吉村智博「大阪人権博物館の歴史的意義と現代的役割」大阪市政調査会『市政研究』一九〇、二〇一六年
吉村智博「「負」の歴史の可能性」日本博物館協会『博物館研究』五三―一一、二〇一八年
吉村智博「博物館におけるマイノリティ表象の可能性――差別と人権の政治学」成田龍一・田辺明生・竹沢泰子編『環太平洋地域の移動と人種――統治から管理へ、遭遇から連帯へ』京都大学学術出版会、二〇一九年

column

今は無き、あの千里万博公園にあった大阪府立国際児童文学館

大橋眞由美

大阪府立国際児童文学館は、国内外の児童文学のみならず関連分野の研究者、そして子どもの文化に関わる者にとっては「聖地」であった。と、過去形で書くには理由がある。この「聖地」とは、東大阪市荒本にある大阪府立中央図書館国際児童文学館ではなく、一九八四年から二〇〇九年まで吹田市千里万博公園にあった大阪府立国際児童文学館を指しているからである。

まず、利用者であった私の目線で外郭を辿ってみたい。私は、一九八九年にこの館の児童文学専門講座「絵本の魅力をさぐる」講座生募集記事を新聞紙上に見つけて申し込み、大阪府立国際児童文学館に通い始めた。千里中央駅から大阪モノレールに乗り万博記念公園駅に近づくと、一九七〇年の日本万国博覧会のシンボル「太陽の塔」が見えてきた。中央口から入場し塔を軸にして大きく半周するように歩くと、この館に辿り着いた。一九九八年に公共建築百選に選定された建物は、公園の静かな環境に同化してひっそりと佇んでいた。

一階の「こども室」には現代の児童文学書や絵本、マンガ本などが開架で並んでいたが、この館の根幹は、約七〇万点（当時）の資料を閉架で保存・公開していた書庫や二階の閲覧室にあった。子どもの玩具や本などは、その成長と共に廃棄される運命にある。この館には様々な経緯を持つ国内外の資料、古書購入などによって集められた研究者の寄贈書や、年間約二万点もの新刊を中心にした出版社の寄贈書などが所蔵されていた。

さて、「国際児童文学館」の構想は、一九七九年の国際児童年を記念して、児童文学研究者・鳥越信が一二万点のコレクションの活用を願って企画したことを端緒とする。鳥越コレクションは、児童書と付録冊子や帯、児童雑誌とおまけ、マンガの単行本と雑誌、関連する新聞記事やパンフレットなどを含み、関連文化にも広がりを

図1　大阪府立国際児童文学館の外観（北側）

図2　大阪府立国際児童文学館の外観（南側正面入り口）

持つものであった。このような構想は、一六年後の国立国会図書館国際子ども図書館の開館にも影響を与えた。

鳥越コレクションの寄贈先が募られ複数府県が名乗りを上げたが、当時の岸昌大阪府知事が熱望して大阪府が獲得し、一九八四年五月五日に大阪府立国際児童文学館は開館した。大阪府主催の開館記念式典で岸は、「引き続き収集すること」「整理して公開すること」を条件に寄贈を受けたとして、その特色からこの館は、単なる図書館ではなく「日本近代文学館」に匹敵する児童文学館であり、国際交流の場となるように配慮されている、とする挨拶を述べている。

準備段階から二〇一〇年三月までこの館を運営していたのは、財団法人大阪国際児童文学館である。この財団は、一九八〇年に「児童文学等児童文化に関する図書その他の資料の収集、保存、活用及び研究ならびに国際交流に係る諸事業を行うことにより、大阪の児童文化の振興に資し、もって児童の健全育成に寄与することを目的」として設立された。初代の理事長は桑原武夫（フランス文学）、館長は菅泰男（英米文学）であった。

資料の収集・整理・保存・閲覧、および「こども室」の運営は、大阪府の予算によるものであったが、財団独自の事業は、外部資金を得て実施していた。国際キワニス基金により、一九八二年から東南アジア諸国の児童書の収集が開始された。一九八四年に日産自動車（株）協賛「ニッサン童話と絵本のグランプリ」、一九八七年に金蘭会共催「国際グリム賞」が創設されて、様々な講座・講演・シンポジウムが開催された。国際交流基金により、一九八六年に国際研

図3　大阪府立国際児童文学館の書庫内部

図4　大阪府立国際児童文学館の講堂
シンポジウム「赤ちゃんと絵本―赤ちゃんと絵本の現場からの報告―」2004年7月19日

究会議が開催され、一九八九年に外国人客員研究員制度が発足して、シンポジウムなどで諸外国の研究者との交流および還元が図られた。

例えば所蔵資料の内、明治・大正の絵本・絵雑誌や戦中戦後の仙花紙の児童書は散逸と劣化の激しいものであり、昭和の街頭紙芝居は手描きであるが故に一点ものと言える。これらには、時代の規範、当時の国家観や子ども観などが記録されており、子どもたちの歓声が記憶されている。志を持って臨めば、それらを読み解き聴き取ることができる。この館では、研究者のみならず利用許可を得た中学生以上の志ある者が、資料の閲覧を申し込み個々の研究に取り組んでいた。

しかし厳しい財政事情の続く大阪府は、二〇〇八年にこの館を財政再建のターゲットとした。量的成果を求めるマーケティング理論が掲げられたが、国内外から寄せられた反対署名八万六四八六筆は無視されて、廃止が議会で可決され、二〇〇九年一二月二七日に大阪府立国際児童文学館は閉館された。約七〇万点の資料は、大阪府立中央図書館に移管され既存の図書館資料とは別に保存されて、二〇一〇年五月五日から大阪府立中央図書館国際児童文学館として一般公開されるに至った。

大阪府は、二〇一九年になり旧大阪府立国際児童文学館の建物を、日本万国博覧会記念公園活性化のための「文化・アート体験学習施設」として整備運営する事業者の募集・再募集を行っている。しかし二〇二一年現在、その進展は聞こえてこない。

財団は、二〇一〇年四月以降は規模を縮小して再出発し、二〇一三年に一般財団法人大阪国際児童文学振興財団と名称変更して、大阪府立中央図書館内に事務所を置きつつも、大阪府の支援を受けずに諸事業を行っている。一〇年を経て、活動資金の減少から存続の危機を迎えて、今後を創出するための寄付を募っている。公的支援を受ければその意向に従わねばならず、受けなければ自助努力に励み民間の寄付に頼らざるを得ない。目的遂行のために、存在の意味が深く理解を得て、支援の輪が拡がることを、ここに祈念したい。

〔参考文献〕
岸昌「いま陽がのぼる　子どもの本の城―5月5日国際児童文学館オープン―」『大阪国際児童文学館ニュース』NO.4　一九八四年一〇月
財団法人大阪国際児童文学館『大阪府立国際児童文学館　20年の歩み（1984～2004）』二〇〇四年
大阪府HP「旧大阪府立国際児童文学館の活用事業者を募集します」www.pref.osaka.lg.jp/fukatsu/kyujidobungakukan/jibunkan.html（二〇二一年一月二〇日アクセス）
一般財団法人大阪国際児童文学振興財団HP「財団概要」http://www.iiclo.or.jp/m2_outline/01_organization/index.html（二〇二一年一月二〇日アクセス）

column

大阪樟蔭女子大学　田辺聖子文学館

中　周子

田辺聖子文学館は、一九四七年に大阪樟蔭女子大学の前身である樟蔭女子専門学校を卒業した作家・田辺聖子の文学的偉業を顕彰すべく、樟蔭学園創立九〇周年事業として二〇〇七年六月に創設された。

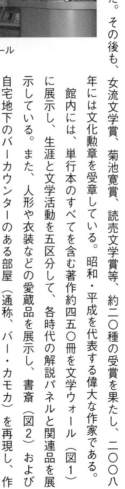

田辺聖子（一九二八—二〇一九）は、「感傷旅行（センチメンタル・ジャーニイ）」で、一九六三年下半期第五〇回芥川賞を受賞した。その後も、女流文学賞、菊池寛賞、読売文学賞等、約二〇種の受賞を果たし、二〇〇八年には文化勲章を受章している。昭和・平成を代表する偉大な作家である。

図1　文学ウォール

館内には、単行本のすべてを含む著作約四五〇冊を文学ウォール（図1）に展示し、生涯と文学活動を五区分して、各時代の解説パネルと関連品を展示している。また、人形や衣装などの愛蔵品を展示し、書斎（図2）および自宅地下のバーカウンターのある部屋（通称、バー・カモカ）を再現し、作品世界の映像、本人の講演ビデオも視聴できるようになっている。特筆すべきは、数々の自筆原稿や関連資料、少女時代の作文や創作を所蔵していることである。本館は、田辺聖子の人と作品世界を多角的に味わえる文学館となっている。

私立大学が卒業生作家の文学館を創設することは珍しいと言われる。本館は樟蔭学園の地域共創活動の一環として一般に無料公開しているが、どこまで公共施設として機能しうるのかが、開館以来、直面し続けている問題である。二〇二〇年二月末から新型コロナウイルス感染拡大の影響により長期の閉館が続いており、関連授業時の見学など学内利用のみに限っている。学外向けの活動としては、HP上に田辺文学関連ニュースを載せ、展示企画や資料貸出という形で大阪府立中央図書館、東大阪市立永和図書館、伊丹市立図書館等との共催事業を行なっている。

本館が創設されたのは、田辺聖子が著名作家であるのみならず、学業優秀で卒業し、作家として活躍しつつ堅実な家庭人であったこと、その作品は、高い知性をユーモアにつつみ人生の機微を情感豊かに描く作風で、歴史や社会に対する鋭い問題意識に基づく記述も少なくないこと、すなわち、樟蔭学園の教育理念を具現する、『高い知性』と『豊かな情操』を兼備」する人物であったからである。田辺聖子は終生、母校を愛していた。自伝的小説やエッセイ、数々のインタビューで樟蔭時代を懐かしみ、樟蔭での学びが作家活動の基になったことを語っている。二〇二一年六月に発見された一八歳の頃の「日記」にも在学中から樟蔭を誇りとして真摯に学び作家を志していたことが記されている。これらによって、田辺聖子を顕彰する文学館の創設が学園創立記念事業にふさわしいとされたのである。

図2　書斎再現コーナー（寄託書斎机）

開館当初から田辺聖子の協力を得て、学園を挙げて開かれた文学館として活用することが熱心に行われた。毎年、春と秋には特別展示と公開講座を実施してきた。開館時には、NHKの連続テレビ小説「芋たこなんきん」（二〇〇六年下半期に放映された田辺聖子の半生を描く）の影響もあって、年間の来館者は一万三千人を超えた。館内に備え付けてある来館者ノートには全国から訪れた人々が様々なメッセージを綴っている。作家と作品世界に対する人々の思いを受け止める場であることも、地味ながら本館の重要な存在意義といえよう。

二〇〇八年には、（公財）文字・活字文化推進機構および（一財）出版文化産業振興財団の共催、文部科学省の後援で、青少年の読書・文化活動の発展と向上に寄与することを目的として「田辺聖子文学館ジュニア文学賞」が開催された。対象は中学・高校生で、小説・エッセイ・読書体験記・短歌・俳句・川柳の六部門（第九回からは小説・エッセイ・読書体験記の三部門に限定）を募集した。選考委員には田辺聖子をはじめ著名作家等を迎えて、優秀作品を表彰する個人賞と、読書と表現力に関する意欲的な取り組みを実施した中学・高校を表彰する学校賞を設けた。応募作品数は二〇一九年までのべ一八万五五七八点で、その中から入賞作品一一三四点を一二冊の作品集として刊行した。本賞は第一二回まで行われた。田辺聖子の逝去により継続が不可能になったが、学外機関と連携して社会的な役割を果たした成功例である。

今後も大阪樟蔭女子大学の一施設として運営・存続してゆくために、大学教育に資することが求められている。大阪樟蔭女子大学は「大阪・上方のことば文化の研究」をカリキュラムに組み込んでいるので、田辺作品や文学館所蔵資料を教材にする試みを行っている。他の授業でも英文による文学館案内、田辺作品から名文を選んだ書道作品の制作等を行っている。私立大学に基盤を置く館としては自校の教育への貢献が課題である。

同時に、大阪に位置する文学館としての公共性を高めることも等閑視できない。大阪ことば文化を継承しつつ独自の文学的世界を創造し、「昭和」の証言者でもあった作家・田辺聖子の業績・資料を拓かれた知的財産として活用することが喫緊の課題である。そのためには、所蔵資料の整理と公開をすすめ、インターネットを活用した文学館活動を充実させ、デジタル時代の文学館のあり方を探ってゆくことが急務である。

〔付記〕本文中の文学館に関する諸データは本館の住友元美学芸員の提供による。

見せる／魅せる仕掛け、博覧会とミュージアム

福田珠己

はじめに

ミュージアムは社会の状況と密接にかかわって存在してきた。二〇二〇年春以降、新型コロナウイルス感染症の世界的流行が、多くのミュージアムの運営に影響を与えている。日本においても例外ではない。最初の緊急事態宣言以来、各地のミュージアムは幾度かの臨時休館を余儀なくされ、特別展や企画展も延期、あるいは、中止された。二〇二〇年五月末、予定より二か月ほど遅れてリニューアルオープンした京都市京セラ美術館の入り口の前に立ち、何とも言えない幸福、解放感に包まれたことを、私は今でも鮮明に思い出す。休館中、オンラインで特別に提供される情報は貴重で有益なものであるが、それでは満た

されなかったのである。私は、実物との対面だけでなく、展示空間としてのミュージアムに魅せられているのかもしれない。

展示空間としてのミュージアム、空間の体験としてのミュージアム体験に注目した時、見せる仕掛け、すなわち、展示技術や手法、デザインの果たす役割は重要である。見せる仕掛けは常に発展しているものであるが、とりわけ、大規模な博覧会における進展は顕著なものである。博覧会の施設は恒久的なものではないが、そこで試みられた技術や方法は、社会へと拡散していくのである。

見せる／魅せる仕掛けを考える時、二〇世紀以降、大阪で開催された博覧会は注目に値する。ここでは、第五回内国勧業博覧会と日本万国博覧会を展示空間の側面から振り返り、見せる／魅せる仕掛けのもつ社会的意味について考察していく。

1　視覚表現として展示空間を考えるために

展示された「大阪」ではなく、大阪における展示空間や施設に注目する本章の視点は、近年の視覚資料研究の考え方を踏襲するものである。視覚文化を研究する際に、どのような場でどのように提示されているのか問われるようになり、展示空間への関心が高まっている。社会科学における視覚資料研究のメソドロジーとして版を重ねているジリアン・ローズの方法論を中心に、視覚表現として展示空間を位置づけることの意味を明確にしておこう。

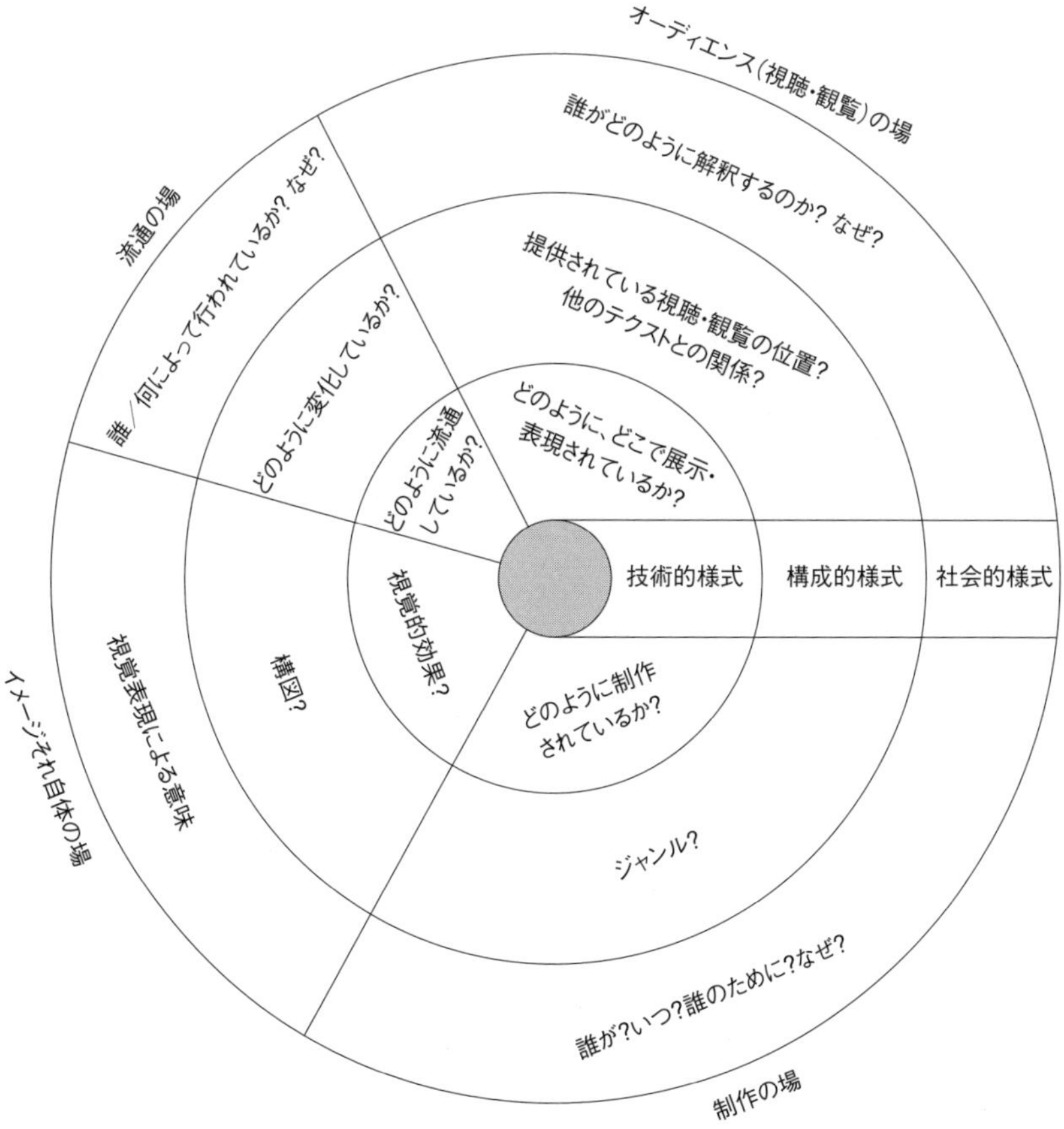

図１　視覚資料を解釈するための場と様式
(Rose2016:25による)

英国の文化地理学者、ジリアン・ローズが *Visual Methodologies: A Introduction to Researching with Visual Materials* を最初に出したのは二〇〇一年のことである。その後、視覚文化や技術の変化に対応して、二〇一六年には四版が出版されているが、初版から変わらない考察の軸がある。[1] それは、「視覚」を問題にする際、私たちの目が生理学的に何かを見ているということではなく、何がどのように生産され、どのように見られているのかという点に焦点が当てられていることである。ローズは、私たちの身の回りにあふれる視覚的な表現は、視覚文化として、すなわち、社会的状況や社会の中で進展していく視覚的効果や技術の点から考察されなければならないというのである。

では、本章でとりあげる展示空間や展示施設は、視覚文化としてどのようにアプローチすることができるのであろうか。図1はローズが提示した視覚資料解釈のための枠組みである。最新版において、ローズは、三つの様式と四つの場を組み合わせて、イメージ、すなわち、視覚的な表現の分析枠組みを提示している。三つの様式とは、技術的、構成的、社会的の三種類からなる。四つの場とは、イメージそれ自体、制作、オーディエンス（提示されたり視聴されたり解釈されたりする場）、流通からなる。これらを組み合わせることによって、一つの視覚表現を多様な点からより深く考察することが可能となるのである。

視覚表現として展示空間を考えた場合も、複数の視点からアプローチすることが可能となる。展示された「大阪」がいかなる内容から成り立っているのかという問題意識は、主として視覚表現それ自体の場とかかわる。展示資料や展示のストーリー、その表現方法や効果が問われるのである。さらに、そのような「大阪」のストーリーがどのような社会関係の中で生産されたのか、イメージの生産として展示された「大阪」を解き明かすことも

（1） Rose, G. *Visual Methodologies: A Introduction to Researching with Visual Materials* (4th edition). SAGE, 2016.

可能である。それに対して、本章で注目する展示空間や展示施設の場合、どのような場でオーディエンスと向かい合うことになったのか、そこにはどのような技術や手段が仲介しているのか、それは都市における他の機能とどのようにかかわっているのか、観る人との関係を問うことが重要になってくるのである。

このようにオーディエンスの場として展示空間に注目すると、都市・大阪で過去に開催された博覧会で展開された見せる／魅せる仕掛けは、どのように把握できるだろうか。

2　展示空間としての万国博覧会

博覧会はきわめて近代的で壮大な装置である。モノを集め陳列した巨大イベントは、一九世紀後半に絶頂期を迎えることとなる。西洋において、国際見本市ともいうべき時代の先端を行く祭典、万国博覧会が競うように開催されたのである。一八六七年パリ万国博覧会には、日本からもはじめて参加・出展している。博覧会では、次々と新たな技術や製品が披露されると同時に、それらを見せる仕掛けも常に更新されていく。また、一時的なイベントとはいえ、会場およびその跡地の整備は、都市の発展と密接に結びついていくものである。佐野真由子[2]がその編著全体を通して強調しているように、博覧会とは多様なスケールで「世界を把握する方法」であるのだ[3]。

大阪においても、「万国博覧会」といえる大規模な博覧会が開催されている。山路勝彦[4]は、大阪という都市の賑わいを作り出した二回の「万国博覧会」について詳細に比較検討して

(2)　佐野真由子『万博学―万国博覧会という、世界を把握する方法』思文閣出版、二〇二〇年

(3)　次のウェブページ(電子展示会)から、博覧会史について知ることができる①国立国会図書館「博覧会―近代技術展示場」https://www.ndl.go.jp/exposition/index.html、②乃村工藝社「博覧会COLLECTION」https://www.nomurakougei.co.jp/expo/(いずれも最終アクセス二〇二一年八月三一日)

(4)　山路勝彦『大阪　賑わいの日々―二つの万国博覧会の解剖学』関西学院大学出版会、二〇一四年

いる。対象となったのは一九〇三年と一九七〇年に開催された博覧会であるが、両方ともが国際条約で決められた万国博覧会ではない。一九〇三年に大阪市今宮・天王寺で開催された博覧会は内国勧業博覧会である。しかしながら、それまでに開催された内国勧業博覧会とは異なり、大阪で開催された第五回内国勧業博覧会は、カナダなど外国からの参加もあり国際的な性格を有しており、また、来場者が四〇〇万人を超える大規模なイベントであった。また、会場跡地を含む都市開発の契機となったことも特徴としてあげられる。市内交通機関として市電の整備が同時期に開始されたことはその一例である。一九〇三年花園橋・築港桟橋間に開業し、その後、大阪市内に張り巡らされた市電は公共交通の要となったのである。

博覧会、とりわけ、万国博覧会は、イベントとしてのインパクトの大きさだけでなく、見せる装置の発展にも寄与している。都市そのものをショーケースにするだけでなく、文字通りのショーケースを配して、モノや情報を見せることによって人々を魅了してきた。博覧会全体ではなく、個々の施設がどのような視覚的な効果を有していたか、そのこともまた重要なのである。

3　日本万国博覧会の痕跡から考える

大阪万博会場跡から

一九七〇年三月から半年間、「人類の進歩と調和」をテーマとする日本万国博覧会（大阪万博）が吹田市千里丘陵で開催された。参加国は七七カ国、入場者も六四〇〇万人を超えたアジアで最初の万国博覧会は、それまでで最大の規模となった。一八六二年のロンドン博に使節団を派遣、一八六七年のパリ博に幕府、薩摩藩、鍋島藩が参加、一八七三年のウィーン博に日本政府としてはじめて参加して以来、ようやく開催された一〇〇年越しの国家イベントである。途中、一九一二年には東京で「大日本博覧会」の開催を計画するが開催に至らず、一九二八年に採択された「国際博覧会に関する条約」には調印したにも関わらず批准することなく非加盟国となり、一九四〇年の計画も中止、戦後、一九六五年博覧会国際事務局に加盟し、大阪での開催にこぎつけたのである。[5] その間、万国博覧会への参加国も拡大し、また、博覧会という場の位置づけも変化している。大きな変化は大阪万博の準備がはじまった一九六〇年代に起こっている。一つは、植民地展示を手放したこと、もう一つは、最先端技術を披露しその時点までに人類が果たしえた進歩を報告することから、未来を描くことへと力点が置かれるようになったことである。[6] また、内容の提示の仕方、見せる／魅せる技術についても大きな変化がみられる。一九六四年のニューヨーク博では、ウォルト・ディズニーが演出を担当するなどエンターテイメント性が重視され、また、企業パビリオンも重要な位置をしめるようになった。一九六七年のモントリオール博では、テーマ館がはじめて採用され、モノや技術それ自体ではなく物語を魅せるため映像を主としたディスプレイ技術に大きな進展がみられた。[7] これら直近の博覧会の影響をうけ、大阪万博では「人類の進歩と調和」をテーマに未来を見据えたストーリー性のある空間が創造された。

大阪万博で展開された見せる／魅せる仕掛けは、現代社会の中に、どのような痕跡を残

(5)　およそ一〇〇年間の万博への日本政府のかかわりについては、外務省外交史料館特別展示「外交史料に見る日本万国博覧会への道」(https://www.mofa.go.jp/mofaj/annai/honsho/shiryo/banpaku/index.html) で概観できる。（最終アクセス二〇二一年八月三一日）

(6)　前掲注(2)

(7)　乃村工藝社編、橋爪紳也著・監修『博覧会の世紀一八五一―一九七〇』青幻舎、二〇二一年

しているのだろうか。会場跡地を歩いてみよう。一九七二年、跡地は日本万国博覧会記念公園（万博記念公園）として再び公開されるようになる。園内には現在も大阪万博で使用された施設が点在しているが、より重要なことは、施設が残っているか否かではなく、都市公園に刻み込まれた痕跡から、大阪万博の空間構成をたどることができるということである。万博の空間構成とは単なる施設や通路の配置にとどまるものではない。大阪万博の場合、中心となる「シンボル・ゾーン」に人々が交歓する施設を配置し、「人類の進歩と調和」というテーマを明示する一方、そこから四方に伸びる軸線に沿ってサブテーマの展開を試みている。[8] 残された施設だけでなく、プレートの配置など空間への刻み込みに注目し、物質的な配置が見せた／魅せた仕掛けを、たどることができるのである。

太陽の塔から国立民族学博物館へ

「シンボル・ゾーン」にテーマ館としてつくられた太陽の塔は、今もその場にそびえ立ち、万博記念公園のシンボルであり続けている。デザインは岡本太郎[9]による。地下から大屋根へ上昇しながら、「生命の神秘」「現代のエネルギー」「未来の空間」というテーマが体感できるように設計されていた。モノが展示されているだけでなく、映像や音、照明を巧みに用いた空間の表現であったといえよう。大阪万博の見せる／魅せる仕掛け・技術が凝縮されているのである。二〇一八年、生物の進化というテーマに沿って作成された「生命の樹」が置かれた内部の一般公開がはじまり、二〇二〇年には国の登録有形文化財に指定されている。

一方、過去を描いた地下展示場で展示された資料には、大阪万博に際して世界各地から

（8）　橋爪紳也「一九七〇年大阪万博の会場計画」前掲注（7）、一三六―一四一頁

（9）　一九一一年生まれ一九九六年没の芸術家。一九三〇年から四〇年にかけてフランスに滞在し、その時、美学を学ぶ傍ら、マルセル・モースの下で民族学も学んだ。

収集された民族資料、すなわち、民具や神像、仮面が含まれていた。このことは、太陽の塔をデザインした岡本太郎がパリで民族学に接し、また、一九三七年に開催されたパリ万博の跡地に作られた人類博物館に魅せられていたこととも無関係ではない。

これら民族資料は、太陽の塔での展示を目的に結成された日本万国博覧会世界民族資料収集団（ＥＥＭ）によって収集されたものである。[10] ＥＥＭをリードしたのは、二人の人類学者、泉靖一と梅棹忠夫である。一九六八年から一年間、二人のもとに集まった人類学者らが多くの地域を訪れ、二五〇〇点あまりの資料を収集したのである。これら資料は、太陽の塔の基層となる地下に露出展示されたが、資料それ自体が独立して展示されたのではない。民族資料と映像、音、照明が組み合わされた空間の中で、生命が誕生し人類がその足跡を残すというストーリーの中で、生命の根源に向き合えるような展示空間が作り上げられたのである。

しかしながら、展示された民族資料は、太陽の塔という空間表現を彩るためだけに収集されたわけではない。当初から、大阪万博後、民族学博物館を設立するという大きな目的が存在したのである。現在、この時ＥＥＭが収集した資料は、大阪万博跡地に建設された国立民族学博物館に収蔵されている。国立民族学博物館には、ＥＥＭが収集した民族資料だけでなく、一九三九年、渋沢敬三邸につくられたアチックミューゼウムをもとに開館し、その後閉鎖を余儀なくされた日本民族学会附属民族学博物館収蔵資料もおさめられている。

大阪万博のシンボルである太陽の塔から国立民族学博物館に移動した資料は、たとえモノそれ自体は変わらなくとも、その配置や意味づけは大きく異なる。太陽の塔では、人類

（10）ＥＥＭについて、国立民族学博物館編『太陽の塔からみんぱくへ　七〇年万博収集資料』国立民族学博物館、二〇一八年（特別展図録）を参照した。

の根源、すなわち、基層となるような過去を表現するために、民族資料は位置づけられた。過去から未来へと時間軸をたどっていくストーリーの中に置かれたのである。大阪万博は高度成長期の真っ只中に未来を志向したイベントの中で、生命それ自体、人類の根源を問う太陽の塔の展示は光だけでない、進歩だけでない力強さを表現するものであった。また、太陽の塔の中で、民族資料は単体として凝視されることはなかった。音や光、映像を伴った壮大な空間表現の一部分として来場者は体感していたといえよう。

一九七七年に開館した国立民族学博物館では、太陽の塔とは全く異なるストーリーで展示が展開されていた。常設展示は地域展示と通文化展示に大別されるが、そのうち、地域展示は、世界をオセアニア、アメリカ、ヨーロッパ、アフリカ、それに日本を含むアジア各地域に分け、オセアニアを出発して東回りに世界を一周し、最後に日本にたどり着く構成をとっている。より重要なことは、地域展示の根底には、世界の民族文化に優劣はなく等しい価値をもつという認識に基づいて、開館時から展示が行われてきたということである。太陽の塔で、過去から未来へと続く時間軸に民族資料が配されていたのとは大きく異なるコンテクストの中に民族資料が位置づけられているのである。

世界一周するかのように広大な館内を観覧する際、来館者を惹きつけるのは圧倒的な数の資料である。太陽の塔のように、音と照明、映像を組み合わせた空間演出が行われているわけではないが、モノの集合体が発するパワーは強大なものである。音や映像が博物館展示から排されていたわけではない。地域展示とは別のところで、利用者が番組を選択して視聴できるようなシステムが、当初から、採用されていた。

このようなモノが圧倒する展示は、一見したところ今日に至るまで継続するものであるが、それが表現するところは、人類学や博物館をめぐる状況の変化にともなって、大きく異なるものとなっている。同館で一九九七年に開催された特別展「異文化へのまなざし」は、博物館（と美術館）における他者表象について問い直すことの重要性を、広く社会に示した展示である。[11] それは、一九八〇年代以降、フィールドワークを基盤として形成されてきた人類学的知が根本から問い直されるようになったことと密接に関係する。対象となる「他者」の社会をまとまりのあるものとして描き、博物館においても、フィールドという文化的コンテクストを再現しようとしたことが、批判されるようになったのである。[12] 文化を表現するということが、極めて選択的で戦略的なものであるという認識が、学問分野のみならず博物館の場においても共有されていたのである。その結果、博物館における他者表象も大きく変化することとなる。国立民族学博物館の展示も、「フォーラムとしてのミュージアム」[13] という考え方を軸に、二〇〇八年度から時間をかけて一新されることとなる。フォーラムとしてのミュージアムとは、人とモノ、人と人が出会うことで発見があり、そこから新たな議論や挑戦が生まれていくことを志向する博物館のあり方のことである。情報機器など技術を駆使して双方向のコミュニケーションが可能となる仕掛けを築くだけでなく、展示する／展示されるという関係性を根底から覆そうという試みなのである。

大阪万博から日本各地のミュージアムへ

太陽の塔で採用された実物資料と音、照明、映像を組み合わせた空間表現は、その場限りの演出ではなかった。実験的に行われた空間表現は、博覧会の枠を超えて広く展開していくこととなった。太陽の塔に限らず、大阪万博は日本における展示デザインのはじまり

（11）吉田憲司・ジョン、マック編『異文化へのまなざし』NHKサービスセンター、一九九七年

（12）①竹沢尚一郎「民族学博物館の現在：民族学博物館は21世紀に存在しうるか」国立民族学博物館研究報告二八（二）、二〇〇三年、一七三—二二二頁。②吉田憲司『文化の「発見」—驚異の部屋からヴァーチャル・ミュージアムまで』岩波書店、一九九九年。③吉田憲司「文明の転換点における人類学と博物館：民博の開館四〇周年にあたって考える」民博通信一五八、二〇一七年、四—九頁

（13）①Cameron, D.・The Museum, a Temple or the Forum・. *Journal of World History* 4 (1): 189—202. ②吉田憲司『文化の「肖像」—ネットワーク型ミュージオロジーの試み』岩波書店、二〇一三年

と位置付けられる。新しい展示用素材、展示演出やマルチ映像撮影装置の開発を通して、感性に訴える魅せる展示方法が組織的に試行されたのである。[14] モノだけを陳列するのではなく、魅力的にモノ周辺の状況を見せる方法は、この時期に始まったものではない。ジオラマ[15]を用いて効果的にモノをとりまく世界を表現しようという動きは一九世紀終わりから博覧会や博物館で見られた。「見世物」としての側面も指摘されるが、それ以上に、モノをめぐるコンテクストを生き生きと表現しようとしたのである。[16]

ジオラマに代表されるような世界を切り取り魅力的に表現する方法は、大阪万博において、最新の技術を伴いさらなる発展をとげることとなる。博覧会終了後、万博で供せられた他の最新の技術や商品同様、日本各地に広がっていったのである。大阪万博の時期から、日本各地に多くの博物館―多くは都道府県や市町村が基盤とする博物館――が新たに開館している。そういった新しい博物館では、地域の生態や生活の場面が展示室の中に再現されているものに出会うことも少なくない。新しい大阪万博で培われた新しい空間表現は日本社会に根付いたのである。

4　第五回内国勧業博覧会の展示から

場外で開催された「学術人類館」

日本で最初に開催された博覧会は、一八七一年に京都の西本願寺で開催された京都博覧会である。内国勧業博覧会は一八七七年に上野公園で第一回が開催されている。回を追う

(14) 執行昭彦・森誠一郎・岸田匡平「万博日本館にみる「展示デザイン」の変遷」前掲注(2)、二〇九―二二四頁。石川敦子「展示装飾業からディスプレイ業へ―大阪万博前後からの展開」前掲注(2)、四〇一―四一五頁

(15) 『博物館学事典』によると、遠近法の透視画法を立体の世界に応用したもので、半球体の背景画の前に実物資料、剥製やマネキン、植物などを配し、照明技術を取り入れて全体の一部分である場面や情景を引き写す手法をいう。石渡美江他編『博物館学事典』東京堂出版、一九九六年

(16) 福田珠己「ディオラマと地理的想像力」大阪府立大学紀要(人文・社会科学)五三、二〇〇五年、三七―五二頁

ごとに展示技法に工夫がされるようになってきたが、一九〇三年のこの博覧会時には、内外に装飾を施した陳列箱、すなわち、展示ケースが効果的に使用されるようになっており、会場全体を照らし出す本格的なイルミネーションも導入され、見せる／魅せることにも注意が払われるようになってきた。[17] また、この博覧会に際しては、現代に至るまで、さまざまな形で注目されてきた施設、学術人類館も開催されている。[18]

学術人類館（当初は「人類館」）は、博覧会の正式な展示ではない。博覧会正門を出てすぐのところに、民間主催の余興として開館したものである。しかしながら、博覧会来場者をターゲットにした便乗商法、あるいは、娯楽のための見世物と断じてしまうことはできない。なぜなら、そこには、人類学の学知やヨーロッパやアメリカで開催された万国博覧会での実践と深くかかわっているからである。

学術人類館について、「場内案内唱歌」で次のように唄われている。

アイヌ、台湾、琉球人
朝鮮、印度、爪哇《ジャワ》の人
集めて風俗人情を
あまねく知らす人類館

集められたのは、現在民族資料と称するモノだけではない。人が集められ陳列されたのである。

『大阪朝日新聞』（一九〇三年三月一日）によると、この施設では、「内地に近き異人種を

(17) 石川敦子「日本の博覧会におけるディスプレイ（display）の変遷」前掲注（7）、一四四—一四五頁

(18) 「人類館事件」については、演劇「人類館」上演を実現させたい会『人類館—封印された扉』アットワークス、二〇〇五年。松田京子『帝国の視線—博覧会と異文化表象』吉川弘文館、二〇〇三年

聚め其風俗、器具、生活の模様等を実地に示さんとの趣向にて北海道アイヌ五名、台湾生蕃四名、琉球二名、朝鮮二名、支那三名、印度三名、爪哇一名、バルガリー一名、都合二十一名の男女が各其国の住所に模したる一定の区画内に団欒しつゝ日常の起居動作を見するにあり」という内容が予定されていた。

生身の人間が見世物の対象になったことから、清国、朝鮮、沖縄からの抗議が起こり、展示が中止されるに至ったのである。本章ではその経緯について詳述しない。人間を珍しい動物か何かのように陳列することは、支配者である展示する側と被征服者である展示される側の間の暴力的な関係を示すことになろうが、ここで注目したいのは、生身の人間の展示が、この博覧会に限ったことではないということである。一八八九年パリ万国博覧会以来、一九世紀後半から二〇世紀初頭にかけて、未開とされた人間の文化・生態は生身の人間を用いて展示されてきたのである。つまり、学術人類館はヨーロッパの万国博覧会を手本にして、世界標準ともいうべき展示を日本で実現したものなのである。

科学的知との関係

このような手法は、植民地経営を誇りその成果を「わかりやすく」人々に見せる／魅せることになったが、それは、単なる「見世物」としてのみ位置づけられるものではない。そこに、当時の科学的知がかかわっていたことが重要である。学術人類館の場合、館主・発起人は実業家の西田正俊であるが、展示内容については、人類学者坪井正五郎の存在なしに語ることはできない。日本における考古学、人類学の普及と確立に尽力し、大学における人類学の研究および学会の立ち上げや運営に極めて重要な役割を果たした人物である。学術人類館の展示についても、坪井の主導により、東京帝国大学人類学教室所蔵資料や世界人種地図、諸民族の写真資料を提供している。また、東京人類学会からも、「人類館開設趣意書」が出されている。[19]「文明国の博覧会を監察するに人類館の設備あらざるはなし」と強調されているように、当時の人類学者にとって、博覧会で生身の人間の展示を含む人類学の展示、すなわち、生き生きとその民族の生活環境を表現する展示は、学術的にも不可欠なものだったのである。

生身の人間の展示は、長く続くものではなかった。それらは、ジオラマなどに置き換わることとなった。岡本太郎が一九三〇年から一九四〇年のパリ滞在中に通った人類博物館は、一九三七年に開催されたパリ万国博覧会を機に設立されている。そこでは、動物の骨格のコレクションや各民族の生産品などをはじめとして、原始時代から現代までの人類の記録をたどることのできる展示が展開されていた。生身の人間が展示されることはなかったが、フィールドというコンテクストを重視した当時の人類学知が発揮されていた。

岡本太郎がパリで得た人類学・民族学に関する知識や経験は、太陽の塔の展示に結実することとなる。芸術家としての秀でた側面もあろうが、人類学的知や資料に対する関心や個々の資料をより大きなコンテクストの中で具体的に表現することは、二〇世紀初めの人類学の学知と深く関与していたのである。

(19)『東京人類学会雑誌』一八巻二〇三号、一九〇三年

おわりに

一九七〇年の万国博覧会から国立民族学博物館へ、博覧会から各地で開館するミュージアムへ、さらには、二〇世紀はじめの人類学展示から大阪万博の太陽の塔へと、他者を表現するその方法は、脈々とつながっている。その時代の学知や技術発展、社会的状況と関係しつつ、他者の文化を見せる／魅せる方法は新たな段階へと進展している。

本章では、時限的なイベントである博覧会―とりわけ、万国博覧会と称することのできる博覧会―の展示デザインや技術に焦点をあて、他者がいかに展示・表現されてきたのか、大阪における事例から考察した。残された具体的な痕跡や資料から、見せる／魅せる空間表現について考えてきたが、一方で、一旦、公に表現されながら、社会から消えていく施設もある。大阪万博以降、多くの公立博物館が開館したが、平成の市町村合併はそれらの存立基盤を危うくした。また、大阪においては、内部にある「他者」を見つめ、フォーラムとしてのミュージアムとして活動してきた博物館、大阪人権博物館が、二〇二〇年閉館を余儀なくされている[20]。学術人類館の時代から、大阪万博へ、そして、フォーラムとしてのミュージアムへと変化していった他者の展示は、今後、どのように展開するのであろうか。

（20） 大阪人権博物館については、コラム「リバティおおさか（大阪人権博物館）」（152頁）を参照のこと。

萩原広道『源氏物語評釈』と近世大坂の出版

青木賜鶴子

はじめに

幕末の国学者、萩原広道（一八一五〜一八六三）は、備前（岡山県）の出身で、大坂で活躍した。著作として、滑稽本『あしの葉わけ』（一八四五年）、語学書『てにをは係辞弁』（一八四六年序、一八四九年刊）、辞書『古言訳解』（一八五一年刊）、中国小説の翻訳『通俗好逑伝』などが知られ、『源氏物語評釈』（一八五四年刊）は、その代表作とされる。病のため「花宴」巻までで頓挫してしまったが、ことばの「釈」が中心であったそれまでの注釈書とは違い、物語の構想や流れ、照応関係などについて初めて本格的に論じた注釈書であり、江戸期源氏物語研究の最高峰として高く評価され、現在も参照されることの多い注釈書である。

図１　萩原広道『源氏物語評釈』最終版

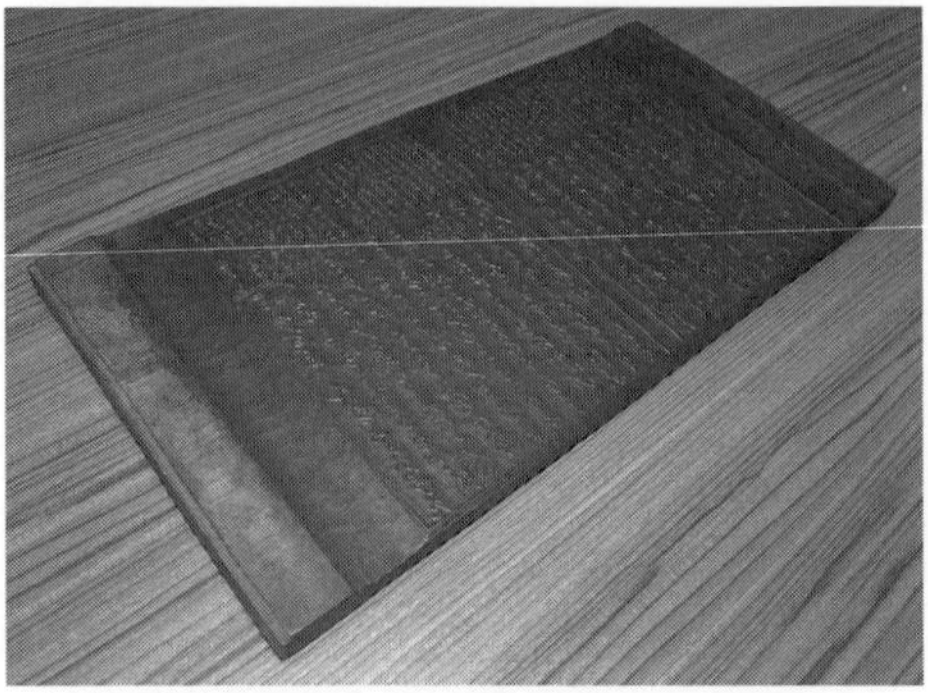

図２　萩原広道『源氏物語評釈』板木

大阪府立大学（現・大阪公立大学）は、萩原広道『源氏物語評釈』の板木《はんぎ》を四八枚所蔵している。「板木（版木）」とは、印刷の元になる「板《いた》」である（版画をイメージするとわかりやすい）。板木は消耗品であり、使い終わったら表面を削って次の本を彫るか、または燃料の薪にされたので、これほどまとまって残るのは珍しい。現存する『源氏物語』関連の板木で知られているのは、『源語梯《げんごてい》』(1)と『源氏物語評釈』のみである。

ここでは、萩原広道『源氏物語評釈』（以下『評釈』と略記する場合がある）の出版をめぐる事情と、その最後の版元であった松村（敦賀屋）九兵衛家を中心に、近世大坂の出版について述べたいと思う。

1　近世大坂の出版

江戸時代、出版が営利事業として行なわれるようになるのは十七世紀前半、寛永年間（一六二四～一六四四）の京都とされ、当初、出版文化の中心は京

(1)　一七八四年、大坂の塩屋平助が刊行した『源氏物語』の注釈書。板木は二枚で、縦約五六cm、縦約一三cm、厚さ約二cm。一枚の板木の表裏に合わせて八ページ分が彫られている。

図 3　「心斎橋通書肆」（『摂津名所図会大成　巻之十三下』『浪速叢書 第八』所収）

都であった。大坂は少し遅れるが、井原西鶴の『好色一代男』が一六八二（天和二）年に出版されて町人の間で大流行するなど、浮世草子のほとんどが大坂で出版されて盛行した。京都の版元は老舗が多く幕府や大名、寺院などと結びついていたのに対し、これら大坂の新興の版元は大衆向けの出版物を得意とした。続く近松門左衛門の浄瑠璃本によって大坂の出版界はさらに活況を呈し、大坂で出版された本の京都版・江戸版なども刊行された。

やがて十八世紀末、天明・寛政の頃（一七八一～一八〇一）になると、江戸で出版された「地《じ》本《ほん》」(2)という娯楽用の絵入本が盛んになり、出版の中心が上方から江戸に移る。このように江戸時代の出版は、京都・江戸・大坂の三都でほぼすべてが行なわれた。

江戸時代の出版界には「本屋仲間《なかま》」と呼ばれる同業者組織があり、幕府側も好色本や耶蘇教などの取締りのためにこれを公認した。京都、江戸に続いて大坂本屋仲間が発足したのは一七二三（享保八）年で、一八七二（明治五）年まで存続した。萩原広道の『源氏物語評釈』が出版されたのは、一時活動を休止していた大坂本屋仲間が再開した時期であった。

（2）　上方から江戸に下った「下り本」に対して「地本」と呼ぶ。なお「くだらない」という語はもともとは上方から下らない（下るほどの値打ちがない）、つまらないものの意。

2　『源氏物語評釈』の出版事情

広道の『源氏物語評釈』には、八冊本と十三冊本がある。[3]八冊本は、「首上（序・惣論上）」「首下（惣論下・凡例）」「桐壺」「帚木」「空蝉」「夕顔」「語釈一」「余釈一」より成り、十三冊本は、これに「若紫」「末摘花」「紅葉賀」「花宴」「語釈二」「余釈二」を加えたものである（このうち「語釈二」は丁数が少ないため合冊として五冊になっている）。[4]総論の後、巻ごとに本文と注を載せ、「語釈」では難解語句の解説、「余釈」では巻ごとの注で書ききれなかった内容を注釈している。

八冊本、十三冊本とも、第六冊の「夕顔」巻末に「嘉永六年癸丑新刻／鹿鳴草舎蔵板」の刊記を持ち、序に「嘉永七年正月三日　萩原広道」とあるので、まず夕顔巻までの八冊本が、広道蔵板本（自費出版）の形で一八五四（嘉永七）年に刊行されたことがわかる。

その出版をめぐる事情については、近年、広道の書簡が紹介され、次第に明らかになってきている。[5]広道は、九年間活動を停止していた本屋仲間が復活した一八五一（嘉永四）年から『評釈』の出版を志していたが、出版を引き受けてくれる本屋がなかなか見つからず、歌友にも助力を頼みつつ出資者を募るため奔走した。そうして予約者を募って資金調達し、版元の河内屋茂兵衛に相談しながらようやく出版の運びとなったのである。当初の計画通りであれば全七十冊となるはずであった。

板木彫刻を請け負ったのは樋口与兵衛と越後屋（井上）治兵衛であるが、板木彫刻の値

（3）　拙稿「萩原広道「源氏物語評釈」初版八冊本から十三冊本へ」（『百舌鳥国文』第二〇号、二〇〇九年三月）。古い辞書や目録類では八冊本と十三冊本は明確に区別されておらず、八冊本は残欠扱いの場合が多い。

（4）　版によって合冊とせず十四冊のものもある。

（5）　森川彰「『源氏物語評釈』の出版—広道書簡—」（『混沌』五号、一九七八年九月）、森川彰・多治比郁夫「『源氏物語評釈』の出版事情—河内屋茂兵衛あて萩原広道書簡—」（『大阪府立図書館紀要』第二五号、一九八九年三月）。

段（刻料）について、板木屋は当初「惣論壱丁　拾弐匁づゝ／本文壱丁　拾五匁づゝ／語尺余尺壱丁　廿匁づゝ／首書細註御書下ゲ　廿五匁づゝ」のように彫刻の難易により差をつけるつもりであったが、結局少し値下げする形で一丁(6)あたり一律金一分とした。板木を実際に見ると、注釈の部分は特に細かい文字が丹念に彫られているのに気付く。

花宴巻までの十三冊本は七年後の刊行で、病のため以下は別人の手になると断っている。「語釈　二ノ端」に、

この六年あまりかほと中風にて手をやみたりけれは板下をかく事たにえせす　源氏の評釈たえむとする事いとうれはしくかなしかりけり　これによりてさきに彫せつるちうさくをものして　まつかくなん五巻の草紙とはなしたる　語釈をも別にせんとおもひしかと　はつかばかりのほとなれは　ついてにこゝにとちそへつ　次の巻々よりは人の手にかゝしめたれはいたうかはりたるになん

文久のはしめの年なか月　　さなからに広道しるす

とあり、一八六一（文久元）年九月、中風のため版下が書けない中、花宴巻まで五巻の原稿を加えたこと、「語釈二」は丁数が少ないので合冊としたことがわかる。広道が歿したのは刊行の二年後、墓は大阪市福島区にある。当初計画した全七十冊の『源氏物語評釈』は、ついに完成することはなかった。

版本の現存状況から見て、『評釈』はその後も版元を変えて何度も出版されたが、最後の版は明治初期と推定される。八冊本と十三冊本では、惣論の一部と「余釈」四十・四十一丁のみ版が異なるが、ほかは、当初の板木が最後まで使われたようだ。

最後の版元の一である松村九兵衛（敦賀屋九兵衛）家は、江戸時代から続く大坂心斎橋

（6）「丁」は今の本のページにあたる。一丁は二ページ。

図4　広道の墓

の大手版元であり、板木は、そのご子孫の阪田（旧姓松村）敦子様が大阪府立大学の前身である府立大阪女子大学の学生であったご縁で、松村家から直接寄贈を受けたとのことである。さらに二〇一三年にも、松村家伝来の板木を大阪歴史博物館に一括寄贈される際、『源氏物語評釈』の板木二枚だけは前回同様大阪府立大学にと残しておいてくださり、追加の寄贈を受けることができた。御厚志に深謝申し上げる次第である。

　このように、松村家から寄贈されたこの板木によって、現存する種々の版本のうち、「松村九兵衛」の名で刊行された版が最終版であることがわかるのである。

3　種々の版本

『評釈』の初版八冊本の特徴として、

①藤花模様表紙をもつ。

②「夕顔」巻末刊記「嘉永六年癸丑新刻／鹿鳴草舎蔵板」に「鹿鳴草舎」の朱印がある。

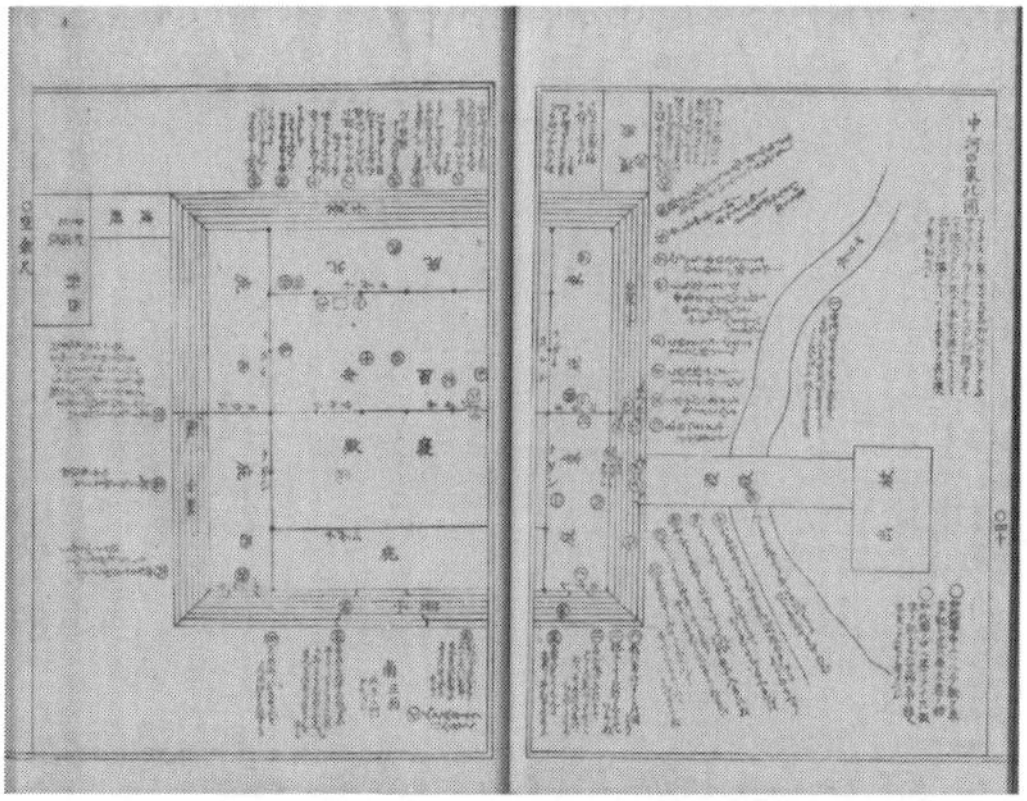

図 6　「余釈」四十ウ・四十一オ「中河の家の図」

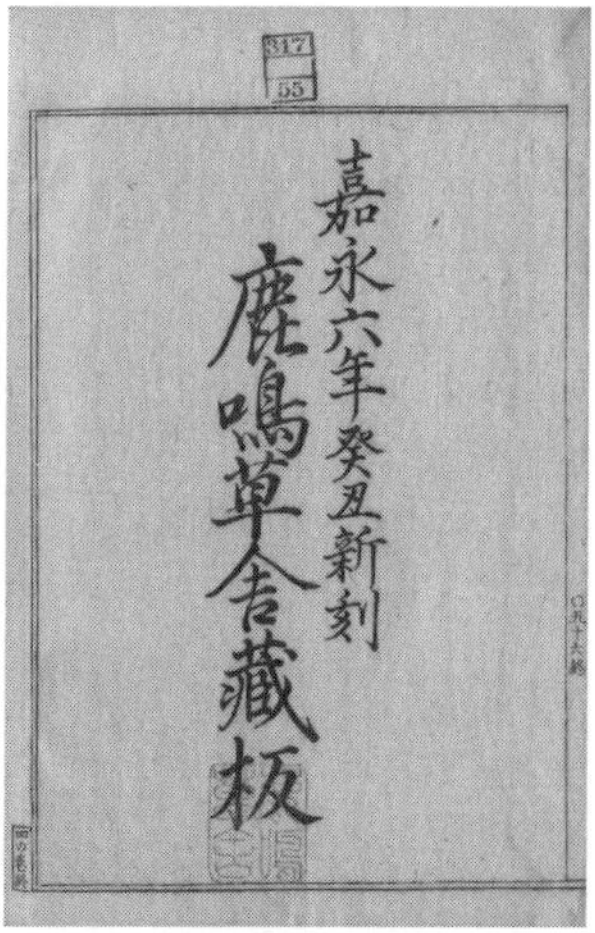

図 5　「夕顔」巻末刊記（「鹿鳴草舎」の朱印あり）

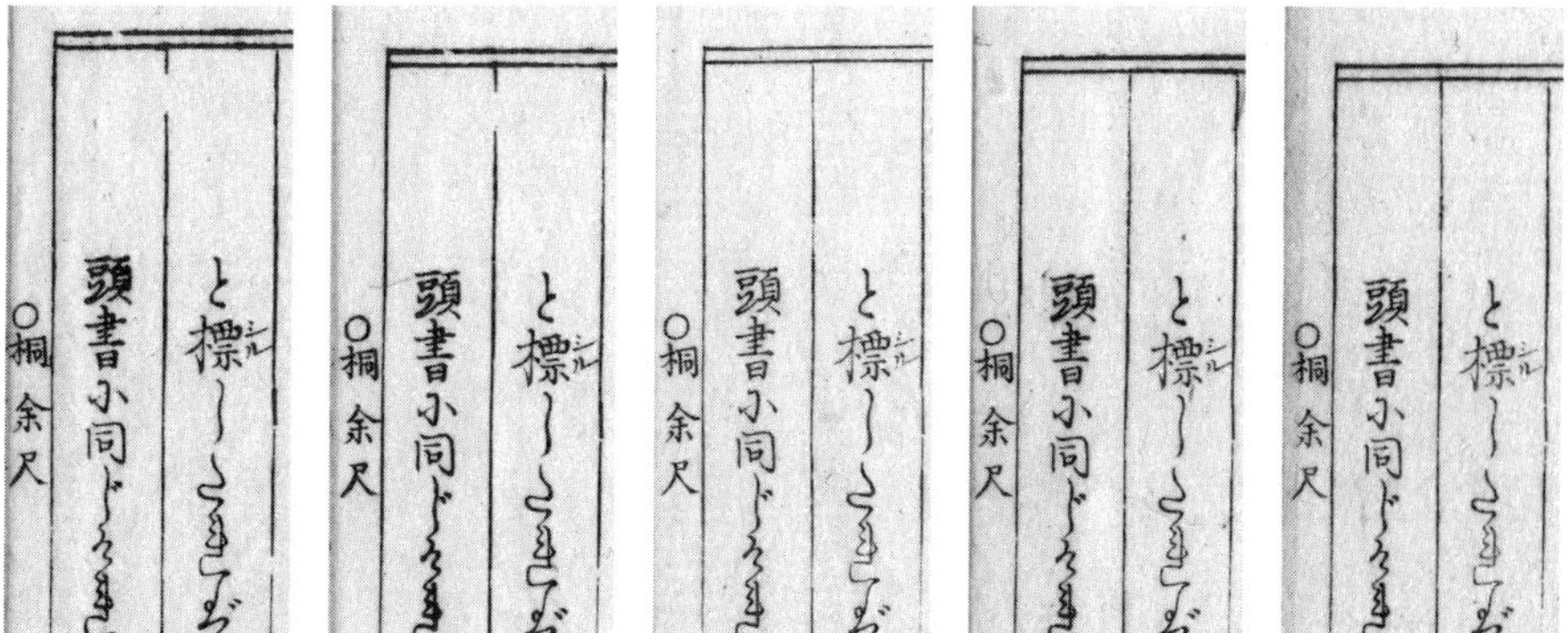

ホ13冊本 3（最終版）　ニ13冊本 2　ハ13冊本 1　ロ 8 冊本 2　イ 8 冊本 1

図 7　「余釈」4 オ

③「余釈」四〇ウ・四一オに朱墨二色刷の「中河の家の図」を載せる。

の三点が指摘されている。[7]「鹿鳴草舎《はぎのや》」は萩原広道のことである。

大阪府立大学学術情報センター図書館は、この初版八冊本と最終版十三冊本を含む五種の版を所蔵している。①の表紙は版が変われば違うのが通例だが、②の朱印と③の図は、最終版十三冊本にはなく、第四〇丁オモテと四一丁ウラを合わせて一丁に彫り直し、「四十ノ四十一」と丁づけしている。

板木は年月の経過に従い少しずつ縦に縮む。また、印刷しているうちに文字や匡郭《きょうかく》（囲み線）の一部が欠けてしまうことがある。だから、同じ本の匡郭の縦の寸法と文字や匡郭等の欠け具合によって、刊行された順番がおよそ推定できる場合がある。府大所蔵本は、図7に示したように、ほぼイ～ホの順に欠けが見られ、寸法も、この順に少しずつ縮んでいることから、イ～ホの順に刊行されたことが推測できる。[8]

4　板木からわかること

『評釈』の板木は、四八枚九三面。次頁の表は、確認した板木の内訳を一覧にしたものであるが、見るように、語釈二が含まれないだけで、各巻にわたっていることがわかる。十三冊本全体の丁数は五五五丁であるから、九三面（九三丁）は全体の約六分の一にあたる。

板木の大きさは、縦二一・九～二三・六センチ（平均二二・五センチ）、横四三・六～四六・六センチ（平均四五・一センチ）、厚さ一・四～二・〇センチ（平均一・七センチ）である。

（7）　森川彰・多治比郁夫「『源氏物語評釈』の出版事情―河内屋茂兵衛あて萩原広道書簡」（『大阪府立図書館紀要』二五号、一九八九年三月）。

（8）　詳細は拙稿「萩原広道『源氏物語評釈』の板木と出版」「同（続）」（『上方文化研究センター研究年報』一〇号・一五号、二〇〇九年三月・二〇一四年三月）参照。

表　『源氏物語評釈』の構成と版木内訳

		巻	刷面の数／総丁数	内容	備考
十三冊本	初版八冊本	首上	1／48	惣論目録	裏は夕顔第56丁終・刊記
		首下	6／43	惣論下 第55・56丁	
				惣論下 第67・68丁	
				惣論下 第70・71丁	
		桐壺	3／33	桐壺 第25・26丁	
				桐壺 第31丁終	裏は語釈第11丁
		帚木	12／69	帚木 第34・35丁	
				帚木 第38・39丁	
				帚木 第44・45丁	
				帚木 第46・47丁	端食付き
				帚木 第54・55丁	
				帚木 第63・64丁終	
		空蝉	1／14	空蝉 第1丁	裏は語釈第24丁
		夕顔	5／58	夕顔 第51・52丁	
				夕顔 第53・54丁	
				夕顔 第56丁終・刊記	裏は惣論目録
		余釈一	13／56	余釈一 目3	片面のみ
				余釈一 第33・34丁（帚木）	
				余釈一 第35・36丁（帚木）	
				余釈一 第37・38丁（帚木）	
				余釈一 第45・46丁（夕顔）	
				余釈一 第47・48丁（夕顔）	
				余釈一 第49・50丁（夕顔）	
		語釈一	2／31	語釈一 第11丁（桐壺の最後）	裏は桐壺第31丁終
				語釈一 第24丁（空蝉の最初）	裏は空蝉第1丁
				語釈一 第26・27丁（夕顔）	
		若紫	8／57	若紫 第31・32丁	
				若紫 第33・34丁	
				若紫 第45・46丁	
				若紫 第51・52丁	
		末摘花	26／43	末摘花 端1・端2	
				末摘花 第1・2丁	
				末摘花 第5・6丁	
				末摘花 第9・10丁	
				末摘花 第11・12丁	
				末摘花 第15・16丁	埋木あり
				末摘花 第21・22丁	
				末摘花 第23・24丁	
				末摘花 第27・28丁	
				末摘花 第29・30丁	
				末摘花 第31・32丁	
				末摘花 第35・36丁	
				末摘花 第39・40丁	
		紅葉賀	2／40	紅葉賀 第23・24丁	
		花宴	6／18	花宴 端1・端2	
				花宴 第5・6丁	
				花宴 第11・12丁	
		余釈二	8／35	余釈二 第3・4丁（若紫）	
				余釈二 第13・14丁（末摘花）	
				余釈二 第25・26丁（紅葉賀）	
				余釈二 第32・33丁終（花宴）	
		語釈二	0／10		
		合計	93／555		

図8　端食つきの板木

これは当然ながら本のサイズによる。『評釈』の場合は、「大本《おおほん》」と呼ばれる、美濃判紙二つ折り（ほぼ現在のB4二つ折りの大きさ）であるから、板木も、上下の余白を引いた分くらいの大きさとなる。

なお、「帚木四十六・四十七」には、板木の端に、歪みを防ぐための木片（端食《はしばみ》）がついている（図8）。端食の寸法は、縦二四・二センチ、横巾二センチ、厚さ三・二センチである。

また、「末摘花十五・十六」には埋木《うめき》が施されている。埋木は、訂正・追加する場合など何か必要があって板木の一部に別の木を文字通り埋めるのである。版本では埋木部分の見分けがつかないが、現在、埋木部分は周囲よりもやや浮き上がった状態になっており、再摺りの墨の色がやや濃くなっている。

表からわかるように、「余釈目三」を除くすべての板木の両面が使われ、おおむねは連続する丁が彫られているが、例外もあり、「桐壺三十一終」の裏には「語釈十一」（桐壺巻「語釈」の最後）、「空蝉一」の裏には「語釈廿四」（空蝉巻「語釈」の最初）が彫られているのが注目される。つまり、桐壺巻の本文・注の最終ページの裏が、同じ巻の難解語句の解説の最終ページ、空蝉巻の本文・注の最初のページの裏が、同じ巻の難解語句の解説の最初のページなのである。これは、広道が巻ごとのまとまりに従って版下を書き、書いたものから彫り師に彫らせていたことを示すのではないだろうか。

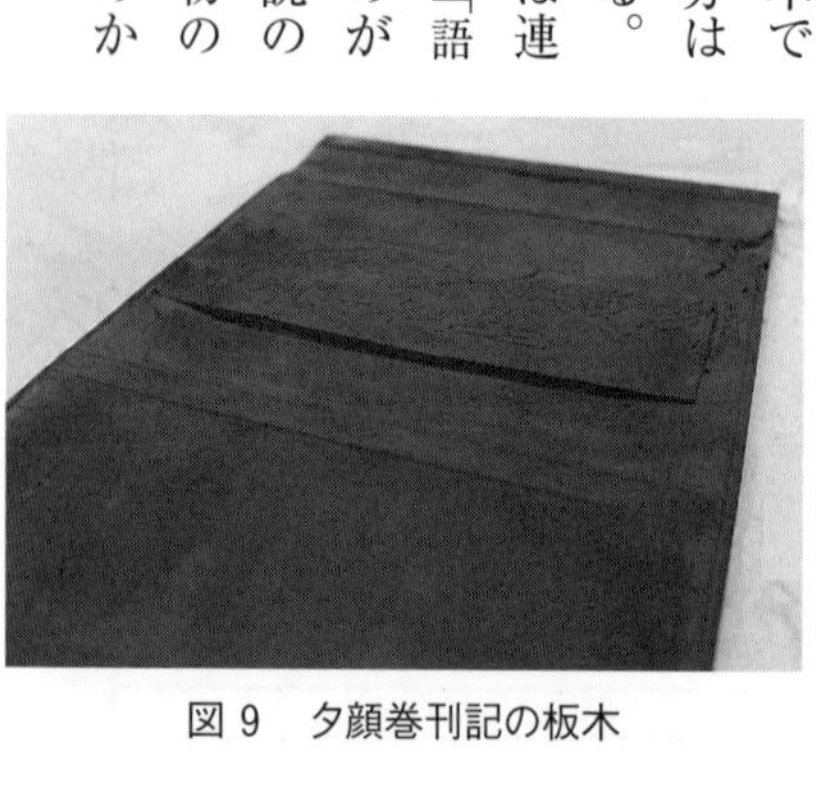

図9　夕顔巻刊記の板木

また、「夕顔」最終丁すなわち『評釈』初版八冊本の巻末にあたる、夕顔巻注釈の末尾部分と刊記の裏は、「首上」の惣論目録である。夕顔まで注釈を終えて刊記をしたためる作業、惣論を執筆し目録を作る作業、どちらも『評釈』初版のおそらく最終段階に近い頃であったろう。

以上のように、四八枚という大量の板木によって、板木が彫られた順序、ひいては原稿が書かれた順序を物語るかと思われるものもあり、その意味でも板木の価値は高いといえよう。

5　松村（敦賀屋）九兵衛家のこと

『評釈』最終版を刊行した松村（敦賀屋）九兵衛家は、江戸時代享保年間から続く大坂心斎橋の大手版元であった。大坂本屋仲間発足時の一七二三（享保八）年八月七日「本屋仲間行司設立許可願訴状」に名を連ねる二十四名の行司（世話人）のうち三番目に「錺屋町敦賀屋九兵衛」が見えている。

また、江戸時代の書肆の名鑑である『増訂 慶長以来書賈《しょこ》集覧―書籍商名鑑―』[9]によれば、京都の「敦賀屋九兵衛　寛永―慶安　京都寺町蛸薬師前」と並んで、

同　九兵衛　松村氏　文海堂　享保―現代　大阪心斎橋筋南二丁目　後移転す

画巧潜覧（元文五）

とあって、出版物として一七四〇年大岡（狩野）春朴著の『画巧潜覧』をあげている。

（9）　井上和雄編・坂本宗子増訂。高尾書店、一九七〇年。初版＝彙文堂書店、一九一六年。

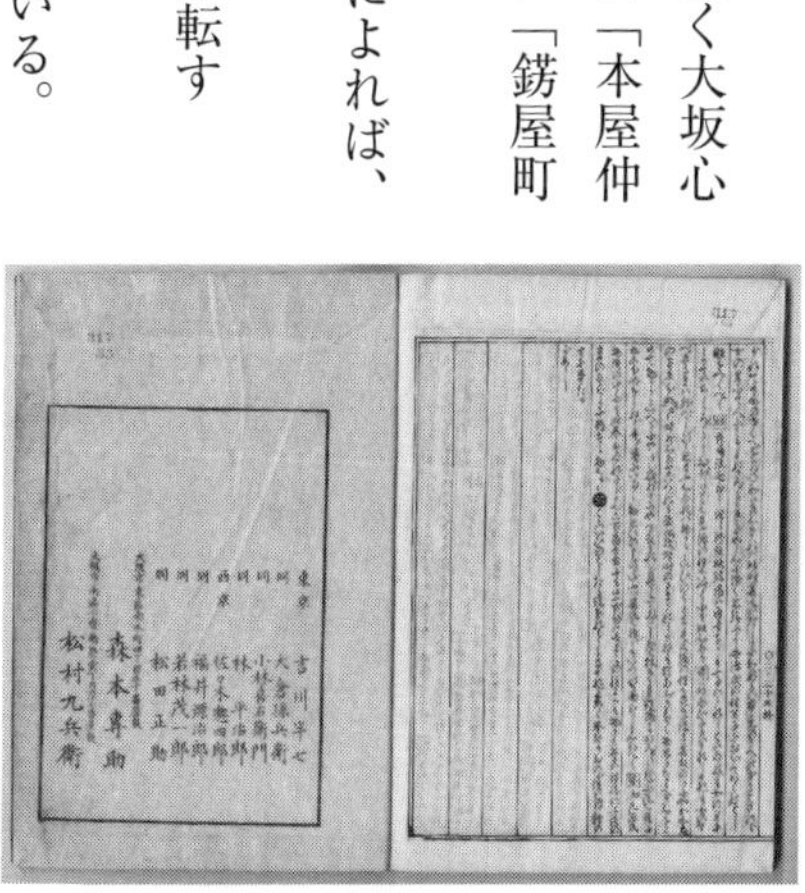

図10　『源氏物語評釈』松村九兵衛他刊　刊記

このほか、『享保以後大阪出版書籍目録』[10]『享保以後江戸出版書目』[11]、以上二書を板元別にまとめた、坂本宗子編『享保以後板元別書籍目録』[12]を参考に、敦賀屋九兵衛家の刊行物を調べてみると、単独で刊行したものだけでも多岐にわたる。[13]

まず『佩戒女小学』（一七二四）、『勧善懲悪集』（一七二八）、『女小学教艸』（一七六二）などのいわゆる往来物（初期教育のための教科書）や教訓物。『当用手紙文章』（一七二九）もこれに近い。『花鳥百人一首手染錦』（一七三一）は『百人一首』と庭訓を併載してお得感を出したもの。

以上のような実用書を出版する一方で、中国六朝《りくちょう》時代の文学評論書である劉勰《りゅうきょう》著『文《ぶん》心彫龍《しんちょうりょう》』（一七三一）、漢詩文集『蛻巌《ぜいがん》文集』四冊（一七四五）、『清詩選』四冊（一七五四）などの文芸書、先の『増訂 慶長以来書賈《しょこ》集覧』もあげていた『画巧潜覧』六冊（一七四〇）などのほか、『万国通用要字選』（一七四二）、『篆字節用千金宝』一冊（一七四三）などの辞書類も出している。

さらに、現在残る版本の刊記からも、有名な尾崎雅嘉《まさよし》著『百人一首一夕話《ひとよがたり》』（一八三三）をはじめ、毛利貞齋編『増続大広益会玉篇大全』（一八七五）、結城顕彦著『文法要則』（一八八二）、橋本光秋・石田道三郎校訂『校訂土佐日記読本』（一八九二）等々、明治にいたるまで数々の出版が知られるのである。

(10)　大阪図書出版業組合編、大阪図書出版業組合、一九三六年。「開板御願書扣（＝控）」に拠った出版書籍目録。一七二四（享保九）年—一八七三（明治六）年存。

(11)　樋口秀雄、朝倉治彦校訂。未刊国文資料刊行会、一九六二年。「割印帳」出版書肆の開版販売許可の公的記録簿。一七二七（享保十二）年—一八一五（文化十二）年存。

(12)　清文堂出版、一九八二年。

(13)　敦賀屋九兵衛家の出版事業については、井上智勝氏「文海堂敦賀屋書店先祖傳來申置主人以下掟書—大坂書肆敦賀屋九兵衛家の店方掟書と店方年中行事—」（『大阪歴史博物館研究紀要』第九号、二〇一一年三月）にまとめられている。

6　板木摺り出しと一般公開

さて、二〇〇八年は、『源氏物語』が記録の上ではじめて確認できる一〇〇八（寛弘五）年から一〇〇〇年後にあたるため、「源氏物語千年紀」と称してさまざまな催しが行われた。大阪府立大学では、二〇〇八年一二月二五日に『源氏物語評釈』の板木確認について報道発表し、[14]この板木から専門家に摺り出してもらって、後日、それらを一般公開する計画であることを明らかにした。

それが実現したのは、翌年三月一七日である。大阪府立大学学術交流会館多目的ホールにて、講演会、摺り出しの実演、板木と摺り出したものの展示を行なった。幸い大学理事の理解を得ることが出来、特別に予算を組んでもらえたのも有難いことであった。

木版印刷は、明治には鉛の活字を使う活字本に取って代わられるようになるが、大坂ではおよそ一八九〇年代頃まで木版印刷が行なわれていたらしい。その最後に近い歴史を体現するのが、この四八枚の板木である。

（14）十二月二十六日付、朝日・毎日・読売・産経各紙に掲載。

〔参考文献〕
諏訪春雄『出版事始―江戸の本―（江戸シリーズ11）』毎日新聞社、一九七八年
今田洋三『江戸の本屋さん―近世文化史の側面―』日本放送出版協会、一九九二年
国文学研究資料館編『商売繁昌―江戸文学と稼業―（古典講演シリーズ3）』臨川書店、一九九九年
橋口侯之介『江戸の本屋と本づくり』平凡社、二〇一一年
『大坂本屋仲間記録』八、大阪府立中之島図書館、一九八一年

図11～14　2009年 3 月17日 講演と板木摺り出し実演と展示

大坂の学芸史——円珠庵から懐徳堂へ——

西田正宏

はじめに

『雨月物語』などで知られる上田秋成は『肝大小心録』[1]のなかで、大坂を代表する二つの学問について、次のように述べている。

・契沖の古語をときし書どもあつめてよんだれど、猶所々にいぶかしい事が有て…
・大坂の学校とは先潜上な名目、郷校でも過た事よ。黌舎といふがあたり前じや。…
・段々世がかわつて五井せんせいといふがよい儒者じやあつて、今の竹山、履軒は、このしたての禿じや。契沖をしんじて国学もやられた。

その二つとは、「古語を説いた」契沖と「大坂の学校と名乗るのもおこがましい」懐徳

(1) 引用は、日本古典文学大系『上田秋成集』(岩波書店)による。

堂である。ともに秋成らしく批判的なまなざしを向けているのであるが、三つめの記事に注目したい。「五井せんせい」つまり五井蘭洲のことを評価するとともに、その「国学」が契沖の影響を受けているとしている。二つの学問をそれぞれの時代を代表するものとしての点ではなく、秋成が奇しくもその関係を指摘したように「学芸史」という流れとして捉えたいと思う。本書は「大阪の案内」であるので詳述はしないが、それは本居宣長の学問（いわゆる国学）へとつながっていくのである。

1　契沖の学問

江戸時代の大坂を代表する学者（学僧）と言えば、契沖を挙げることに異論はないと思われる。しかしながら、それは現代の私どもの視点からの評価であって、当時は契沖はそれほど世に知られた存在ではなかった。生存中に刊行された著書（注釈書）もほとんどない。また契沖が何らかの塾のようなものを開いて広く万人に古典を注釈、講義したということも確認されない。それは、彼自身がそのような師弟の関係を重んじる、従来の関係を嫌っていたこととも関わろう。古代歌謡の注釈書である『厚顔抄』の序文には「不随師学」（師に随ひて学ばず）と記していた。(2) けれども、彼の学問、学風は私淑というかたちで引き継がれることになる。そのなかでももっとも著名なのは、本居宣長であろう。いや、むしろ宣長によって契沖の学問は発見されたと言っても過言ではない。宣長は『玉勝間』のなかで次のように告白する。(3)

（2）　契沖の著作の引用は、すべて『契沖全集』（岩波書店）による。ただし適宜、濁点を付した。

（3）　引用は、岩波文庫による。

さて京に在しほどに、百人一首の改観抄を、人にかりて見て、はじめて契沖といひし人の説をしり、そのよにすぐれたるほどをもしりて、此人のあらはしたる物、餘材抄勢語臆斷などをはじめ、其外もつぎつぎに、もとめ出て見けるほどに、すべて歌まなびのすぢの、よきあしきけぢめをも、やうやうにわきまへさとりつ…

宣長は、契沖の『百人一首』の注釈書が当時刊行されていた多くの注釈書、例えば北村季吟の『百人一首拾穂抄』などよりも優れていると評価し、『古今集』の注釈書である『(古今)餘材抄』や伊勢物語の注釈書である『勢語臆断』をはじめとして、契沖の古典の注釈書を求めたというのである。先にも書いたようにこの時点では契沖の著作は刊行されていなかったので写本を探し求めたということになろう。では、契沖の学問のどのようなところに宣長は、それまでにはない新しい点を見出したのであろうか。試みに宣長が契沖を発見するきっかけとなった『百人一首改觀抄』を見てみよう。

(前略)奥山とは鹿のすむ所なり。(万葉歌の引用省略)もみぢ踏分とは、ふたつの心有べし。常は鹿のふみ分ると心得来たり。菅家の此歌に付ての御詩に(引用省略)、此第三句に「勝地尋来」といふによらば人のふみ分るにや。いづれにてもかなふべし。此もみぢふみ分といへるは秋更はてゝの落葉にはあらず。木葉は奥山より先色付て、はやまは後に色付物なる上に山には、秋のくるより一葉づゝ散そむるがつもるなり。(中略)古今に鹿の歌五首ある中に今の歌は第二にありて、後の三首は萩によみ合せたる歌なり。萩は秋の中比さかりなる物なれば、秋ふけての歌ならぬ事かれこれにつけて知べし。声きく時ぞ秋はかなしきとは、すべて悲しき中にいたりて悲しき時といふなり。(以下、並びについての見解省略)

「奥山に紅葉踏み分け鳴く鹿の声聞くときぞ秋は悲しき」の歌の注釈である。まず、「紅葉踏み分け」には二様の解釈が可能であるとする。一般的には、鹿が踏み分けて奥山に入っていくと理解される。けれども、『菅家萬葉集』（新撰万葉集）のこの和歌を漢詩に訳したものには、第三句に「勝地尋来」とあり、この漢詩に従うならば、「人が奥山に入ってみると」という理解も可能であると説くのである。[4]またこの和歌が晩秋の歌ではないことを、木葉が奥山から色付いていくという経験に基づいて述べるとともに、この歌の出典である『古今集』では鹿の歌が五首並んでいるなかで、この歌が二首めであることを確認し、『古今集』が時間の推移に沿って配列されていることからも、初秋から仲秋にかけての歌であると指摘する。現代の注釈においても同様のことが問題とされており、その点を他文献を引き合いに出して、周到に論じている。このような実証的ともいえる姿勢に、宣長は従来にはない優れたところを見出したのであろう。彼は、『排蘆小船』においても次のように評価する。[5]

或る人、契沖を論じて云はく。「歌学は善けれども、歌道の訳を一向に知らぬ人なり」と。予これを弁じて云はく。これ一向歌道を知らぬ人の詞なり。契沖をいはば、学問は申すに及ばず、古今独歩なり。歌の道の味を知ること、又凡人の及ばぬ所、歌道のまことの処を見付けたるは契沖なり。されば沖は、歌道に達して歌をえ詠まぬ人なり。今の歌人は、歌はよく詠みても、歌道はつやつや知らぬなり。そのよく詠むと云う歌にも、ときどき大きなる誤りのみ多し。さて又近頃契沖をもどきてなほ深く古書を考へ、契沖の考へ漏らしたる処をも考へる人も聞こゆれども、それは力を用ゆれば、誰もあることとなり。されどみな契沖の端を開き置きたることにて、それにつきて思ひ寄

（4）『菅家萬葉集』は、契沖の校訂が施されて刊行されており、彼にとっては自家薬籠中のものであった。

（5）引用は、新日本古典文学全集『近世随想集』（小学館）による。

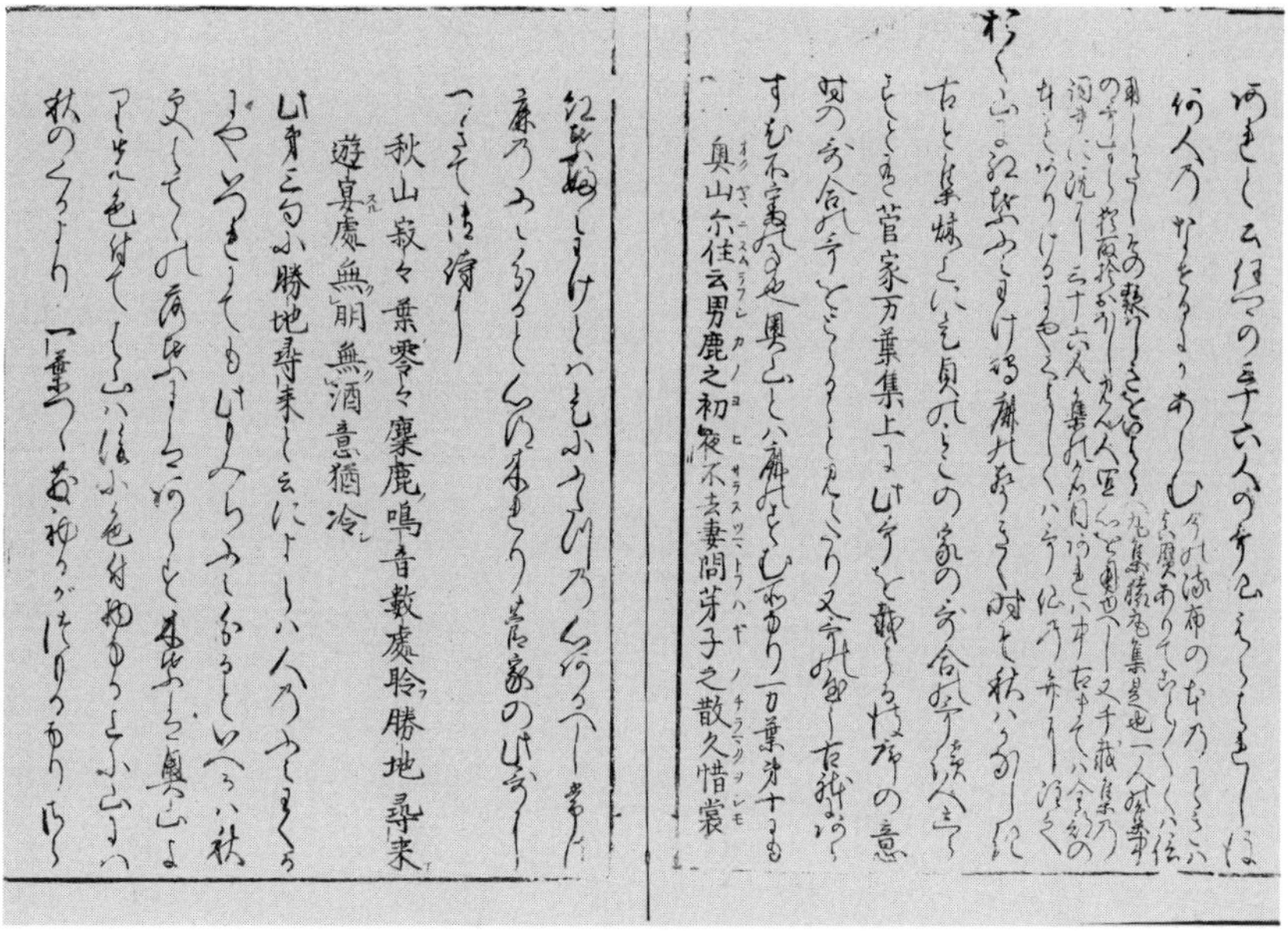

図１　百人一首改観抄（版本・架蔵）

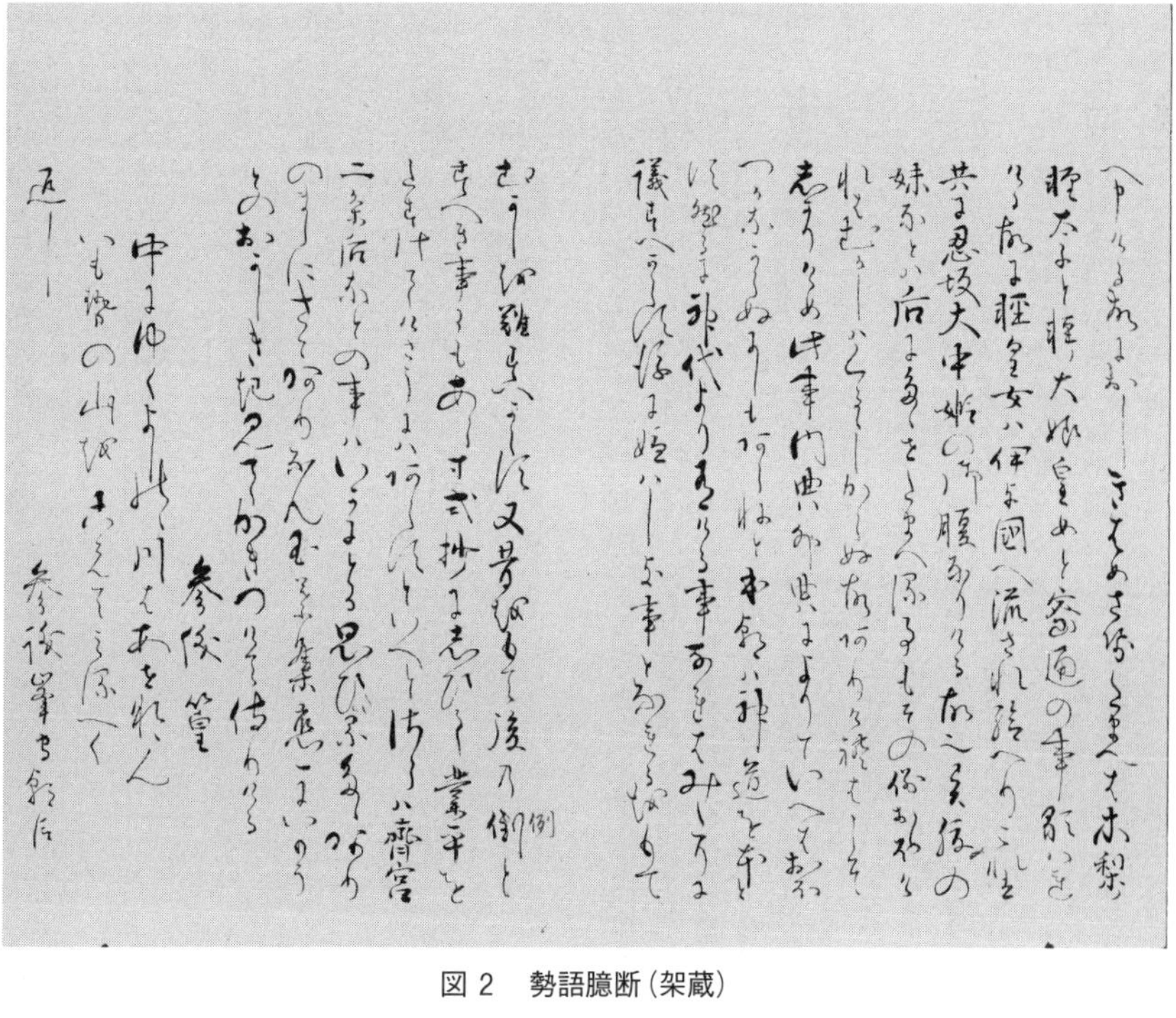

図２　勢語臆断（架蔵）

れる発明なれば、なほ沖師の功に及ばざること遠し。すべて何事も始めをなすは難きことなり。

契沖以前の中世の学問は、一言でいえば、師資相承で伝えられるものであった。いわゆる「伝受」という方法で学問は継承されていたのである。誤解を恐れずに言えば、そこで求められたのは、正しい理解や正しい解釈ではなかった。家としての、流派としての正統性が重視されたのである。したがって、その解釈に疑問を挟む余地はない。いや、むしろ挟んではいけなかった。一方、右に引いた『排蘆小船』も説くように、契沖は師によるのではなく、「古書」を用いて、自らの説を形成したところに特徴がある。ただ注意しなければならないのは、必ずしも契沖が特別な「古書」を見て、自らの説を構築しているわけではないということである。当然、そこには限界があったのである。

けれども、従来、契沖の学問はすべての説が契沖独自の説であるかのような過大に評価されてきた感がある。それは現代でも評価の高い『万葉集』の注釈（『万葉代匠記』）の評価が、そのまますべての古典注釈の評価に及ぼされてしまっているからであろう。『万葉集』の研究と、例えば『古今集』や『伊勢物語』では研究史の蓄積が違うのである。[6]にもかかわらず、契沖の『伊勢物語』の注釈書である『勢語臆断』について、次のような理解が示されている。[7]

すなわち契沖の方法の第一は文献に関する博識である。しからば何のための博識であったか。契沖の博識への志向の支えとしてあったものは、文献とは彼にとって嘘をいわない他者の証言であるという視点だったように私には思われる。（中略）（伊勢物語の冒頭部（むかし）に、契沖が『尚書』を引用して注釈を施していることを受けて・西田注）

（6）『万葉集』は鎌倉時代に仙覚が注釈して以来、室町期に連歌師による注釈（万葉語への興味から語釈が中心）が数種見えるだけで、仙覚以降で本格的に訓読、注釈を施したのは、契沖が初めてである。一方、『古今集』や『伊勢物語』は、平安時代後期に歌学書で取り上げられて以降、鎌倉、室町を通して、さまざまな歌人、連歌師によって、連綿と注釈が施されてきた。

（7）野崎守英氏「学問の成立―契沖『勢語臆断』の場合―」（『国文学解釈と鑑賞』、一九八〇年）。

こうして見出された『尚書』の記述は主観的恣意を超えた確かな他者の証言ということになったのではないか。(中略)契沖の方法の特質の第一は、文献に記された言葉の姿を追うという点にある。契沖にとっての学とはこうして何よりも文献の学なのである。

契沖の方法は博覧強記の知識に支えられていたとはいえ、先行する研究(注釈書)を全く無視していたわけではない。少なくともここに指摘されている『尚書』の利用については、三條西実隆をはじめとして中世の『伊勢物語』の注釈書にすでに引用されているのである。とはいえ、ことさらその点を重く見て、契沖の学問が中世の枠組みを超えていないということを主張したいのではない。盲目的に契沖の学問を称揚するのではなく、冷静の眼をもって契沖の学問を評価する必要がある。その点、宣長は的確に判断を下していると言えよう。同様に契沖の学問を高く評価し、自らの学問の基礎としつつも、決して妄信するのではなく、是々非々的に取り込んだ人物がいた。秋成も取り上げていた懐徳堂の教授・五井蘭洲である。契沖の再評価は宣長に始まると思われがちだが、蘭洲はそれよりも前に契沖を発見していたのである。次節では、懐徳堂の学問、特に従来はあまり注目されることのなかった和学について考察を加えることにしたい。

2　懐徳堂の学問

一般に懐徳堂は、「五同志」と称される大坂の豪商たち(三星屋武右衛門・富永芳春(道明寺屋吉左右衛門）・舟橋屋四郎右衛門・備前屋吉兵衛・鴻池又四郎）が出資し、三宅石庵を学主として迎えて設立した「町人の学校」として知られている。その学問は、朱子学や陽明学などを交えた雑駁なもので、「鵺学問」とも批判された。その後、五井蘭洲が中心になり、正統な朱子学を標榜し、多くの門弟を輩出した。当時の学問は官学でもあった朱子学が中心であり、懐徳堂でも朱子学が講じられたが、ここでは、契沖からの継承を考えるということで、懐徳堂における和学に注目することにしたい。特に五井蘭洲は、次に挙げるように多くの古典に注釈を施しているからである。

・『万葉集詁』（『万葉集』注釈書）・『古今通』（『古今和歌集』注釈書）・『勢語通』（『伊勢物語』注釈書）・『源語詁』（『源氏物語』注釈書）・『源語提要』（『源氏物語』概説書）

この蘭洲の和学について、小島吉雄氏は、次のように述べている。(8)

五井蘭洲という人は朱子学者でありますが、同時に三宅石庵、三輪執斎に陽明学をも学んでおり、日本の文学にも可成り深い知識を有し、和歌をも多数詠んでおります。また『勢語通』『源語提要』『万葉集詁』『古今通』等というような国文の註釈書をも書いております。この人が契沖に私淑し、契沖の学説を読んでおったことは、その『古今通』五冊を見てもわかるのでありまして、これは顕昭の注や飛鳥井栄雅の『栄雅抄』のほかに、契沖の『古今余材抄』の説を参照しているのであります。（中略）蘭洲の父、五井持軒は大阪生まれの近世最初の儒者でありますが、下河辺長流に歌学を学んでおります。蘭洲の和学も父に影響せられるところが少なくなかったろうと思われます。ともかく蘭洲は大阪の和学の方でも重要視すべき人物であります。（中略）友俊（入江友俊、住友友昌の弟→西田注）や持軒や蘭洲らの例によってもわかりますように懐徳堂

（8）小島吉雄氏「大阪の和学と契沖」（『語文』第三輯、一九五一年、大阪大学国文学研究室編輯）。引用に際し、新かなづかい新字体に改めた。後に『大阪の和学』（大阪国文談話会編、一九八六年、和泉書院）に再録された。

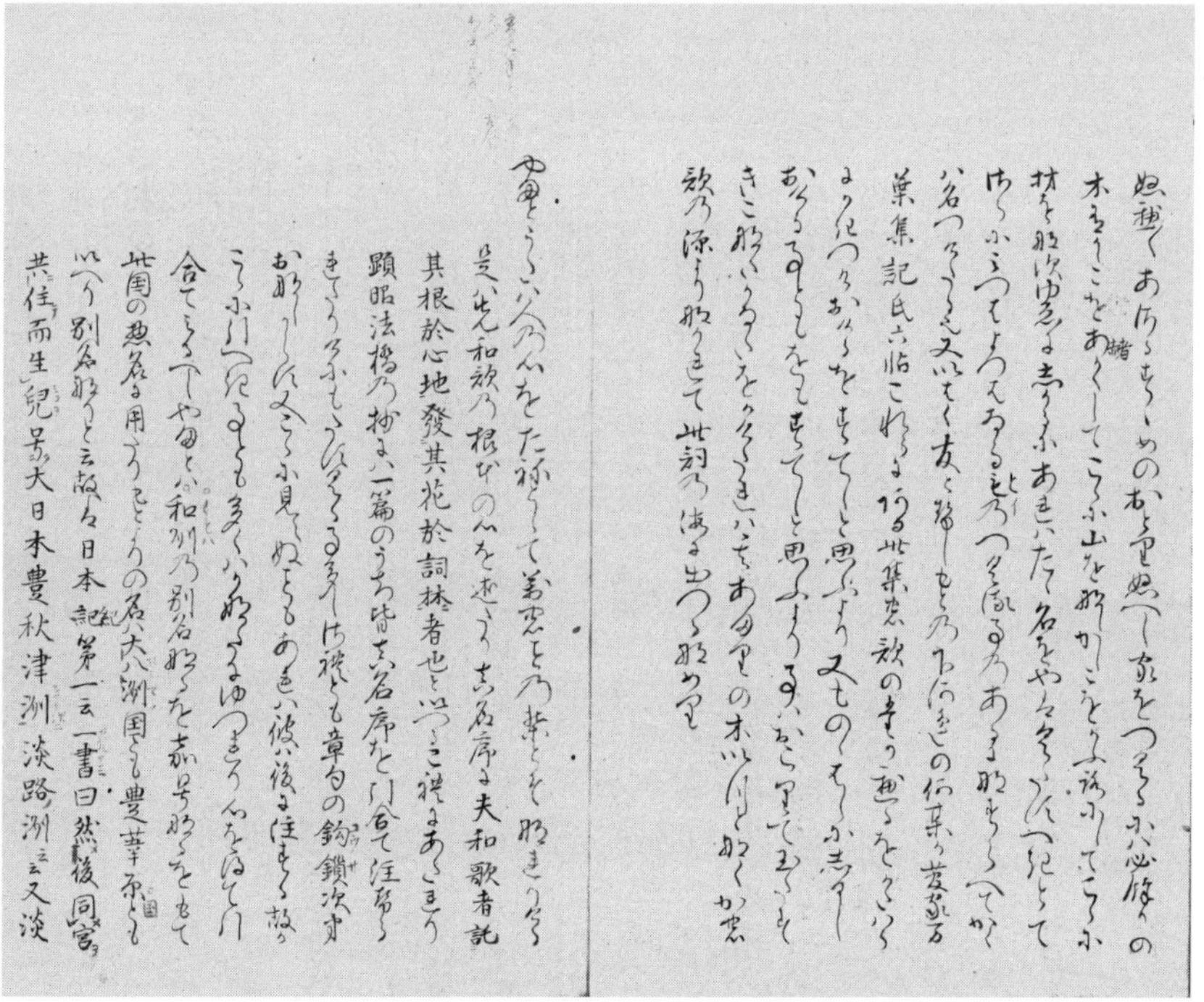

図 3　古今余材抄（大阪府立大学上方文化研究センター蔵）

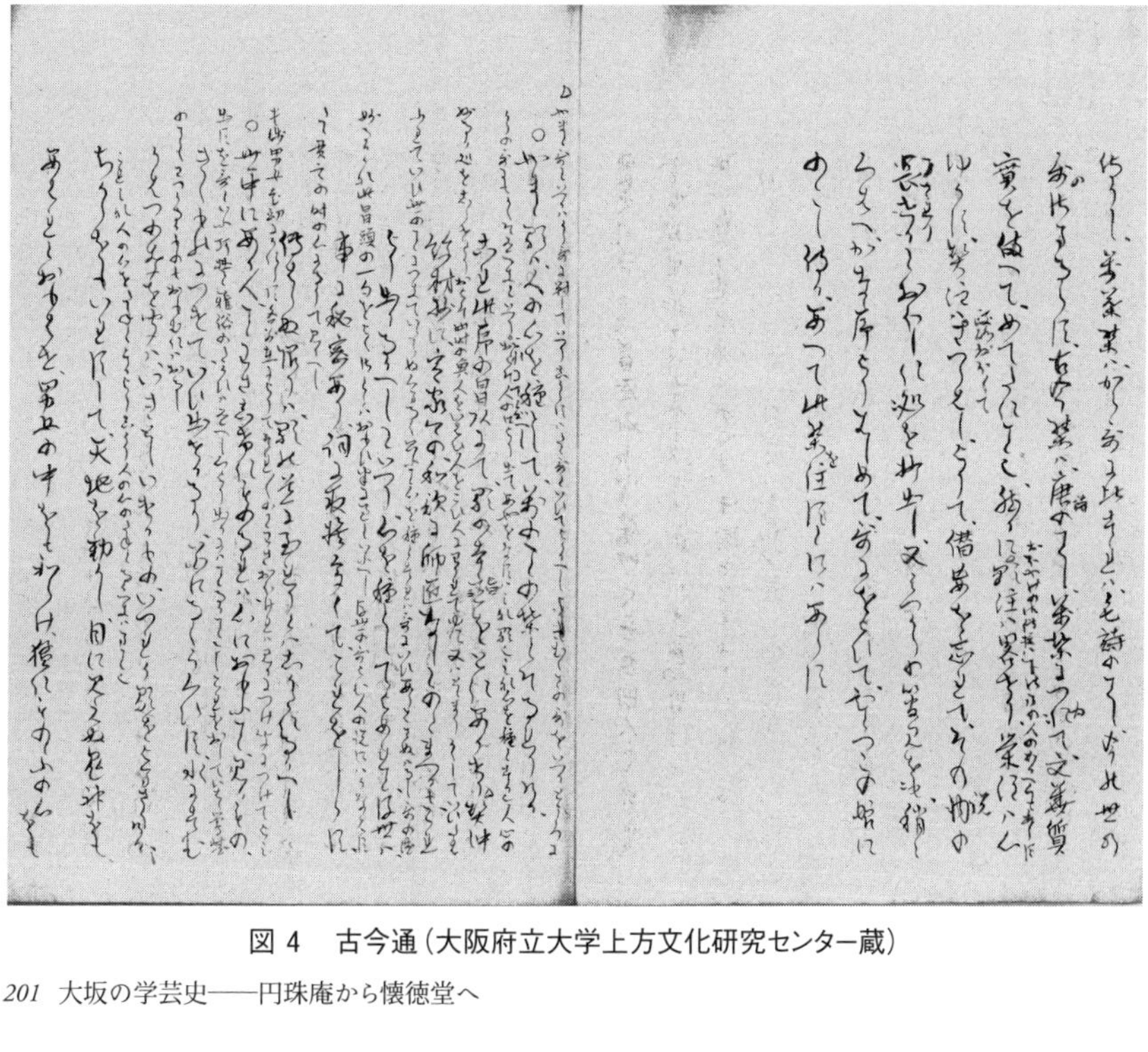

図 4　古今通（大阪府立大学上方文化研究センター蔵）

の和学は契沖と関係が深いのであります。

先述したように、契沖の学問を学ぶべき指標として私淑していたのが、懐徳堂の五井蘭洲である。それは、宣長が発見する前のことであった。先に挙げた注釈書のすべてに契沖の注釈書からの引用が窺われ、多くを学んでいることが確認される。また、蘭洲は契沖の墓碑銘を書いている。その中で、契沖の学問を「博識強覧」「引証確実」と的確に評価しており、それは宣長の評価にも通じる。またこの墓碑銘を宣長は「契沖ほううしの墓のいしぶみ」として『玉勝間』に引用しているのである。

それでは蘭洲が具体に、どのように契沖の学問を継承しているのか、確認しておくことにしよう。以前に扱ったことのある『古今集』の注釈書『古今通』を例に検討しておきたい。[9] 蘭洲は、「しぬる命いきもやするとこゝろみにたまのをばかりあはんといはなん（恋二・568）」の歌に次のような注釈を施している。

たまのをばかり、契注、玉の緒のながくともつゞくれど、先はみじかきものにいへり。しかれば、しばしのほど、いふこゝろ也。愚案、この説今すこしたらず。玉の緒といへば、玉をつらぬける緒ゆへ、ながきことにいへり。たまのをばかりといへば、玉をぬきとほしたるほどのところなるゆへ、みじかきをいふ詞となる也。一物にして、両様に用ゆること也。下に「あふことはたまの緒ばかり」といへるとこゝと同じ。わづかなる間をいへり。哥の心「今われは人をこふるゆへに死ぬる命也。もしひとたびにてもあひみば、いきるといふことの実か、不実かをこゝろみたければ、そのためしにわづかの間なりとも、あひてみたきもの也と、かこちたる也」。栄注もかくのごとし。契注にはとらずして、いはなんとは、人にいへとねがふ詞といへり。これ又しからず。

（9） 西田「蘭洲の和学―『古今通』をめぐって」（『懐徳』81号、二〇一三年）。なおこの論文では契沖の注釈書との関係だけではなく、『古今通』の伝本の問題や注釈の独自性、古今集注釈史上における意義などについても言及している。

『古今通』の伝本は大きく二系統に分かれる。「蘭洲の原文を筆写したもの」（以下、便宜上「蘭洲本」と呼ぶ）と、蘭洲が『古今通』を執筆後に加藤景範らに、削るべきは刪り、補うべきは補い正してほしいと遺託していた「刪補本」である。蘭洲自身の注釈の本来の姿を知るためには、門弟によって刪補されていない「蘭洲本」を用いなければならない。現存する伝本は、「蘭洲本」も全く蘭洲の説だけを伝えるものはなく、書き込みや貼り紙という形式で、門弟である景範らの意見が記されている。なお、本稿では「蘭洲本」系統の中之島図書館に蔵せられている伝本を用いることにし、適宜句読点と濁点を補った。

萬葉に、かゝるむすび詞、その例おほし。ねがふにあらず。これらは、あはんといはなんといふ詞の略したる也。　景範思ふに、契注、穏也。

いま、敢えて契沖を批判しているところを挙げてみた。契沖の説を肯定的に引用するだけにとどまる場合も多いのであるが、ここでは「この説今すこしたらず」と十分な理解に達していないと批判されている。それが単なる批判に終わらず、その理由が丁寧に述べられ、さらに自説が展開されている。これはまさしく第1節で確認した契沖の方法である。蘭洲は、注釈の方法も含め契沖から学んだと言えるのである。ちなみに末尾には、蘭洲の門弟である加藤景範の「契注、穏也」というこの注釈に対する意見が記されている。師である蘭洲の説よりも契沖の説の方が、穏当であると判断しているのである。紙幅の関係でこれ以上詳述できないが、蘭洲は、契沖に私淑しつつ、日本の古典を学んでいたのである。最後に儒学者らしい一面が顔を覗かせている注釈を見ておこう。同じく『古今通』の注釈である。

から衣日もゆふ暮になる時はかへすがへすぞひとはこひしき（恋二・515）

契注、衣にはひもあり。ひもはゆふものなれば、日もゆふ暮とつゞけたり。かへすは衣の縁の詞にて、衣をうらがへしきれば、思ふ人にあふといへば、くりかへしくりかへしといふ心にかけてよめる也。此哥、上の哥ともに、人の子のよめれば、親のおもふ哥也。臣のよめらば、君をおもふ哥なり。契沖が此集の恋哥はみな男女の恋哥なりといへるは信じがたし。

ここでも契沖に対する批判めいた注釈を引いておいた。ただしそれは先のように歌の解釈をめぐってのものではない。本来ならば、「恋」の部立ての歌は、男女の「恋歌」と解するのが常識で、契沖もそのように理解している。けれども蘭洲は、歌の内容によっては、子が親を思う場合や臣下が君を思う歌もまた一種の恋歌であるとの見解を示しているのである。

3 「ありのまま」の思想

以上、契沖の学問、そしてそれに私淑し、儒学者でありながら独自の和学を築きあげた蘭洲の学問を個別にみてきた。「私淑」というあり方で、この二人が大坂の学問史のなかで、すこぶる強いつながりのあったことは確認してきたとおりである。加えて、特に注目しておきたいことがある。それは、最終的には、宣長へとつながる「物語を物語としてありのままに理解する」という考え方を、彼らが持っていたことである。今では当たり前のことのように思われる考え方だが、そうではない。中世は儒教の考え方が強く、『伊勢物語』や『源氏物語』など男女の色恋を描いたものは、それなりの理屈をこねないと読めなかったのである。例えば、細川幽斎の『伊勢物語』の注釈書『伊勢物語闕疑抄』には、次のような物言いが窺われる。(10)

常には、業平の妹をけさうしてよむといへども、しからず。妹を不便に思ひて、憐愍にていへる也。（中略）源氏、あげまきに、匂兵部卿宮の、一品の宮に絵をみせまいらせらるゝ時、うらなく物をといひたる姫君も、ざれてにくゝおぼさるといへり。これよきとりあはせにてはあり。されども、此哥の心をばかくは心得まじき也。二条家

(10) 引用は片桐洋一氏『伊勢物語の研究 資料篇』（一九六九年、明治書院）による。ただし適宜、濁点を付した。

の心などに、さらにさやうは有まじき事也。伊勢物語・源氏などは、好色をば本とせず。毛詩三百篇も男女の事をもつて、政道の本とせり。

これは『伊勢物語』四十九段の注釈である。一般にこの段は主人公の「色好み」である男が「妹」に懸想したと理解されている。けれども表面的には、そういう「男女の好色」なことを描いているとしても、それは比喩で、実は「政道」のことを説いているのだとする。さらに中国古典の「毛詩」を引き合いに出して、そのことを裏付けようとするのである。実際にそう捉えていたかどうかはともかく、このように言わなければ、『伊勢物語』も『源氏物語』も、読めなかったのである。一方で、契沖は、このような『闕疑抄』の理解を踏まえたうえで、この段を次のように理解する。

…すこしけさうして此哥をよまれたるなり。（中略）或抄に、しひて業平をたすけて、けさうにはあらずといへど、さらば斎宮、二条后などの事はいかにとかおもへる。たゞありのまゝにさて有なん。（中略）業平のけさうを不思議の事とゝがめて、またみづからたすけて、譏嫌あるべき事ども心をつくるまでもなく、何心もなく、ふと物をおぼしけるかなといひなせる心なり。

ここで引かれている「或抄」は、先に引いた『闕疑抄』である。『闕疑抄』は『伊勢物語』の好色性を否定する立場から「妹を不便に思ひて、憐愍にていへる也」と「けそう」説を否定していた。しかし契沖は、『伊勢物語』の他の章段、具体には伊勢の「斎宮」と契りを結ぶ六十九段や「二条后」（その段階ではまだ「后」にはなっていなかったが）を連れ出す六段などを引き合いに出して、「色好み」の追求のためには手段を択ばないのが、この『伊勢物語』の主人公なのであり、幽斎がそれを否定することに対して、冷静な立場から異を唱えているのである。ここに契沖の新しさが窺えよう。さらに注意されるのは、続いて記されている「ありのまま」という視点である。これは、『伊勢物語』は「物語」なのだから、それをそのまま素直に「物語」として読むべきだと主張しているのである。この姿勢は、最終的には、本居宣長の物語観へと継承されることになるが、それ以前に蘭洲にも、同様の考え方が窺えることは、契沖の思想の継承という意味において注目しておいてよいだろう。蘭洲の『源語提要』の「凡例」に次のようにある。(11)

一、古来此ものがたりに褒貶のことをいへり。作者のこゝろは、ただありのまゝにかきて、褒貶はよむ人の心にあるべし。人の密事をかきあらはすは、よからぬ事なれどゝ、処々にことはり置て、源じのひがごとゞもは、かくさずしるせり。然るをもろもろの注は、源氏を聖賢のやうにときなし、須磨の蟄居を、周公の東に居たまへりしに比すなどゝいへるは、大いに作者の意にたがへり。

ここでは、『源氏物語』を読む心得として、作者の心にしたがって「ありのまま」に読むのがよいとする。ここでも中世の注釈書が源氏を「聖賢」のように扱い、中国古典に準えて須磨での蟄居を捉えようとしていることは、作者の意に違えることであると説いているのである。

このような考え方は、やがて本居宣長によって、

それ(情欲)を忍び慎むはよきは勿論なり。え忍びあえずして色に出て、あるは妄りがはしき道ならぬわざをもするは、いよいよ人情の深切なること、感情深き歌のよつて起こる所なり。源氏・狭衣のあはれなる所以なり。しかれば歌の道、並びに伊勢・源氏等の物語、みな世界の人情をありのままに書き出で、その優美なることを賞すべ

(11) 引用は、吉永登氏「五井蘭州著源語提要の凡例」(『関西大学文学論集』第四巻第四号、関西大学文学会 一九五五年)による。ただし適宜、濁点を付した。

きなり。

と、歌も物語も「世界の人情をありのまま」に描きながらも、優美であることを賞すべきであるとまとめられ、[12]最終的には、かの有名な「物のあはれを知る」論へと繋がることになるのである。[13]一般的には宣長の物語観として知られているけれども、それは夙に契沖が提唱していたことであった。このように「ありのまま」に物語を読もうとする姿勢は契沖に始まり蘭洲へ、そして宣長へと継承されていったのである。物語をこのように「ありのままに」捉える、つまりテキストそのものに立ち向かう姿勢こそ、純粋な学問だと言えよう。この学問は本居宣長に至って、いわゆる「国学」として大成されることになるのである。

4　学問の継承

必ずしもその「国学」を直接に継承するわけではないが、日本文学、特に古典の研究は、用例を検証して解釈を施す契沖の学問や、それを応用しつつ儒学を基礎に和学も研究した懐徳堂の学問を基盤に成り立っていると言ってもよいだろう。個人の研究のレベルではそう考えてよい。一方で、彼らの営為は、どのようなかたちで継承されているのだろうか。例えば、最近では、大阪大学が懐徳堂文庫を所蔵しているということから、「21世紀懐徳堂」という組織を作り、公開講座などの社会貢献事業に取り組んでいる。ホームページには次のように記されている。

(12)　本居宣長『排蘆小船』（新日本古典文学全集、小学館）による。

(13)　宣長の『源氏物語玉の小櫛』には、

すべて物語はしたたかなる教誡などの書にはあらず、もののあはれのすぢを見せむために、人の情のありのままを書たる中にも、此物語は、殊に心を入れて、人の情のあるやうを、くまなくくはしく書あらはせる物にて…

とある。

大阪大学は、懐徳堂や適塾の精神をくみとって、市民と大学がともに学ぶ場として、また「地域に生き世界に伸びる」を具現化するための場として21世紀懐徳堂をつくりました。この21世紀懐徳堂を中心に、市民の皆さんの協力のもとに社学連携活動を進めています。

なるほど「懐徳堂文庫」を有する大阪大学が、「精神をくみとって」とするのはそれなりに理屈のあることではあろう。けれども、大阪大学がこの活動を始めるずっと以前、戦後すぐに古典文学の講座が開催されていたことは忘れられてはならないだろう。円珠庵講座と名付けられたその公開講座は、今でこそ珍しくなくなった大学での公開講座の嚆矢であったと言えよう。最後に、契沖や懐徳堂の精神がどのように継承されていったのか、その一端を探るために、この講座を主催していた、大阪を中心とする大学の教員による大阪国文談話会の活動について述べることにしたい[14]。

「大阪国文談話会」は戦後間もなくの一九四九（昭和二四）年、在阪の国語国文学関係の教員によって作られた親睦団体である。その談話会が最初に手掛けたのが、戦火で焼失してしまった円珠庵の再建事業であった。円珠庵は、契沖が晩年に身を寄せ、古典の研究をし、その成果を注釈書としてまとめた所であり、契沖の墓碑もあった。先述したようにその墓碑は懐徳堂の五井蘭州が書いていた。円珠庵の再建は、単に契沖を顕彰するだけではなく、その精神を、戦後の日本の国語国文学研究に活かしていくという象徴的な意味が込められていたといえよう。

この事業に最も積極的であったのが、当時大阪女子大学学長であった平林治徳であった。彼を中心にこの事業は推進される。また、この談話会の目的の一つに「古典普及の社会奉

（14）以下、『大阪の和学』（大阪国文談話会編、一九八六年、和泉書院）の記述を参照した。

仕」があり、その具体として、一般の府民や学生向けに古典文学の講座が開催されるようになる。円珠庵が再建されるまでは、夏季講座として七月に一週間程度集中して開催され、談話会発足翌年の一九五〇（昭和二五）年から一九五六（昭和三一）年まで続いたようである。一九五四（昭和二九）年四月に円珠庵が再建され、翌一九五五（昭和三〇）年より円珠庵にて講座が始まるとされるが、この年と一九五六（昭和三一）年の具体の記録はない。一九五七（昭和三二）年から一九八五（昭和六〇）年までは詳細が不明な場合もあるが、どのような講座が開催され、誰が担当したかが残されている。例えば、記録の残る最初の一九五七（昭和三二）年は、毎週土曜の午後二時より、円珠庵で開催されている。『大阪の和学』に記載されている「記録抄」によれば、「日本文学　円珠庵ゼミナール」と銘打たれ、「概要」として、次のようなことが記されている。

1、第一期は、昭和三二年七月より約半ヵ年。

2、講義は、古典文学・近代文学各一〇回ずつの連続講義とする。

3、講義内容は、大学の講義を公開する意味で、大学とほぼ同程度とする。

古典文学・近代文学が同等に扱われているのは、この時代になり、近代文学の研究も盛んになってきたあらわれであろう。この回では、芥川龍之介の『羅生門』と樋口一葉の『たけくらべ』、加えて「近代詩」が取り上げられている。古典としては『新古今和歌集』が取り上げられ大阪大学の小島吉雄教授、大阪市立大学の谷山茂教授が講じている。以降は『源氏物語』と『万葉集』を中心に芭蕉や蕪村、秋成、また『枕草子』、『平家物語』、『百人一首』など、いわゆる古典文学が中心に講じられ、何年かに一度、近代文学や近代詩が取り上げられている。当初はその割合は半々くらいに考えられていたのかもしれないが、近代文学の研究者が、大阪には少なかったことが、古典が中心になってしまった要因であろう。

いずれにしても、確認する限り、当時、大阪の大学に在職していた教員がほぼ全員参加していたように見受けられる。いまから見れば、いわゆる学会の重鎮と呼ばれるような錚々たる人々も講座を担当している。一般向けとはいえ、おそらく質の高い講座が開催されていたはずである。

このように「国立」「公立」「私立」の大学が協働して、この講座は構築されているのである。それが「公」や「私」に対するものであったかどうか、そこに「対抗する」という意識がしっかりとあったかどうかは、確かめようがない。そういう意識で参加していた人もいたかもしれないし、そうでない人もまた多くいたであろう。しかし、「公」や「私」に基づかないかたちで、既存の枠組みを超えて、学問する場が開かれていたことは、紛れもない事実である。この精神は、契沖や懐徳堂以来の大阪の学問を象徴することとして考えてもよいだろう。

現在は、各大学がこのような講座を積極的に行っている。ひとむかし前は新聞社などが主催するカルチャーセンターがその役割を担っていた。しかし、この講座で特に注目されるのは、「国立」「公立」「私立」の有志の教員が一堂に集い、講座を開催していた点である。この講座は、やがて、「大阪国文談話会」のもとに各時代ごとの部会へと発展的に解消されることになる。部会にもよるが、基本的に一つのテキストを詳細に読むという輪読を基本とし、現在も継続している部会もある。それぞれの大学の垣根を越えて、自由にテキストを読むということも、契沖や蘭洲の学問を彷彿とさせる、いかにも大阪らしい精神であろう。ただ残念なことに、それを一般の人々にまで拡げて開催するということはなくなってしまった。それはそれとして昨今、喧しく言われる「生涯学習」の理想の、真の姿が、この円珠庵の土曜講座には窺われるのではないだろうか。

おわりに

以上、大阪を代表する学問について、中世の歌学から切り離し、まさにその「学問」を純粋な「学問」として成立させた契沖と、[15]その学問に私淑し、儒学者の眼から古典を読み直そうとした懐徳堂の五井蘭洲を取り上げて、考察を加えた。特に学問の継承ということに注意して記述したつもりである。やや時代が離れることになってしまったが、最後に大阪国文談話会の営みについて述べたのも、その点を考慮してのことである。

(15) このことについては、西田「添削の批語と注釈のことば――契沖の注釈の学芸史的意義」(『文学』一七巻一号、二〇一六年)で述べたことがある。

〔参考文献〕
中村幸彦『近世文藝思潮攷』岩波書店、一九七五年
梅溪昇『大坂学問史の周辺』思文閣出版、一九九一年
西田正宏『松永貞徳と門流の学芸の研究』汲古書院、二〇〇六年

大阪の高等教育機関と公立大学

山東　功

はじめに――高等教育機関としての「大学」

数多ある教育機関の中でも、今日の「大学」に相当する高等教育機関に限定してみると、その淵源については相当古くまでさかのぼることができる。例えば、イスラム世界の神学校は一〇世紀頃に作られているし、東洋においても高級官僚の養成機関が古くから存在していた。[1] しかしながら、大学の起源として一般的に理解されるところでは、中世ヨーロッパのボローニャに成立したAlma Mater Studiorumを起源とする「大学（universitas）」ということになるだろう。そしてその大学が、現在にも通じる大学の姿を見せるようになるのは、一八一〇年設立のベルリン大学（現在のベルリン・フンボルト大学）からと言ってよい。

（1）　具体的には、エジプト・カイロのアル・アズハル学院（九八八年）等が有名である。また中国では、漢代以降、「太学」や「国士監」といった官僚養成機関が存在した。

創立者フンボルトや初代学長フィヒテらが重視した、真理と知識の獲得という研究教育理念に基づいて、いわゆる近代的な大学のあり方が、おおよその形で決定付けられたのである。大学に対する「良き伝統」といったイメージが存在するならば、それはドイツ観念論の影響下にあった、ベルリン大学のような大学のあり方を想定している場合が多い。

ところが、二〇世紀になり高等教育機関への進学が世界的にも広がっていく中で、大学の大衆化などが叫ばれ始めるようになった。また、産業構造の転換とともに大学における研究のあり方も、大きな変化がもたらされることになる。こうした大学のあり方を最も顕著に示しているのが、アメリカの大学である。現在のアメリカの大学制度は、研究・教育の面では、専門（単科）大学（specialized college）、基礎的教養を重視したリベラルアーツカレッジ（liberal arts college）、総合大学（university/college）といった別に分かれているが、設置形態から見ても、公立（コミュニティーカレッジ〈二年制公立大学〉を含む）と私立というように、多様な大学のあり方を示している。そもそもアメリカの場合は「合衆国」であることからも分かるように、いわゆる「国立」大学は存在せず（連邦政府立の「大学」は主に軍学校で、養成所や研修所に近い）、しかも「州立」である大学が、私立大学と似た形態で存在している。この州立大学は、一八六二年公布のモリル・ランドグラント法によって設置されたもので、公用地を大学に提供することが認められて以来、州民の理解と支持が得られやすい農学系・工学系・軍事系の高等教育機関が徐々に整備されていった。これらの大学は「土地付与大学（land-grant university）」とも呼ばれており、現在では大学院重視型の総合大学も見られるが、それでも、農学や工学に特化した大学や、教員養成のような（地域）社会との連携を重視した大学が中心である。このように、大学は地域や時代によって様々な側面をもっており、一面的な理解で済ますことは大変困難な状況にある。大学の多様化とは、いわば必然的な現象であると言えるのである。

1 日本の高等教育機関

そうした中で、日本の「大学」はどのような歴史をもっているのだろうか。日本における「大学」という名の教育機関が最初に設立されたのは、律令制度下の大学寮であるが、こうした近代以前の教育制度と今日の大学と重ね合わせるのは少々困難である。ただし、一部の私立大学には、近世の僧侶養成学校等をカレッジと見なすことによって、現在の大学と同一の系譜に連ねている例も見られる。(2)

日本における近代的な大学制度は、一八八六(明治一九)年の帝国大学令による帝国大学設置に始まると言ってよい。この帝国大学は、一八九七(明治三〇)年に京都にも設置されたことから、東京帝国大学と改称されるが、以後、東京、京都、東北、九州、北海道、京城、台北、大阪、名古屋の九帝国大学を頂点とする、高等教育機関が整備されるに至ったのである。帝国大学令第一条には「帝国大学ハ国家ノ須要ニ応スル学術技芸ヲ教授シ及其蘊奥ヲ攻究スルヲ以テ目的トス」と、その目的を「国家が必要とする学問の研究・教育」と明文化しており、大学とはまさに「国家」(帝国)を背負った機関として存在していた。

大正期になると、産業界から高度の専門的な人材を求める動きが大いに高まることになる。そもそも、戦前における高等教育機関には、大学の他に多くの専門学校が存在した。

(2) 例えば龍谷大学の場合、一六三九(寛永一六)年設立の「学寮」が起源とされている。

これらは一八九九(明治三二)年制定の実業学校令や一九〇三(明治三六)年制定の専門学校令(実業学校令の改正)によって制度化されていたものである。実際、一九一六(大正五)年当時の専門学校、実業専門学校数は全国で九〇校に及び、生徒数も約四万二〇〇〇人(内女子約一六〇〇人)を数えていた。これらの専門学校側からも、また私立学校の方からも大学としての拡充を求める動きが活発となり、一九一八(大正七)年には大学令が制定され、帝国大学以外も大学として認められることになった。これにより、主要な私学も大学に昇格し、帝国大学ではない国公立大学も新たに設置されたのである。また同年制定の改正高等学校令によって、実質的には帝国大学予科としての役割を担っていた高等学校(旧制)も順次整備され、高等教育機関としての充実が図られた。ちなみに、この高等学校は戦後の教育改革により、新制大学の教養課程として再出発することになる。

戦後、GHQ(米国教育使節団を含む)の勧告による教育制度の改革を受けて、一九四七(昭和二二)年に学校教育法が施行された。一九四九(昭和二四)年には学制改革が行われ、いわゆる六・三・三制へと移行し、大学についても、専門学校等の大学昇格などを含む大学一元化が導入された。これらが原型となって、現在における日本の「大学」の姿が形作られるようになったのである。

2 近代大阪の教育と高等教育機関

そうした日本の大学において、一都市である「大阪」の特質といったものは存在するのだろうか。そのことを考える上で、近代大阪における教育の流れについて概略を見ておくこととしたい。

明治期における大阪の高等教育史の主な流れは次頁の表の通りである。明治期設立の高等教育機関は、現在の大阪大学、大阪教育大学、大阪市立大学、大阪府立大学、関西大学、大阪歯科大学といった国公立大学や私立大学へと系譜的につながっている。また、昭和戦前における大学は、大阪帝国大学（国立）、大阪商科大学（公立）、関西大学（私立）、大阪理工科大学（私立、現在の近畿大学）で、一九四九（昭和二四）年の新制大学発足時では、大阪大学、大阪外国語大学（後に大阪大学と統合）、大阪学芸大学（現在の大阪教育大学）（以上、国立）、大阪市立大学、大阪市立医科大学（一九四七年〈旧制〉設置、後に大阪市立大学と統合）、浪速大学（大阪府立大学）、大阪女子大学（後に大阪府立大学と統合）（以上、公立）、関西大学、大阪理工科大学、摂南工業大学（現在の大阪工業大学）、大阪経済大学、大阪医科大学（一九四六年〈旧制〉、現在の大阪医科薬科大学、なお大阪薬科大学は一九五〇年設置）、大阪女子医科大学（一九四七年〈旧制〉、現在の関西医科大学）、大阪歯科大学（一九四七年設置〈旧制〉）、大阪樟蔭女子大学、大阪城東大学（現在の大阪商業大学）となっていた。

これらの高等教育機関の特徴は、府立大阪医学校や大阪商業講習所、大阪獣医学講習所、大阪工業学校のように、医学、商業、農業（獣医学）、工業といった実践的な専門教育を主とする点にある。産業教育の重視は明治以降の国策でもあった以上、これは当然の流れであるともいえるが、例えば、東京の私学で多く見られる人文・教育系、神学系の学校が大阪には極めて少ないことなど、この実践性の特徴を浮き上がらせている。現在、大阪発祥の人文系私塾である懐徳堂や泊園書院は、それぞれ大阪大学、関西大学の学問的系譜の中

表：大阪の高等教育機関設立の流れ(明治期)

1869(明治 2)年	**舎密局**開校
	府立(仮)病院設置（後、大阪府病院として設置）
	府立（仮）洋学校設置（同年、民部省所管となる）
1870(明治 3)年	舎密局**化学所**試験伝習開始
	大阪府医学校を大学所管とし、舎密局化学所を大学南校所属とする（舎密局は後に**理学校（所）**に改称、造幣寮所管を経て、開成所分局となる）
	（同年、洋学校を**大阪開成所**に改称し、大学南校所属とする）
1872(明治 5)年	大阪開成所を**第四大学区第一番中学校**に改称（翌年、第三大学区に変更）
	大阪医学校を第四大学区医学校とする（同年廃止）
1873(明治 6)年	大阪府病院教授局設置
	第三大学区第一番中学を開明学校に改称（途中、開成学校とも）
	欧学校設置（同年、集成学校に改称）
	官立師範学校設置
1874(明治 7)年	堺県医学校設置
	開明学校を**大阪外国語学校**に改称（同年、**大阪英語学校**に改称）
	教員伝習所設置（翌年、大阪府師範学校に改称）
1878(明治11)年	商船学校設置（のち府立大阪商船学校に改組、1901(明治34)年廃校）
1879(明治12)年	大阪府病院を大阪公立病院に改称
	大阪英語学校を**大阪専門学校**に改称
1880(明治13)年	大阪府立医学校設置、大阪公立病院を大阪府立病院に改称
	私立商業講習所設置
	大阪専門学校を**大阪中学校**に改組（1885(明治18)年、**大学分校**に改称）
1881(明治14)年	私立商業講習所を府立商業講習所に移管
1883(明治16)年	大阪府立医学校内に獣医学講習所設置（1888(明治21)年、大阪府立農学校へ移管）
1885(明治18)年	府立大阪商業学校設置
1886(明治19)年	関西法律学校開校（1901(明治34)年に私立関西法律学校に改称）
	大学分校を**第三高等中学校**に改称（1889(明治22)年、**京都に移転**）
1887(明治20)年	大阪府立病院を医学校に包摂、大阪医学校に改称
1892(明治25)年	市立大阪商業学校設置
1896(明治29)年	大阪工業学校設置
1900(明治33)年	大阪府師範学校女子部を大阪府女子師範学校に改組
1901(明治34)年	市立大阪商業学校を市立大阪高等商業学校に昇格
	大阪工業学校を大阪高等工業学校に改称
1902(明治35)年	大阪府立高等医学校設置
1905(明治38)年	私立関西法律学校を社団法人私立関西大学に改組・改称
1907(明治40)年	市立大阪工業学校設置
1908(明治41)年	大阪府池田師範学校設置、大阪府師範学校を大阪府天王寺師範学校に改称
1911(明治44)年	大阪歯科医学校設置（翌年開校）

□：大阪大学の系譜　＿＿：大阪教育大学の系譜　～：関西大学の系譜　＿：大阪市立大学の系譜
＿：大阪府立大学の系譜

図１　府立大阪医学校(大阪大学医学部の前身)

図２　大阪高等商業学校（大阪市立大学の前身）

図３　大阪高等工業学校（大阪府立大学の前身）

図４　（大阪）舎密局

に位置づけられているが、東京の二松学舎（現在の二松学舎大学）のように、専門学校や大学としては成立していなかった。

そもそも、大阪における高等教育機関の嚆矢は、一八六九（明治二）年設置の「（大阪）舎密局」である。舎密はchemistry（化学）を意味し、理化学教育機関として存在したが、翌年には「理学校」と改称、さらには「大阪開成所分校」へと転換がなされ、理化学教育も廃止されることになった。大阪開成所の方の流れは、「第四大学区第一番中学」「開明学校」「大阪外国語学校」「大阪英語学校」と目まぐるしい改編を経て、一八七九（明治一二）年設置の大阪専門学校へと繋がっていく。

ところで、学制期の教育事情として、大阪を視察した督学局視学官の評の中に「市街ノ人情タル固陋浅劣ノ風猶且ツ前年ニ譲ラスシテ進取ノ気象ニ乏シク卑近ニ安スルモノ十中九分ノ上ニ居レリ[3]」というものがある。「進取ノ気象ニ乏シク」とは酷評であるが、これは、当時の大阪において実用的な筆算教育を期待する傾向が強く、また、商業都市として学齢期児童が家事や商店労働の一翼を担うという実態があったからと考えられる。さらには、上意下達式な施策を貫く東京の文部省への対抗も存在したことであろう。逆に、商家側での人材育成（一種の産業教育）で十分であるという意識の反映とも言える。このことは、一八九一（明治二四）年における市立大阪商業学校の開業式において、西村捨三農商務次官が行った演説に、以下のような叱咤が見られることからもうかがえる。

大阪人が日本最大の商業都市を自負しながら、商業学校になつてから七年間に卒業生わずか二七名、しかもその大多数は他府県出身者で占められ、大阪本籍者は五名に過ぎず、工業学校に至つては未設置であることに注意を喚起（中略）、最早文明の世の

（3）一八七五（明治八）年「督学局年報　第三大学区巡視功程」『文部省第三年報　付録第一』による（梅渓昇編（一九九八）三二一頁、所収）。

中なれば、武断の政略の教育とは異ひ、夫々各自の業体に就て教育を受け、一人前の立派な人間と成り、万国と通商をなし、彼を相手に商工上の戦争を試みねばならぬ（中略）何と世間に対して顔向けができますか(4)

これなどは、商業学校などへ通わせなくとも大丈夫であるという雰囲気に満ち満ちていたことの表れと見なすこともできるだろう。

実践性という観点では、外国語学習を主とする教育機関は、敬遠されることにもつながった。専門教育の基礎として外国語の学習は極めて重要なはずではあったが、専門性とも直結という面では、やはり迂遠に思えたのであろう。一八七九（明治一二）年設置の大阪専門学校・大阪中学校は、理学系の学問を基盤としつつも語学教育を重視した中等・高等教育機関であったが、その校地の狭隘さから、一八八六（明治一九）年には第三高等中学校として、京都へ移転することになる。その移転の際に発せられた、府県連合委員会大阪府代表の発言が当時の新聞に掲載されているが、そこには「大体此学校は京都府より十万円も出して嫁に貰い、既に結婚なりたるものにして、大阪にては同居人と同様なれば、早く連れ行き貰いたく、実は邪魔になる位なるに、他の嫁さんを預かるために費用を増課せらるるとは大に困難（以下略）(5)」と、半ば悪態に似た対応である。この第三高等中学校が後に第三高等学校となり、その縁から第二の帝国大学設置場所として京都が選ばれ、京都帝国大学へと繋がっていくのだが、永らく大阪に帝国大学が存在しなかった理由（大阪帝国大学設置は一九三一（昭和六）年）も、こうした実践的な気風が関係していたからだと言えなくもない。

(4) 大阪市立大学大学史資料室編（二〇二〇）二四頁。

(5) 一八八七（明治二〇）年一一月一日付『大阪朝日新聞』掲載。

3　都市大阪と公立大学

先述の通り、一九一八（大正七）年に大学令が公布され、それまで官立総合大学である「帝国大学」にしか認められていなかった「大学」が、大きな広がりを見せることになった。大学を称しつつも専門学校の扱いであった、慶應義塾大学や早稲田大学のような私学が大学として認められ（ともに一九二〇（大正九）年認可）、東京高等商業学校や東京高等工業学校といった官立専門学校も、それぞれ、単科大学の東京商科大学、東京工業大学へと昇格していったのである。[6] そして、この大学令の施行年早々に設置された大学が、日本最初の公立大学となる（府立）大阪医科大学であった。

府立大阪医科大学は、一八三八（天保九）年設立の緒方洪庵の蘭学塾「適塾」に端を発し、維新後、幾多の変遷を経て、一九一五（大正四）年に改組の上で設置された、府立の医学専門学校である。府立大阪医科大学初代学長である佐多愛彦は、欧米の大学視察の経験から、日本においても、総合大学に留まらない新大学の設置が重要であると主張した。具体的には、ドイツのフランクフルトにおける新大学設立運動を挙げ、「都市ブルジョアジーに支えられ、都市の諸機関と結びついて、都市問題を材料とした研究活動を中心に、教育、社会的活動を進めていくものである」[7] とする「公立大学理念」をもとに、大学設置（昇格）を訴えたのである。当時としては斬新であったドイツの新大学設立運動を前提として、公立大学の理念を示した点は画期的であると言えるが、この府立大阪医科大学も大阪帝国大

（6）　東京高等商業学校の大学昇格（東京商科大学）は一九二〇（大正九）年であるが、東京高等工業学校の場合、関東大震災による校舎被災の影響から昇格が大幅に遅れ、一九二九（昭和四）年に東京工業大学となった。

（7）　吉川（二〇一〇）三二一頁。

学が設置されるに及んで、国立大学に包含されてしまうことになる。
一方、公立大学史上、さらに画期的なものとなる大阪商科大学（一九二八（昭和三）年設置、前身は大阪市立高等商業学校）については、その後も公立大学として存続し、大阪市立大学に至る。これは当初、大学令の定めた「公立」が道府県立で、市が含まれていなかったことから、大阪市による熱心な大学昇格運動を受けて、大学令の改正が認められたことに拠っている。大阪商科大学の設置に際し、当時大阪市長であった関一は、次のように述べている。(8)

固より大学と言ふ以上は単純なる職業教育だけでは満足が出来ぬ。学問の研究が中心であると共に、その設立した都市並に市民の特質と、その大学の内容とが密接なる関係を保つべきことを忘れてはならない。（中略）併し決して市民に迎合せよと言ふのでもなければ、早く間に合ふ卒業生を送出せよと願ふのでもない。若しそれだけの目的ならば専門学校で沢山である。市民の市立大学である以上、其の所在都市の文化、経済、社会事情に関して、独特の研究が遂げられて、市民生活の指導機関となつて行かねばならぬと思ふのである。

これは、公立大学の理念として都市の「市民」を掲げた点でも、極めて特徴的なものである。関はさらに、公立大学は「国立大学の「コツピー」であつてはならぬ」と述べている。この理念は、戦後の新制大学設置時に大阪商科大学が大阪市立大学として編成される際、近藤博夫大阪市長の「大阪市は大学カラー豊かな、知的な文化都市にしたい」という願いと、恒藤恭初代学長の提唱した「理論と実際との有機的な連結を重視する学風」(9)へと受け継がれていくことになる。これらの文言からは、国立（官立）や中央（東京）には無

(8) 関一（一九二八）「市立商科大学の前途に望む」『大大阪』四・四。

(9) 大阪市立大学大学史資料室編（二〇二〇）八七頁。

いあり方への模索、といったものがうかがえる。大学における「公立」というあり方を考える上で、大阪という地は極めて特徴的な性格を持っているとも言えよう。

4　戦後大阪の成長と公立大学

終戦直後の社会状況下で、産業の復興はいわば悲願でもあった。大阪府では大阪市や堺市での大空襲の結果、工場等が壊滅的な打撃を受けていた。それだけに、工業系・農業系産業復興に対する思いは切実であり、結果としてそれらの期待を担う産業大学の設置は必然的な流れの中にあったと言える。一九四九（昭和二四）年設置の浪速大学（一九五五（昭和三〇）年に「大阪府立大学」と改称）は、戦前から存在した工業系・農業系の官立・府立専門学校（大阪工業専門学校、大阪府立化学工業専門学校、大阪府立機械工業専門学校、大阪府立淀川工業専門学校、大阪獣医畜産専門学校、大阪農業専門学校など）を中心にして設置された大学である。なお、戦前の官立・公立専門学校の場合、戦時下の影響を色濃く受けており、軍需産業振興という面から新設されたものが数多く存在した。そして、経済成長の流れのもと、科学技術の進歩とそれに関連する産業構造の転換にともなって大量の科学技術者の養成が急務となり、一九五五（昭和三〇）年代から理工系学生の増募や学部・学科の新設が進んでいった。これは、日本の高度経済成長を支える基盤として、産業教育が極めて重視されたということを意味しており、全国各地に存在する産業系高等教育機関（工学部、農学部や工業高等専門学校など）の設置・拡充の時期を見ていくと、産業教育が社会背景と不

図５　大阪市立大学

図６　大阪府立大学

即不離の関係にあることが分かる。実学重視とみなされる大学のあり方という点についても、その淵源にある社会背景との関係に目を向けておく必要があるだろう。とりわけ公立大学の場合は、先述のように財政状況や地域の要望などへの反応が顕著である分、一層留意しておく必要があるように思われる。つまり、時代が大学に対して何を求めている（いた）のか、という観点である。この観点からは、女子大学の共学化や医療福祉系の人材育成強化という側面も照射される。大阪の公立大学という点では、大阪女子大学（一九二四（大正一三）年設置の大阪府女子専門学校が一九四九（昭和二四）年に大学へ昇格、二〇〇五（平成一七）年に大阪府立大学と統合）や、大阪府立看護大学（一九九四（平成六）年設置、二〇〇五（平成一七）年に大阪府立大学と統合）の設置・統合・再編の歴史が、このことに対応している。

　さらに大阪の公立大学は、幾度となく統合再編を繰り返しているが、二〇〇五（平成一七）年以降は大阪市立大学（大阪市立医科大学と統合）、と大阪府立大学（大阪女子大学、大阪府立看護大学と統合）の二大学の状態となる。そして、この二大学も二〇二二（令和四）年四月から、「大阪公立大学」という、「公立大学」をそのまま具現化した校名の大学として再編されることになる。この「大阪公立大学」は今後、大阪の、ひいては日本の「公立大学」を問う上での指標の一つとして、大いに注目されるものとなるかも知れない。

おわりに――公立大学から見た大阪の高等教育機関

公立大学の現況については、文部科学省『全国大学一覧』や公立大学協会刊行資料によっておおよそのことが把握できる。それらの資料を見れば明らかなように、多くの公立大学は、全国的に見て一、二学部からなる小規模な単科大学となっている。これは一九九〇年代以降、看護・医療系の学部を主とした大学設置の動きが加速したことと関係しており、今日でも看護系の学部を含んだ公立大学が多く新設されている。一方で、二〇〇四（平成一六）年施行の地方独立行政法人法との関係から、新たに大学の法人化にともなう統合再編の動きも加わることになり、若干ながら大規模な公立大学も出現するようになってきた。こうしたことは、公立大学の設置主体（設置者）が地方公共団体である点からして、当然の結果であるとも言えるだろう。地方公共団体において、大学設置は選択的な政策の一つである以上、財政状況や地域の要望などへの反応が顕著なものとなるからである。したがって、時代状況に応じた学部の設置や統合再編が、国立大学や私立大学以上に求められやすい状況にあると言える。具体的には、看護・医療系大学（学部）の設置や、女子大学の統合・共学化などが挙げられる。ここに大阪との関係を重ね合わせると、一つのキーワードが浮かび上がる。それはやはり、実践的な研究教育を重視するという、いわゆる「実学」的な観点である。

繰り返しとなるが、大阪の高等教育機関は、現在においても、医師・歯科医師・獣医師・看護師といった医療系人材や教員の養成、さらには農業・工業・商業系の学校を起源にもつ実学的な観点から設置されたものが多くを占めている。その意味で大阪では、産業と密接なつながりをもった大学の存在が、より顕著であると言えるだろう。確かに、これは大都市全般に通じる大学の特徴には相違ないが、それでも、大阪の実学的観点が突出しているという点は否定し難い。例えば、西尾編（一九三五）では、大阪帝国大学の設置に際し「理学部を有する綜合大学創設の必要」が謳われ、その理由として「現在大阪に於ては、此の基礎的純正理化学の完全なる研究機関を有せざるは、産業振興上最大欠陥」であるという趣旨が述べられている（二頁）。さらに、ある人が「学問は閑静の地に於て考思研鑽を要とし、大阪の如きは学問の地にあらず。」（同頁）と評しているけれども、これは「所謂其の一を知つて其の二を知らざる者」であって、極めて短慮な見方であるとの批判も述べられている。しかし、これらは逆の立場からすれば、そうした見方が厳然として存在していたことの証左でもある。すなわち、いわゆる「純正理化学」のような基礎研究よりも実践的な応用研究を、さらには学問よりも産業であるという考えが、決して全体的であったとまでは言わないにせよ、ある種、雰囲気のようなものとして顕在化していたことになるだろう。それゆえに、大阪における高等教育機関の特質を考える上でも、「実学」の意味を根本から問うていく必要があるものと思われる。

〔参考文献〕

梅溪昇編『大阪府の教育史』思文閣出版、一九九八年
大阪市立大学大学史資料室編『大阪市立大学の歴史　1880年から現在へ―140年の軌跡―』大阪市立大学、二〇二〇年
大阪府教育委員会編『大阪府教育百年史　第一巻概説編』大阪府教育委員会、一九七三年
大阪府立大学創基一三〇年事業企画委員会編『大阪府立大学130年の歩み』大阪府立大学、二〇一三年
山東功「高等教育機関の変遷　旧制高等学校・旧制専門学校・大学」新なにわ塾叢書企画委員会他編『大阪の学校』草創期を読む』ブレーンセンター、二〇一五年
高橋寛人『20世紀日本の公立大学　地域はなぜ大学を必要とするか』日本図書センター、二〇〇九年
西尾幾治編『大阪帝国大学創立史』恵済園、一九三五年
福島雅蔵・酒井一「大阪の教育―明治時代を中心に―」小島吉雄他『毎日放送文化双書9　大阪の学問と教育』毎日放送、一九七三年
吉川卓治『公立大学の誕生　近代日本の大学と地域』名古屋大学出版会、二〇一〇年

モノづくりの街　東大阪の進化プロセス
——独立創業から企業間ネットワークへ——

水野真彦

はじめに

近代の大阪において、工業は、紡績業に始まり、金属・機械産業へと転換しながら都市拡大に貢献してきた。大阪は特に中小規模の工場が多いことが特徴である。本章は中小工場が集積していることで知られる東大阪地域をとりあげ、経済地理学の視点から検討したい。経済地理学には進化経済地理学という分野があるが、その中で近年、産業集積の進化プロセスの議論が注目を集めている（水野二〇一八、二〇一九）。本章ではそれらの議論を東大阪地域の産業集積についてあてはめて考えたい。なお、本章での「東大阪地域」は、東大阪市だけでなく、大阪市東部（東成区、生野区、平野区）、八尾市を含むエリアとする。

東大阪地域の産業集積の実態分析については、植田（二〇〇〇）や前田・町田・井田（二〇一二）、大西（一九九九）、湖中（二〇〇九）、大阪府立産業開発研究所（二〇〇三）など、すでに多くの優れた研究蓄積があり、本章の執筆においては、それらの成果を活用させていただいた。本章を読んで東大阪地域の産業集積の興味をもたれた読者は、ぜひこれらの文献も合わせて読んでいただきたい。

1　産業集積の進化プロセス

東大阪地域の話に入る前に、本節では産業集積の進化プロセスの議論について簡単に紹介したい。その前にまず前提として、産業集積とは何かについて説明しよう。集積とは産業が集まって立地することであるが、集積する要因は集積の利益と呼ばれる。特に、特定の業種（と関連業種）が集積することで生じる利益が「地域特化の経済」であり、それは①関連産業が成立すること、②労働市場が成立すること、③知識が波及することの三つが挙げられている（マーシャル、一九八五）。産業集積は、経済主体がこうした利益を求めて合理的に立地した結果生じるというのが、経済地理学における立地論の従来の基本的な議論である。

近年の経済地理学では、この産業集積にはライフサイクルがあるという議論がなされている（水野二〇一八、二〇一九）。産業集積のライフサイクルの段階は大きく、形成、成長、成熟、衰退の四つの段階に分けることができる。最初の段階である形成段階では、新しい産業が地域に誕生する。その誕生は、全くの偶然というより、関連する産業からの多角化や関連産業で経験を積んだ起業家によって生じることが多い。新しく誕生した産業で企業が増殖してゆくプロセスにおいては、独立創業（スピンオフ）が重要な役割を果たす。集積形成の要因は、経済主体の合理的な行動というよりも、企業の独立創業によって企業数が増えること、そして新規創業企業は資金・能力・人脈などに制約があるため、自宅や勤めていた企業の近くで創業せざるをえないという理由によるとされる。

第二の段階である成長段階では、独立創業によって企業がさらに増加する。そしてこの段階では、関連産業の成立、労働市場の形成、知識の学習など集積の利益が効果を発揮しはじめる。第三の成熟段階になると、企業数は急速な成長も急速な衰退もない安定的な状態を示す。この段階では、混雑や地価・賃金の上昇などの集積のマイナス面である集積の不利益が顕在化する。また、集積の内部で知識の学習が進むことで均質化してしまうことが指摘されている。

最後の衰退段階では、企業数や従業者数が減少していく。時間の経過と共に特化していた産業自体が成熟・衰退していくが、企業群は既存の産業・技術に固定され（ロックインとよばれる）、変化に対応できなくなる。その結果、既存の産業において廃業や低賃金地域への移転が起こる。ただし、この衰退は決して宿命ではなく、新たな産業に転換することに成功すれば、新たなサイクルに入ることもある。産業の転換までは起こらなくとも、高度化することによって産業集積を維持するケースもある。

以上が産業集積のライフサイクル論の概要である。ただ、「ライフサイクル」という言葉は、生命の比喩であり、「死」が必然・宿命であるというイメージをもたれやすいため、

「ライフサイクル」の代わりに「進化プロセス」という語が使われることも多い。次節以降では、以上の枠組みを用いて東大阪地域の形成と成長、成熟に至るプロセスを考察したい。

2 東大阪の産業集積の沿革

(一) 形成期(一九五〇年代まで)

東大阪地域の産業集積の起源は複数である(湖中二〇〇九)。図1は、東大阪地域の産業集積の起源を大まかに示した概念図であり、以下これをもとに説明していきたい。まず重要なものとして、一八七〇年に大阪城跡地(大阪市中央区および城東区、現在の大阪城公園や大阪ビジネスパークのあるエリア)に建設された、陸軍の大阪砲兵工廠が挙げられる。軍需産業の特性として、需要の変動の激しさがあり、大戦間の軍縮期には職工が周辺で独立創業することが多くみられた。軍事を優先した明治期の日本において、砲兵工廠は金属機械加工に関する技術的知識やスキルの貴重な供給地であり、これらは戦前期における大阪の機械金属工業の発展に重要な役割を果たしたといえよう。

しかし、大阪の機械金属産業は軍事産業だけで発展したわけではない。大阪市の臨海部(現在の此花区)には一八九一年に設立された大阪鉄工所(現・日立造船)などの造船業が立地し、関連産業の形成をもたらしている(中瀬二〇〇三)。ただし、これらは造船を基盤としているため、大型の物品の加工を得意とする企業が多く、西淀川区から尼崎市へといっ

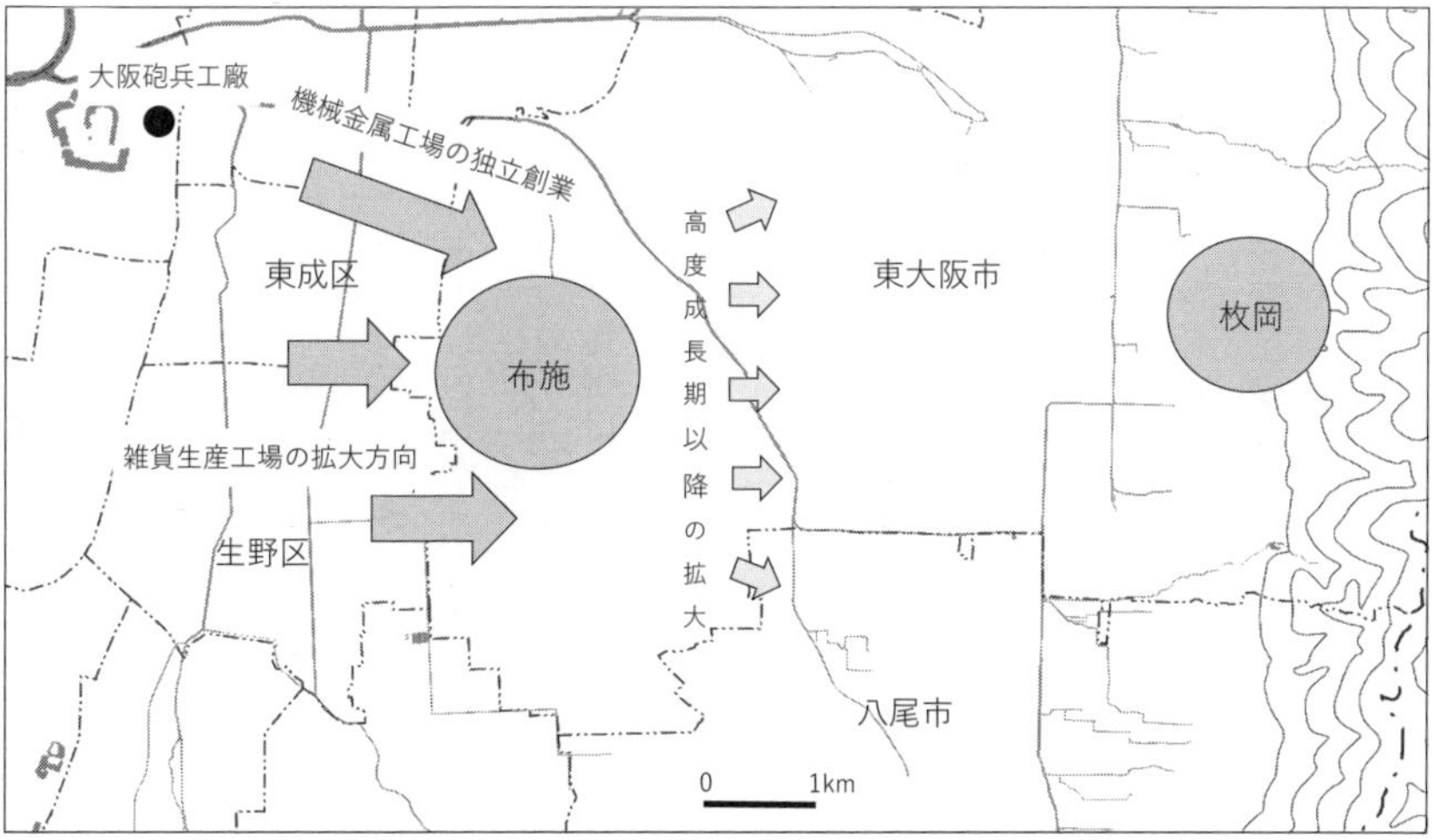

図1　東大阪地域の工業の拡大の概念図

背景図は国土地理院ウェブサイト「地理院地図 Vector」を使用。おおよそのイメージを示した図であり、正確な分布を表しているものではない。

た北方向への拡大が多いことが指摘されている（前田・町田・井田二〇一二）。

そうした重工業だけでなく、多くの人口を有する大阪市には、都市住民向けの雑貨としてセルロイド加工業が発展した。これらは戦後にプラスチックに材料を変えて現在の雑貨産業につながっている。場所としては、第一次大戦後あたりから大阪市の東部（特に現在の生野区あたり）で増加し、大阪市の都市域の拡大にしたがって、用地を求めて東方向に拡大していった。

一方、東大阪市の布施周辺には、近世からの地場産業として鋳物業があった。それらは鍋や釜などの日用雑貨品を生産していたが、二〇世紀に入り日本の軍備拡大の影響を受けて機械部品へと転換を進めていった。また、生駒山の麓にある枚岡地区では、江戸末期より水力を利用した伸線（銅や鉄などの金属を延ばし線状に加工する産業）が発達していた。それが、一九一四年の大阪電気軌道（現・近鉄奈良線）開通による電力供給によって、水力からモーターに動力を変えながら発展していった。これらは戦後のネジ製造業につながるものである。

このように東大阪地域の製造業のルーツは、都市起源のものと農村起源のものが混在している。こうした雑種性が、現在においても当地に多様な業種、特質、技術、市場（販路）などの点で様々な企業が存在することにつながっている。したがって、東大阪の製造企業をひとくくりにして平均的な姿を示すことは容易ではない。以下で述べることはあくまで、ある程度の共通した特徴であり、当然のこととして例外は存在するものと認識していただければ幸いである。

（二）成長期（一九五〇〜一九七〇年代）

戦後復興に伴い、大阪市東部の工場は増加し、用地を求めてより外側、つまり現在の東大阪市域へ移転していった。[1] 東大阪市西部（旧布施市域）での調査によると、一九五〇年代末においては大阪市内からの土地を求めて移転してきた企業が全体の半分以上を占めていた（中瀬二〇〇〇）。また、大阪府産業開発研究所（二〇〇三）の調査によると、東大阪地域に移転してきた企業の（移転当時の）立地選択の理由で最も多いのは、「土地・建物などの購入・賃貸費用が安い」（五三・三％、複数回答）であった。これは、当地への移動による立地の多くが、大阪市から東大阪市へといった外延部への移動であることを示すと推測される。

（1）大阪砲兵工廠を抱えていた大阪市東部はアメリカ軍による激しい空襲の被害を受けたが、東大阪市域ではその被害は相対的に小さかったことも工場の東への移転に影響があった。

東大阪市で工場数が急増するのは一九六〇年代後半から一九七〇年代前半である（図2）。その増加の中身は大阪市からの移転と東大阪市での創業の両方が考えられるが、特に従業員三人以下の零細規模工場の増加が著しいことから、この時期に東大阪市で創業した企業の割合が高いと考えられる（中瀬二〇〇〇）。また、大西（一九九九）が東大阪市西部（旧布施市域）の工場に対し行った調査によると一九六六年から一九七五年の間に創業した

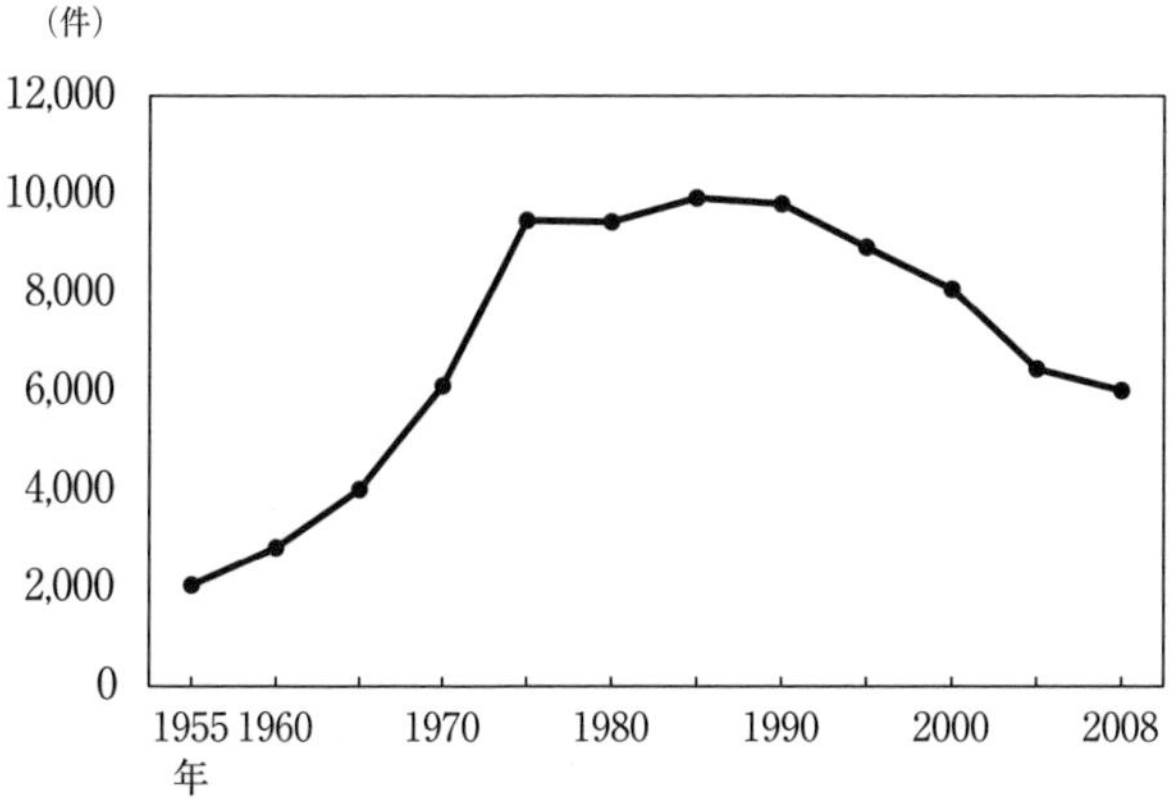

図2　東大阪市の製造業事業所数の推移（全数、1955-2008年）

『東大阪市統計書』各年度などより作成。2008年以降は全数調査は行われていない

工場が三二・四%ともっとも多く、一九五六年から一九六五年の間が二一・四%で続いている。

　一九六〇年代後半から一九七〇年代前半の時期は、高度成長期に地方農村から移動してきた職人たちが工場である程度経験を積んだ時期であり、技能を身につけたうえでの「のれんわけ」という形の独立創業が多かった。それが可能であったのは創業のハードルが低かったからであるが、そのハードルを低めた要因の一つは、当時は熟練技能さえあれば比較的安価な工作機械だけ、つまり少ない初期投資でも独立することが出来たことである。さらに創業のハードルを低くしていたのが貸工場の存在である。貸工場は長屋形式で、一

棟につき五—八軒ほど、三〇—一〇〇㎡の敷地に仕切られた賃貸の工場アパートである。当時は、東大阪市には大阪市から離れるほど農地が残っており、大阪市内と比べ相対的に地価が安かったため、そうした農地が貸工場に転換されていった。それらは地主にとって居住用のアパートよりも高い賃貸料を得られたとされる（大西一九九九）。こうした貸工場が東大阪地域の職工たちの起業家精神を大いに支えたといえよう。現在、起業家精神といえば、アメリカのシリコンバレーが代表例とされており、同地ではヒューレットパッカードやアップルなどの企業がガレージで起業したことが知られているが。一九六〇—七〇年代の東大阪地域の工場の増加は、それとの共通性を見いだすことができる。アメリカは起業家精神があり、日本では大企業の終身雇用、年功序列に縛られて起業家精神が乏しいという一般的なイメージがあるが、日本でも年功序列と終身雇用は大企業の社員に限定されてきた。日本の多くの中小企業の賃金体系は年功序列賃金ではなく、働き続けても賃金は頭打ちになる。そのため、意欲と才能があり、資金を貯めることができた人は独立創業しようとしてきた。前述の創業のハードルの低さはそうした独立創業を可能にしていた。

そして、辞めて独立創業した者に対し、元の工場の経営者はしばしばそれらを支援した。大阪府立産業開発研究所（二〇〇三）の調査によると、自社の従業員が独立した場合に支援したと回答した企業が六〇・一％を占めており、具体的には仕事の発注や技術支援、機械の譲与・貸与などの形で支援している。こうした独立創業は地域内の工場間のネットワークを広げる役割を果たしてきたといえよう。

これらの新規創業した工場の多くは東大阪地域内に立地したが、それは数多くの立地場所の中から集積の利益を求めて合理的に選択したというより、資金、能力、情報や人脈上の制約によって遠くに立地することができなかったという方が正確であろう。同じく大阪府産業開発研究所（二〇〇三）の調査において、東大阪地域で創業した企業の立地選択理由で最も多いものは、「経営者の自宅に近接している」（五一・九％、複数回答）であることも、それを裏付けている。

一九七〇年代に入り、企業数が増えてくると、さらに分業が進展していった。お互いで取引し合う仲間取引などのような分業が進展することで、需要の変化に柔軟に対応できる、あるいは技能を補完しあうことで単独ではなしえない生産を行うことが可能になる、などの集積の利益が発生しはじめる。一方で、企業数の増加は、集積の不利益つまり、交通の混雑、地価や賃金の上昇、公害などの諸問題が発生することにもなる。一九六四年に制定された工場等制限法によって、大阪市や東大阪市の西側では、一〇〇〇㎡以上の大規模工場は新設・増設を制限され、より外側の郊外や地方へ移転を迫られた。このことにより、東大阪地域は大工場が減少し、中小工場中心の集積としての色合いが濃くなった。法的な規制という要因のほかにも、東大阪市でも徐々に広い工場適地がなくなっていったことで、中小企業のなかでも規模を拡大しより広い敷地を求める企業は、八尾市や奈良県などさらに周辺に移転するなどもみられ、東大阪市の工場数はしだいに頭打ちとなる。

（三）成熟期以降（一九八〇年代以降）

一九八〇年代以降は産業集積としての東大阪地域は成熟の段階を迎える。工場数は一九八三年をピークに減少に転じた（図2）。特に、低付加価値品の輸出では、ＮＩＥＳと呼ばれた台湾、韓国、香港や東南アジアなどアジア諸国との競争となり、コスト面で不利な立場に立たされるようになった。さらに一九八五年のプラザ合意以降の円高は、輸出の減少に拍車をかけたといえる。東大阪地域の工場群のなかには、低付加価値の汎用品、量販品の生産・輸出が多くを占めていた企業が存在した。それらの企業は、それまでは、ある程度の品質、機能などの条件をクリアする限りにおいて、「作れば売れる」という時代であり、問題は生じなかった。しかし、円高やアジア諸国の成長により、企業活動を維持するためには安価な輸出依存からの脱却を迫られるようになった。

こうした状況のなかで東大阪地域では、独自製品の開発をすすめ、大企業が進出しないようなすき間分野で高いシェアを占める企業への転換をとげる企業が増えていった。それらは「トップシェア企業」「オンリーワン企業」などと呼ばれている。東大阪商工会議所のウェブサイトには「きんぼし東大阪」というページがあり、特に技術に特徴があり、そこではそうした企業の一覧をみることができる。(2) 表1はその一部で、産業向けの部材や機械を製造する企業の例を示したものである。こうした産業向け製品を生産する企業以外にも、ホームセンターで販売されるような一般消費者向けの独自製品を開発する企業も多い。同じ大都市型の産業集積である東京都大田区と比較すると、大田区が技術・技能の精度向上によって大企業から注文を受ける方向を目指す企業が多いのに対して、東大阪地域では、独自製品を開発するという方向を目指す企業が多いことが指摘されている（大田二〇〇〇）。

その開発において、集積内企業との分業や、取引ネットワークにおける知識の入手などの集積の利益が活用されている。具体的には、企業が、開発の試作を近隣の加工業者に外注する、新製品の開発・生産に専念するために通常の注文は外注する、などである（大田

（2） ＵＲＬは以下のとおりである。http://www.hocci.or.jp/kinboshi/

表1　東大阪市の「トップシェア企業」の例

企業名	独自製品
(株)DG TAKANO	節水ノズル
(株)フジキン	医療食品機器向けバルブ
ハードロック工業(株)	「ゆるまない」ナット
東田機工(株)	ネジ製造装置
本城金属(株)	リチウム製品
兵田計器工業(株)	車両変圧器用保護機器
大阪バネ工業(株)	コイルばね
大阪精密機械(株)	歯車測定器
レッキス工業(株)	金属加工機械
立井電線(株)	同軸ケーブル
(株)竹中製作所	高性能表面処理材料
(株)山文電気	フィルム・シート厚み計測装置
(株)ユタカ	ネジ・ボルト・ナット検査装置

東大阪市モノづくり支援室「東大阪市モノづくり製品選パンフレット」より技術力が評価された企業を抜粋
http://www.techplaza.city.higashiosaka.osaka.jp/material/files/group/1/seihinsenpanfuretto.pdf

二〇〇〇)。また、大阪府立産業開発研究所(二〇〇三)の調査でも、開発にとっての集積の意味を問う質問に対し、外注先確保が容易、技術情報入手が容易などの回答が得られている。

そのほか、東大阪の企業群において「販路の多様性」が重要であることが指摘されている(大澤二〇〇五)。ここでいう販路の多様性とは、産業向けと一般消費者向けの両方に目を向けることができる位置にいる、という意味である。産業向けの分野においては、発注元の大企業から指図される通りのものを生産するという状態から、設計・開発段階から発注元の情報を得て、「うちの製品を使えばこのようにうまくいく」という具体的な提案をできるようにすることが重要となる。そして、その産業向けで培った技術・アイデアを、一般消費者向けにも販路開拓していくことで、よりすそ野の広い市場に向けて販売する、というパターンをトップシェア企業のなかにしばしば見いだすことができる。

さらに時代とともに産業の成熟が進み、集積の維持が課題となっていく段階になると、集積の利益の活用がより意識されるようになる。一九九〇年代以降、東大阪市の商工会議所や市役所などが主導し、異業種交流会などの意図的なネットワークづくりが進められてきた。東大阪地域は東京の大田区と比べて横のつながりが強くないという指摘がなされており（粂野二〇〇三）、また横のつながりの中身も情報交換や仕事の融通が多く、共同開発などは少ないという調査結果もあった（中小企業庁一九九五）。このことは逆に、それらの間につながりを形成すれば新たな共同製品開発などのポテンシャルがあるということでもある。特に、新たな産業への展開については、異なる業種の知識が必要になることもあり、異業種交流の有効性が認識されていった。そして、「売れるモノづくり」を目指すという共通認識のもとで、そのヒントとなる情報を求めた異業種交流会がさかんに行われてきた。

しかしながら一九九〇年代以降は、工場数の急激な減少がみられる時期でもある（図２）。その要因は第一に、大企業の海外移転による受注減少である。第二に、高度成長期に独立創業した世代の引退と後継者不足によって、廃業を選択する工場が増加したことがある。一方で、高価なコンピューター制御の工作機械の普及に伴い、新規創業の資金的ハードルは高くなることもあって、創業数が低迷しており、全体としての工場数は一九九〇年代以降急激に減少していった。第三に、住工混在問題の影響もある。工場数が減少すると、その跡地にマンションなどの住宅が建設されることが増える。以前は地域全体で工場に関わる人たちが多数を占めていたことから、工場の存在は生活の一部とみなされていたが、マンションに入居する新しい住民にとって工場は身近なものではない。そのため工場から発生する騒音、悪臭に対する苦情を申したてるなど、新住民と工場の間の紛争が増加した。こうした工場と住宅が混在することで生じる住工混在問題は、資金に余裕のある工場の域外移転につながる。
表2は二〇〇〇年以降の工場数と従業者数の推移である。こうした工場数の減少をみると東大阪地域の産業集積は衰退段階に入っているとみなすこともできる。しかし一方で、依然として独自製品で高いシェアを占める企業は存在しており、部分的には維持されているという見方もできる。より正確な表現をするとすれば、産業集積の二極化が進んでいるというべきであろうか。

表2　東大阪市における2000年以降の工場数と従業者数の推移（4人以上の事業所）

	工場数		従業者数	
2000年	4, 366	(100)	63, 198	(100)
2001年	4, 105	(94)	60, 408	(96)
2002年	3, 734	(86)	55, 636	(88)
2003年	3, 844	(88)	55, 640	(88)
2004年	3, 559	(82)	54, 350	(86)
2005年	3, 634	(83)	53, 837	(85)
2006年	3, 413	(78)	53, 185	(84)
2007年	3, 417	(78)	53, 797	(85)
2008年	3, 468	(79)	53, 545	(85)
2009年	3, 111	(71)	48, 956	(77)
2010年	2, 939	(67)	48, 153	(76)
2012年	2, 780	(64)	47, 766	(76)
2013年	2, 709	(62)	48, 080	(76)
2014年	2, 595	(59)	48, 060	(76)
2017年	2, 332	(53)	47, 531	(75)
2018年	2, 349	(54)	48, 607	(77)

(　)内は2000年を100としたときの指数
2011年、2015年、2016年はデータなし
『東大阪市統計書』より作成。
工業統計調査では2008年を最後に従業者数3人以下の調査が行われなくなっているため、4人以上の工場のデータを示している。

3　東大阪産業集積の進化プロセス

最後に、産業集積の進化プロセス論を踏まえて、東大阪地域の集積の進化プロセスを整理したい。東大阪地域の集積が、形成から成長に至る段階では、職人による独立創業の果たした役割は大きいといえる。そしてそれは合理的選択というよりも、居住地や元の勤務地に近く、少ない費用で借りられる貸工場があったという条件が、創業の場所の決定要因であり、それが集積の成長をもたらしたということができる。そして、工場数が増えていくにしたがって、事後的に集積の利益は増大していった。

成長段階後期から成熟段階において、工場数の増加により工場適地が減少するなど集積の不利益が徐々に顕在化した。また、産業が成熟していくなかで、周辺国の発展や為替変動により相対的なコストは上昇していった。そうしたことから工場数という面からみた産業集積の成長は止まる。そのなかで個々の企業は生き残りのために、独自製品を開発し、その市場で高いシェアを占めることで利益を得ようとする企業が増加してきた。そうした状況のなか、集積の利益についての意識が強まり、より集積の利益を活かすために積極的に異業種交流などの新たな企業間ネットワーク形成が行われるようになってきた。

一九九〇年代以降、工場数の減少など量的な縮小が生じていることは確かである。しかし、質的に高度な生産を行う企業群は現在も存在し、今後も一定程度維持させていくことは可能と思われる。産業集積の進化プロセス論に基づけば、東大阪が維持し発展するためには、新しい産業へ転換し、多様化することが必要とされる。しかし、まったく関連のない業種（例えばバイオやＡＩなど）に転換することは容易ではないだろう。したがって、技術や市場の点で既存産業と関連のある製品・サービスへの転換・多様化が求められる。そしてこれは、これまでの東大阪地域でも行われてきたことでもある。例えば、戦前期から戦後にかけて、兵器類の部品からミシン部品に、鍋からランプのシェードを経て照明器具へ転換した工場の例は多くあり、そうした転換によって東大阪地域の集積はこれまでも持続してきた。そうしたことの継続が集積を持続的に発展させていく原動力になると思われる。

ただし、現在のように零細工場の廃業が増加し、一方で独自製品の開発によって生き残っていく企業との二極化が進むなかで形づくられるネットワークは、集積成長期のような集積内部を重視したものであるとは限らないであろう。輸送技術や通信技術、都市環境などが成長期当時とは異なっていることや、企業規模が大きくなると資金、人員、能力に余裕が生まれ地理的距離の制約が相対的に小さくなることから、より広いスケール、例えば南大阪や奈良、京都、滋賀など近畿スケールでの生産分業や、あるいは知識の入手についてはは全国あるいはアジア諸国などとのネットワークを活かす方向により進んでいく可能性がある。産業集積は常に環境の変化にあわせて進化していくものである。

〔参考文献〕
植田浩史編『産業集積と中小企業―東大阪地域の構造と課題―』創風社、二〇〇〇年
大阪府立産業開発研究所『大阪府内機械金属工業集積に関する調査』大阪府立産業開発研究所、二〇〇三年
大澤勝文「流通機能からみた東大阪産業集積の革新性」『経済地理学年報』五一、二〇〇五年

大田康博「東大阪産業集積と中小・零細企業の事業活動」植田浩史編『産業集積と中小企業―東大阪地域の構造と課題―』創風社、二〇〇〇年
大西正曹「東大阪市中小企業10年の軌跡」『調査と資料』九四号、一九九九年
粂野博行「東大阪企業の『トップシェア企業』と産業集積」湖中齊・前田啓一編『産業集積と中小企業』世界思想社、二〇〇三年
湖中齊『都市型産業集積の新展開―東大阪市の産業集積を事例に―』御茶の水書房、二〇〇九年
中小企業庁『一九九五年（平成7年）版中小企業白書』大蔵省印刷局、一九九五年
中瀬哲史「高度成長期以降の東大阪地域の産業集積―東大阪市域を中心に」植田浩史編『産業集積と中小企業―東大阪地域の構造と課題―』創風社、二〇〇〇年
中瀬哲史「機械工業と産業集積の系譜―産業集積力の継承と基盤的技術の維持・発展―」安井圀男・富澤修身・遠藤宏一編著『産業の再生と大都市――大阪産業の過去・未来・現在』ミネルヴァ書房、二〇〇三年
マーシャル、A. 著、永澤越郎訳『経済学原理 第二分冊』岩波ブックサービスセンター、一九八五年
前田啓一・町田光弘・井田憲計編『大都市型産業集積と生産ネットワーク』世界思想社、二〇一二年
水野真彦「産業集積の進化と近接性のダイナミクス――知識学習とネットワークの視点から」『史林』一〇一巻一号、二〇一八年
水野真彦「産業集積とネットワークへの進化的アプローチ――ユトレヒト学派の実証研究を中心に」『経済地理学年報』六五―三、二〇一九年

大阪／新世界と「ディープサウス」の誕生
——近代大阪秘史の一断面——

酒井隆史

1　ディープサウス　新世界の始まり

大阪に「新世界」という場所があるのは、ご存じであろう。中心あたりに通天閣という塔がおかれ、串カツ屋や居酒屋など、そのまわりにはおびただしい数の飲食店がひしめいている。そして映画館や芝居小屋、ゲームセンターなどもある。それほど広くはない面積のなかに、わたしたちの町の楽しみである場所がぎゅっとつまっているのである。

大阪は盛り場のきわめて豊富な町である。小さな町にも小さな盛り場があり、それがまた他の地方都市では望めないほどの活況を呈していたりする。そのいわば「盛り場天国」の大阪でも、大きな盛り場のエリアは二つにわかれている。一つは、梅田を中心とした「キタ」といわれる一帯。もう一つは、難波・千日前を中心とした「ミナミ」である。ところが、大阪の顔ともいうべき通天閣はこのいずれにも位置していない。通天閣のある新世界という盛り場は、ミナミをさらに南にくだった天王寺を中心とした場所に位置している。新世界、釜ヶ崎（あいりん地区）、そして「最後の色町」飛田といういくつかの核をもつ、俗に「ディープサウス」といわれるこの一帯こそ、大阪の独自性を本当に彩っている場所である。

その新世界が二〇二二年で一一〇歳をむかえる。ということは、新世界、そしてそのシンボルであった通天閣は一九一二年生まれということになる。

一九一二年七月三日がその誕生日である。この日付は意味深である。新世界オープンのとき、世はいまだ明治であった。ところが、オープンして一ヶ月もたたない七月三〇日に明治天皇が死去。元号は大正になる。新世界と初代通天閣は、まさに明治という時代の幕引きと大正という時代の幕開け、これら二つの時間の狭間に生まれているのである。

新世界の興味ぶかいのは、くり返しになるが、それが独特の地勢をもっているからである。環状線を南西に越えていくと、そこには釜ヶ崎（釜ヶ崎はかつての名称で実は公式の地図にはいまはない。公式にはあいりん地区ともいうが、しかしいまでも根強く釜ヶ崎という地名が愛されて使用されている）が、そして南に環状線を越えてくだっていくと飛田新地がある。前者はかつて「スラム」と呼ばれた、寄せ場の日雇い労働者を中心とした独特の町であり、後者はいまだ近代以前の遊廓の風情をわずかに残すいわゆる「風俗街」である。きわめて独特の性格をもった場所がここでは空間的に近接してひとつのまとまりを形成している。このような複合的空間を、これもくり返しになるが、わたしたち研究者をはじめとして

「ディープサウス」と呼ぶのである。

ここではその新世界オープン前後の「ディープサウス」の様子を、ひとつの新聞記事から眺めて、その雰囲気をつかんでみよう。オープン直前にあたる、一九一二（明治四五）年六月から七月にかけて『大阪毎日新聞』（『毎日新聞』も『朝日新聞』もルーツは大阪にある。大阪はそれ以降の日本の代表的新聞を生んだ町でもある）は、「昨今の貧民窟」という連載をおこなっている。ちょうどそのころ、米の価格が高騰して、人びとの生活は悪化していたのである。

連載は一回ごとに、当時、「スラム」とみなされていた地域をたずね、その窮状をルポするといったスタイルですすんでいく。その地域をながめてみるならば、廣田町、木津北島町、関谷町、下寺町などである。新世界の北に拡がる場所が多い。これはいま日本橋と呼ばれる地域を中心とした一帯である。

図1は「大正期」の「不良住宅」地図である。「○○裏」という表記があちこちにみられるが、これは長屋のことである。当時は、安長屋が表通りの裏にびっしりと並んでおり、それぞれおおよその場の特徴を冠した名称を有していた。この図からは切れているが、この図の右下に新世界が位置している。なぜこの一帯に「不良住宅」が多いかというと、そこにもともと江戸期以来の貧民窟ないしスラムが集中していたからである。図2のように、日本橋はもともと長町と呼ばれ、江戸期にはここに木賃宿を集中させ、地方からの流入者や日雇い労働者、商人などの滞在地にしていた。ある意味で、こういう流動的人口をここに封じながら管理していたのである。

明治維新以降も事情は変わらず、こうした「庶民」ないし貧困層の町としてむしろ、近

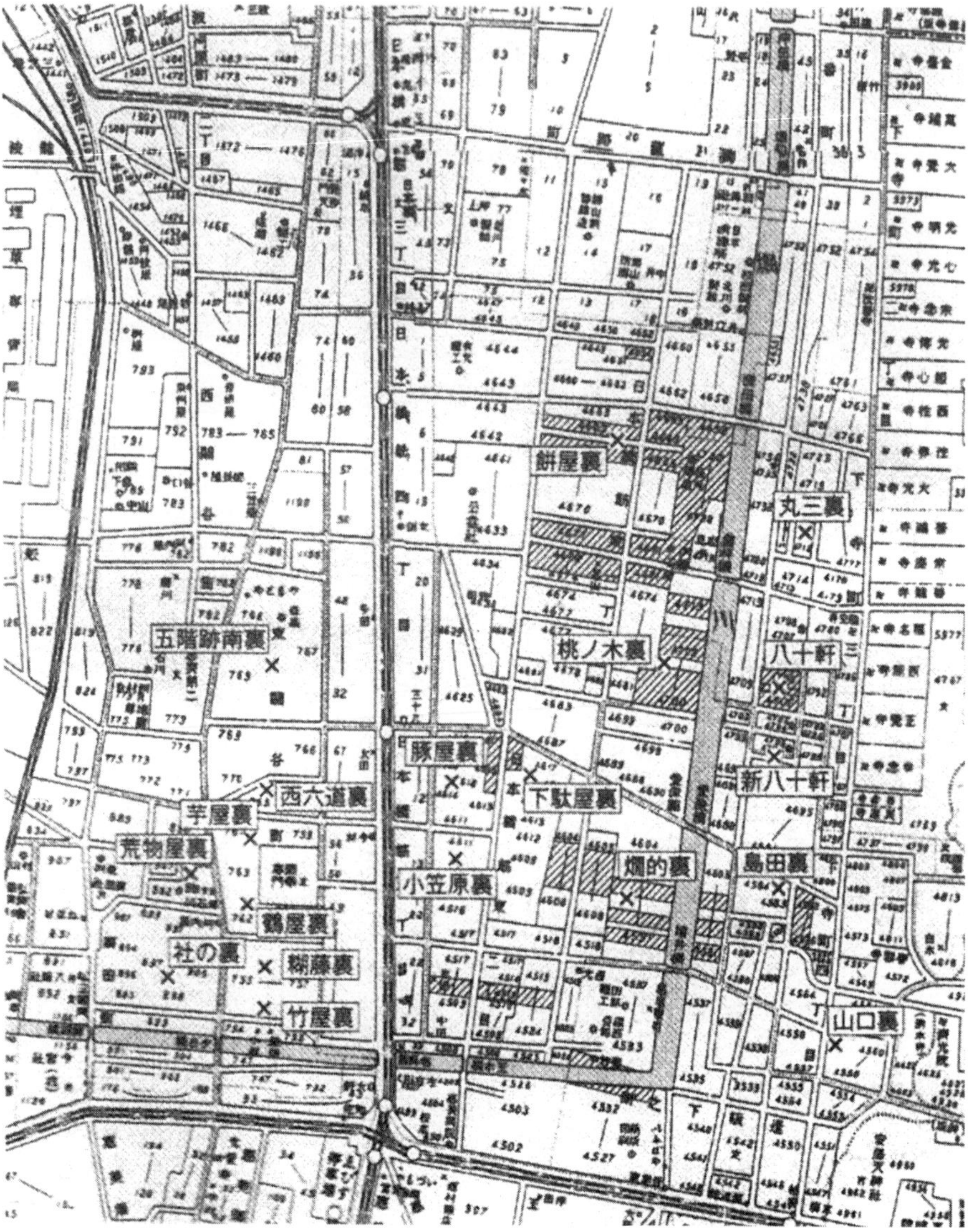

図１　日本橋周辺の「不良住宅地図」（佐賀朝『近代大阪の都市社会構造』日本経済評論社、2007年より）

代化にともなう都市への人口の流入によって長町は膨張をつづけていた。しかし、明治中期以来に市街地がどんどん拡大していく（江戸期には市街地はこの道頓堀のあたりまでだった。だから長町が市街地の外ににゅっと突き出すかたちで存在していたのである）。その市街地の拡大によってスラムが解体されていく。これを「スラムクリアランス」というが、その断続的なクリアランスによって、スラムは拡散しつつ、当時、市街地外であった（いまの環状線――当時は関西線――の外にあたる）釜ヶ崎地域に徐々に集中することになる。ちょうど、その過渡期にあたるのがこの時期である。

したがって、この新聞記事はいまだ、環状線より北の諸地域を対象としているのである。しかし、この連載では、とりあげられた「貧民窟」のひとつに、関西線（環状線）の南に位置する「飛田」も食い込んでいる。ほとんどが、環状線の内側、日本橋界隈に位置して

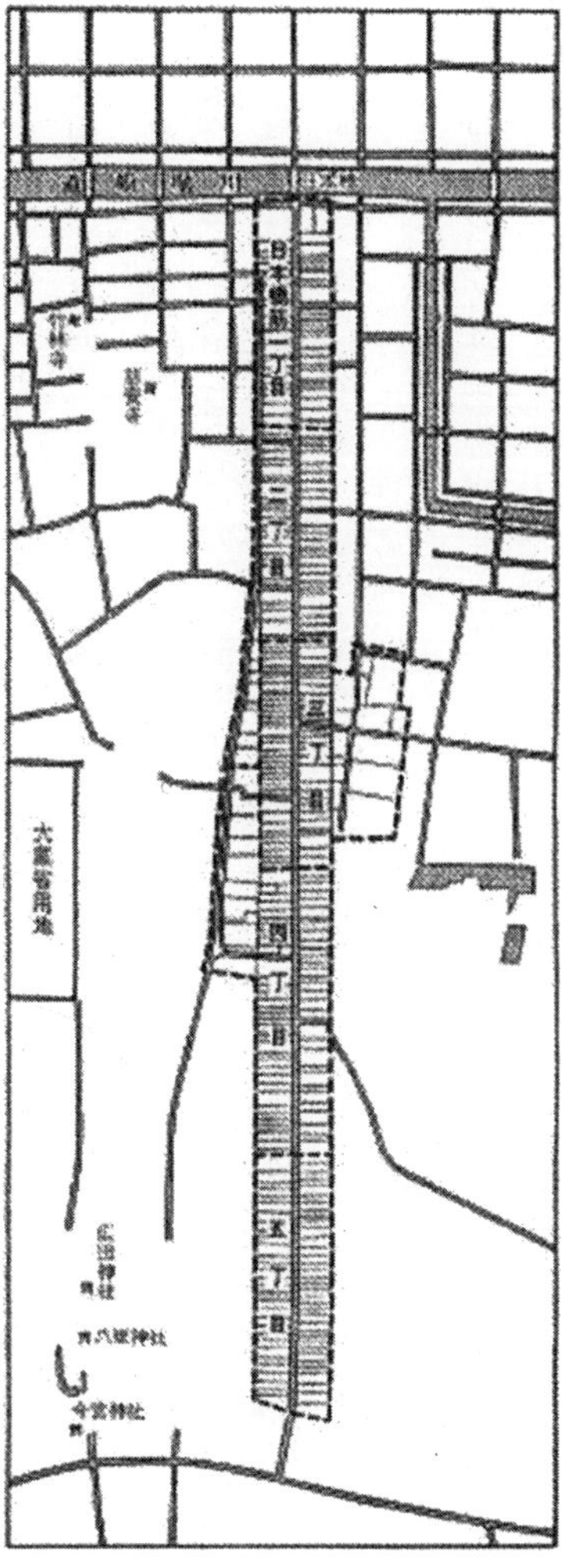

図2　1886（明治19）年ごろの長町（新修大阪市史編纂委員会編『新修大阪市史第5巻』1991年より）

いるのに、ただひとつ、その環状線の外側の場所がとりあげられており、それがこの「飛田」の記事なのである。このことが示唆しているのは、この時期が、市街地の拡大とともに都市住民の階級編成と空間配置も大きく変容していくただなかに位置していることである。つまり、いわゆる「ディープサウス」――新世界・飛田・釜ヶ崎を中心とする一帯のことで、「ミナミ」のさらに南に位置していることからこう呼ばれる――の地勢が形成される過渡期であることがわかるのである。その「ディープサウス」の位置感覚については、つぎの図3を参考にしてほしい。

さて、新聞記事に戻ろう。この記事の、冒頭部分を引用してみよう。

「巍然《ぎぜん》たるエッフエル塔雲に聳ゆる天王寺新世界と公園の南裏手旧関西線のガードを越すと直ぐソコに七八十軒の貧民部落がある、これ即ち飛田村で今宮村に属して居るのだ、阪堺電鉄電車車庫の西手の道を南に取り関西線の鉄橋をぬけた記者は住吉街道にと出た、と見る両側には昼尚お煤ぼけた行灯の軒下に懸られて居る二十軒許り軒を並べた木賃宿には空室ありと貼紙してある家も三四軒あつた、ココ二十軒許りの木賃宿には人夫、土方と云う手合が多く止宿して居るのだが河内屋という木賃宿の主人は此ごろは木賃のお客よりも木賃商売のものの方が露命を繋ぎ兼ぬる昨今の有様だと云つて青い息を吐いた」(「昨今の貧民窟（七） 飛田の関門」『大阪毎日新聞』一九一二年七月一日より)。

この記事の記者は、オープンを直後に控えた「エッフェル塔」すなわち通天閣を横目にしながら、住吉街道（紀州街道）――釜ヶ崎においては釜ヶ崎銀座と呼ばれる目抜き通り

図 3　新世界、釜ヶ崎、飛田(「ディープサウス」)概念図(橋本寛之『都市大阪——文学の風景』双文社出版、2002 年をもとに作成)

にあたる——をたどり、関西線（環状線）のガードを南にくだっている。すると、そこには「今宮村」に属する「飛田村」が拡がり、さらにそこに、七、八十軒ばかりの「貧民部落」がある。現在の釜ヶ崎に該当するのは、ここでいわれる、東西に「二十軒許り」の木賃宿である。いまだ、釜ヶ崎の木賃宿の数はそう多くない。

この時分、紀州街道の木賃宿街の西側路地に、浪花節をあげる演芸小屋も設置され、にぎわっていたことは、これまであまりふれられたことがなく、興味ぶかい。このあと、記者は、木賃宿から出てきた「菓子貰い」——葬式のさいに配付される菓子をもらい、それを売る一種の物乞い——などを取材しつつ、阪堺線を越えて、「飛田の墓場跡」に歩みをすすめる。

しかし、この記事はいまでは「釜ヶ崎」といわれている紀州街道の脇の木賃宿界隈を指して「釜ヶ崎」とは名指していない。関西線のガードも「飛田の関門」とされている。その三年前の一九一一（明治四四）年『大阪地籍地図』（図4）によれば、ガード下を南に下って紀州街道の左手（東側）に広がるのは字《あざ》八（反）田であり、右手（地図では左方向）には字《あざ》釜ヶ崎である。厳密にいえば、このあたりに、現在の飛田新地に該当する地域もふくめ、飛田という字はどこにもみあたらないのがわかるだろう。

ところが、江戸期にはそのあたりは、トビタと呼ばれ、鳶田、あるいは鵄田、あるいは鵈田とも表記されていた。ふるい図絵をひもとくならば、トビタは、紀州街道を南にくだり、現在の今池あたりになる「今宮新家」のあいだ、街道からすこし東に入ったところにある。トビタには記事にあるように墓場があり、南寄りに犯罪人の仕置場があった。さらにそこには刑場と墓場を管理する人々の居住地もあった。そのような強い特徴をもつ土地柄が、現在の釜ヶ崎をふくむ一帯を、近代に入ってもある時期まで「トビタ」と呼び習わしめたのであろう（このように刑場や墓地があるような空間について、その周辺までふくめて、その強力な特徴に由来する土地としてイメージして、その地名で名指すことはよくあることである）。わたしは、現在では「あいりん地区」という公式の名称をもつ釜ヶ崎界隈が「トビタ」ではなく「釜ヶ崎」と一般的にも呼称されるようになったのは、あとでふれる飛田遊廓設置（一九一六年、認可）がきっかけではないかと推測している。

記者が歩みをすすめると、そこに広がるのは、子どもたちが相撲をとる光景であった。

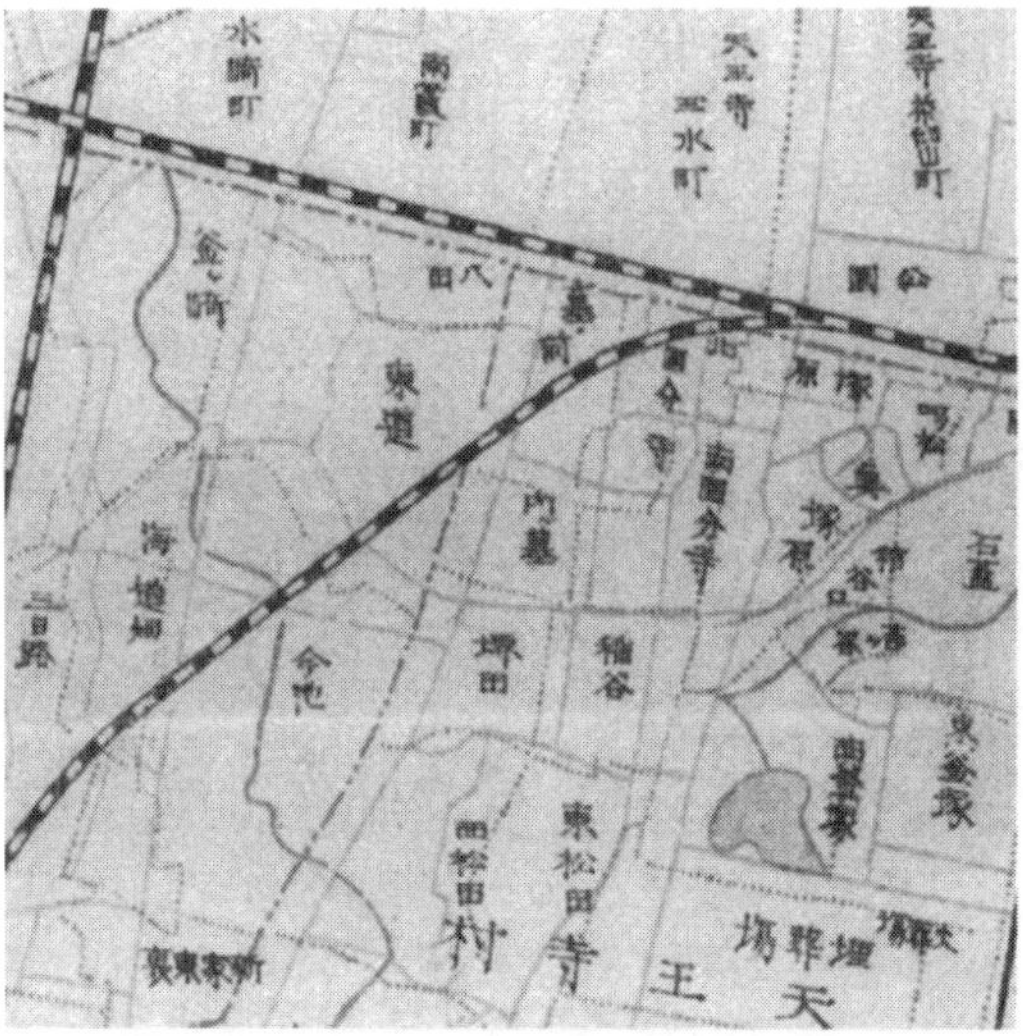

図 4　1911（明治44）年ごろの飛田・釜ヶ崎付近

図 5　飛田墓場跡

そのめずらしい写真が上の図である。写真の奥の方に長屋がみえるだろう。この長屋にも記事はふれていて、それを市役所の「掃除人夫等」の住居といっている（「ソノ傍に十数軒を並べた市役所の掃除人夫等の住んで居る長屋」）。この長屋は、この年の数年前にあらわれたと記事はいっている。このあたりは現在の山王町（飛田新地周辺の町）にあたるようにおもわれる。山王町もまた庶民の町だが、こちらの方は、より定住性の強い労働者の居住区でもあった。

記事には阪堺線も登場するが、これも重要である。というのも、阪堺線の開業――恵美須町から堺をつなぐ路線の一部――新世界オープンのまさに前年末のことであるからである。新世界オープンと阪堺線の開業が時間的に近いのは、偶然ではない。もともと、新世界という娯楽の町の開発は、鉄道開発の一環でもあった。いまでも大阪市街と堺をつなぐ私営の鉄道である阪堺線と南海線とが二本、非常に接近して存在することを不思議におもう人もあるだろう。近代になって遊楽地として開発されたのは千日前が先行するが、実際に、新世界と（当時、阪堺電軌の経営）阪堺線は、千日前と南海線との関係の模倣であり、先行する南海にとって、その開業は大打撃であった。かくして、この二つの鉄道は阪堺線開業直後から中央政界もまきこんだ激烈な死闘にはいる。それが度を超していたため弊害相次ぎ、結局、新世界オープンの二年後には阪堺線は南海電鉄によって買収された（現在、阪堺線は、南海子会社の二代目阪堺電気軌道の経営のもとにある）。

2 新世界暗黒史

さて、こうした「ディープサウス」の不思議な地勢がどうつくられたのか、その歴史の一端をひもといていこう。

上にあげた新聞記事の記者が横目に歩いた「東洋一」のハイカラな塔と、最先端のテーマパークである「ルナパーク」を目玉として、この食糧難の折、オープンしたのが新世界である。大阪市内外から物見高い人々をたぐりよせ、当初の人出は千日前を即座に追いこさんばかりの勢いであった。が、生まれたときが悪かった。明治天皇の死去により、世間は厳粛ムードにつつまれ、客足は途絶えてしまう。新世界とその経営母体（大阪土地建物会社、以下大土地）は、さっそく苦境に直面することになった。

しかし、不調は外的要因のせいばかりではなかったようだ。いまもジャンジャン町の一角に大きな写真が飾られているから、通天閣からルナパークに設置された小塔の軌道をロープウェイが運転している奇抜な光景をなんらかのかたちでみたことのある方も多いのではないだろうか。そんな写真は、当時、新世界がどれほど斬新であったかを伝えてくれており、ここがオープンまもなくより不調だったなどとは信じがたい気にさせる。しかし、それにまどわされてはならない。ルナパーク全体としては、敷地は狭隘で、アトラクションも豊富とはとてもいえなかった。当時の新聞記事はしばしばその板につかないハイカラぶりを揶揄し、いまの言葉でいう「リピーター」を生み出すほどの魅力がないことを指摘

図6　通天閣とルナパーク（大阪土地建物編『大阪新名所新世界写真帖』大阪土地建物、1913年より）

しているのである。

そうした不調にはまた、大阪市の南端であるという地の利の悪さも寄与していた。しかし、注意しなければならないが、もともと新世界は、近代化とともに拡張していく大阪市の南端の開発というもくろみの一環だったのである。新世界にあたる場所にまで大阪市が拡張したのは、十数年前のことだった。それまで、ここはいわゆる「荒蕪地」（なにもない荒れ地）であったのだ。

当時、ついこのあいだまでどんなにさびしい場所であったとしても、そしてあいかわらず交通の便は悪くとも、その場所を、ひとの流れのたえない繁華な地に一挙に変貌させることのできる魔法があった。「花街」つまり遊廓の設置である。大土地経営陣の窮地を救ったのも、幾度も試みられたルナパークの手直しではなく、まずひとつは、オープン直後より法の隙間を縫ってひそかにすすめられた新世界の花街化――ここでは飲食店に芸者をおくこと――であった。そしてもうひとつ、決定的であったのは、一九一六年に突如として認可され、しばらくしてオープンすることになる、新世界より南わずか二〇〇メートルほどの位置にあらわれた飛田遊廓であった。そして、飛田遊廓こそ、新世界の創設者たちが、合法違法、あらゆる手を使って強引なまでに設置を推し進めてきた目標であった。先ほどから述べている、この「ディープサウス」一帯をきわめて特異な町にしている由来をたどれば、それは新世界の設置の思惑のうちにすでにひそんでいたのである。

こうした経緯が、新世界から飛田遊廓へのメインストリート（飛田本通り）をつなぐ位置に該当する空間に、「ジャンジャン町」（ジャンジャン横丁とも呼ばれるが、ジャンジャン町のほうが古い）をうみだしたのである。

こういうと、読者のかたがたは「ジャンジャン町」は新世界のシンボルみたいな場所でもあるし、最初からあったのではないか、とおもうかもしれない。ところが、新世界計画当初にはこの筋は地図上にはなかったのである。図7をみてほしい。これは新世界オープンから一年後の地図である。現在のジャンジャン町にあたる場所はただ「裏町」と記載があるだけである。

ところが、図8をみてほしい。これはその二七年後、飛田遊廓設置からだいぶ時間がたってからの地図である。ここでは筋が区画化され住所を与えられていること、したがってひとつの町になっていることがわかるだろう。

もともとは存在しなかった「ジャンジャン町」を生みだし、この南に突き出したかっこうの狭い筋を新世界のシンボルへと押し上げたのが、飛田遊廓だった。写真と文章によってこの時代のすぐれた都市探訪記を多く残している北尾鐐之助という人物がいる。その人物による一九三二（昭和七）年の文章には新世界をつぎのように記録している。

「ルナパークの「滅亡」［1925（T14）年］以後、新世界は……南の方へ、公園南口のところで市電と、今宮線の鉄道を踏み切つて、大門通りを飛田遊郭に至る約五〇〇メー

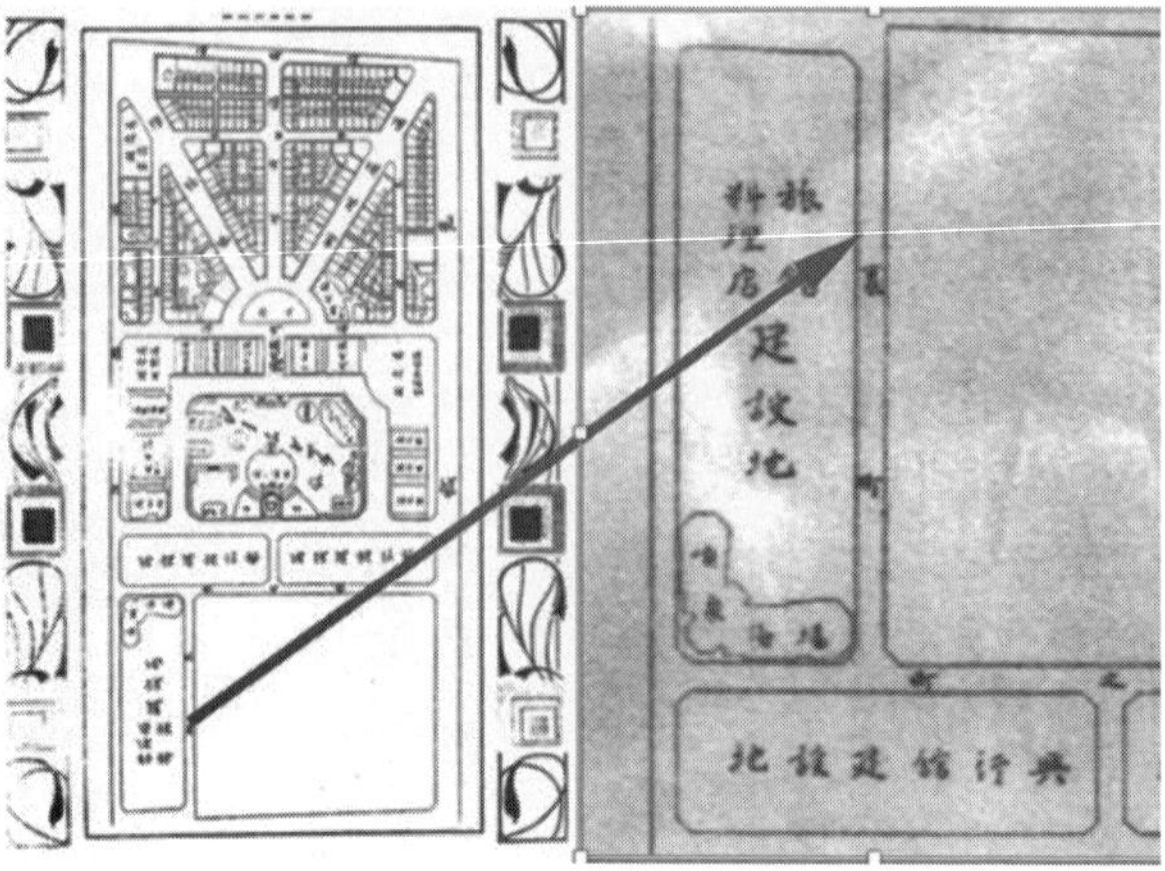

図７　1913（大正２）年のジャンジャン町（『大阪新名所新世界写真帖』より）

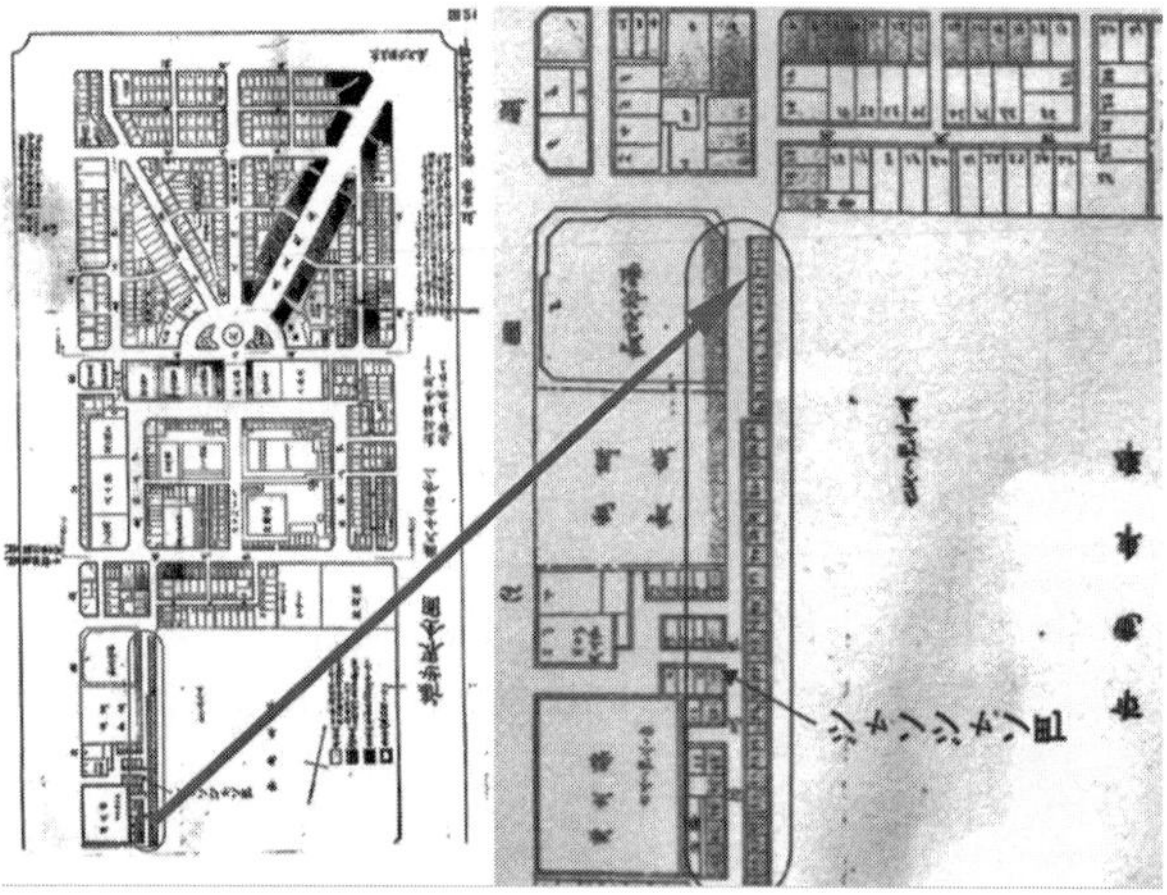

図８　1940（昭和15）年のジャンジャン町（司法省調査部『世態調査資料』）より（元地図は南北が上下逆になっているので、それをひっくり返している）

トルばかりの道を中心として、楕円形に膨らんで行つた。だから新世界を知るには、エッフエル塔や、「近代娯楽芸術の精華、萬歳」などの面白さを考へた丈けではまだ分らない。近ごろ、著しく発展した南陽芸妓の動きなどを考へた丈けでも、まだ分らない。いまの新世界の人の足といふものは、飛田―新世界といふ南北線に動いてゐる」（北尾鐐之助『近代大阪』創元社、一九三二年、三四五―三四六頁）［強調　引用者］。

この飛田と新世界をむすぶ南北線を歩いてこそ「新世界の特殊性なり、存在性なりが」はっきりとしてくるというのである。

当初はもぐりで飲食店のあらわれはじめたこの筋ならぬ筋は、たちまち、食物のにおいと三味線の音色、店員や客の嬌声もけたたましい、まさに「ジャンジャンジャンジャン」と朝から晩まで騒々しく活気あふれる町となるのである。それ以降、新世界はテーマパークを中心にすえた子どもも遊べる健全娯楽の世界から、なんとも猥雑な町へと変貌し、繁栄をみることになる。

3 新世界と二人の人物

新世界は、こうした資本家たちの飽くなき欲望と、その周囲の土地を行き交う多様多種の流動性の激しい民衆のつくる渦によって、その後の性格を決定された。ルナパークのすました顔はすぐに飽きられ、あけっぴろげでにぎやか、そして猥雑な町となって愛されるのである。

それでは最後に、この初期新世界の裏にあった人物を紹介しよう。

まず、新世界の第一の功労者とされるのが当時、堂島米市場（たんにお米が売り買いされる場所ではなく、いまでいう株式取引所であり、すでに江戸期から先物取引を展開していた——世界最初といわれる——）の理事だった宮崎敬介である。かれは、新世界経営会社である大土地の社長を、一九一五（大正四）年からつとめている。しかし、新世界構想の立ち上げの時

図9　宮崎敬介（徳尾野有成『新世界興隆史』新世界興隆史刊行会、1934年より）

図10　高倉藤平（吉弘茂義編『高倉藤平伝』大阪日日新聞社、1921年より）

点から、宮崎をフロントに据えつつ影でうごめいていたのは、べつの人物であるようにおもわれる。その名も高倉藤平。この時期、堂島取引所理事長をつとめる財界の大物であり、宮崎の親分格として知られていた。

新世界の前史にあたるのが、一九〇三（明治三六）年にまさにこの地で開催された第五回内国勧業博覧会であった。この博覧会は、それまでの日本での最大規模のイベントであったが、その跡地をどう利用するかも、当初より定められていた。大阪市が買い上げていたその跡地の半分は天王寺公園として活用された。そしてもう半分の使途は、阪堺線の沿線開発の思惑をもった財界との妥協で、「大都市にふさわしい模範的娯楽場」の設営にあてられるよう定められていたのである。そこで手をあげたのが、堂島の株屋として名をあげつつあった人々である。かれらは当時の関西財界の大物である土居通夫という人物を社長に担ぎ上げ、美観、市民の健康、趣味の向上といった立派な設立趣意書を掲げたこの新会社に、跡地半分の貸与が認められた。

高倉藤平は、いまではほとんど知られていないが、一時期、堂島に銅像があったというぐらい関西財界では勢いのあった人物である。大胆な投機でもって名をあげ、数々の会社の社長や役員を歴任しつつ、北濱相場の機関銀行として大阪財界の台風の目だった北濱銀行をきわどい手でのっとるなど山師的な側面ももっていたようだ。とかく人騒がせな人物であった。

新世界がこうした投機的野心をもった人々の手にあったことから、表向きの高邁な理念との齟齬はあきらかであった。そして、そもそも、新世界をなあなあのうちに花街化させて手っ取り早く利益をあげたいというのは大土地のひそかな方針であった。さまざまな画策によって当局との攻防をくり広げつつ、最終的には花街としての認可をえた。

しかし、新世界の成功を確実なものにしたのは、新世界の南に隣接して飛田遊廓が設置されたことである。当時、遊廓設置は確実に土地に人を呼び、繁栄をもたらす打ち出の小槌のようなものだった。ところが、飛田への遊廓が設置されたのは、実は、公娼制度への人道的反対運動の高揚などによって、遊廓新設が困難になっていた時期だった。それだけに、一九一六（大正五）年、飛田への遊廓設置が発表されたとき、大阪は驚きにつつまれ、猛烈な反対運動を引き起こす。

このとき、遊廓設置の認可にまつわるスキャンダルが続々とあらわれた。その一つが、認可発表直前に、幾人かの大阪政界の人物が遊廓指定の土地を買い上げていたことの発覚である。遊廓が設置されれば、当然、地価は暴騰する。直前に売却した元所有者たちは、憤激にかられ、新聞で怒りを表明している。

スキャンダルの中心にいた人物が高倉藤平である。高倉は遊廓指定地およそ二万坪のうちなんと一万二千坪を所有していたのだ！　文句なしの最大土地所有者であり、地価の高騰からの利益は尋常ではないことも想像がつく。遊廓設置発表前に、大土地の株価が奇妙な動きを示していたことも、疑惑の的となった。

高倉は新世界の構想以前から、この土地を買い占めており、かれの飛田への遊廓設置へむけての政界工作はなみなみならぬものがあった。高倉が大土地社長宮崎と一緒におこなった黒い政界工作は、数年後に裁判で続々あきらかになる。高倉藤平が、飛田の土地への遊廓設置に、手段をいとわずあらゆる手をつくしたことはあきらかだ。

大土地による新世界経営も、高倉によるこの思惑なしにはありえなかっただろう。新世界の構想は飛田への遊廓設置と一体のものと捉えねばならない。遊廓設置による地価の上昇と土地の繁栄の確保、それに最適なあらたな地理の創造が、この投機家の構想でもあったのだ。

この高倉藤平という人物は、一八七四（明治七）年に泉州岸和田市で生まれている。父親は木綿商であったが、開国から維新への激動のなかで、事業に失敗、一家は貧困に沈み、高倉も辛酸をなめる。高等小学校を中途退学、家業を手伝うが、樟脳製造、銭湯業に挑むが、一八歳のとき、父母、相次いで死去。そんな逆境のなかでも、人に使われることをよしとせず、独立を重んじ、戦闘的であったとされる。日清戦争から日露戦争へと日本が好景気と不況をくり返しながら、資本主義体制を確立する時期に並行して、かれも成功と挫折をくり返す。

とりわけ一九一〇（明治四三）年、投機家岩本栄之助（中之島公会堂を寄贈したことで有名である。かれはその直後に破産して自殺する）との「堂米株合戦」によって多大なる収益をあげ、翌年には堂島取引所理事長に。大日本冷蔵会社社長、有隣生命保険会社社長、浪速火災保険会社社長などを兼務する。戦闘的な姿勢で強引な企業の乗っ取りや整理を重ね、さらには新世界の思惑混じりの経営にもあるように、カネにあくどいそのやりかたは、多くの反発を招くことになる。

当時の企業家にはこのような博打的であくどいタイプがたくさんいた。当時の新聞のスキャンダル記事の一大ジャンルを形成しているぐらいだ。破滅すれすれのなかで突っ走った高倉だったが、日本郵船という大企業を乗っ取るという一世一代の賭けのさなかに、四三歳の若さであっけなく死んでしまう。

このいまでは無名の高倉藤平という人物が記録されている、いまもっともメジャーな人物による書き物といえば、小林一三のものである。小林一三は、阪急電鉄の創設者にして宝塚歌劇の創設者として知られる。娯楽施設、鉄道の敷設、沿線の住宅開発といった要素をセットにした近代的都市開発をはじめた人物としても知られている。小林一三はいまでも、その業績を称えられている。この小林が自伝において、痛い目にあったあくどい企業家として高倉の横顔をえがいているのである。もちろん、かれは高倉を嫌っている。

おもしろいのは、先ほどの北尾鐐之助の観察である。かれは新世界のルナパーク（と千日前の楽天地の）「滅亡」の一因は宝塚の発展にあるとみていた。いまの宝塚新温泉（宝塚歌劇の劇場もふくむ）は、楽天地とルナパークとが一緒になって発展したようなものだ、つまり、「ルナパーク」は新世界で失敗して、宝塚で実現したというのである。

いかにもいんちきくさく、詐欺まがい、そして猥雑な新世界開発秘話に比して宝塚の発展はいまでも基本的にはあかるい。まさに闇と光である。この二人もほとんど年は変わらない。小林一三が高倉の一歳年上にあたる。ところが、その経歴は対照的である。小林は山梨の豪農の子息であり、さして苦労せず慶應義塾大学を出ている。文学や演劇に親しみ、それが宝塚少女歌劇の創設につながっていく。賭博を嫌い、スマートな経営をめざした。高倉藤平とは対照的である。このふたりのプロフィールには光と闇といった形容がふさわしい印象すら受ける。そしてそれが二つの都市の性格にも影を落としている。新世界と宝塚である。

公営住宅が多い街・大阪
――ハシゴをのぼらない暮らし方の可能性――

西田芳正

はじめに

一〇年ほど前から「団地ブーム」「団地萌え」という言葉がマスコミで取り上げられ、団地の風景を写した写真集が何冊も出版されている。そのブームは、かつて団地に住んでいた人たちのノスタルジーから来ているのだろうと想像していたのだが、実際には若い人の間で広がっていると聞いて驚かされた。

写真集には、東京近辺の団地に加えて大阪で撮影されたものも混じっている。人口比でみると、大阪府内の多くの自治体、なかでも大阪市は住民に占める公営住宅居住者の率が全国でも高い値となっている。大阪は「団地の多い街」なのだ。

図１　給水塔のある風景

今から数十年前、できたばかりの団地に人々が移り住み、暮らしが営まれてきた。そこで大切にされてきたものが今もなお引き継がれていることを、私は調査を通して知ることができたのだが、この章では、その経験から住民の語りや暮らしの様子を伝え、私たちの生活を考え直すてがかりを提供したい。[1]

1　公営住宅と大阪

第二次世界大戦の敗戦後、多くの都市が空襲を受けたところに外地から多数の引揚者が加わることですさまじい住宅難に直面することになった。地下鉄天神橋筋六丁目の駅を上がったところにある「大阪くらしの今昔館」に行けば、バスを代用した住宅が焼け跡に並ぶ姿など当時の様子を目にすることができる。

住宅難の解消策として打ち出された住宅政策の三本柱の一つが公営住宅であった。[2] その建設戸数は一九七二年にピークを迎え、地方から大都市圏への人口流入の受け皿となっていたことがわかる。大阪都市圏では特に多くの公営住宅が建設されたのだが、従業員の住宅面までサポートする余裕のない中小企業が占める比率が高いことから、労働力確保のために自治体が住宅を整備するニーズが高かったことが背景として推測される。また、団地が多い地域の分布を見ると、大阪市内では周辺部のいくつかの区に集中しており、まだ農地が広がっていたエリアに建設されたことがわかる。

このように、戦後の住宅政策の重要な柱であった公営住宅であるが、その後政府の政策

(1)　ここでは、「団地」と「公営住宅」という言葉を併用する。なお、「団地」と言うとき「公団住宅（現在はUR）」を指す場合もあるが、個人所有を含み賃貸料も高額に設定されるなどの違いがあり、本章では「公営住宅」だけを扱っている。

(2)　個人向けの住宅取得を支援する「住宅金融公庫」、大都市の中間層に向けて住宅を提供する「住宅公団」が残る二つの柱であり、公営住宅は比較的所得の低い層に向けた住宅供給を担った。

が景気刺激策として持家取得にウェイトをかけ、公営住宅の「残余化」が進んだと専門家は指摘している（平山二〇〇九）。入居の要件である収入基準を大幅に切り下げることで安定した収入を得ている人たちを住めなくし、高齢者、障害者、母子家庭など社会的弱者と呼ばれる人たち向けの「福祉住宅」としての性格が強められていったのである。加えて初期に移り住んだ住民の高齢化が進み、さらに外国人住民の増加に伴うトラブルについても注目されている。

　こうした問題の深刻化を防ぐために、実態把握と解決策の提示が求められる。特に公営

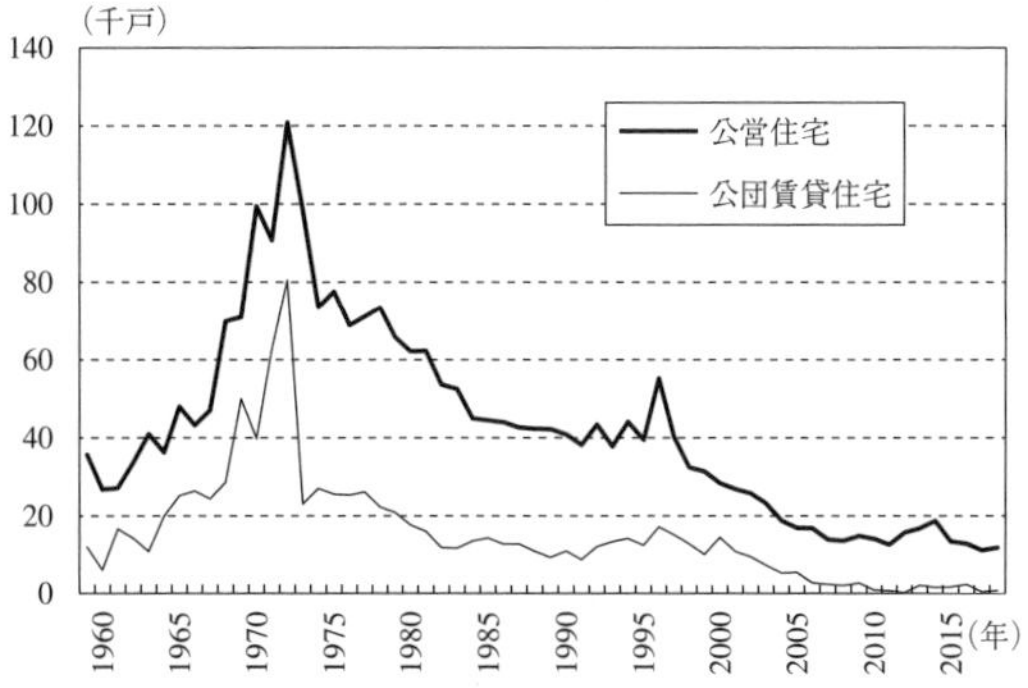

注）１）1972年以前は沖縄県を含まない。
　　２）公団は現在の都市再生機構。
資料）『建築統計年俸』より作成。

図２　公営住宅、公団賃貸住宅の着工戸数の推移（出典：平山、2020年）

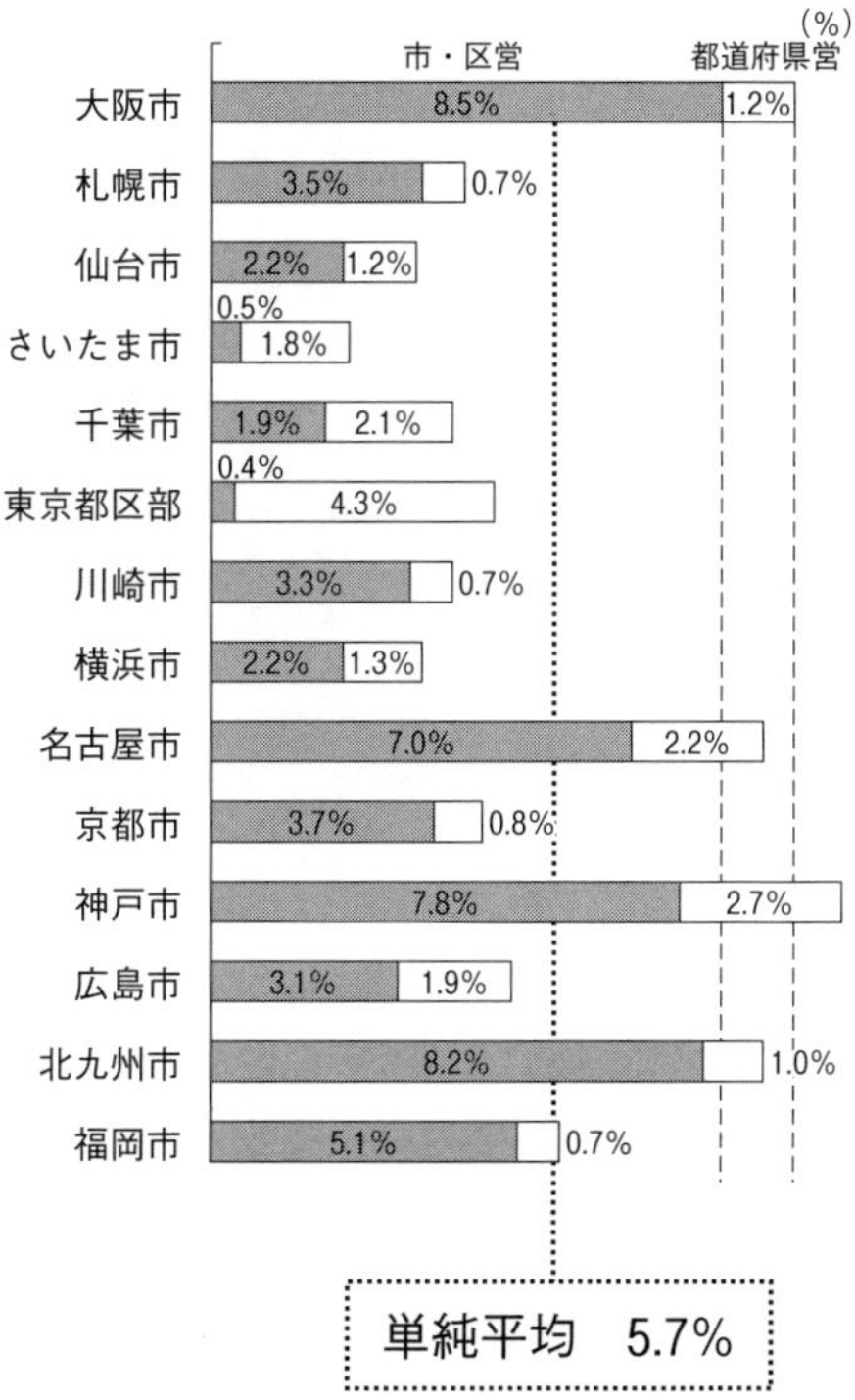

図３　市内・都内の市営・区営・都道府県営住宅の住宅総数に占める割合（出典：大阪市市政改革本部住宅局、2007年）

住宅の比率が高い大阪ではその切実度が高いはずだ。そんな問題関心から調査に着手したのだが、以下に記すように、当初の想定からは大きく異なる現実に出会うことになった。調査は、住民の方に子どもの頃から現在までの経験と時々の思いを語っていただく「生活史」インタビューと、地域に何度も通うなかで生活の様子を記録するという方法で行っている。(3)

2 公営住宅でつくられた新しい社会

公営住宅でつくられた社会を描くにあたって、大阪湾岸部に位置し、人口六千人弱、公営住宅に住む人の比率が五〇%ほどの西地区の盆踊りの風景から始めたい。団地に囲まれた小さな小学校の校庭に櫓が組み上げられ、一五〇人ほどが踊っている。そろいの着物姿の女性グループもいるが、大半は普段着の近隣の人たちで、浴衣姿の子どもも多い。初めて訪れたときには踊る母親のあとについて歩くのがやっとだった小さな女の子が、数年後、踊りの仕草を身につけていた姿が印象深い。二日間、三時間ほどの踊りが続く。地元の人たちが心から楽しんでいる盆踊りが大阪のただ中で続いていることにまずは驚かされたのである。

金属製の櫓を保管場所から運び出して組み立てるまで週末を利用しての準備作業が何度か必要なこと、その櫓の上で太鼓を叩くのは地域の青少年指導員のオバチャンたちが「家でほったらかしにされている」「気になる子」に出番を与えようと声をかけた若者である

(3) 調査の対象とした三つの地域は、国勢調査データで高齢者、母子家庭、失業者など困難を抱えた住民の比率が高いエリアをリスト化し、そのなかから行政ルートで町内会・自治会リーダーに紹介いただけるところを選定した。いずれも交通機関を使って大阪都心部に一時間以内で通える距離にある。ここでは南、北と西という仮名で表す。なお、調査の期間は二〇一五年から四年間、インタビューは総計で三九人、一三〇回以上現地を訪れている。

図4　盆踊りの風景

こと、地区内にある児童養護施設で暮らす小学生がボランティアの助けで浴衣を着させてもらい参加していることなど、この催しが地域の人たちの手と気遣いのなかで開かれていることをその後の調査で教えていただいた。

戦後の焼け野原に建てられた木造平屋建ての公営住宅が西地区の始まりで、大型台風の被害などを経験しつつ地域のつながりが強固になっていった歴史がある。では、団地建設がピークを迎えていた高度経済成長のただ中、一九六〇年代末に建てられた団地はどうだったのだろう。公営住宅のみで構成された大規模団地である北地区がたどった五〇年を次に振り返ってみよう。

千里ニュータウンと泉北ニュータウンという府内南北の巨大開発に挟まれた一九六〇年代末に入居が始まった北地区には、西日本各地から大阪に集まってきた若い世代が多数入居することになった。中学卒業後、九州の炭鉱地帯から集団就職列車に揺られ早朝の大阪駅に着いた男性は、中小規模の鉄工所を転々としながら腕を磨き労働組合運動にも力を入れたという回想の合間に、女性が多い職場で声をかけグループでハイキングに出かけたことを話してくれた。短大の夜間部で学び資格を取りたいと大阪にやってきた女性は、大手電機メーカーの女子寮での思い出話のなかに男子寮の面々との交流にまつわるエピソードも挟まれ、当時の若者たちの間で職場での結婚が少なくなかったことが想像される。そして結婚後には、「日の当たらない狭いアパート」、「会社の管理人室みたいなところを借りて暮らしていた」後にようやく当選した団地で、当時最新の設備がまぶしかったという語りが続いた。

しかし、一面の田んぼの中につくられた団地は通勤の便が非常に悪く、保育園幼稚園も遠い、買い物にも苦労が多いという切実な課題が山積みの状態で、入居直後に結成された自治会にまとまって要求運動が繰り返された。近辺を通る鉄道に駅を開設、保育園幼稚園の整備など目覚ましい成果をあげたことが、当時発行されていた自治会新聞に記録されている。

記事のなかには、わずか三か月の間に「出産祝い一〇二件、香典七件」があったという会計報告がある。住民の多くが子育て真っ最中の若い夫婦だったことがこの数字からうかがえるが、近くに頼れる親族がいない母親たちの子育ては大変だったようだ。特に自家風呂がなかったこの団地では、赤ん坊を連れて銭湯に通うことになる。ある女性は「銭湯行くでしょ、毎日。ほんなら、上の子をね、『ちょっと連れて帰ってあげるわね』と。下の子を洗ってる間にね、近所の人が連れて帰って、自分とこで預かってくれはるんで」と話してくれた。この人の場合、同じ階段を利用する一〇軒のなかで自分の子どもが一番小さかったため、「近所のお姉ちゃんたち」からも子どもの世話をしてもらったと教えていただいた。

周囲を田んぼや空き地で囲まれ街灯も整備されていなかった当時、暗くなっても子どもが帰ってこないことはとても心配な事態で、「誰々ちゃんが帰ってきてません」と自治会のスピーカーで呼びかけ、役員で探して回ったことが何度もあったという。村の大人たちがそれぞれ心当たりの場所まで行って「子どもを探す」エピソードを民俗学者宮本常一が

記しているが（宮本一九八四）、都会の団地にあっても同じような住民の動きがあったのである。(4)

団地を何ブロックかに分けての対抗運動会、夏祭り、餅つきなどの行事の盛り上がりに加え、自家用車を持つ人が夜間の急病人を病院に運ぶ仕組み、食料品の共同購入、公害反対運動に加えて家賃値上げ反対の運動などの取り組みも盛んに行われていた。

それでは、こうした地域活動と緊密なつながりを可能にした背景にあるものは何だろうか。子育ての負担も、教育や通勤などの課題も、住民たちの協力によって解決するしか術はなかったのであり、必要に迫られるかたちで人々の間に強い絆が結ばれ、それがさらに地域活動を盛んなものにしたという流れがそこにあったはずである。共通・共同の生活問題の「住民の相互扶助による解決・処理」を村落的な生活様式の特徴として社会学者は整理しているが（森岡二〇一八）、団地で新しい社会が形成される背景に共同的な解決が不可欠な生活問題があったと言えるだろう。

図 5　地域内の地蔵

さらに、そうした生活様式が持ち込まれたという事情もある。住民の多くが地方出身で、当時はまだ色濃く残っていた村落的なつながりのなかで育った世代が、都会の落ち着いた先でそれを再現したという面も大きいのではないか。たとえば、北地区には全体で一つ、南地区では多くの町内会で地蔵が祀られ、地蔵盆

（4）　南地区の男性からは、近所で子どもが行方不明になったことがきっかけで父親たちの町内会活動が盛んになったと教えていただいた。なお、宮本の文章は一九六〇年に執筆されたものである。

の行事が今なお続いているところもあるのだが、それらはすべて移り住んだ人たちが新しく始めたものである。

当時、鉄製の扉を閉めて隣近所との関係を断ち私生活を重視する、それまでになかった新しい生活の担い手として「団地族」が盛んに議論されていたのだが、暮らしの現実とそのイメージは大きくズレていたことがわかる。(5)

3 「ハシゴをのぼらない」人たちの暮らしと社会

北地区のその後の推移を国勢調査の人口データでみると、入居直後にあたる一九七〇年の九千人弱から一〇年ごとに一〇〇〇人ほど減少し、二〇一〇年には五〇〇〇人を割っている。(6) 年齢別では、七〇年には〇—四歳の乳幼児期の年齢層の数が最も多かったが、一〇年後の八〇年時点でその年齢層にあたる一〇—一四歳の数を比べると四割ほど減っており、入居から間もない時期に小さな子どもを育てていた家族の転出が多かったことが読み取れる。ようやく落ち着ける場所を確保できたというのに出ていく人が多かったのは何故なのか。団地ができた頃から地域活動を担い続けている女性三人にたずねると、「賢く考えて、お金を貯めた人」が出ていったという答えが返ってきた。

先に紹介した住宅政策の専門家は「住まいのハシゴ」をのぼろうとする意識、つまり持ち家取得を強く願う意識が人々の間に広く持たれていることを指摘している。また、よい教育環境を求めて「学歴のハシゴ」を子どもにのぼらせるために出ていったという人もい

(5) 高学歴ホワイトカラーで高所得の住民が多かった公団住宅では、そうした生活スタイルが主流であったのかもしれない。

(6) 八〇年代の半ばに風呂と部屋の増設がなされたが、減少に歯止めはかからなかった。

たはずである。[7]

それでは、団地に残った人は「出ていきたくてもかなわなかった」のだろうか。「出ていった人」の話に続いて、自分たちの暮らしぶりが次のように語られた。

「うちの父親が、お金は貯めるよりみんなでおいしいものを食べて、楽しいことをしてたら家族仲良く生きていけるから、お金はそんな貯めんでいいと、口癖で。」「（お金は）残さんでいい主義やったんです、主人。ただ（妻方の実家に家族全員で）帰る旅費さえ置いといてくれたら。おいしいもん毎日食べさせてくれたらと。」今でも、お盆と正月には子ども夫婦や孫が顔をそろえてたいへん賑やかになるとのことである。

子どもの教育についてはどうだろう。「ママさんソフトボールやってましたんで。そのメンバーで子どもたち連れて、毎年海とか行ってましたんで。そういうふうなんで（お金を）使ってたんやろうね。」「ソフトボールのおばさんたちの目が団地中で行き届いてるから、『おばちゃん見てるで』というのがわかってるから、うちの子たちは案外と素直に育ってくれたとは思います。」また、学歴や職業については、「大学に行きたいなら費用は何とかするよ」という話もしたというが子どもの側にその意思はなかった。地元の高校を卒業し、「そこそこの会社に勤めてます。落ち着いてますね」などの語りが聞かれた。

お金は家族や近隣の人たちと楽しく過ごすために使い、高い学歴を得るための働きかけが強くなされるわけではない。言い換えれば、「住まいと学歴のハシゴ」をのぼろうとはしない暮らしが営まれたと整理できるのではないだろうか。少数の語りからそう考えるのは乱暴と受け取られるかもしれない。筆者は、今回の調査で他の地区でも同じような語りを聞くことができた。先の解釈はそれらを重ね合わせて導いたものである。

（7）　同じ時期に他の団地の学校で教えていた教師から、「転校して行く子が多く、みんな成績が高い子ばかりでした」と聞いたことがある。

図6　中層棟と建て替えられた高層棟の公営住宅

南地区は、戦後の住宅難対策で水田地帯に建設された大量の木造平屋公営住宅からスタートした。現在の人口は一万八〇〇〇人、その半数が四、五階や高層棟の公営住宅に住んでおり、団地建設後に建てられた戸建て住宅やアパート、マンションの住民も多数いる。そして、当初から活発な地域活動が続けられ、若い世代の住民に担い手が引き継がれつつある点が大きな特徴である。

「好きなんですよ、住みやすいから。（家を）買うんならこの地区内で。そういう人が多いんですよ。ここ、出ていかないんですよ。」「みんなここが好きやなぁ。結婚して、どっか行っとっても、戻って来るやつぎょうさんおんでって（知り合いの人間が）言うてはりましたね。」

「地元」という言葉も多く聞かれ、そこに愛着が抱かれている。「三代ここで暮らしている人が多い」とも聞いたが、初期の公営住宅に移り住んだ人の子や孫が地区内で生活していることになる。孫にあたる若者にインタビューしたなかでは、「バイト先から自転車で戻って来ると嬉しくなる、ホッとする」という語りが印象に残っている。

教育に関しては、子どもの低学力傾向、親の関心の低さなどが多くの住民や学校関係者から聞かれた。高校進学をとである。

願う気持ちは強いが、難易度の高い高校、さらにその先、という関心は薄いようで、たとえば中学での成績が高校受験に反映される内申点の制度が変更になった際、他の中学校では多くの問い合わせやクレームが寄せられたのに対して地区の中学では皆無だったとのことである。

地域住民からは、教育をめぐる考え方について次のような語りがあった。「（勉強は）しないですね。できないですね。」「『勉強せんでもええねん』って。『勉強せんでも、働けるし、何しか大人になんねんから、えぇぇぇ』って言うんですね。『元気でいたら（いい）』と。」「（勉強に関して）地域の我々がね、あまり関心を持たんでしょ。勉強だけが何も人生と違うやろ。そんなことよりも、全部と協調できるような、全部から言葉をかけてもらえるような生活、そういったものを大事にせないかんのとちゃうかと。」

比較的若い地域活動の担い手は次のように語る。「（問題なのは）コミュニケーション能力がないことやと思うんです。それを作ることができるようにこの地域は動いているような気がするので。僕は（学校の）クラブ賛成派で。クラブすることによって人間形成されてるわけで。」「（夏休みにクラブに来てる子にかき氷を）配ってやったんです。みんな大喜びでした。おかわり渡す時に『キャプテンのいいとこ言え』とか『先生のええとこ言え』とか言いながらやったら何かしゃべりよるんですよ。」

あわせて強調しておきたいのは、働くことへの姿勢についてである。ここで引用した方は「青年団」を名乗り地域活動を盛り上げようと尽力しているグループの一員であり、彼らの職場は会社員、特殊技能を活かした自営業、現場系の職人などさまざまで、会議の後の飲み会に同席させてもらった筆者に対して「ここにいるメンバーで家を一軒建てられるんやで」と誇らしげに語られたことが印象深い。

実は、青年団のメンバーの多くは「地元」出身ではなく他所から移り住んだ人たちである。「かき氷」について話した男性もその一人で、「家の前で『今からバーベキューしよか』いうてやったりしてます。」「このへんは、田舎みたいなもんですよ。隣近所、全然知らんとかいう人はいてないです。類が友を呼ぶのか、友が類を呼んでんのか。たぶんそういうのが集まるんじゃないですかね」などと現在の様子を話してくれた。ご自分の幼少期の思い出として、親がそこで店を出し皆が親しくかかわっていた商店街の様子について語られたことからも、移り住んだ人のなかで南地区の暮らしぶりと重なるものを持つ人たちが地域活動の担い手となっていることが読み取れるだろう。

図 7　お祭りの風景

では、地域活動に参加するきっかけはどのようなものだったのだろうか。引っ越してすぐに誘われた町内会の会議で語られた「子どもは地域の宝」という言葉に共鳴するものが大きかったという。「当時の連合町会長が、『子は地域の宝や』っていうのをずっと言うてはったんですよ。僕らの仲間の中で、この言葉が結構響いてる人はいますね。」「子どもは宝」という言葉は、南地区のなかでしばしば語られ記念誌などでも触れられている。筆者は当初「ただのスローガンだろう」と考えていたのだが実態はそうではない。地区に移り住んで担い手となった別の男性も、活動に参加した初期の印象を次のように語っている。「僕も一番最初、『子どもは地域の宝や』というイメージがごっつ大きくてね。いやぁ、この連合町内会すごいなぁと。すべての行事に対して、子どもがまずメインに来てる。」

この方からは、「子どもを大事にする」姿勢が不利な立場の子どもたちに対して向けられてきたことを教えられた。「青少年指導員の主催で、公立高校の試験の日に（就職予定の）中学生のボーリング大会をするんですよ。四〇年くらい前の話ですわ。『お前ら、腐るな。これから社会人になるけど頑張れよ』と。」別の方からは一泊旅行に連れ出していた時期もあると聞いた。そして、「青年団」メンバーの現在の語りにも、地区でヤンチャを繰り返している若者との関わりについてのエピソードがしばしば登場するのである。

前節の冒頭で紹介した西地区では、「よその子もうちの子だと思って」、「ほったらかしの子をほったらかしにしない」取り組みがなされていることを紹介した。働きかけの対象は子どもだけではない。「団地の建て替えの前まで、ここは老人の孤独死がなかったんです」と見守りネットワークの充実ぶりについて教えてもらった。北地区では「高齢者向け喫茶」に加え、「子ども食堂」の取り組みも始められた。南地区でも、近年では防災が現実的な課題とされ、老人ホームで孤立した高齢者を連れ出す方法について「青年団」会議で熱い議論が交わされている。

ここまで描いてきた人々の暮らしと意識について整理しておきたい。南地区では地域活動の担い手に戸建てやマンション住民が少なくない。「青年団」のメンバーには子どもの大学進学を願う人もいる。それでは、先に「住まいと学歴のハシゴをのぼる」と整理した人たちとの違いはどこにあるのだろうか。

無駄な出費をせず教育環境の良好な地域の持家を取得し、子どもには可能な限りの高学歴を期待してはたらきかける。現在の充実を犠牲にし、つながりを断ち、将来の豊かさのために努力を重ねる暮らし方。「ハシゴをのぼる」暮らしの特徴を際立たせて言えばそのようになるだろう。他方の三地区の地域活動の担い手が体現するのは、現在の楽しさを、つながりのなかで実現しようとするものである。その際の「つながり」は、親しい者のなかで閉じたものではなく、周囲の困難な状況に置かれた人の存在にも目を向け、そのままにはしない姿勢が特徴である。

おわりに

ここまで、地域組織、地域活動が維持されている三つの地区を描いてきた。しかし、公営住宅が多い地域のなかには、住民の間につながりや活動が組織されなかった、あるいは途中で失われたケースもあるはずで、数としてはそちらの方が多いかもしれない。その違いをもたらした要因、条件を探ることが研究面での課題の一つである。

そしてまた、三つの地区も深刻な問題を抱えている。町内会など地域組織への加入率の低下が悩ましい課題となっており、なにより活動の担い手が固定化し新しいメンバーがなかなか見つからない。もとから住んでいる住民の高齢化に加えて、住宅政策の「福祉住宅」化によってつながりを持つことがむずかしい高齢者や母子家庭が増加するなか、「このままでは地域は疲弊してしまいます」とも語られた。

なかでも事態の深刻さが際立っているのは、新たな地域活動の担い手がいない北地区である。「私も来年七〇なんで、まぁせいぜい四、五年かなと思うんです。やりたい気持ちはあるんですけど、身体がね、言うこときかなくなってしまうんちゃうかな」という不安な声が聞かれた。

他の二地区と比べたとき、北地区に新たな担い手が登場しない要因の一つとして、公営住宅のみで地区が構成されている点が大きいものと思われる。たとえ地域に愛着を抱き、地域活動を担う意思があったとしても、収入が制限を超えれば転居を強いられ、同時に、ある程度の収入がある働き盛りで子育て中の家族の入居は制度上阻まれている。

公営住宅の住民の暮らしを左右する行政の姿勢について考えてみたい。三地区ともに、地域が直面する問題が語られる際に「地域に丸投げしている」と行政に対する厳しい批判の声があげられている。語られるのは、見守る必要のある住民を入居させるだけで「何の助けもない」という強い憤りであり、さらに北地区の状況を踏まえると、「丸投げ」以上に「見殺し」という言葉さえ思い浮かぶ。現在の公営住宅に何よりも優先して求められるものは、地域活動の担い手となる若年層が住むことを可能にする政策である。

そして、新しく住民となる人たちに対して、地域活動の必要性だけでなく楽しさをどう伝えるかが課題となるだろう。言い換えれば、「ハシゴをのぼらない」暮らしの魅力を伝えることである。豊かさが実現した社会で、そして同時に、格差、貧困という現実のなかで育ってきたこの世代には、つながりのなかで楽しさを追及する生き方は魅力あるものとして映る可能性があるのではないか。建物や給水塔の姿かたちだけではなく、住民たちが築いてきた暮らしについて伝える試みが求められる。

子どもから大人まで競争に駆り立てることで「成長」が実現する、という姿勢が明確な現在の大阪の行政からは、公営住宅は「残余」としか見なされないのかもしれない。課題が重層している地域であるが、同時に大きな可能性をはらむ場として、豊富な公営住宅のストックを活用する路を急ぎ検討すべきである。

〔参考文献〕

平山洋介『住宅政策のどこが問題か――〈持家社会〉の次を展望する』光文社、二〇〇九年
平山洋介『マイホームの彼方に――住宅政策の戦後史をどう読むか』筑摩書房、二〇二〇年
宮本常一『忘れられた日本人』岩波書店、一九八四年
森岡清志「都市的生活様式とは何か」森岡清志・北川由紀彦編著『都市と地域の社会学』放送大学教育振興会、二〇一八年
西田芳正「社会の形成と持続の条件――公営住宅集積地の生活史・誌調査から」谷富夫他編『社会再構築の挑戦』ミネルヴァ書房、二〇一九年
大阪市市政改革本部住宅局『大阪市営住宅の事業分析』二〇〇七年

第3部

イメージと多様性――「大阪」とは何か

大阪方言の地域的多様性とその背景

――西尾純二

1　方言の多様性についてのイメージ

日本各地で「(今、雨が) 降っている」をフリヨル、フットル、フッテル、フッチョル、フリヤルなどと言うように、一つの意味に複数の言い方が存在することがある。この現象は、ことばの「変異」と呼ばれ、それぞれの言い方は「変異形」と呼ばれる。ことばの変異は、現代日本語では地域の違いによって現れる変異、すなわち地域方言が顕著だが、アメリカ英語などのように、社会階層や民族などの違いによって現れる社会的な変異、すなわち社会方言のほうが、地域方言よりも顕著な言語もある (ロング一九九九)。

地域的変異であれ、社会的変異であれ、実社会での変異のあり方は、ミクロに観察するほどに混沌としている。ご近所でも、あるいは家族のなかでさえ、自分とは違う変異形を使う人がいるということはよくある。地域における言語は、こういった異質性を帯びていて一見混沌とした状態で存在している。そのような混沌のなか、地域に暮らす個々人は、日々方言を使用して人と関わり、日常生活を実践している。また、通勤・通学先やマスメディア、SNSなどで、異質なことばに接する経験も少なくないだろう。

そういった実践や経験こそが、地域の個々人にとっては生活のリアリティであり、自分が認知する範囲の言語状況こそが、その地域の典型としてイメージされがちである。例えば、誰かに「大阪では、「(今、雨が)フッテル」と言う」と言われたとしても、それが自分の認識に合致しないと、「いや、「フットル」では?」などと反論したくなる。しかし、方言についての個々人のイメージは、実情を鋭く反映している場合もあるが、実情と一致しないことも多々ある。

地域内の異質な方言は、ミクロに見れば混沌としているようでも、データを収集して全体を整理すると、そこに一定の「秩序」を見いだすことができることがある。大阪府内のフットルであれば、世代や性別、発話態度によって使用傾向が異なるし、府内でも南部では世代性別などを問わず、あまり使用しないなどの諸事情がある。言い換えれば、フットルは、世代・性別・発話態度・地域といった条件のもとで秩序だって使用されている。これは言語研究において「秩序だった異質性」(orderly heterogeneity)と呼ばれるが、その秩序は、地域の言語共同体の構成員によって時間をかけて醸成されるものである。

大阪方言の秩序は、府民九〇〇万人近くの日常の思考や行動、さらには、外来者やマスメディアなどの影響も受けつつ形成される。その全容は観察者個々人の見聞や経験で把握できる範囲をはるかに超える。こういったところから、個々人のことばへのイメージと実情との不一致は生じるのであろう。だからこそ、いったん地域言語に対する個々人としての経験、見解を離れ、個人の認識を超えた知見を得たい。そのためには精度の高い調査が必要になる。

2　方言の状態を捉える基本的な観点

近年の大阪府における方言の状況は、研究者たちの調査結果から、どのように把握できるだろうか。大阪方言の地理的分布を考えるにあたって、まずは、言語の地域的多様性の一般的な性質として生じる大阪方言の状況を確認しておく。

方言連続体――方言の境界線を探す

隣接する地域方言同士は、明確な地理的境界線で区別されるのではなく、方言と方言の接触地帯で、両方言の中間的な様相を呈することが多い。これは方言連続体（dialect continuum）と呼ばれるが、大阪方言も例にもれず方言連続体を形成している。

一例として、一九八九年から一九九二年に実施された京都市から大阪市間の方言調査の結果を取り上げる（近畿方言研究会一九九四）。表1は、同調査の結果を、回答者の世代と居住地とを軸にして、ことばの分布を整理したグロットグラムと呼ばれる表である。[(1)] この グロットグラム表では、京都市―大阪市間のイケヘンの意味についての回答が整理されて

（1）　方言調査の回答者選定は、調査地点の生え抜きの方を理想とするが、特に都市部ではそのような回答者を得ることが困難であり、一定の年数以下の外住歴しかもたない方のみとすることが多い。

表１　「イケヘン」の意味　（近畿方言研究会1994表01、表03を総合）

	No.	地点＼世代	70代	60代	50代	40代	30代	20代	10代
京都府	1	京都市a　北部	｜	｜	｜	｜	□	□	｜
	2	京都市b　中部	｜	｜	｜	｜	｜	｜	｜
	3	京都市c　南部	□	□	｜	｜	｜	□	｜
	4	向日市	｜	｜	｜	｜	｜	｜	｜
	5	長岡京市a 北部	□	｜	｜	｜	｜	｜	｜
	6	長岡京市b 南部	｜	｜	□	□	｜	｜	｜
	7	八幡市	□	｜	▼	▼	｜	｜	｜
	8	乙訓郡大山崎町	｜	｜	｜	□	□	▼	▼
大阪府	9	三島郡島本町	｜	｜	□	□	〓	｜	｜
	10	高槻市a　北部	□	▼	｜	□	〓	□	｜
	11	高槻市b　南部	▼	▼	□	□	｜	□	｜
	12	枚方市a　北部	｜	｜	□	□	〓	□	□
	13	枚方市b　南部	▼	▼	□	□	〓	□	□
	14	茨木市a　北部	｜	□	□	｜	□	□	□
	15	茨木市b　南部	□	□	□	▼	｜	□	□
	16	摂津市	▼	□	▼	□	□	□	□
	17	吹田市a　北部	□	□	□	▼	□	▼	□
	18	吹田市b　南部	□	□	□	□	□	□	□
	19	豊中市	〓	｜	□	□	□	□	▼
	20	大阪市a　北部	□	□	▼	□	□	□	▼
	21	大阪市b　南部	▼	▼	▼	▼	▼	▼	▼
	22	大阪市c　東部	□	▼	▼	□	▼	▼	▼
	23	大阪市d　西部	▼	□	▼	□	▼	▼	▼

凡例
▼「行かない」の意味で用いる
｜「行くことができない」の意味で用いる
〓「行かない」「行くことができない」両方の意味で用いる
□「行かない」「行くことができない」どちらの意味でも用いない

いる。

大阪市でのイケヘンの意味は、「行かない」という単純否定（凡例▼）とする回答が多い。これに対し、京都市のイケヘンの意味は「行くことができない」という可能否定（凡例｜）とする回答が主流である。(2) 京都市的な可能否定の意味でのイケヘンは、府境を超えて、大阪府の北摂地域にまで及ぶ。また、京都市と大阪市との間の市町では、「イケヘンには可

(2)　大阪方言では可能否定はイカレヘンが優勢である。

能否定・単純否定の両方の意味がある（凡例〓）」と回答されたり、「イケヘンを単純否定・可能否定のどちらの意味でも使用しない（凡例□）」と回答されたりする。京都市と大阪市とでは、イケヘンの意味の独自性が鮮明であるが、両市方言の接触地帯では、混乱を避けイケヘンを可能否定・単純否定のどちらの意味でも使わなかったり、イケヘンに両方言の意味が混在したりしているのである。

これは、京都市方言と大阪市方言とが連続体を形成していることの顕著な事例である。ここで確認しておきたいのは、対象地域全体で見れば、京都市と大阪市、その中間地帯という「構造」でイケヘンの意味は整理できるということである。ミクロに見れば、京都市・大阪市内であっても方言は異質性を帯びて存在しているが、全体で見れば、地域の構造性が確認できる。このような「鳥の目」（鳥瞰的視点）を得ることが、個々人のイメージと実情とのギャップを埋める一つの手法となる。

京都市と大阪市の両都市は、鉄道での移動時間が四〇分程度という近距離にありながら、言語的に均質化することなく、その違いを保ち続けている。そして、そのことは、両都市が、各々で独自の言語を市内で維持し、他地域に発信できる文化的中心性を有していることを示唆している。さらに、言語の分布域と行政区画とは、明確に合致するものではないことも分かる。方言の分布域が行政区画と合致しないのであれば、方言は、いったいどのような分布域をなし、その分布域から何を読み取ることができるのか。この問いは、言語の変容や形成を論じるにあたって重要なものである。

複数の方言連続体と境界線

表1のグロットグラム調査では、「行く」の尊敬表現についても調べられている。「行く」の尊敬表現であるイカハル／イキハルといった変異形も、「イケヘンの意味」と同様、京都市と大阪市との間で連続体を形成している。京都市ではほぼ全ての回答がイカハルであるのに対して、大阪市に近づくほどイキハル／イカハルの両方が回答されるようになるのである（近畿方言研究会一九九四、七頁）。「イケヘンの意味」と「イカハル／イキハル」とは互いに関係性の低い言語事象である。それにも関わらず、その分布構造が一致していることを単なる偶然と考えるのは不自然で、やはり京都市と大阪市の文化的中心性が、この地理的分布構造を形成していると考えるべきであろう。そして、両市方言の間には、グレーゾーンがあり、それを緩やかな方言の境界線として認めることになる。

また、文法形式やアクセント、音声・音韻、語彙など、他の様々な言語事象によって、地理的な分布模様はそれぞれである。表2では「面白い」の変異形であるオモロイとオモシャイが、それぞれ概ね和泉市以北と岸和田市以南の泉南地域に分布することが観察される。この表は一九九二年から一九九五年にかけて実施された大阪市―和歌山市間の調査結果である（岸江・中井一九九九）。表2によるとオモシャイ（凡例▼）は和泉山地を越え、和歌山県にまで分布が及んでいる。和歌山市内でのオモロイ（凡例△）の回答者は、一〇代と三〇代という若い世代に一人ずついるのみである。和歌山市内では、共通語形のオモシロイ（凡例／）を除けば、オモシャイの純度が高い。ここには、イケヘンやハル敬語などとは異なる、大阪市と和歌山市間の方言連続体を認めることができる。

そして、岸和田市以南の泉南地域においては、若い世代から和泉市以北のオモロイが進出しつつあることを読み取ることもできる。このような和泉市と岸和田市とを境界とする分布構造もまた、多くの言語事象で確認されるところである。そして、このケースもまた、現在の県境という行政上の境界線と言語の境界とは一致しておらず、オモロイ・オモシャイの分布は何らかの「自然や人為の産物」として形成されたものと考えられるのである。このような意味のある分布パターンを抽出することで、大阪府方言全体の分布状況が把握

表 2 「面白い」の変異形 （岸江・中井 1999 に加筆）

	No.	地点＼世代	70代	60代	50代	40代	30代	20代	10代
大阪府	1	大阪市天王寺区	△	／	△	／	△	△	／
	2	大阪市阿倍野区	■	△	△	／	／	△	△
	3	大阪市住吉区	△	△	△	／	△	△	／
	4	堺市浅香	／	／	△	／	NR	△	／△
	5	堺市旧市街	／	△	／△	／	／	／△	／△
	6	堺市鳳	△	△	△	／	△	／	△
	7	高石市富木	NR	△	／	／	△	／	△
	8	和泉市信太山	△	／△	△	△‥	／	／	△
	9	和泉市府中	‥	△	／	■	△	△	／
	10	岸和田市久米田	▼△	▼△	▼	■	▼	▼	／△
	11	岸和田市下松	■	▼	■	／	■	△	NR
	12	岸和田市土生	▼‥	▼	▼	▼△	▼	△	／
	13	貝塚市東貝塚	▼	▼‥	■	△	△	△	△
	14	貝塚市石才	▼	▼	▼	▼	■	▼△	△
	15	熊取町大久保	▼	▼	▼	▼	▼	■	△
	16	泉佐野市日根野	▼	▼	△	▼■	△	△	△
	17	泉佐野市長滝	▼	▼■	▼	▼	▼	△	／
	18	泉南市新家	▼	▼	▼	▼△	▼	／	／
	19	泉南市和泉砂川	▼	▼	▼	▼	▼	△	／
	20	泉南市和泉鳥取	▼	▼	／	／	△	▼	▼
	21	阪南市山中渓	▼	▼‥	▼	▼△	▼△	▼	▼
和歌山県	22	和歌山市紀伊	▼■	／▼	▼	▼	△	▼■	▼
	23	和歌山市六十谷	／	／	▼	／	／	▼	／
	24	和歌山市紀伊中之島	▼	▼	▼	／	／	／	▼
	25	和歌山市旧市街	▼	▼	▼	▼	▼	▼	△
	26	和歌山市雑賀崎	*‥	▼‥	▼	‥	‥	▼	▼

凡例
／ オモシロイ　* オモシライ　▼ オモシャイ
■ オモショイ（オモッショイ）　△ オモロイ　‥ オッカシ　NR 無回答

されていくことになる。

方言区画——現在の行政区画との不一致

方言研究においては、様々な言語事象の方言連続体の状況を見極めつつ、方言の地理的な区割りを行う。これを方言区画という。一般的に馴染みの深い行政区画は「組織（行政）によって作られる・管理される区画」であるが、方言区画は特定の個人・組織に管理されるものではない。方言の区画は、山河や海、気候などの自然環境や、地域の人々の移動や産業、生活形態のあり方とその歴史といった社会環境に影響を受けつつ、地域人が醸成していく。方言区画はいわば「自然や人為の産物としての区画」である。それゆえに、地域を知ろうとするときの手がかりになりうる。

日本の歴史研究者である網野善彦は、著書の『東と西の語る日本の歴史』（網野一九八二）の各論において、まず初めに、日本語方言の東西境界線が新潟県の糸魚川から静岡県を結ぶ一帯であるという方言研究の成果を取り上げる。その一帯には、否定辞の（し）ナイ／（せ）ンの境界があるほか、「白く」をシローと言うなどのウ音便の有無、存在動詞のイル／オルなど、重要な言語事象[3]の境界線が集中する。網野は、この日本語の東西差を紹介しつつ、日本列島の自然環境や社会環境の東西差と関連づけて論じている。具体的には、東日本と西日本における、旧石器時代からの気候や植生、石器の素材となる鉱物といった自然環境の違い、そしてそこから派生する石器文化や狩猟・稲作社会の形成、さらに昭和に至るまでの東日本・西日本間の通婚率の低さなどといった社会環境の違いを、日本語方言の東西差と関連付けて論じている。

（3） 接尾辞や音便などの文法・音韻事象は、多くの動詞や形容詞語彙に適用され、表現を産出する生産力が強い。また、存在動詞はテ・イル→テル、テ・オル→トルというようにアスペクト形式を生み出す資源となっている。

大阪府の方言の場合、先行研究では、種々の言語事象の使用地域や地域の人々の方言分布についての意識を参考にして、令制国の領域を用いた方言区画が提示されている。図1は、山本（一九六二）による大阪方言の方言区画である。山本は、大阪方言をまずは摂津方言（三島、能勢方言を含む）、河内方言、そして和泉方言に三分する。図2のように、現在の大阪府域には、摂津国の東部と河内国、和泉国といった令制国が含まれる。このよう

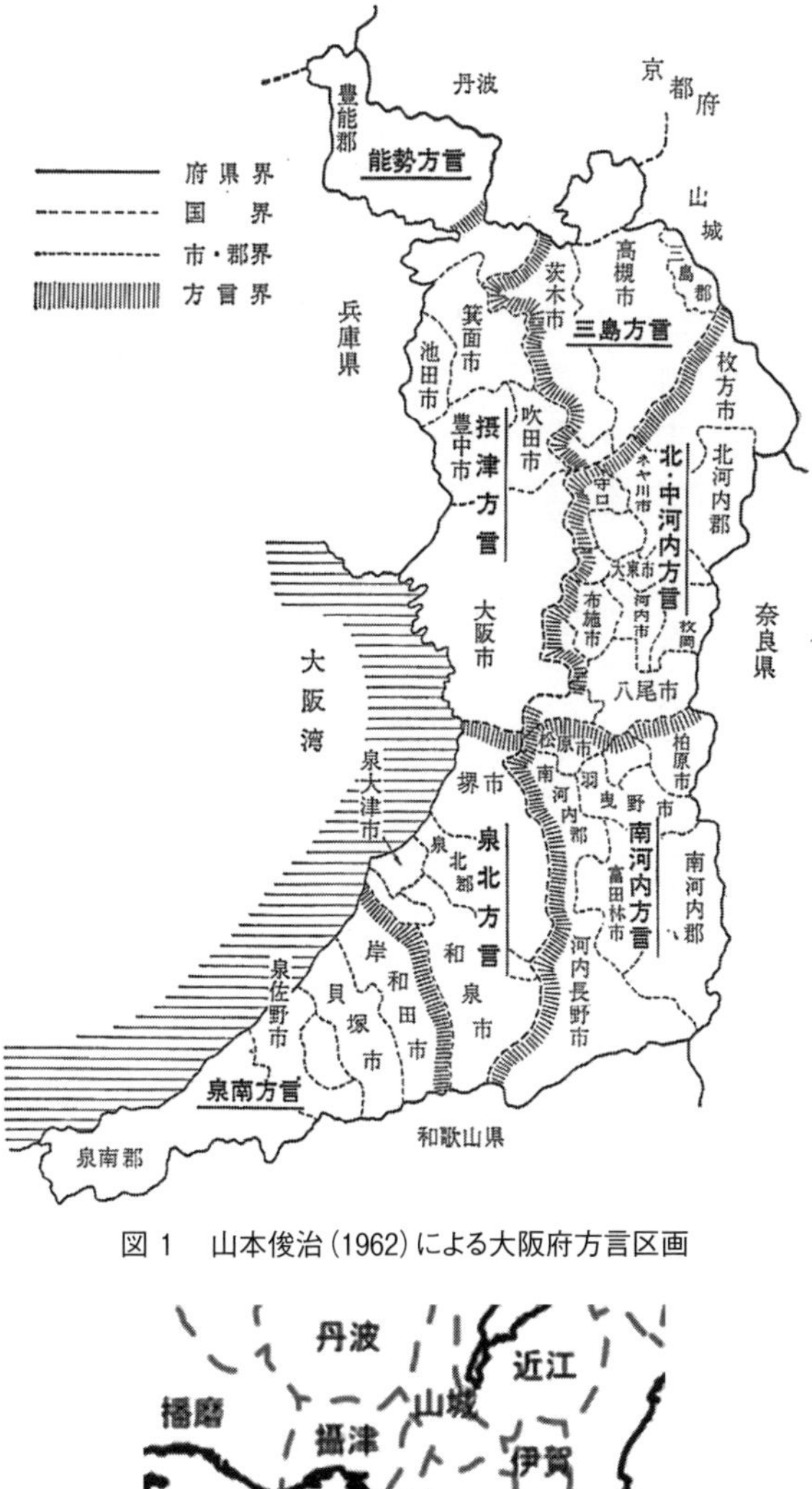

図１　山本俊治（1962）による大阪府方言区画

図２　大阪府近辺の律令国

な令制国による方言区画の認識は全国的なものであり、各地に信州弁、尾張弁、播州弁、紀州弁、伊予弁などがある。他にも江戸時代の藩名に「弁」を付して、庄内弁、会津弁、福山弁、長州弁などと呼称されることもある。

方言の区画は、個々の言語事象の分布域や民間の方言の通称を踏まえ、令制国や藩の領地に重ねられることが多い。令制国や藩といった行政区画が、人の移動範囲や社会環境の多様化を制御し、方言圏を形成させるものであったということであろう。ただし、詳細な言語地図などによって「鳥の目」を得て、その検証をする必要がある。

変容し続ける方言

方言の状態を把握するには、地域言語が常に変化の波にさらされていることについても踏まえておく必要がある。鳥谷（二〇一五）では、表1の調査から約二〇年後の二〇一二から二〇一三年の調査結果の一部が、表3のようにとまとめられている。表3からは、大阪府内では否定辞ヘンの使用自体が若い世代で減少し、ミヤン（見ない）、イカン（行かない）などのヤン形、ン形の否定辞が増えつつあることを読み取ることができる。方言連続体も安定したものではないのである。このような変化中のことばの混沌を、表3では世代という観点から整理し、混沌にひそむ秩序を可視化している。

否定辞のヤンは古くから、和歌山県、奈良県、三重県での分布が確認されている。また、見ヤンの分布域の近くには、見ランが分布することも確認できる。これらから、和歌山県や奈良県、三重県のヤンは、「見ない」なら miran ＜ mian ＜ mijan という成立過程を経たことが考えられる。ただ、大阪の否定辞ヤンが、大阪の周辺県から、近年、大阪に流入し

表3　各活用動詞の否定形式の世代差（大阪）　鳥谷善史（2015）に加筆

活用	大阪	順	老年層 n=26	%	壮年層 n=73	%	若年層 n=57	%
一段	見ない	1	メーヘン	46.2	ミーヒン	72.6	ミーヒン	64.9
		2	ミーヒン	38.5	メーヘン	17.8	**ミヤン**	**24.6**
カ変	来ない	1	ケーヘン	68.0	ケーヘン	73.2	コーヘン	57.9
		2	コーヘン	8.0	コーヘン	11.3	ケーヘン	28.1
		3	キエヘン	8.0	キーヒン	11.3	**コヤン**	**10.5**
サ変	しない	1	セーヘン	70.8	セーヘン	81.4	セーヘン	62.5
		2	シヤヘン	16.7	シナイ	5.7	**シヤン**	**19.6**
五段	行かない	1	イカヘン	56.0	イカヘン	61.1	イカヘン	45.6
		2	イケヘン	36.0	イケヘン	29.2	**イカン**	**45.6**
		3	イカン	8.0	イカン	4.2	イケヘン	7.0

てきたものなのか、大阪で独自にヤンが発生したのかという点については諸説ある。いずれにしても、大阪でのヤンの発生は、大阪における標準語化以外の言語変化である。同じ表3の「来ない」では、コーヘンという変異形が見えるが、この形は、大阪の「来ない」がキエヘン、ケーヘンだったところに、標準語の「来ない」の「来（コ）」と否定表現「ヘン」と混交を起こして成立したと考えられる（真田二〇〇〇、一一四―一二一頁）。この表現は二〇世紀末に、近畿各地で同時多発的に若年層で使われ始めた[4]。中央のことばである標準語は、マスメディアや教育をとおして地域全体に満遍なく降り注ぎ、方言の独自性を薄めていく。そのなかで、コーヘンの成立は、標準語を取り込みつつも、完全に標準語に置き換わるのではなく、新しい方言を生成する地域の活力を表象しているという見方も可能である。

3　大阪方言の多様性の現状と動向

二節では、①方言と方言とは連続体をなして存在すること、②その連続体は一つの地域

（4）うち、相生や赤穂のコーヘンは、在来の否定表現コンとヘンの混交の可能性もある。

に言語事象ごとに複数あること、③それらを総合して方言区画が醸成されること、そして、④連続体や区画は変容するということを確認した。これらは、世界の方言に適用されることであり、大阪方言にも当てはまっていた。では、大阪方言の個別性はどのように把握されるだろうか。

摂河泉と方言区画の分類

先に掲げた図1のように、山本（一九六二）は大阪の方言区画をまずは摂河泉（摂津・河内・和泉）に大別した。その区画には、各地の言語事象の特徴のほかに、一部、山本が聞き取ったと思われる次のような話者のイメージが考慮されている。

・旧歌垣村[5]は京都のことばが混ざり、旧天王村[6]には丹波のことば（兵庫県よりの）が入っている（能勢町話者）

・丹波方言が混ざっている（茨木市旧見山村[7]）

・京都と親戚関係にあり、ことばつきは上品だが、河内弁も入っているので下品な言い方もある（北河内郡交野町）

・河内のことばはわるい（八尾市）

・浜辺（泉南の海岸）へ行くほど、ことばもあらっぽい。河内の山の手ことばがやさしい（堺市旧東陶器村）

・少し奈良ことばが入っている（南河内郡太子町）

このように、二〇世紀中頃の大阪府各地の人々は、大阪のことばの地域的多様性を捉えるとき、自方言や近隣の方言を、丹波、河内、泉南（和泉南部）などのように令制国と関

（5）現在は能勢町の一部。
（6）峠を越えると丹波篠山（兵庫）に通じる。
（7）現在の茨木市北西部。丹波（京都）に隣接する。

表4　府内の方言区画からみた言語事象の分布

事象（　）内は調査年	摂津	河内	和泉
今日は雨だ（2014・21）	キョウワ　アメヤ		
「(目上が) 行くのか」(1990-92)	イキナハル・イキハル・イカハル		尊敬語なし（特に泉南）
「(目上が) 行った」(2014・21)	イキハッタ・イカハッタ		泉北：イキハッタ 泉南：イキハッタ散見
おそろしい（2014・21）	コワイ	コワイ・オトロシー	
行かない（2014・21）	イカヘン・イケヘン	イケヘン・イカヒン	イカヘン・イケヘン
ひきがえる（2014・21）	ガマガエル	ガマガエル・イボガエル	ゴトヒキ（特に泉南）

連付けている。また、山本は「京都のことばが混ざり」などと、近隣の他方言の影響を認識していることを示す話者たちの報告を取り上げている。

　このような区画は現在も有効なのだろうか。最新の調査結果から検証してみよう。

　二〇一四年に『近畿言語地図』調査が実施された（岸江他二〇一七）。筆者は、調査企画者の岸江から調査データの提供を受け、回答者が現住地生え抜きであること、移住歴があったとしても隣接市町への移住であること、そして調査当時の年齢が五五歳以上であることを条件にして考察対象とするデータを絞り込んだ。さらに、二〇二一年に大阪府内でデータが手薄だった一九地点の補充調査を実施した[8]。これによって府内九八件の回答がデータ化された。これらの調査結果と、一部、一九九〇から一九九二年の調査をまとめた岸江・中井・鳥谷（二〇〇九、一〇九頁）の「(目上が) 行くのか」の地図を加味して、分布に特徴がある言語事象を、表4に整理した。

　この表の状況は紙幅の関係上、地図化することはできないが、それぞれの言語事象の分布は、概ね令

（8）二〇一四年と二〇二一年の調査は、同じ質問票を用いて実施されているが、一九九〇—九二年調査と異なり、回答者が質問票の作成者が列挙した伝統的方言形を選択回答する形式になっている。このため、回答されている方言形がやや古いように思われる。

制国を基準に把握することができる。ただし、「今日は雨ヤ｜」のように、大阪府全域に分布する方言形式もある。また、二国対一国の構図で分布するケースもあり、ハル敬語（摂津・河内あり／和泉なし）、オトロシー（河内・和泉にあり／摂津になし）、否定辞イカイン（河内にあり／摂津・和泉になし）がそれにあたる。「ひきがえる」のように、摂津でガマガエル大多数、河内でガマガエルに加えイボガエル、和泉でゴトヒキと三国での対立構図が見られる言語事象を見いだすのは非常に難しい。また、イボガエルは河内に分類したが、九件中四件が河内（交野市、四条畷市、河内長野市、河南町）で半数に満たない。しかし、摂津三件（島本町、吹田市、高槻市）、和泉二件（堺市北区、岸和田市）は比較的河内に近い地点が多い。そして、移住歴を考慮して除外した、イボガエル回答者三件は、いずれも河内（守口市、門真市、寝屋川市）に居住した履歴があった。これらの状況を加味してイボガエルを河内としている。他の言語事象も、こういった吟味を加えて表4に整理している。

総合的に見れば、大阪の方言区画として「摂津・河内・和泉」はある程度有効であるが、言語事象がこの三国ごとに異なるわけではない。各言語事象の分布は、三国のどこかに重心を置きつつ、他国に及んでいる。あるいは、重心が二国にまたがっていることもある。また、摂津方言と河内方言との間には言語的に大きな違いはなく、両者は新古関係にあるという見方がこれまでになされている（岸江二〇〇九）。河内方言の特徴として掲げられる、①「行きつつある」「飲みつつある」のイッコル・ノンモル、②ザ行・ダ行・ラ行の混同（角のうどん屋をカロノウロンヤと言う等）、③ラ行音のふるえ（巻き舌）、④疑問の終助詞ケなどは、いずれも摂津方言域でもかつては使用されていたという記録がある。つまり、摂津で以前話されていたことばが、河内で使用され続けているのである。これに対して、和泉方言のうち特に泉南方言は、和歌山方言の影響が強く、摂河泉方言の中では、言語的に異質性が強い。

そのなかで、表4の一九九〇から一九九二年の調査で泉南にほとんど確認されなかったハル敬語が、二〇一四年・二〇二一年の調査では確認されることが注目される。これまで、泉南方言は、府内の他方言との言語差が大きいだけでなく、大阪市方言の影響を受けにくかった（西尾二〇一八）。前掲表2の大阪市―和歌山市間グロットグラム調査は、一九九二

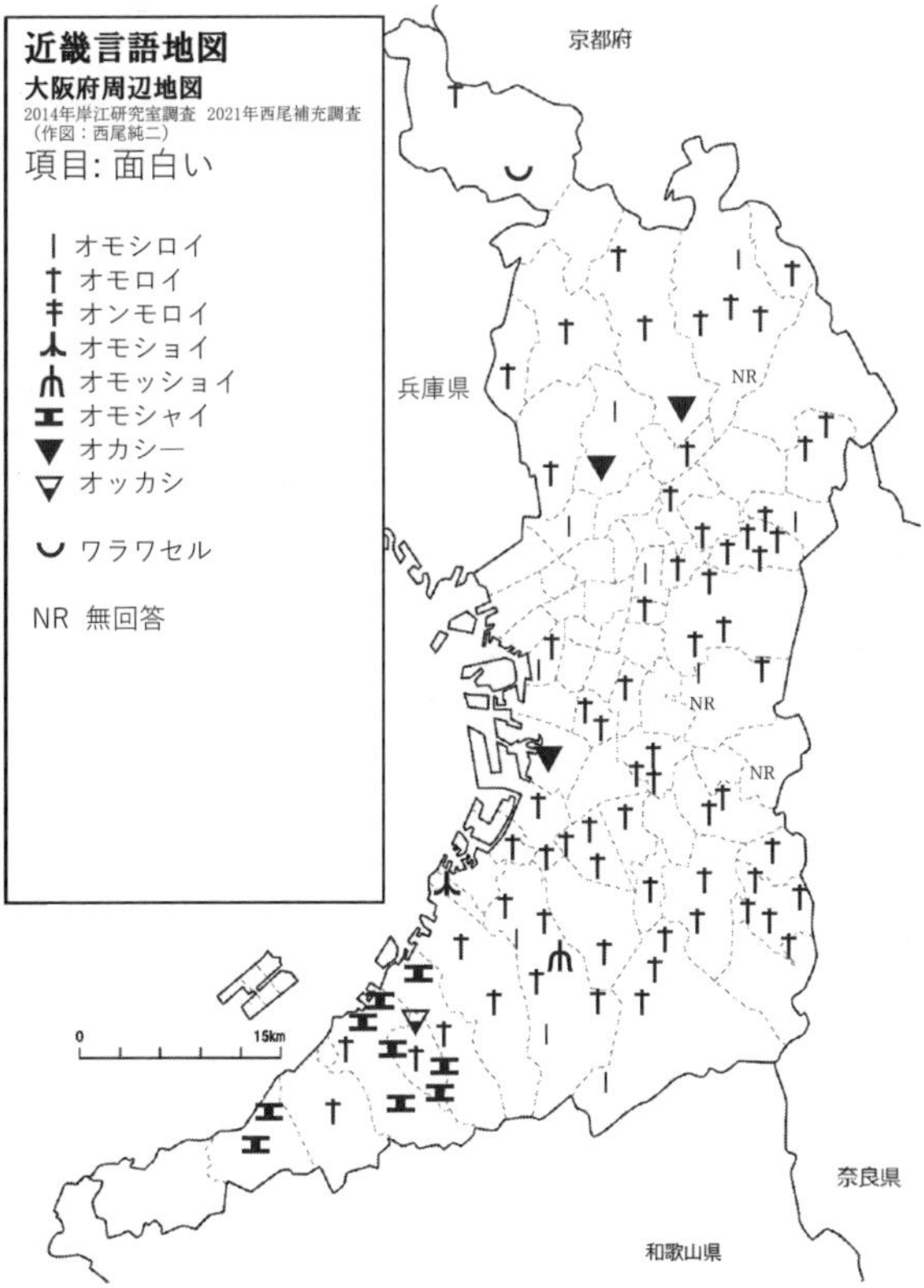

図3　「面白い」　2014年、2021年調査

年から一九九五年にかけて実施されたが、図3の二〇一四年と二〇二一年の調査による言語地図と比較すると、やはりオモシャイは泉南に分布するが、境界線は和泉市と岸和田市との間からやや西進し、岸和田市と貝塚市との間となっている。貝塚市もオモシャイの回答は一件のみである。岸和田市、貝塚市ともに調査地点が少ないため、解釈には慎重を要するが、ハル敬語の泉南への伝播と合わせて、泉南方言の強固な独自性のゆらぎを示唆するものとして注目される。そして、これらの現象は、摂河泉という、古代から近世までの行政区画を背景にした方言区画が、徐々に崩れ始めていることを示している。

このようなことから、大阪方言を摂河泉の三方言に分割するということは、表面上の処理にすぎないことが分かる。むしろ、丹波、山城、大和、紀州の諸方言や、摂河泉三方言同士の「関係性」の中で大阪方言を捉えるほうが興味深い。ここまでの紹介で明らかなように、「大阪方言」とは、「大阪府のなかの色々な方言」のことである。「大阪方言」というと、あたかも一つの実体があるかのようであるが、そのような理解は、「大阪府内の方言の実情」を把握しようとするには危うい。大阪方言という名称は、言語の多様性や動向を、便宜的に大阪府という行政区画で切り取って観察する姿勢を含むものとして用いられるべきであろう。

大阪府内外の方言間の影響関係

図4は、「美味しくない」の大阪府とその周辺地域の言語地図である。この地図の各変異形の分布状況は、大阪府内だけを見ると読み取ることが難しい。モモナイが南部に広がっていることは特徴として明確である。しかし、アジナイは府北部から河内長野市にまで分

布が及び、モムナイ・モミナイと混じり合っている。モムナイ・モミナイは府内全域に広がりつつ、北部に少なく見える。ただ、それは北部の調査地点が少ないためなのか、構造的な傾向なのか分かりにくい。このような状況は、府周辺の分布を考慮すると、整理しやすくなる。図4では、京都府と兵庫県にアジナイの分布が見えるが、回答データベースを確認すると、京都府には、モムナイ・モミナイ・モモナイの回答は七七件中六件しかない。いっぽうアジナイは舞鶴市から京都市にかけて四四件あり、京都府ではアジナイが優勢で

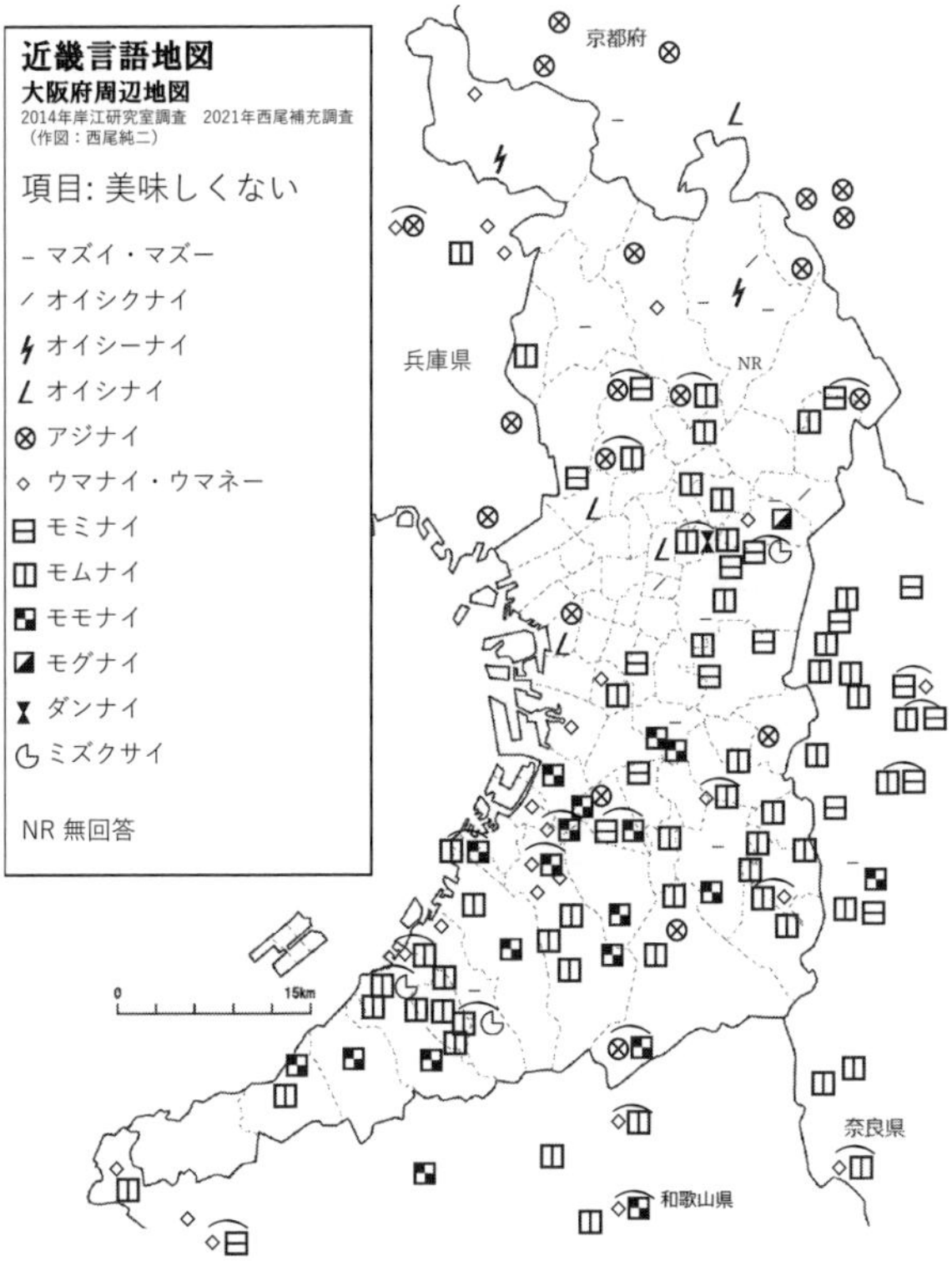

図4　「美味しくない」　2014年、2021年調査

あることが分かる。このことから、大阪府北部のややまとまったアジナイの分布は、京都からの方言連続体として位置付けることができそうである。

モムナイ・モミナイは兵庫県・奈良県・和歌山県に広く分布しているが、京都府ではそれぞれの回答は一件、四件のみである。三重県では一件、〇件、滋賀県ではモムナイ・モミナイともに回答はない。こうしてみると、大阪府におけるモムナイ・モミナイの分布は、兵庫・奈良・和歌山・大阪とそれ以西の分布域のなかの一部として位置づけられる。

いっぽう、モモナイの分布の重心は、和泉と南河内にあると言ってよいだろう。モモナイの全二九件の内訳は、大阪府内の大和川以南に一八件、奈良県御所市と吉野郡に七件、和歌山県紀北に二件分布するほかは、京都府に一件と兵庫県に一件ずつ回答があるのみである。モモナイについては、大阪府の大和川以南という方言の分布域が示唆される。この分布域の存在は、これまで指摘がなかったが、他に「つねる」のチミキル、「(机などを)持ち上げて運ぶ」のサゲルでも確認できている。近年、「南大阪」という地域名称が見られるようになった。これは公的な名称ではなく、民間で自然発生的に呼称されるようになったものであるが、府内の大和川南部を指すことが多いようである。認知されるようになった「南大阪」と、このような方言分布との関係も興味深い。

ところで、大阪府内では、「淀川より南は大阪ではない」「大和川より南は大阪ではない」などと遊び半分にささやかれることがある。方言の分布から見ると、淀川以北に見られるイケヘンの可能否定での使用や、イカハルの色濃い分布、アジナイの分布は、大阪的というよりは京都的なものであった。いっぽう、大和川以南のモモナイは、現在、この地域の独自性ある変異形になっている。チミキルは和歌山や淡路島まで分布し、サゲルは和歌山を中心に分布するものが泉州に及んでいる。大和川以南の分布は、紀伊半島南部と淡路島との関わりが見える。

おわりに――「大阪方言」をどう捉えるか

他にも大阪方言内には局地的に特徴ある方言が見られた。船場言葉は、既に聞かれなくなってしまったが、かつては商都大坂を象徴した格式の高さを持った言葉であった。船場は、大坂城城下町の運河に四方を囲まれた地域（現在の淀屋橋から心斎橋あたりまで）で、秀吉の城下町振興策のために、近江・伏見・堺などから強制的に商人が集められた。そして、上流商人たちは、学問所を開設したり、様々な教養を身につけ、まちの魅力を増大させた。そこで話された船場言葉は、後に由緒正しき大阪弁と謳われるようになる。ほかにも、芸能芸術が花開いた。そのような社会性と地域性の両方を備えた方言としては、他に泉南の深日地域の漁業集落で話されている「逆さことば」がある（中井一九九六）。逆さことばでは、「厚い」のことをウスイと言ったり、「嫌い」のことをスキと言ったりする。この「逆さことば」も消滅寸前である。いっぽうで、堺市を中心とする泉北ニュータウンでは、周辺地域と比べてやや特徴的な地域色の薄い、新しい方言が形成されている（松本二〇一二）。規模の大小や社会性の違いはあっても、そこに言語共同体を形成する環境があれば、方言は形成される。そして環境がなくなれば、消滅する。

本章では、こういった局地的な方言よりも、もう少しマクロに方言の分布域を見てきた。

言語事象ごとに分布域は異なり、大阪府内だけで使用される言語事象はほとんどない。また、ケーヘン（来ない）やハル敬語のように、大阪の中心部から周辺地域に伝播した表現はあるが、京都にはその伝播は及ばず、むしろ京都的な変異形が大阪府内に勢力が及ぼしている。また、オモシャイ（面白い）のような和歌山のことばが和泉山地を越えて泉南に影響を及ぼしているケースも多くある。

大阪方言には、様々な他方言の言語事象が大阪府域にまで勢力を及ぼしている状況を、大阪府という行政区画で切り取ったものとして捉えるという側面がある。これは、大阪という地域が、隣接地域と交流してきた歴史を反映しているのであろう。由緒正しき大阪弁と謳われた船場言葉も、格式の高さを求める中で、京都方言を多く取り入れ、折口信夫に「京都語うつしの船場言葉」と表現されたという（楳垣一九五五）。

歴史的に、大阪は武家、商人、そして宗教の大勢力の拠点となり、公家の拠点の京都とも近く、南蛮貿易で海外との交流もあった。近代にはいると工業も盛んになる。異なる立場や文化、民族といった多様性と向き合う中で、大阪は、経済的にも文化的にも繁栄してきた地域であると言えるだろう。その繁栄のもとに形成された大阪方言は、マスメディアなどにより全国に発信され、地域的に多くの隣接地域と関わりを持ち、コーヘン（来ない）のように、標準語の影響を受けつつも新しい地域方言を生み出し続ける力強さを持つ。

いっぽうで、船場言葉、逆さことばの衰退、摂津・河内・和泉の方言対立の弱化など、大阪方言は多様性を失っていく面もある。言語は「自然や人為の産物」なので、地域社会の変化を追って変容する。今後の大阪方言の変容が、注目されるところである。

〔参考文献〕

網野善彦『東と西の語る日本の歴史』講談社学術文庫、一九八二年
楳垣実『船場言葉』近畿方言学会、一九五五年
岸江信介「大阪語とは何か―大阪語の歴史的背景と方言区画―」岸江信介・中井精一・鳥谷善史（編）『大阪のことば地図』和泉書院、二〇〇九年
岸江信介・中井精一『大阪～和歌山間グロットグラム』摂河泉地域史研究会、一九九九年
岸江信介・中井精一・鳥谷善史（編）『大阪のことば地図』和泉書院、二〇〇九年
岸江信介他・清水勇吉・峪口有香子・塩川奈々美（編）『近畿言語地図』徳島大学日本語学研究室、二〇一七年
近畿方言研究会『京都～大阪間方言グロットグラム』近畿方言研究会、一九九四年
真田信治『脱・標準語の時代』小学館文庫、二〇〇〇年
ダニエル・ロング「米国における地域方言と社会方言」『日本語学』十八巻一三号　明治書院、一九九九年
鳥谷善史「関西若年層の新しい否定形式「～ヤン」について」『国立国語研究所論集』九　国立国語研究所、二〇一五年
中井精一「浜と陸の社会言語」『異文化を「知る」方法』古今書院、一九九六年
西尾純二「泉州弁」『関西弁事典』ひつじ書房、二〇一八年
松本直樹「泉北ニュータウンと隣接地域における方言使用の実態」『言語文化学研究　言語情報編』六号、二〇一一年
山本俊治「大阪府方言」『近畿方言の総合的研究』三省堂、一九六二年

column

南大阪方言の謎解きと蛸地蔵伝説

——西尾純二

キツネノヨメドリ（日照り雨）、アヒタ（明日）、ホイホイドリ（ふくろう）、ジョーセンアメ（あめんぼ）、ハビ（まむし）、ノボリ（凧）、ウラ（私）といった語彙。フッテラ（《今、雨が》降っているよ）、キエチャール（《ろうそくの火が》消えている）、ミセチャロカ（見せてやろうか）、ハル敬語を使用しないといった文法上の特徴。

表1　ろうそくの火が「消えている」（近畿方言研究会1994に加筆）

	No.	世代＼地点	70代	60代	50代	40代	30代	20代	10代
大阪府	1	大阪市天王寺区	■	／	◦／	／	／	／	◦
	2	大阪市阿倍野区	／	／	／	／	／	◦／	NR
	3	大阪市住吉区	◦■	■／	■／	／	／	／	NR
	4	堺市浅香	／	■／	＋	／	◦	／	／
	5	堺市旧市街	／	◦■	◦	／◦	／	／	／
	6	堺市鳳	／	／	／	／	／	／	／
	7	高石市富木	＋	／	／	／	◦／	／	／
	8	和泉市信太山	■／	■／	／	／	／	／	／
	9	和泉市府中	■	／	／	／	／	◦	／
	10	岸和田市久米田	◦▧	▧	／	▧／	▧	▧	／
	11	岸和田市下松	▧	▧	／	／	／	▻	／
	12	岸和田市土生	◦	／	◦	／	▧	／	◦
	13	貝塚市東貝塚	▧	／	▻	／	▻	／	▧
	14	貝塚市石才	▧	／	▧	／	／	／	／
	15	熊取町大久保	◦	／▧	▧	▧	／	／	▧
	16	泉佐野市日根野	▧	／	／	■▧	／	／▧	▧
	17	泉佐野市長滝	／	▧／	◦	▧	◦	／	◦
	18	泉南市新家	／	▧	▧＋	／	▧	▧	▧
	19	泉南市和泉砂川	▧	▧	▧	▧	▧	／	／
	20	泉南市和泉鳥取	▧	／▧	／	／	◦	／	／
	21	阪南市山中渓	◦	／	／	▧	▧	▧	▧
和歌山県	22	和歌山市紀伊	■▧	◦	▧	▧	▧	▧	▧
	23	和歌山市六十谷	▧	／	／	▧	▧	▧▻	／
	24	和歌山市紀伊中之島	■	／	◦	／	／	／	／
	25	和歌山市旧市街	／	◦▧	／	／	／	／	／
	26	和歌山市雑賀崎	◦■		▧	■	◦	／	■▧

凡例　／ キエテル類　◦ キエタ類　■ キエタール類　▧ キエチャール類
▻ キエトル類　＋ その他　NR 無回答

これらはいずれも、一九九〇年代に実施された高年層対象の調査で、南大阪に分布することが確認できる（岸江・中井・鳥谷（編）『大阪のことば地図』二〇〇九年、和泉書院）。別の調査結果である表1でもキエチャールの分布域が岸和田周辺市以南であることが確認できるし、〇頁2のオモシャイ（面白い）も同様の構造をもった分布である。

さらに、これらの方言形は紀州にまで分布することが多い。紀州と岸和田以南の泉南地域の間には、和泉山地が立ちはだかる。その和泉山地という障壁をもろともせず、紀州方言と泉南方言はつながっている。しかし、な

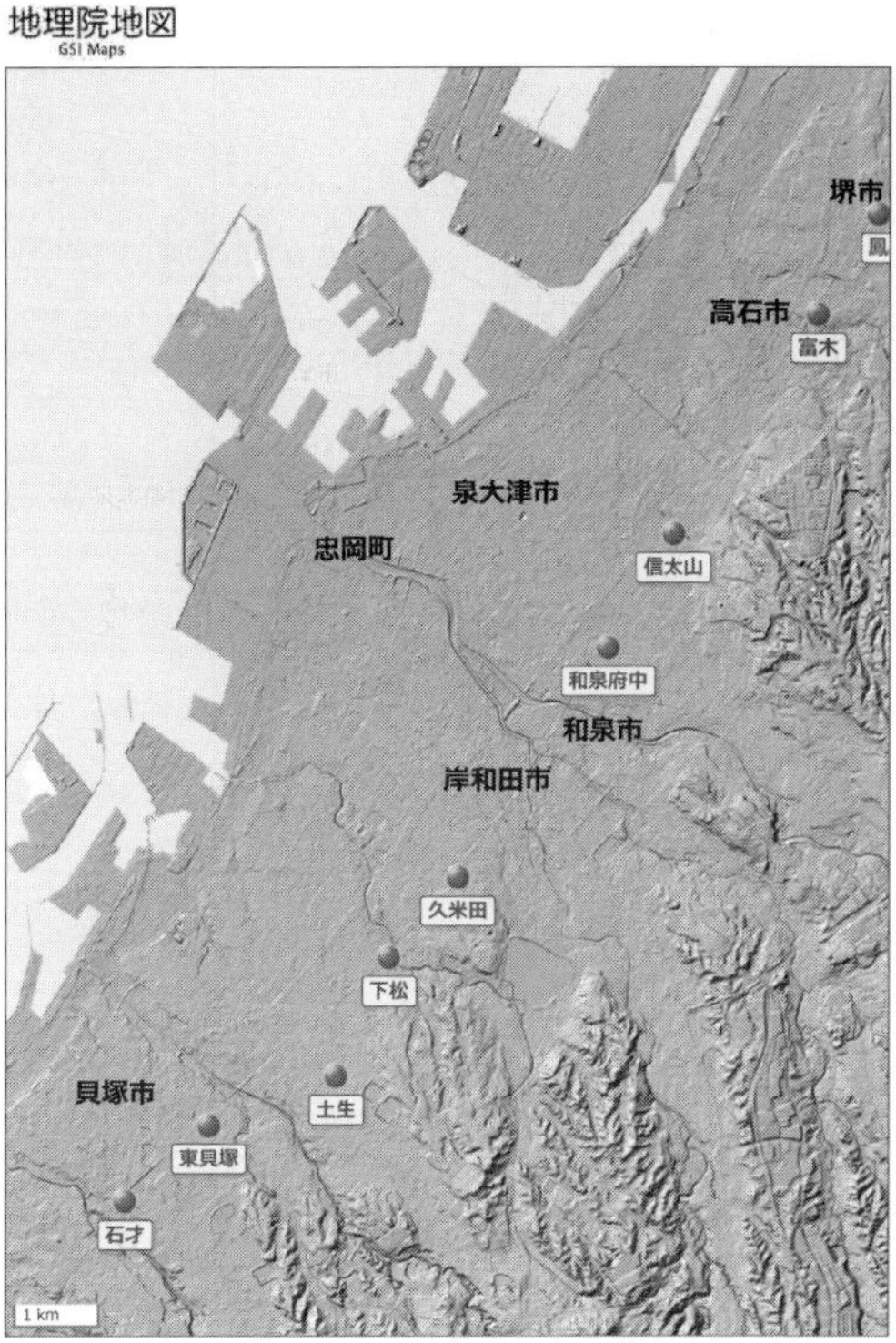

図 1　和泉市岸和田市間地勢図（地点名は表 1 のもの）

ぜか岸和田市周辺を北限として、泉南方言は突如途切れてしまう。和泉市と岸和田市との境界付近に、松尾川・牛滝川が走っているが、そのことは、泉南方言の北限が岸和田市周辺であることの要因としては考えにくい。二つの川は方言を隔てるような交通の障壁になるほどの大河ではないうえに、大阪平野南部には他にも多くの河川が走っている（図1）。その中で、松尾川・牛滝川こそが、方言を分かつ要因となるという理由を見いだすことはできない。目立った自然障壁がないにも関わらず、岸和田市周辺は泉南・泉北の方言境界であり、現代の大阪方言の中でもっとも鮮明な境界線である。紀州的で根強く残存する泉南方言と、大阪市方言化が著しく、特徴を失いつつある泉北方言とを分ける要因は何なのか。

その理由の候補として挙がるのが、近世の岸和田藩の存在である。岸和田藩は、大阪府内の岸和田市以南のかなりの地域を藩領とした。方言の分布は行政区画のように明確な境界線を引けるものではないが、泉南方言の分布は大阪府内では、概ね岸和田藩の藩領と重なる。藩制の自治は現代の地方自治よりも強力で、そこに言語共同体が形成されることは不思議なことではない。そうすると、泉南方言は岸和田（藩）方言とも呼んでよさそうにも思えてくる。しかし、この考え方は重要な要素を見落としている。それは、泉南方言が、和泉山地を越えた紀

図２　『聖地蔵尊縁起絵巻』（岸和田市天性寺蔵）
敵を蹴散らす白法師と無数の蛸

州北部方言と連続することである。

紀北から山を越え、岸和田市周辺でぴたりと途切れる方言の分布を考慮すると、紀北から泉南までを一つの方言区画として見ることも考えられる。この状況は、どのような社会環境との関連で説明できるのか。明治期、和歌山市は人口五―六万人程度ではあったが、その人口は、全国一〇位程度であった。相対的には、当時の和歌山市は堺市や福岡市をしのぐ大都市であった。また、徳川御三家の一つである紀州徳川家の本拠地としても繁栄した由緒ある地でもある。その和歌山市の威光や人流のネットワークで方言が泉南に伝播したとも考えられるだろうか。しかし、その考えでも、和歌山側の方言が、和歌山市がある和泉山地の瀬戸内側だけでなく、内陸側からも山を越えて泉南内陸に分布する状況や、岸和田市周辺に鮮明な泉南方言の境界線が形成される状況は説明できない。

紀州と泉南のつながりといえば、筆者には、室町時代から戦国時代にかけて紀州で隆盛を誇った根来寺（新義真言宗）の勢力範囲が、泉南にまで及んでいたことが想起される。紀北・泉南という地域的枠組みは、室町時代から根来寺を中心に形成されていて、その領域内で方言は形成・変化を繰りかえしてきたのではないだろうか。根来寺は、和泉山地の和歌山県側の中腹にあり、その地に巨大な宗教都市を築いた。根来寺の勢力は、津田監物らが種子島から鉄砲の技術をいち早く

図３　蛸地蔵駅

図４　蛸地蔵駅のステンドグラス

取り入れ、強力な軍事力を備えていた。

また、根来寺が泉南に勢力を及ぼす様子は、『泉南の文化財』（大阪市立博物館、一九八七）によると次のように説明される。

〈根来寺は〉室町時代には足利氏の保護を受けて守護の支配から独立し寺領の特権を確保していた。そして次第に紀州・泉州地方の田畠を買得して土地の集積を進め、これらの地方の武士や土豪の子弟を氏人として子院に入寺させたり、土豪を年貢・加地子（小作料）を徴収する代理人にするなどして勢力を拡大しながら在地との結合を深めて行き（後略）最盛期には寺領数十万石、坊舎二七〇〇余と言う勢力を誇るまでに成長して行く。　〈　〉内、西尾注

根来寺の勢力が、泉南の人々の暮らしに深く浸透していく様子が窺える記述である。

いっぽう、岸和田市天性寺には「蛸地蔵」が祀られ、その伝説が現代に語り継がれる。「蛸地蔵伝説」と言われる物語では、一六世紀後半の天正年間、秀吉家臣が守る岸和田に攻め入った紀州勢（根来・雑賀）が、白法師と無数の蛸によって撃退されるというシーンが知られている（図2、http://otera.jodo.or.jp/temple/32-399/）。白法師は地蔵尊の化身で人智を超える力をもち、窮地の岸和田城勢を救うヒーローとして描かれるのである。こ

図５　岸和田城

の伝説は地域の人々に伝わっていて、南海電鉄蛸地蔵駅の構内には蛸地蔵の物語がステンドグラスで描かれるなどして親しまれている（図3・図4）。歴史としては、根来ら紀州勢は貝塚市にいくつかの支城を置き、秀吉側は岸和田城（図5）を拠点に繰り広げられた岸和田合戦が知られる。この戦で、根来勢は大敗し、根来寺は焼き討ちとなる。

紡がれた伝説は、岸和田城を攻められる側、根来を含む紀州勢を攻め入る侵略者として描く。そして、ヒーローが力を貸したのは、戦勝者側の岸和田城勢であった。

岸和田合戦時、岸和田の民衆にとっての侵略者は誰だったのか。民衆のことばである泉南方言は、現在に至るまで、紀州方言との類似性を保ちながら、岸和田市周辺から紀北までを分布圏としている。また、宗教勢力であった根来勢力への脅威は、武力もさることながら、民衆に浸透した思想性にあったとも考えられる。紀州勢を侵略者として描く伝説は、民衆統治の装置たりえたのか。岸和田では駅名やステンドグラスになって、蛸地蔵伝説が何気ない日常として受け入れられている。昨今の大阪にも、『現代版　蛸地蔵伝説』が身の回りにあるのかもしれない。

人形浄瑠璃・文楽と大阪

久堀裕朗

はじめに

今日《こんにち》、文楽を紹介する際に、「世界に誇る大阪の伝統芸能（伝統文化）」というようなフレーズがよく用いられる。「世界に誇る」という修飾は、平成一五（二〇〇三）年に文楽がユネスコの無形文化遺産に選ばれることが決定して以降[1]、特によく耳にするようになった言い回しであるが、「世界に」を除いた部分、すなわち文楽が「大阪の伝統芸能」であり、「誇る」べきもの（大阪の誇り）であるという点については、もちろんそれ以前からよく唱えられてきたことである。例えば、次に示す戦前（昭和初期）の絵葉書（図1）を見ても、大阪名所の一つとして文楽が取り上げられ、その紹介文には「（大阪）郷土芸術を誇る文楽

（1） 平成一五（二〇〇三）年、ユネスコの「人類の口承及び無形遺産の傑作」の一つとして「人形浄瑠璃文楽」が選定され、平成二〇（二〇〇八）年に無形文化遺産として登録された。

図１　戦前の絵葉書（四ツ橋文楽座）

座の人形浄瑠璃」と記されている。かねてより文楽は、確かに大阪を代表する伝統芸能であり、大阪人の誇りであった。

　しかし更にさかのぼると、この芸能は、必ずしも「大阪」と一対一の関係で結びついていたものではなく、そのため「大阪の」と冠するその意味合いも、「大阪の誇り」と捉えるその内実も、例えば江戸時代と昭和初期ではかなり異なっているように思われる。大阪天王寺出身の竹本義太夫によって道頓堀で創始された義太夫節の人形浄瑠璃という意味では、この芸能は紛れもなく「大阪（発祥）の」ものであり、かつ常に「（本拠地が）大阪の」ものであったことは間違いないが、江戸時代においては、容易に他の地域でも見られるものだったので、近代以降に比べると、当時は「大阪（特有）の」ものと捉える意識が希薄だったのである。また、まだその頃は人形浄瑠璃のことを「文楽」とは呼んでいなかった。「文楽」が人形浄瑠璃の代名詞になる経緯と、大阪人が人形浄瑠璃・文楽を「大阪（特有）の」もの、そしてその意味での「大阪の誇り」と捉えるようになる経緯とは、分かちがたく結びついている。

　そこで、本章では、人形浄瑠璃を「文楽」と呼ぶようになった経緯や、人形浄瑠璃・文楽を「大阪の誇り」と捉える、その意味合いの変化について述べ、その上で、現代の我々にとって、文楽はどのような意味で誇るべき文化と捉えられるのかについて、改めて考えてみたい。

1　いつ「文楽」は人形浄瑠璃の代名詞になったのか

人形浄瑠璃(2)という芸能は、ちょうど江戸時代に入った頃に、浄瑠璃という語り物と人形操りの芸が結びついて京都で誕生した。それ以降、三都（京都・大阪(3)・江戸）で様々な太夫がそれぞれ独自の節を工夫して浄瑠璃を語り、人形浄瑠璃の興行を行うことになったが、貞享《じょうきょう》一（一六八四）年に大阪で竹本義太夫が竹本座を旗揚げし、その後、他の流派は次第に廃れていったため、義太夫節の人形浄瑠璃がこの芸能のスタンダードになった。大阪が人形浄瑠璃の中心地となったのは、それ以降のことである。

義太夫節が一世を風靡した結果、先述のように、江戸時代には大阪以外でも義太夫節の人形浄瑠璃興行が継続的に行われるようになった。江戸や京都のほか、全国の主要な興行地（伊勢・宮島など）で人形浄瑠璃興行が行われたし、淡路の人形座などは、全国津々浦々を巡業し、小屋掛けで農村部でも興行を行った。その状況が、幕末から明治にかけて、次第に変化していく。三都で言うと、大阪以外の、江戸（東京）や京都における継続的な人形浄瑠璃興行が、次第に行われなくなっていくのである。明治の東京でも、例えば明治二、三十年代に新声館や本郷座という劇場で、東京の演者によって人形浄瑠璃興行が行われた時期があったが(4)、それも長続きすることはなかった。そうした例外を除くと、明治以降、都市部では(5)、大阪にしか人形浄瑠璃劇団が存在しなくなってしまう。そうした中で、大阪

(2)「人形浄瑠璃」は、近代以降に一般化した名称で、江戸時代には「操り芝居」「浄瑠璃芝居」「浄瑠璃操り」などと呼んでいた。本章ではわかりやすいように統一して、この芸能のことを「人形浄瑠璃」と記すことにする。

(3) 江戸時代には「大坂」の表記が一般的だが、本章では「大阪」で統一する。

(4) 倉田喜弘編『東京の人形浄瑠璃』（一九九一年、日本芸術文化振興会）に当時の新聞記事が収録されている。

(5) 地方では、例えばまだ淡路の人形座などが巡業をしていた。

に最終的に残ったのが、文楽座という人形浄瑠璃の劇団（劇場）なのである。

では、大阪の人形浄瑠璃劇団の歴史をごく簡単にたどってみよう。十八世紀の初めから半ば過ぎまで、人形浄瑠璃の言わば本拠地となっていたのが、道頓堀の竹本座と豊竹座という二つの劇団（劇場）だった。しかしどちらも十八世紀の後半に途絶えてしまい、以降は両者の後継劇団が、様々に離合集散しながら、道頓堀や北堀江、曾根崎新地、あるいは神社境内（稲荷・坐摩・御霊）など様々な場所で人形浄瑠璃興行を行うような状況となる。その中で台頭してきたのが、いわゆる文楽の芝居であった。

図２　明治35年９月御霊文楽座舞台稽古の様子（昭和３年刊『THEATRE JAPONAIS DE POUPESS』より）

文楽の芝居とは、正井文楽軒（明治期に植村に改姓）の代々が経営した人形浄瑠璃劇団（劇場）のことである。寛政（一七八九―一八〇一）の頃、素人太夫であった初代が高《こう》津《づ》橋《ばし》南詰（国立文楽劇場の少し南あたり）に浄瑠璃稽古場を開いた後、文化八（一八一一）年に二代目が難波神社（稲荷）[6]境内で人形浄瑠璃興行を始め、そこから文楽の芝居の歴史が始まる。天保の改革では寺社境内の興行が禁止されたため、一時は他所を転々とするも、やがて元の場所に復帰。明治五（一八七二）年に松島遊廓[7]内に移転し、初めて「文楽座」を名乗り、松島文楽座となった。明治一七（一八八四）年には御霊神社境内[8]の御霊文楽座に移り、二代竹本越《こし》路《じ》太夫《だゆう》（摂津《せっつ》大《だい》掾《じょう》）の人気もあって大いに繁栄する。こうして長期

（6）現大阪市中央区博労町《ばくろうまち》。境内に稲荷を祀るため、江戸時代は博労稲荷社とも呼ばれた。文楽の芝居はその東門にあった。

（7）明治二（一八六九）年に大阪に開設された遊廓。現大阪市西区千代崎。

（8）現大阪市中央区淡路町。御霊文楽座は本殿の南側にあった。

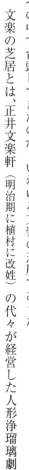

に渡って座を維持し、幕末から近代にかけて、人形浄瑠璃界の中心勢力として君臨した。

これに対して、明治から大正初期には、大阪に文楽座以外のもう一系統の人形浄瑠璃劇団が存在した。浄瑠璃史において、彦六《ひころく》系、あるいは非文楽系と称される勢力である。こちらは文楽座に比べると経営は不安定で、劇場や興行主を変えつつ、彦六座（明治一七―二六〈一八八四―九三〉年）、稲荷座（明治二七―三一〈一八九四―九八〉年）、明楽座（明治三一―三六〈一八九八―一九〇三〉年）、堀江座（明治三八―四四〈一九〇五―一一〉年）、近松座（大正一―三〈一九一二―一四〉年）と変遷する。しかし最後の近松座が大正三年を以て休場、同五（一九一六）年に首振《くびふり》芝居[9]として開場するも、その年限りで途絶え、大阪に文楽座以外の人形浄瑠璃劇団はなくなってしまう。彦六系の一部は大正六（一九一七）年、京都に竹豊《たけとよ》座を開場するが、それも同一〇（一九二一）年には閉場し、彦六系の命脈は完全に尽きることとなった。

以上のような経緯で、都市部では文楽座が唯一の人形浄瑠璃劇団となった。その結果、「文楽」は人形浄瑠璃という芸能自体の名称となった、というのが浄瑠璃史における一般的な説明である。[10]従って、その時期はふつう彦六系が滅びた後とされている。もちろんそうした捉え方で大きな問題はないが、ただ「文楽」という名称が一般化した時期については、従来あまり詳細には検討されてこなかったので、ここでは少し具体例を挙げながら考察してみたい。

まず、この問題について考える上で重要だと思われるのは、明治四二（一九〇九）年に文楽座が松竹《まつたけ》合名会社（今の松竹《しょうちく》株式会社）に買収され、経営権が植村文楽軒の一族から松竹に移ったにもかかわらず、「文楽座」の名称が変更されなかったことである。この買収

（9）浄瑠璃に合わせて、子供役者が身振りだけで演じる芝居のこと。

（10）例えば、『日本古典芸能と現代 文楽・歌舞伎』（岩波書店、一九九六年）には、「松竹は、既に百年以上（年数において竹本座を凌ぐ）の歴史をもつ文楽の座名をそのまま残し、大正中期以後、文楽座に対抗する非文楽系の活動もほぼ消滅したこともあって、「文楽」はやがて、人形浄瑠璃の代名詞として定着する」（内山美樹子氏執筆）と記している。

を伝える新聞記事（『大阪毎日新聞』明治四二年三月二一日）に「大阪の誇りとして徳川幕府三百年の治世と共にその歴史に終始し養成せられ来りたる浄瑠璃の本場所御霊文楽座を買収し……」[11]とあるように、当時文楽座はこの芸能の「本場所」（中心）と捉えられていた。まだ彦六系が途絶える前であるが、江戸時代から存続する文楽座は、「文楽」という名称の知名度も高く、その名称が一般によく浸透していたので、松竹は座名を変更することができなかった（おそらくはその検討もしなかった）と考えられる。

「文楽」という名称が人口に膾炙《かいしゃ》していたことを示す例を一つ挙げてみよう。例えば、当時普及しつつあった野球に関して、様々なエピソードを綴った『野球百物語』（小泉葵南著、大正四〈一九一五〉年刊）という本に、「大村キヤプテンの文楽答辞」という一節が収録されている。そこには、大正二（一九一三）年のこと、早稲田大学野球部の主将が選手総代として挨拶する際に、緊張のためその仕草がギクシャクしていたので、ある先輩に「オイ御前《おまへ》の先刻《せんこく》の演説はまるで文楽の人形だつたぜ」とからかわれたというエピソードが紹介されている。この例など、「文楽座」という特定の劇団を指して「文楽」と言っているというより、人形浄瑠璃という芸能一般を意図して「文楽」の語を用いていると解釈した方がよいだろう。当時、既に「文楽」こそが人形浄瑠璃の代表だったのである。

そして、「文楽」という語がこのような用いられ方をするようになる前提としては、「文楽座」を略して「文楽」と言うにとどまらず、「文楽座の人形浄瑠璃」を略して「文楽」と呼んでいたという事情があるだろう。例えば、俳人の高浜虚子は「子規居士と余」という随筆の中で、「大阪へ立寄って文楽を一緒に聞いた事もあった」（この部分の初出、明治四五〈一九一二〉年三月）[12]という表現を用いている。この場合、虚子が行ったのは文楽座であっ

（11）本章における引用は、読みやすさを考えて、表記等を部分的に改めた。

（12）『子規居士と余』は大正四（一九一五）年刊。初出は雑誌『ホトトギス』の連載で、引用箇所を含む（四）は『ホトトギス』明治四五（一九一二）年三月号所収。

（13）「文楽を聞く」という表現については、拙稿「文楽は「見る」ものか？「聞く」ものか？──観客意識の変化と今日の文楽」（『上方芸能』第一九三号、二〇一四年九月）で論じたことがある。

（14）この言い方は、ちょうど「宝塚（タカラヅカ）を見る」という用法に似ている。「宝塚」の場合も、元は多くの劇団が存在した少女歌劇の中

て、他座の人形浄瑠璃ではないが、「文楽」という語で、そこで演じられる芸能までをも含めて表現している。このように「文楽を聞く」(13)、あるいは「文楽を見る」と略する言い方(14)が先に定着していたからこそ、特に人形浄瑠璃に詳しくない人は、「文楽」をそのまま「人形浄瑠璃」のことと解釈し、一般に「人形浄瑠璃」のことを「文楽」と呼ぶようになったのだろう。

そして、大正期、彦六系が途絶えるとともに、そうした認識がより多くの人々に共有されていく。大正一一（一九二二）年、東京で竹本素女《もとめ》ら女義太夫と東京の人形遣いが「人形浄瑠璃東京文楽」(15)と銘打って興行を行っているが、これなどは完全に文楽座以外の人形浄瑠璃を「文楽」と称している例である。また、大正一五（一九二六）年、御霊文楽座焼失直後の大阪毎日新聞には「文楽人形浄るり昔話」というタイトルの連載(16)で、文楽座のみならず、浄瑠璃史の概略が紹介されているが、「文楽」「人形浄るり」の両語を繋げて記すこうした用例を見ても、「文楽」がそのまま「人形浄瑠璃」を表す語として定着してきていることがわかる。従って大正期のうちに、「文楽」＝「人形浄瑠璃」の用法が完全に一般化したと考えてよいだろう。

以上を総括すると、次の通りである。すなわち「文楽」という語は、明治時代から、「文楽座」だけでなく、「文楽座の人形浄瑠璃」を表す略語として用いられていた。そのため、彦六系の消滅前、遅くとも大正の初め頃には、「文楽」＝「人形浄瑠璃」の用例が見られはじめる。そしてこの用法が彦六系消滅後に広く浸透し、大正末には完全に定着した。よって、「文楽」が「人形浄瑠璃」の代名詞として定着するのは、ちょうど彦六系消滅前後の大正期と捉えることができる。一般に考えられているより少し早く、「文楽」＝「人形浄

の一劇団であり、それが今日一つのジャンルを表すような存在となっているので、「文楽」がその芸能を表すようになった経緯と類似している。

(15) 澤井万七美「「東京文楽」と「義太夫人形座」—四世吉田国五郎と吉田新三郎の足跡—」（『芸能史研究』第一七三号、二〇〇六年四月）に詳しい。大正一一（一九二二）年四月二一日『東京朝日新聞』所収広告には「東京の文楽」とも書かれている。

(16) 大正一五（一九二六）年一一月三〇日『大阪毎日新聞』に「人形浄るりのむかしばなし」、翌日からタイトルが変わって、一二月一日から四日まで「文楽人形浄るり昔話（一）—（五）」として連載。執筆者は「石割生」と記されているので、劇評家・人形浄瑠璃研究家として知られる石割松太郎とわかる。

瑠璃」の認識が広まったと考えた方がよいと思われるのである。

その後、道頓堀弁天座での仮宅興行を経て、昭和五（一九三〇）年に文楽座は四ツ橋に移るが、四ツ橋文楽座完成に当たって発行された「昭和四年十二月竣工文楽座建築概要」という小冊子には、「遂には文楽の代名詞を以て唱へらる丶に至りましたる我が郷土芸術人形浄瑠璃」という記述があり、「人形浄瑠璃」を「文楽」と呼ぶようになったことが明記されている。この例から見ても、これより少し前の大正期に、こうした認識が一般化していたと捉えるのが妥当であろう。公演プログラムにおいては、四ツ橋文楽座でも、また昭和三一（一九五六）年以降の道頓堀文楽座でも、表紙には「文楽座人形浄瑠璃」「初春の

図 3　四ツ橋文楽座外観（「昭和四年十二月竣工文楽座建築概要」より）

図 4　四ツ橋文楽座公演プログラム（昭和 6 年 1 月）表紙

人形浄瑠璃」などと記され、現在のように「文楽公演」とは記されてはいないが、人々が「人形浄瑠璃」を「文楽」と呼ぶようになったのは、それよりかなり前からなのである。

2 「大阪の誇り」意識の変化

それでは、前節でたどった人形浄瑠璃の歴史を踏まえつつ、人形浄瑠璃・文楽を「大阪の誇り」と捉える、その意味合いの変化について確認してみたい。

江戸時代、前述の通り大阪は浄瑠璃界の中心地であった。そして大阪の人々は、確かにそのことを「大阪の誇り」と捉えていたと思われる。例えば、寛政九（一七九七）年刊の浄瑠璃指南書『音曲鼻けぬき』には、近松時代の浄瑠璃界について述べる部分で、「其頃は銘作を上手なる太夫語る故、浪花の名物と成て、芝居の繁昌たとふるに物なし」と記している。また、同じく文化四（一八〇七）年序『要曲異見嚢《ようきょくいけんぶくろ》』と題する浄瑠璃指南書には、「扨《さて》こそ浄瑠璃日本六拾余州津々浦々迄日々盛んなる事、是を以てしるべし。長く浪花の名物なりぬる様に、心を委《ゆだね》て工夫を凝《こ》らし上達なりたきものぞかし」と述べる。これらはどちらも人形浄瑠璃（あるいは広く義太夫節の浄瑠璃）を「浪花の名物」と捉え、その繁栄を誇っていると言うことができる。また『要曲異見嚢』に言うように、この時代はまだ日本全国各地で浄瑠璃が盛んであり、都市大阪内での繁栄とともに、大阪が、全国に流布した義太夫節の中心地であることを誇っていたとも言えよう。当時は芝居興行以外でも、素人の浄瑠璃の稽古が盛んで、大阪のみならず全国に莫大な素人浄瑠璃人口を抱えていた。

そしてその状況は、明治に入っても、まだ大きくは変わらなかった。明治一四（一八八一）年、浄瑠璃を職業とする者に対する取締規則が定められることになったことを報じる新聞記事（『大阪朝日新聞』四月一五日）には、「大坂名物中の巨擘《おやだま》彼の太棹の浄瑠璃語り並《ならび》に三味線弾は当時府下に何千を以て数へる位《くらゐ》なるが……」とあり、その繁栄から浄瑠璃を「大坂名物中の巨擘《おやだま》」と位置づけている。また明治三二（一八九九）年には素人浄瑠璃衆向けの専門雑誌『浪花名物浄瑠璃雑誌』が創刊されている。[17] まだこの頃は、全国的に浄瑠璃が盛んな時代であった。

このように、江戸時代以来、義太夫節の浄瑠璃は「浪花の名物」と捉えられていたわけだが、注意が必要なのは、「名物」とは言っても、「大阪（特有）のもの」と認識されていたわけではなかったということである。例えば、安永六（一七七七）年刊『富貴地座位《ふきじざい》』という評判記がある。上巻が「京都名物」、中巻が「江戸名物」、下巻が「浪花名物」をそれぞれ紹介している本である。同書の京都の巻を見ると、「戯芸の部」に宮薗節《みやぞのぶし》の「宮薗鸞鳳軒《らんぽうけん》」が挙がっており、また江戸の巻を見ると、やはり「戯芸の部」に「江戸節 江戸半太夫」が挙がっていて、それぞれの土地の（義太夫節ではない）浄瑠璃語りが記されている。しかし浪花の巻を見ても、義太夫節関係のことは記されていない。下巻は「戯芸の部」というような部立てがなく、記載形式が他の巻とは異なるが、「吉田一保の講釈」[18]や「竹田のからくり」[19]は記されても、義太夫節に関する記載はない。それはやはり、義太夫節が、宮薗節や半太夫節とは違い、大阪だけでなく全国に普及していたからであろう。大阪特有のものではないので、名物評判記の記載対象にはならないのである。

ところが、明治末から大正期、既に前節に示したように、その状況に大きな変化が生じ

(17) 明治三二（一八九九）年二月以降、昭和二〇（一九四五）年二月までに全部で四二五冊が発行された。

(18) 当時大阪で有名だった講釈師で、大阪講談中興の祖と位置づけられている。

(19) 竹田近江が創始したからくり人形芝居のこと。

る。まだ素人浄瑠璃は非常に盛んであったが、人形浄瑠璃の興行は完全に衰退傾向に転じ、観客が減少して経営に苦心することになり、彦六系の劇団はついに途絶え、都市部の人形浄瑠璃劇団はついに文楽座のみとなった。次に『新東京繁昌記　附大阪繁昌記』（水島爾保布著、大正一三〈一九二四〉年刊）の記述を引用してみよう。

　文楽座の人形芝居といふものは最早今日の大阪の繁昌を語る事項には外れてゐるかも知れないが、とにもかくにも大阪にとつては唯一の名物であるには相違ないしまたあゝいふ技芸とさうしてあゝいふ技芸を見せる常設の芝居とを、今日迄保存してゐるつて事も大阪として非常な誇りだといつてよからう。

ちょうどこの本が刊行された翌年の大正一四年に大阪市は東成郡と西成郡の四四か町村を編入し、その結果、大阪市は「大大《だい》阪」と呼ばれ、時代も全体に活気を取り戻していくが、それとは裏腹に、人形浄瑠璃は明らかに衰退の道をたどりつつあった。かつて大阪の人々は、大阪浄瑠璃界の繁栄を、そして全国の浄瑠璃界の言わば総本山たる地位を、大阪の誇りとしていたわけだが、ここでは文楽座という一劇団を「名物」とし、文楽座が高度な技芸を「今日迄保存してゐる」、その希少性を「非常な誇り」と言っているのである。

同じ頃に刊行された『浄瑠璃雑誌』第二三四号（大正一三〈一九二四〉年九月刊）には「文楽座大阪市直営論」という社説が載っているが、そこには「大阪の代表名物たる浄瑠璃」が衰運に傾いていることを記し、これを維持するために「浄瑠璃都市たる大阪市が文楽の経営をなすは当然過ぎる事で毫《ごう》も珍奇とするに足らない」と説く。「将来或は悲むべき結果を招致するやも測り知れざるの状況」とも記されているように、松竹経営の文楽座が本当に滅んでしまってもおかしくない状況にあると認識されており、当時そうした危機感が浄瑠璃愛好者には共有されていた。

人形浄瑠璃を「文楽」と呼ぶようになった大正期は、このように危機的な状況にあった文楽座に浄瑠璃愛好者の意識が集中し、「浪花の名物」と捉えるその対象が、広く浄瑠璃一般から文楽座という一劇団へと転じていった時代であった。少し時代が下って、昭和一三（一九三八）年六月刊『浄瑠璃雑誌』第三七一号には、「浄瑠璃は大阪の至宝市民これを護るべし」というタイトルの記事が掲載されている。そこには「文楽をたゞ一個の名物」くらいに考えてはならず、「大阪人士たるもの日本商工の第一都市たるに鑑み、一個の文楽殿堂を保護し、浄瑠璃興隆に向つて感奮興起」すべきであると説かれている。「浄瑠璃は大阪の至宝」とは言っても、ここで意識されている「浄瑠璃」は浄瑠璃界全体なのではなく、まずは護らなければならない「殿堂」である文楽座のことなのである。ここに見える「至宝」「殿堂」というような文楽座の価値の強調は、従って、その廃絶の危機感の裏返しであったと捉えることができるだろう。冒頭に挙げた「郷土芸術を誇る文楽座の人形浄瑠璃」という絵葉書も、こうした時代に作られたものなのである。

おわりに――人形浄瑠璃・文楽は「大阪の伝統芸能」なのか

以上に述べてきたことを踏まえ、最後に、今日《こんにち》の我々（大阪人、ひいては日本人）にとって、人形浄瑠璃・文楽はどのような意味で、誇るべき文化と捉えられるのかを考え、本章の締め括りとしたい。

昭和初期に比べても、人形浄瑠璃・文楽は、現在の一般の人々にとって、はるかに縁の遠いものとなった。公益財団法人文楽協会と国立文楽劇場（独立行政法人日本芸術文化振興会）による運営のもと、大阪における文楽の公演は維持されているが、素人浄瑠璃に代表される浄瑠璃文化は絶え果て、一般的な大阪市民の日常から浄瑠璃は消えてしまったと言っても過言ではない。「大阪市直営」はおろか、近年は、文楽協会に対し、大阪市が一定額の補助金を支出することさえ問題になったが、[20]そういう事態を招いたのも、根本的には文楽に対する市民の関心が低いというところに起因していると思われる。

そのような状況の中で、本章冒頭に示したように、例えば「文楽は世界に誇る大阪の伝統芸能」等のフレーズで、大阪市民に文楽が紹介されることがある。その場合、「文楽」とは、直接には狭義の「文楽」、すなわち文楽座が上演している「大阪の」人形浄瑠璃を指すことになる。市民にアピールするのだから、「大阪の」ものであることを強調するのは当然で、また他ならぬ文楽座の価値を説くのも必然的なことである。ただ、その際に注意したいのは、「大阪の」と冠し、さらには「文楽」という語を用いると、人々は、この芸能がかつては全国に流布し、各地で上演が重ねられたものであるという事実を見失いがちになるということである。

現在、「人形浄瑠璃文楽」は国の重要無形文化財に指定されているが、それとは別に、例えば「淡路人形浄瑠璃」（兵庫県）、「阿波人形浄瑠璃」（徳島県）、「安乗《あのり》の人形芝居」（三重県）、「真桑《まくわ》人形浄瑠璃」（岐阜県）、「相模人形芝居」（神奈川県）などが国の重要無形民俗文化財に指定されている。このように区別されてしまうと、それぞれ別の芸能であるかのように見えてしまうが、実際はすべて義太夫節の人形浄瑠璃であり、芸能としては一体の

（20） 石橋愛子「人形浄瑠璃文楽の資金についての考察―文楽協会への二〇一二年度補助金をめぐる〝文楽〟と大阪市との対立を事例に―」（『歌舞伎研究と批評』第五一号、二〇一四年三月）など参照。

ものである。前述の通り、かつては大阪発の浄瑠璃が、全国に伝播し、各地で愛好されていたのであり、その結果として、右に挙げたような地方の人形芝居が今でも伝承されているのである。その意味では、人形浄瑠璃・文楽という芸能は、広義に捉えると、「大阪の伝統芸能」というよりも、むしろ「日本の伝統芸能」と言った方が実態に即している。

　演劇評論家の三宅周太郎[21]は、雑誌『文楽』創刊号（昭和二一〈一九四六〉年一二月）に「『日本の文楽』へ」という文章を寄せているが、そこで三宅は「文楽を救うには、これを大阪のみでなく日本の文楽にしなければならない」という新聞の意見に賛同しつつ、そのためにはまず文楽の東京進出が重要であることを説いている。また、もう少し時代をさかのぼっても、小説家の近松秋江《しゅうこう》は、大正二（一九一三）年、「近松座か文楽座かを何方《どちら》か一つ東京に移したらどうかと思つてゐる。全然移さないまでも度々東京で興行するやうにしたら可《よ》からうと思ふ。[22]」と述べている。こうした提言は、東京の国立劇場で定期的な文楽公演が行われるようになった現在、ある程度実現しているとも言えるが、この場合「日本の文楽」とは言っても、やはりそれは、狭義の「文楽」を意味している。もちろん文楽座の人形浄瑠璃が東京で公演を行うことも重要で、また文楽座自体の価値はいくら強調してもし過ぎることはない。ただ右の「日本の文楽」とは別の意味で、人形浄瑠璃・文楽が「日本の伝統芸能」であることを忘れてはならないと思うのである。

　以上の考察をもとに結論を述べると、人形浄瑠璃・文楽は確かに「大阪の伝統芸能」である。だが、それと同時に、この芸能は間違いなく「日本の伝統芸能」でもある。あるいは「大阪が誇る、日本の伝統芸能」とでも言えばよいであろうか。この芸能は大阪だけで愛されてきたのではなく、日本中の多くの人々に受け入れられ、そのメンタリティの形成

(21)　三宅周太郎（一八九二―一九六七）。『文楽の研究』『続文楽の研究』を著し、広く文楽を社会に紹介した。

(22)　「文楽座を東京に移したらどうだらう？並に東京と大阪の観衆その他」『演芸画報』大正二（一九一三）年四月一日（『近松秋江全集』第一〇巻、一九九三年、八木書店）。

に大きな影響を与えてきた日本の芸能であり、そのような全国的な広がりを視野に入れて捉えた方が、その価値は正しく把握され、その存在を「誇り」とする意識も強くなると思われるのである。定着してもうそろそろ百年になろうかという「文楽」という名称に愛着を抱きつつも、本章のタイトルに「人形浄瑠璃・文楽」と併記した所以《ゆえん》である。

〔参考文献〕（注に記したもの以外）

義太夫年表編纂会編『義太夫年表 明治篇』義太夫年表刊行会、一九五六年
文楽協会編『義太夫年表 大正篇』「義太夫年表」（大正篇）刊行会、一九七〇年
祐田善雄『浄瑠璃史論考』中央公論社、一九七五年
鳥越文蔵・内山美樹子・渡辺保編『岩波講座歌舞伎・文楽 第一〇巻 今日の文楽』岩波書店、一九九七年
義太夫年表昭和篇刊行委員会編『義太夫年表 昭和篇』和泉書院、二〇一二年—刊行中
倉田喜弘『文楽の歴史』岩波書店、二〇一三年

生駒の神々と近代の大阪

秋庭　裕

はじめに

「生駒山」そのものは今も昔も変わらないはずだが、近年あっという間に高層ビルが林立してしまった大阪市中からは、その山容を探してしまうかもしれない。山地としての生駒は、大阪・奈良・京都の府県境にまたがる、南北三五キロ、東西一〇キロほどの山系である。北は淀川、南は大和川によって区切られている。最高峰は六四二メートルで、東京スカイツリーの六三四メートルとさほど変わらない。山頂には、河内平野にテレビ電波を送る中継塔が立っているのを望むことができ、歴史の長い生駒山上遊園地の名前に、幼い日の思い出をかき立てられる大阪市民は少なくないはずである。

生駒が、大中小の宗教的施設が蝟集する「聖地」であることはまちがいないが、おだやかな山容の生駒は、大阪の都市住民がアクセスしやすい、神仏やスピリチュアルな存在と接しやすい聖地なのである。大阪市中から生駒西麓まで一五キロほどの至近距離であり、鉄道網が早い時期から整備されたこともあり、市中から往復しても半日、ゆっくりしても小一日といったアクセスの容易さは、敷居の低さにも転じ、現世利益を入り口に、近代都市民を宗教行動へと誘ってきたのである。生駒の全貌の紹介は他の優れた業績に譲るが[(1)]、かいつまんでその魅力のよって来るところと由縁を紹介してみよう。

1　石切神社と参道の変遷——人びとが本音で求めるもの

まずは、石切《いしきり》神社である。近鉄奈良線鶴橋駅から一五分ほどの石切駅門前の、正式名「石切劔《つるぎ》箭《や》神社」は、生駒の神々の最大手であり、今日も門前群れなす「お百度参り」の参詣者の姿に、初めて訪れた人はカルチャー・ショックを受けるにちがいない。私も、お百度参りを実際に見たのは石切が最初だったし、石切以外では見たことがない。昭和が終わる頃であったが、初見学の際の印象は、今も記憶に鮮やかである。

境内の鳥居と社殿との間に、一五メートルほどの間隔で立てられた「お百度石」の回りを、二重、三重の輪となって、多いときには百人以上もの人びとが一心不乱にぐるぐる回っている姿に、ある種、異様なというと大げさであるが、白昼堂々とお百度を踏む集団の光景に接し、驚愕したことは今も忘れられない。伝統的な民間信仰のお百度参りは、深夜、

(1)　宗教社会学の会編、一九八五年・二〇一二年を参照のこと。この二書によって生駒の神々の全貌を鳥瞰し、かつ四半世紀の変容も概観できる。

人目を避けて行うものであったと考えられるが、石切では、今日もなお、白昼堂々お百度参りが行われている。

　石切神社は『延喜式神名帳』に記載される由緒ある延喜式内社であり、祭神は、饒速日尊《にぎはやひのみこと》と宇摩志麻治尊《うましまじのみこと》の二柱であるが、群れなす参拝者の多くはそのような故事来歴は知るところではないだろう。石切は「デンボの神さん」として、関西一円の人びとに広く知られているのである。「劒」の霊威が、デンボ、つまり関西弁で腫れものを断ち切るということで人口に膾炙し、デンボの連想はやがてガンにおよび、さらには万般の難病治癒に霊験あらたかであると庶民の信仰を集めている。万般の難病ということであれば、現代社会は難病＝根治の見通せない新しい病を次から次へと産み出し続けている。この意味合いにおいて、石切は今も求められ続ける理由がある。

図１　石切神社、お百度を踏む人びと（注記なき写真は筆者撮影、以下同）

　石切神社は、代々神主を務める木積家によって氏神として創建されたが、中世のいつごろからか、産土神へと変化したと考えられている。今日も産土神という地域の神社の側面もあるが、顕著なのは、幕末から病気治しの神様という性格、すなわち、特定の現世利益を担う機能神としての側面が強まったのであった。つまり「デンボの神さん」石切神社の誕生である。この経緯には、天台系修験道の影響も大きかったと考えられていて、今日でも石切神社での病気治しの中心儀礼は、加持祈禱と呼ばれている。

霊験あらたかな「デンボの神さん・石切」の評判が広まるのに、いっそうの拍車をかけたのが、一九一四（大正三）年春開業の、大阪と奈良を結ぶ大阪電気軌道＝「大軌《だいき》」、つまり今日の近鉄奈良線であった。このような交通や都市機能の充実、またテクノロジーの発達が、伝統的であると考えられている宗教やその活動に大きな影響をあたえることも、大いに注意すべきである。

石切神社は、開業当時の大軌のポスターに、旅客誘致の目玉の一つとして謳い込まれている。大正時代、とくに一九二〇年代に入ってからの大阪は、ときに東京をも凌ぐ東洋一の大都市であったが、交通の利便が得られたことで、大阪からの石切神社の参拝者が飛躍的に増大したのであった。それを物語るのは、大軌開業前は一軒しかなかった参道の商店が、大正末には少なくとも一五軒に増加している事実である。まさに門前市をなす活況ぶりが伝わってくる。このとき以来、曲折はあるが今日にいたるまで石切神社参道は、きわめて特色ある景観が持続している。

近鉄電車を石切駅で下車し、だらだら坂の参道を下っていくと、一キロほどで石切神社の鳥居の前にたどり着くが、この参道の両脇には百数十軒以上もの商店がところ狭しと並んでいる。ほとんどの商店が石切神社にお参りする人びとを相手に商売しているが、たいへんレトロで、ある種キッチュな雰囲気あふれたお店ばかりである。シニア世代の女性向けの衣料品店、和風食堂やお休み処にお土産屋、便利雑貨屋など参道商店街の定番として軒を並べているが、石切参道商店街がもっとも異色なのは、占い屋が三〇軒以上もびっしりと集まっていることだろう。

占い屋は、一九八五年当時で一五軒ほどと記録されているが、(2) それ以降の四半世紀ほどで倍加している。(3) この光景は、現代社会における現世利益信仰の重要な特徴を示唆しているように思われる。石切参道の中にあって、占い屋の店構えは新しいものも多く、なかには占い屋長屋や小テナントビルも混じっている。しかも、占いの種類は日本的・伝統的なもの以外にじつに種々雑多である。姓名判断、四柱推命、手相・人相、霊感占いから、タロットや西洋占星術、さらにコンピュータ占いまで存在する。テレビやメディアに取り上げられたことを謳う宣伝も珍しくなく、ドレスや着物に身を包んだ女性占い師の姿が、ガラス張りの店頭からのぞけるばかりか、にっこり微笑みながらのセールストークでお客たちを誘う声も聞こえてくる。昭和の終わり頃は男性占い師が主流だったと記憶しているが、今日では女性占い師の姿が目に付くようである。この傾向は、おそらく顧客の側の変化とも連動しているのではないかと考えられるが、いずれにせよ、レトロな和風文化が主流の石切参道に、どこかキッチュな雰囲気がまじるのは、おそらくこれらの占い屋の醸し出す、現在進行中の活気のせいではないだろうか。

図2　占い屋の一角

　他方、この四半世紀ほどで参道から姿を消しつつあるのが漢方薬局である。戦前には三〇軒を数えたというが、現在ではただ一軒を残すのみである。戦後のピークは一九七八（昭和五三）年の一一軒で、

（2）宗教社会学の会編、一九八五年、一〇四頁
（3）大阪府立大学人間社会学部社会学研究室編、二〇〇八年、四―七頁

図3　今も鎮座する石切大仏

これ以降減少し、一九八六（昭和六一）年に六軒、一九九六（平成八）年に五軒、そして、二〇〇六（平成一八）年には一軒になってしまった。[4]

もっとも異彩を放ったのが、石切神社鳥居の正面のひときわ風格ある店構えの「阪本漢方薬局」であった。一五年ほど前に閉店し、残されていた建物も近年更地になってしまい、往時を偲ばせる阪本漢方関連のモニュメントも「石切大佛」が目立つくらいになってしまったが、関西一円に広く知られた「赤まむし」の元祖阪本漢方と、店主であった阪本昌胤氏の事跡に言及しておこう。なぜなら、石切参道の漢方薬店の盛衰をたどれば、石切神社と生駒の神仏に参詣する近代都市の生活者が希求した夢や願望が手にとるように理解できるからである。

異彩を放った阪本漢方の店舗や関連建物の失われたものも多いが、店主であった阪本昌胤氏の名は、今日でも参道に林立する石碑に残されていて、一、二あげれば、「日本三番目石切大佛」を建立した「河内石切山大佛寺管長阪本昌胤」は、家業の「赤まむし」製剤を営みながら、戦前にはヒトラー総統やムッソリーニ閣下に軍刀を献呈したり、戦後は図書館や武道館を創設し地域につくしたこと、あるいは「交通事故防止の為道路敷地」「時価約壱億圓」を寄附したことなど、氏のもろもろの事績が、絶大絶倫な情熱をもって自己顕示的に大書されていたのであった。

（4）　大阪府立大学人間社会学部社会学研究室編、二〇〇八年、四一頁

図４　かつての「石切大天狗」展示場、奥に薬局看板も見える

石切門前の阪本漢方は閉店してしまったが、その伝統は関西の風土に定着している。そもそも「赤マムシドリンク」は阪本漢方によって世に広まったのであったが、それは、一九一九（大正八）年、石切町において創業した「阪本漢法製薬」に淵源する。石切門前の阪本漢方薬局は閉店してしまったが、由緒ある赤まむし製剤の伝統は、今日も近代的な製薬会社において引き継がれているのである。

その阪本漢法製薬の社史によれば、[5]一九一九年、石切町に阪本製剤所が設立、また大阪市北区に阪本漢方院を開設とあり、さらに一九四九（昭和二四）年、大阪市難波新地に阪本製薬株式会社を設立、阪本ふさが社長就任と記されている。この当時、ふさの夫の昌胤は政治活動を行なっていたので、便宜上ふさが社長業の前面に立ったという。[6]一九六四（昭和三九）年には大阪北区に再移転、門真市に製剤工場を設立する。一九六八（昭和四三）年には尼崎市名神町に本社工場を新設している。なお、現社長の勝義氏は昌胤の孫にあたる。

私が初めて石切を訪れたころ、昌胤氏はご健在であったろうと思うと感慨深いものがある。あの当時、阪本漢方薬局店頭や看板や石碑から立ち昇る、なんともすごいエネルギーに圧倒され、到底、氏のような人物を訪ねてインタビューをお願いする勇気は湧いてこなかった。しかし、今思うとつくづく残念である。意を決してその分厚い門扉を押し開け訪

（5）「阪本製薬株式会社」https://sakampow.com/company/ayumi/　二〇二一年七月三一日閲覧

（6）「小ネタ隊がゆく」https://hu-maga.com/ishikiridaibutu/　二〇二一年七月三一日閲覧

問しても、けんもほろろに追い返されたかもしれない。それでも今日ではほとんどお会いすることのできない、そういう桁外れの人物に、玉砕覚悟ででも一度お目にかかってその人生についてお話をうかがうべきであった。そういう悔恨と教訓を得たような気持ちが今も残っている。

なお、昌胤の息子たちによって、大阪難波の戎橋阪本漢方薬局、京都新京極の阪本漢方堂薬局、神戸新開地の阪本漢方薬局など、今は移転などによって見当たらない店舗もあるが、関西一円の第一級の歓楽街に隣接した一角に、必ず「赤まむし阪本漢方」の目立つ看板が掲げられていて、関西都市のモダニズムが醸し出す雰囲気と味わいに一要素を提供していたことは忘れられない。

阪本漢方は、ただノスタルジックに興味深いだけでなく、石切神社と参道商店街の共生関係を象徴的に表現していることが重要なのである。つまり、「デンボの神さん」「病気治しの神様」石切神社→その参詣者相手の漢方薬局の簇生《そう》→漢方薬局自体が宗教シンボルや施設の創出、というプロセスがみられることである。ここに民間信仰と民間医療の結びつきの原型があるだろう。

そして、そもそも石切参道と漢方薬店の親和性には、水脈をなすもう一つ別の歴史的経緯があったことも見逃せない。生駒山地西麓の大阪側にはいくつもの谷が発達していて河川となり河内平野に流れ込んでいるが、これらの谷筋には近世以前から「水車」が発達していたのであった。江戸時代以降は、胡粉製造、和漢薬種細末加工、綿繰りならびに綿実油絞り、菜種油絞り、明治時代以降には、伸線工業の動力源としても活用されたのであった。

近鉄石切駅から参道とは反対側に行けば、生駒山に切れ込む「辻子谷《ずしだに》」に入るが、辻子谷には明治末から大正初の最盛期、四四両の水車が稼働していたのであり、かつてこのあたり（旧枚岡市域）が全国一の水車郷として知られていたのであったという。現在もこのあたりの主要地場産業である伸線工業や粉末加工業であるが、かつての水車動力産業時代の遺産の上に立つものであることは明らかである。(7) つまり、和漢薬種の製造が辻子谷で行われていたことが、石切参道への漢方薬店の集中をうながす格好の十分条件となったのであった。

かつて異彩を放った多くの漢方薬店であったが、今日ではその面影は薄く、夢のまた夢といった風情である。漢方薬店という民間医療と結びついた民俗的な信仰は、石切参道の風景から消えつつあるというべきだろう。昭和から平成、令和へと時代は抗しがたく過ぎ行くわけであるが、変わらないのは、ここを訪れる人びとに充満するエネルギーではないだろうか。すでに述べたように、白昼、お百度を踏む人びとは今も熱気を帯び、多彩な占い屋の集中と繁栄は、二一世紀の石切参道商店街を歩む参詣者のエネルギーを吸収している。

つまり、多くの人びとが本音で求めるものが、今日も石切神社と参道に存在することは明らかである。では、それはいったい何であるのか。それは、一言でいえば、現世利益ということになるだろう。「この世」での幸福の希求ということである。

振り返れば、昭和の始めから今日までのおよそ一世紀、近代日本の変動はきわめて激しいものであった。とくに敗戦から戦後の復興と、それに続くめざましい高度経済成長において、国民生活は大変貌をとげたのであった。ある歴史家は、高度経済成長が日本社会に

(7) 宗教社会学の会編、一九八五年、三〇〇頁

あたえた影響は、明治維新のそれよりもはるかに大きいものであったと述べている[8]。

さらに八〇年代にいたれば、バブル経済のあだ花的な繁栄があり、バブル崩壊後の失われた二〇年は、今も失われ続け、平成以降の長期にわたる低成長＝不況の常態化と、「一億総中流」社会のプロフィールはその面影も失せ、非正規雇用の定常化によって覆うべくも無い格差社会がむき出しとなった。またこの間、ＩＴ化を軸に高度情報化・高度産業化の劇的な進行と、グローバリゼーションのこれまた劇的な拡大深化、そして、それに歩を合わせるようにリストラと産業の再編の止むことのない進展もあった。近代日本の村落も都市もまた人々の心のあり様も、大きな変貌や変容を免れなかったものはないだろう。

しかしながら、このような大変動の時代を生きのびるかのように、石切神社と参道に見られるような呪術的な世界が、姿を変えつつも今もなお生駒山にしたたかに息づいていることが重要なのである。つまり、二一世紀の令和を迎えた今日も、私たち一人一人はやはり時代時代の悩みや苦しみをかかえていて、その解決や思いや夢の成就を願って生駒に参詣する一人になっているということなのだ。生駒は、今もそういう思いや求めへよく応え続けているのである。

日本宗教は複数の層構造をなしているが[9]、その底辺に民俗宗教が息づいている。民俗宗教は必ずしもレトロなものにとどまらず、その姿は時代に応じ変化しつつ、自然崇拝、祖霊信仰、シャーマニズムなど呪術的な信仰として、二一世紀にあっても枯渇するどころか、現世利益によく応えることで今なお多くの人びとに活力をあたえ続けている。

民俗宗教の上層に新宗教が展開し、さらにその上に既成化し組織された元・新宗教があり、頂点に制度化された教団宗教が存する。これらの層は上下に差別的に分化していて、

（8）網野善彦、一九九一年

（9）丸山真男他、二〇〇四年

上にゆくほど教義や組織が合理的に体系化され、宗教教団としての威信が高くなっていく。下から上への上昇は、ふつう宗教進化として考えられるが、しかし、上へ上へと移動するにつれ、いわば人々の現実の幸／不幸のリアリティから遠のいてしまう傾向があるだろう。これは「苦難（の現場）からの撤退」[10]である。したがって、だからこそ、今日も多くの人々が、石切神社やその参道に見るような、民俗宗教のるつぼである生駒に、今も還り続けているのである。

2　宝山寺（生駒聖天）と門前の賑わい——欲望を肯定するもの

石切駅から一駅、奈良側へ「生駒トンネル」を抜けると生駒駅に至るが、生駒市はそもそも「聖天《しょうでん》さん」こと[11]、真言律宗大本山宝山寺《ほうざんじ》の門前町として発展したのであった。生駒駅南側から直結する「鳥居前駅」が始点の、日本で最初に敷設された由緒あるケーブルカーによって「宝山寺駅」を経由し、「生駒山上駅」まで結ばれている。生駒山上駅で下車すれば、目の前が生駒山上遊園地の入り口である。

さて、宝山寺駅で下車すると、すぐに「観光生駒」という派手な赤字のネオンサインのアーチをくぐることになる。やや寂れた風情の食堂・売店・旅館などのある駅前を少し行くと、急な石段の宝山寺の参道に突き当たる。これは一九一四（大正三）年にできた宝山寺参道で、東におよそ一キロほど降れば生駒駅前に戻るが、西に登れば数百メートルで宝山寺の山門に至る。一九一四年に今日の近鉄奈良線が開通したことはすでに述べたが、宝

（10）　大村英昭、一九九七年

（11）　近年は「しょうてん」と呼び習わす人が増えたが、歴史的には「しょうでん」。

図５　「生駒新地」ゲート看板（時代不詳、生駒市ホームページより）

山寺も沿線の旅客誘致の大きな目玉として、鉄道開設に合わせ駅前からの参道が整備されたのである。

宝山寺と創業期近鉄の、興味深いエピソードが伝えられている。[12] 生駒山を貫く「生駒トンネル」は、かなりの難工事であったが、近鉄の前身であった大阪電気軌道によって、生駒トンネルは、当時わが国最長の広軌複線トンネルとして完成したのであった。しかし、その開削と建設には社運が傾くほどの莫大な費用を要したという。建設コストがかさんだことにくわえ、沿線人口が少なく利用者は観光客を当てにしていたため、春に開通の大軌は、梅雨時期になると観光客の減少で、またたく間に経営危機に陥ったという。大阪電気軌道は、天気しだいの観光客頼みであったことから、「大阪天気軌道」であると揶揄されたという。梅雨も真っ盛りの六月下旬になると、大軌は社員の給料はおろか、切符の印刷もままならないほど財政が逼迫したという。

その窮地は、大軌取締役金森又一郎（後に社長）が、宝山寺に乗車券一〇万枚とひきかえに賽銭の借用を申し込んで救われたのだという。金森の申し入れに対し、宝山寺も大軌

（12）「宝山寺」https://ja.wikipedia.org/wiki/宝山寺、二〇二一年八月六日閲覧

開業にあたって生駒に駅を設けることを請願したのであるから、大軌の今の苦境に責任があるとして、資金提供が快諾されたという。このエピソードから、当時の大寺社の勢力が非常に大きなものであったことがしのばれるが、これ以降、宝山寺と門前町は大発展をとげるのであった。

その発展を強力に駆動したのが、「生駒新地」の出現であった。『生駒市誌 資料編Ⅱ』(13)によれば、一九一五(大正四)年、大阪南地花街の井上市太郎という人物が巴席という名の芸妓置屋を始めたが、一九一八年には、「はましげ」という置屋も開業し、芸妓の数は三〇名となっている。またこの年には、先述のケーブルカー「生駒鋼索鉄道」が、鳥居前駅から宝山寺駅間まで開業している。

大正中期以降、一九二〇年代になると宝山寺門前「生駒新地」は、大阪や河内近辺の多くの商人や職人たちを誘引する抗しがたい歓楽の街となったのである。一九二一(大正一〇)年には、芸妓や舞子の舞踊会が開かれる「生駒座」も落成し、置屋は一五軒、芸妓は一三〇名、料理屋は四九軒と、またたく間に生駒山中に大歓楽境が現出したのである。

一九一五(大正一四)年になると参詣のための自動車道も開通し、さらに翌年にはケーブルカーが複線化され、宝山寺までの交通はいっそう便利なものとなっている。一九二九(昭和四)年になると、宝山寺駅から生駒山上駅の間にケーブルカーが延伸され、生駒山上遊園地が開園する。こうして昭和初年の生駒宝山寺の周辺と沿線は、娯楽の殿堂、あるいは総合レジャーランドの嚆矢ともいうべき光景が早くも拡がっていたわけである。ふつう「関西モダニズム」という形容が冠せられるのは「阪神間」についてであるが、この近鉄沿線生駒の光景にも、紛れなくある種の「関西モダニズム」が花開いていたのであった。

(13) 生駒市、一九七四年

宝山寺門前、生駒新地の歴史をもう少したどると、一九三〇(昭和五)年、料理屋一〇九軒、芸妓一六二名、酌婦五八名、さらに二軒あったダンスホールは一〇〇名あまりのダンサーを擁し、まさに「大阪の奥座敷」の名をほしいままにしたわけである。驚くべきことに、この当時、芸妓と酌婦の花代総額は、生駒町の年間生産額の七割以上を占めていたことが報告されているのである。

一九三三(昭和八)年宝山寺への年間参詣者数は、二〇〇万人にも達したことが記録されているが、おそらく昭和初期のこのころが生駒新地の隆盛のピークであった。これ以降、やがて戦時色が深まるにつれ、その繁栄に影が射し始める。一九四三(昭和一八)年には、置屋と検番は解散を余儀なくされ、戦後に復活するものの、社会や風俗の変化も激しく、戦前の活況には遠くおよぶことはなかった。それでも一九七二(昭和四七)年で、料理旅館は四七軒を数えたし、一九八四(昭和五九)年でも二〇数軒が営業中と記録されていた[14]。

図6　宝山寺境内、右・本堂、左・聖天堂、奥に般若窟も見える

今は昔の物語だとしても、なぜ、宝山寺門前に、かくも賑々しく盛大な大歓楽の巷が出現したのであろうか。生駒聖天と生駒新地の関わりを考えることは、近代化や都市化と伝統民俗の関わりについて解明するための重要なヒントが含まれていると思われる。その導きの糸は、不動明王を本尊と

(14) 宗教社会学の会編、一九八五年、三一四―五頁

する宝山寺が、生駒不動としてではなく、生駒聖天としてひろく崇敬の念を集めていることであるかもしれない。

宝山寺は、江戸前期の傑僧湛海《たんかい》によって開かれたが、もともと宗教に縁深い土地柄である。本堂背後の「般若窟《はんにゃくつ》」とよばれる、火山性の巨岩突起の偉容は、古代から麓の生駒神社のご神体として拝され、また役行者所縁の山岳修行地であった。宝山律師湛海も、役行者の足跡を慕って般若窟で苦行を続けたのだという。

湛海は宝山寺に入山すると、本尊の不動明王を自刻する。湛海の造仏は、当時の専門仏師の沈滞しきった作風とは一線を画し、熱烈な苦行と信仰から生まれた激しい気魄に満ち、不動像のような忿怒形の作例が多いという。法隆寺西円堂、唐招提寺の不動明王像も、湛海謹刻の名作として名高いという。

宝山寺において湛海は、本尊にくわえ大聖歓喜天の尊像を残したのであった。この聖天は秘仏であり、歴代住職以外は他見を許されていない。その姿は、二〇センチ弱の象頭双身の男女抱擁像であり、湛海以来、途切れることなく、歴代住職によって毎早暁二時から、浴油供祈禱が厳修されているという。

大聖歓喜天、略して歓喜天、あるいは聖天は、インド神話のガネーシャ神が、仏教に取り入れられた尊天として知られている。ガネーシャは、初めビナヤキナという障礙《しょうげ》の神であったが、その欲望を鎮めるため、十一面観音が天女の姿に化身して抱擁し、仏を守護する善神に変じたということである。これが、歓喜天が、男女双身抱擁像として造形される所以であるわけである。

歓喜天の姿は、魔神ビナヤキナの愛欲を十一面観音菩薩が済度したまう、その瞬間を写しているわけであるが、欲望強い障礙神であるという来歴、男女抱擁像という異形、これらが近代民衆のたくましい想像力を力強く駆動したのであろう。愛欲煩悩を鎮められ、仏法護持の善神となったビナヤキナであったが、まさにそうであるがゆえに、聖天さまとなった今も、人間の煩悩の深さも知りつくしているわけである。だからこそ、聖天さまは、世俗にあふれる低次元の欲望の成就にも、霊験あらたかなご威力をお示しになるということなのだ。

聖天さまのご利益はじつに絶大である。名誉・地位・財産は思うままとなり、寿命・福禄は願わずとも招来するとまで説かれている。さらには、愛憎呪詛にいたるまで、凡夫の欲望にも自在に応えて、「願うところかなえられざるはなし」という。

この、生駒聖天の、すさまじいまでの欲望肯定的な性格が、近代大阪の多くの都市民を惹きつけたのは明らかであろう。なにしろ、人が現世で願うすべてがかなうわけであるか

図 7　聖天（象頭双身歓喜天）
湛海作の大聖歓喜天は秘仏であり非公開である。これは『別尊雑記』掲載の聖天図。
（https://ja.wikipedia.org/wiki/歓喜天/2021年10月9日閲覧）

ら。時あたかも、大正から昭和に至り、日本国家は急速に産業化・資本主義化・都市化していく。生駒山から眼下に広がる近代都市大阪は、そういうモダニズム日本における一大中心であったわけである。

一九一九（大正八）年、第一次大戦終結の後、日本経済は低迷と緩和を行き来するなか、いわゆる糸ヘン業界に牽引された大阪経済は拡大を続けたのであった。勤労者の大阪市域への流入が続き、一九二五（大正一四）年、市域自体も拡大され、大阪市はわが国初の二〇〇万都市となり、「大大阪」の名をほしいままにしたのであった。

この時代に、大阪市は、今日も名市長と慕われる関一《せきはじめ》によって、都市整備事業が積極的に進められて行った。御堂筋の拡幅整備、さらにわが国初の公営地下鉄である御堂筋線の開通は、私たちもよく知るところであるだろう。

御堂筋といえば、キタは梅田、ミナミは難波に、ターミナルビルが出現したのもこの時代であった。梅田の阪急百貨店は、一九二九（昭和四）年に竣工するが、増床を重ね昭和一一年には、東洋一の売り場面積をもつ巨大百貨店となっている。また、難波の高屋島大阪店も、一九三二（昭和七年）の開業である。心斎橋の大丸と旧そごうの建設も、やはりこの時代であった。ヴォーリス設計の大丸は、ネオゴシックスタイルの壮麗な外観に、美しいアールデコの内装がちりばめられた、御堂筋を代表する名建築であったが、惜しむらくは近年建て替えられてしまった（外観のみ保存）。一九三五（昭和一〇）年竣工の旧そごう百貨店も、この時代を代表するモダニズム建築の傑作であったが、こちらは早い時期に全面建て替えとなり跡形もない。

枚挙にいとまないのでもう列挙しないが、近代都市としての大阪の骨格は、このように大正から昭和初期にかけ一挙にできあがったのであった。モダン都市大阪の誕生は、同時に、従来は存在しなかった人々の新しい都市的ライフスタイルの誕生も意味したのであった。モダンなライフスタイルには、ひとつに「消費」は楽しむべしという強調点があるだろう。消費は悪徳ではなく、美徳へと一八〇度方向転換されたわけである。デパートの開業について縷々述べたが、魅力的なショーウィンドウは、人びとの欲望を強く刺激するはずである。

見もしなければ欲しくもなかったような商品が、ふらと心ブラにでかけ、一度ウィンドーをのぞき込んでしまったことで、鎮めることができない欲望の炎となって、心のなかでめらめらと燃え盛る。心ブラとは、東京の銀ブラに対してこの時代よく使われた言葉であったが、心斎橋筋をぶらぶらとウィンドーショッピングなどしながら散歩することである。こういう言葉自体、新しい都市的ライフスタイルの到来を象徴していたのであった。

社会の近代化は、人間の欲望を肥大化する。そしてまた、肥大化した欲望が、さらなる近代化を促進する動力源となるわけである。近代は、資本主義の時代であるわけだが、資本は、個人の消費にたいする欲望を際限なく拡大することでも、止むことのない自己増殖の糧ともしているのである。

ここで、資本主義的な欲望とは、まさに煩悩そのものであることに思いいたれば、大正から昭和にかけての宝山寺と門前町の隆盛が、近代日本の歴史のなかで、ある種、必然的な一コマであったことがよく理解できるだろう。

つまり、どのような欲望をもストレートに肯定する、聖天の宗教的シンボリズムこそが、モダン都市大阪に生きる、近代的消費的ライフスタイルをいち早く獲得した人々を、強烈に魅了したのは当然なのではないだろうか。宝山寺とその門前は、徳と欲、聖と俗、モダニズムの光と影とが交錯する、じつにエネルギー渦巻く世界であったわけである。

さて、そのように欲望肯定的でご利益絶大な聖天であるが、きわめて畏怖すべき尊天として知られていることも忘れてはならない。聖天の出自が魔神ビナヤキナであったことに由来するはずだが、供養するなら徹底して行い、さもなくば一切行うべきでなく、生半可な信心は禍の素として、強く戒められているのである。聖天は「怖い神さま」であるとか、「子孫の福を一代にとる」とかの伝聞は、よく耳にするところである。

そのような聖天の激しくも厳しい性格は、かつては奉納された絵馬にもよく反映されていた。一九八五年出版の『生駒の神々』では、約千枚の絵馬を調査し内容分析を加えているが、聖天に特徴的な、深刻な内容の「断物《たちもの》」を願意とする絵馬が、全体の四分の一も占めていることを指摘している。宝山寺の納所《なっしょ》で求められる絵馬は、「錠」の絵が墨字で、「心」が朱の漢字で鮮やかに描かれているが、『生駒の神々』では、その「心に錠」の絵馬に、「シンナー・シャブやめます。酒は少々にします。」「本引トバク、野球トバクは一生子供、妻、自分のためにしません。」など、薬物、アルコール、賭事などからの解放を願うものから、「他の男性と絶対つき合わない！　〇〇以外の男の車にはのらない・・・」「・・・今までわたしと〇〇ちゃんを苦しめた憎い奴らをどうぞ苦しめてください。」といった生々しい願意の絵馬が紹介されている[15]。

近年、宝山寺を訪れた印象では、深刻な願意の絵馬はだいぶ少なくなったようであった。しかし聖天は、今日も年間三〇〇万人ともいわれる参詣者がある。その点では聖天は、変わることなく現代社会を生きる人々の切実な願いを受けとめているのではないだろうか。

(15)　宝山寺と門前町について詳しくは、宗教社会学の会編（一九八五）の第二章一節「庶民信仰のメッカ 生駒聖天」を参照のこと。

最後にこの点を、定期的な参詣者について考えておこう。

宝山寺の境内は、毎月一日と一六日の縁日に大きな賑わいを見せる。とくに毎月一日は、誰よりも早くお参りすることが、とりわけご利益が大きいと信心している人びとの熱気が溢れるのである。これらの人びとは午前零時をめざして集まるので、ケーブルカーはもう止まっている。車を利用する以外にないわけだが、一一時ころから惣門前の駐車場も満杯となる。惣門前にはさまざま夜店が軒をならべているが、誰も立ち寄る者はない。皆まっすぐに惣門から境内をめざし歩く。

零時直前には、冷気をさけて建物のかげで待つ家族連れを中心にしたグループの数は、およそ百人くらいである。零時になってお参りが始まると、ザッ、ザッという歩を進める足音ばかりが聞こえてくる。拝殿の前で鈴緒をしっかり握りしめ、ガラン、ガランと鳴らす音も絶え間なく聞こえてくる。

境内は、七基のカクテル光線を放つ照明灯であかあかと照らされ、その下で引いたばかりのおみくじを読んでいる姿も目立つ。おしゃべりをする人はほとんどいない。お参りを終えた者たちは、そのまま惣門を出ていく。

駐車場の前まで戻ると、今度は夜店で仕入れた甘酒やたこ焼きで、暖を採りながら談笑しているグループの姿も見られる。その横を、またあらたに到着したグループが次々と階段を上っていっている。

一日深夜に参詣する人たちは、五〇代から六〇代の男性の姿が目につく。それらの人々の、子どもくらいの年齢の若者の同伴者も多いようである。この時間帯は、女性の数は少なく二割にもならない。家族連れや男性同士のグループが典型的である。さらに遅い時間帯になると、水商売風の女性の姿も見られた。聖天さんは、昔から水商売に従事する者の篤い崇敬を集めていた。

宝山寺は檀家をもたない祈願寺で、また信者の組織化率もあまり高くない。もっとも昭和に入ってから多くの講が組織され、二五年ほど前には五五の講の活動が確認できた。しかしこれらの講も、じっさいは組織的な絆はあまり強いとはいえないようで、一日深夜の参詣者は、各小グループがばらばらに参詣しているだけで、グループ同士ではまったく顔も名前も知らない、組織化されていない参詣者である。

なぜ、このような信者層が形成されるのか。まずは、聖天さまのご利益を求める人々が存在するわけだが、その後、いただいたご利益に対する感謝・報恩の御礼を表す行動が後に続くのである。したがって、これらの人々の参詣は、反復的で長い期間にわたるのだと考えられる。

じつは、生駒のあちこちで見られる民俗宗教は、これら中高年の人びとによる、継続的な信仰に支えられているのである。それは、具体的で危急の問題解決をはかるご利益から入って、しだいになだらかな報恩感謝へいたる、長期間にわたる非常に穏やかな自己変容プロセスをたどると思われる。

そして、この点も、民俗宗教が様々に姿を変えることはあっても、二一世紀においても活力を保ちつづけている理由なのではないだろうか。

〔参考文献〕
網野善彦『日本の歴史を読みなおす』筑摩書房、一九九一年

生駒市編『生駒市誌 資料編III』生駒市、一九七四年
丸山真男他『日本文化のかくれた形』岩波書店、二〇〇四年
大村英昭『日本人の心の習慣』NHK出版、一九九七年
大阪府立大学人間社会学部社会学研究室編『大阪近郊における宗教とその周辺　二〇〇七年度「社会調査実習」報告書』大阪府立大学人間社会学部、二〇〇八年
宗教社会学の会編『生駒の神々』創元社、一九八五年
宗教社会学の会編『聖地再訪　生駒の神々』創元社、二〇一二年

忠孝精神を売りに地域づくり
——萱野三平旧邸保存運動——

住友陽文

はじめに

大阪は、かつて「天下の台所」と呼ばれた。近世（ほぼ江戸時代）では、生活物資などの物流の中心が大坂にはあったからである。ただしそのエリアは今の大阪市よりももっと狭く、おもに堂島や天満から船場にかけての地域がそれに相当した。大阪市を離れて郊外に行くと、田園風景が広がる。商都や物産の集散地とはまた別の世界がある。

ここで取り上げるのは北摂地域の豊能《とよの》郡萱野《かやの》村である（図1）。ここは現在の箕面《みのお》市萱野地域で、阪急箕面線の牧落《まきおち》駅や箕面駅から東にさらに一キロメートル以上離れた場所にある。箕面市のイメージは、勝尾寺《かつおじ》や箕面の滝などの観光地や有名芸能人が住む丘陵地帯

図２　萱野三平像（長屋門内、筆者撮影、以下同）

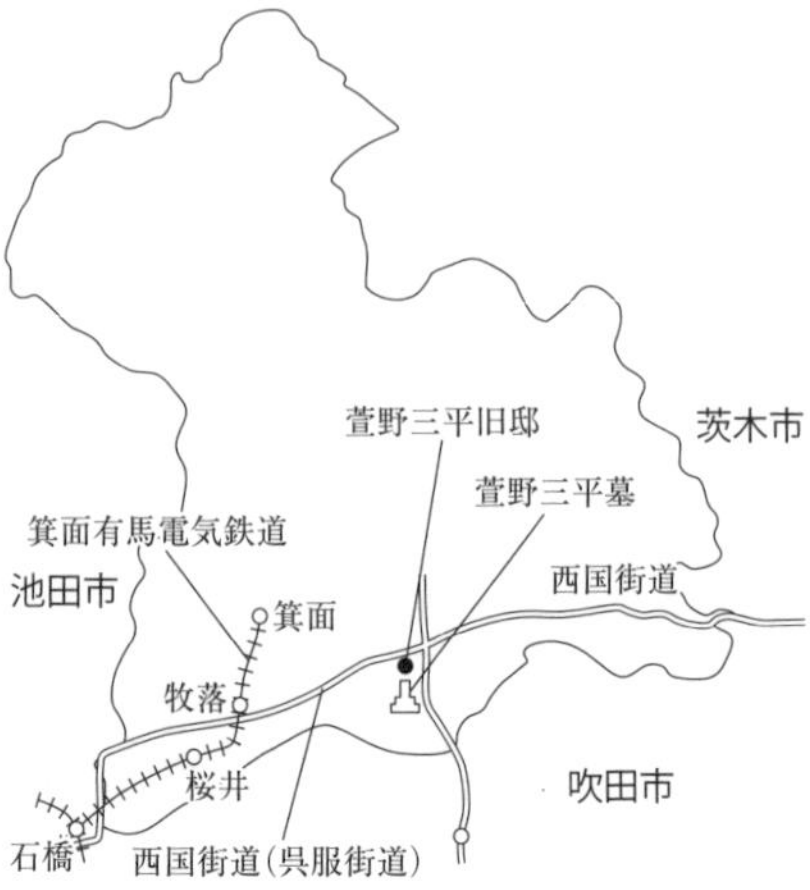

図１　箕面市域

の高級住宅街であろうか。南に下るとまだ田園風景が残る平地があり、さらにその南側には商業地域があって、吹田《すいた》市と接する。箕面市の面積の大半は山間部だが、丘陵地帯を含む平野部の中心に萱野地域があり、いくぶん田園風景を残している場所である。

この萱野地域を出身地とする、いわゆる「赤穂浪士」の一人がいる。萱《かや》野《の》三平《さんぺい》重実《しげざね》である（図２）。戯曲の忠臣蔵（『仮名手本忠臣蔵』）では早野勘平が、それである。萱野三平は、美濃国《みののくに》旗本大嶋出羽守《でわのかみ》の代官であった萱野重《しげ》利《とし》の三男として、延宝三（一六七五）年に摂津国《せっつのくに》萱野郷で生まれ、大嶋出羽守の推挙により播磨国《はりまのくに》赤穂《あこう》の浅野内匠頭《あさのたくみのかみ》の小姓として仕えるようになった。その後、有名な赤穂事件（吉《き》良《ら》上野介《こうずけのすけ》邸へのいわゆる「討ち入り」）が起きる元禄一五（一七〇二）年一二月一四日に先立つ一月一四日に、萱野郷の家宅で自害することとなった。三平の父からは吉良上野介邸への大石内蔵助《くらのすけ》率いる四七名による討ち入り計画に参加を思いとどまるよう説得を受けたが、一方では亡き主君への忠義という義理もあり、いたばさみとなって自らの二七年という短い命を絶ったのであった。

現在、萱野三平が自害をした旧邸の一部が史跡として保存されている（図3、4）。これの保存はいつから始まったのか、それはどういう経緯があるのか、そしてそのことの歴史的な意味とは何か、それらのことについて見ていくことにしよう。

1　萱野三平旧邸保存会

萱野三平旧邸（「三平邸」と略す）の保存運動が本格的に始まるのは、萱野三平旧邸保存会が結成される一九一八（大正七）年四月以降である。この年の夏には全国で米騒動が起き、一一月には第一次世界大戦が終結する。また一九一〇年代半ばあたりから、戦前日本では民主的な思想や運動が展開されて九月にはわが国で初の本格的な政党内閣である原敬内閣が成立する、そういう時代（「大正デモクラシー」期ともいう）であった。

なぜ、三平邸の保存運動が始まったのだろうか。その要因として考えられるのは、大きくは二つある。一つは、国家による名勝旧蹟の保存事業が明治期から始まり、そういった国家的な保存事業の一環に組み込まれたからである。またそのことと関連して、日露戦争（一九〇四―一九〇五年）後からの地域開発（都市から郊外への鉄道の延伸、住宅開発、観光開発など）によって地域の文化や史蹟や名勝が破壊されていくという人びとの危機感も加わった。いま一つの理由は、萱野村の青年修養などの社会教育や地域づくりの必要から保存事

図３　萱野三平邸長屋門表

図４　萱野三平邸長屋門（邸内側）

業が重視されたことである。

これらの視点を念頭において、三平邸の保存運動について見ていこう。

大阪府が府内の「史蹟」について調査を始めたのは一九〇〇（明治三三）年頃だと思われる。この時に萱野三平に関する旧蹟も調査され、萱野三平の墓が一九〇三年刊行の大阪府編『大阪府誌』第五編に掲載されている（四三四―四三七頁）。刊行の年の三月に初めて大阪市内で内国勧業博覧会が開催され（第五回）、このイベントと軌を一にして府内の名勝旧蹟が勧業調査と同時に実施されたのである[1]。

さらに大正期になって、一九一四（大正三）年一一月に大阪府下で実施された陸軍特別大演習を契機に府内の名勝旧蹟についての「案内記」と「写真帳」が作成された。そのための材料として、萱野村は萱野三平の事蹟・墓誌銘などを豊能郡役所に報告している。

大阪府では、一九一五年四月に大隈重信首

（1）『大阪朝日新聞』一九〇一年六月五日付

相が、名所旧蹟などを保存して顕彰するのは日本のような特色ある歴史と郷土を持っている国では「国民性の涵養上」とても重要であると述べたのを受け、[2] 五月に大久保利武《としたけ》大阪府知事が郡市長会で史蹟名勝天然記念物などを調査して保存顕彰するのは「国体」から見ても「極メテ意義アリ」と指摘し、府下史蹟名勝天然記念物などに関することを調査するために史蹟調査委員会を設置した。[3] このように、行政主導で名勝旧蹟などの保存事業が進められることになったのである。

明治末期の一九一一（明治四四）年、史蹟名勝天然紀年物保存協会が貴族院議員の徳川頼倫《よりみち》を会長として設立され、いま見てきたような行政主導の保存事業があって、一九一九（大正八）年四月に史蹟名勝天然紀年物保存法（法律第四四号）が制定された。これにより、指定された史蹟などが地域開発などによって原状破壊されないようにするとともに、そのための保存管理義務を地方自治体に課し、国から適当な費用を補助することが可能となった。このような国家や地方自治体の保存事業の流れがあって、三平邸の保存運動が展開されていくのである。

萱野村には、もう一つ三平邸保存運動が展開される要因があった。それは、この村なりの取り組みである。萱野村は教育熱の高い地域で、一八九三（明治二六）年という早い時期に尋常小学校に高等科が設置され、翌年から日露戦後の一九〇五年までの村の財政で見ると、教育費が歳出総額に占める割合がほぼ四〇—五〇パーセントであり、隣村の箕面村（現、箕面市）の二〇—三〇数パーセントや止々呂美《とどろみ》村の二〇パーセント前後という水準をはるかに上回っている。修養活動では、一九〇五年に仏教青年会が組織されてからは村内で講演会が催され、村内の教育会や青年会とともに青年修養に寄与していく（図5）。

（2） 大阪府『史蹟調査委員会報』第一号、一九一六年二月、一六頁

（3） 前掲『史蹟調査委員会報』第一号五頁および大阪府訓令第一〇号、『大阪府公報』第二七七号、一九一五年五月二〇日付

こういう取り組みがあるなか、他方、隣の箕面村が町場として、見るからに発展していくなかで、萱野村では青年修養などの精神教育に力を入れていくかっこうとなったのである（図6）。箕面村では、一九一〇（明治四三）年三月に箕面有馬電気軌道（現、阪急電車）が梅田駅―池田駅―箕面駅を開通させ、その箕面駅周辺は商店街を形成させていった。また、箕面の滝を含む箕面公園の名所化が進められ、箕面公園内に旅館が作られていった。大阪市街地と鉄道で簡便に結ぶ観光地として、箕面駅周辺は発展していくのである。萱野村内の大字今宮では、そういう隣村の状況を踏まえて「倹約契約書」という、村民が倹約につとめるように取り決める村規約を、一九一一年三月に設けている。そこでは、「近隣箕面ノ発展ニ人心」を奪われることに危機感が持たれている。[4]

さらに一九一四（大正三）年四月には村内の仏教青年会・教育会・青年会が連合で活動を開始していくことになり、ほぼ二か月に一回のペースで講演会が開かれた。場所は村内の各寺院持ち回りで（図7）、講師は小学校長など教員のほか、村長や村会議員、寺院の住職などで、講演のテーマは第一次世界大戦中ということもあり、世界情勢のほか、国民の義務や道徳について、また宗教の役割などであり、一九一八年になると、主婦や家庭教育に関するテーマが増えているのが特徴であった。[5]

青年会というのは日露戦争の頃から各地で組織化されていき、夜学会・道路修繕・農事改良などを行なうものだが、[6] 仏教青年会がそれとはまた別に組織化されるというのは珍しい。萱野村にとって、仏教や寺院が重要な存在であるということを意味しているのだろう。

以上のような国家や大阪府の史蹟保存事業、そして萱野村での精神修養などの取り組みがあって三平邸保存運動が展開されるのである。また、萱野三平の名前を一般に知らしめ

（4）「今宮地区共有文書」

（5）箕面市総務部総務課編『萱野三平邸の保存運動―近代日本の文化財問題』箕面市地域史料集二、箕面市一九九一年、一二一―一二〇頁

（6）住友陽文「形成期青年会の論理と展開」、『日本史研究』三四〇号、一九九〇年一二月

図 6　箕面市萱野（芝）の集落

図 5　浄円寺は仏教青年会の講演会などでしばしば会場となった（箕面市芝、萱野三平邸の南に隣接）

ることになった忠臣蔵が日露戦争後に人気を博していくことも関係していたと思われる。福本日南《ふくもとにちなん》、鍋田晶山《なべたしょうざん》、三田村《みたむら》玄竜《げんりゅう》（鳶魚《えんぎょ》）、司馬僧正《しばぞうじょう》らが日露戦後から大正初期にかけて次々と忠臣蔵を題材とする書物を出版し、浪花節の流行などともあいまって忠臣蔵ブームとなる。

一九一八（大正七）年四月に萱野三平旧邸保存会が萱野村役場吏員を中心に発足されると、会則が設けられた。会の事

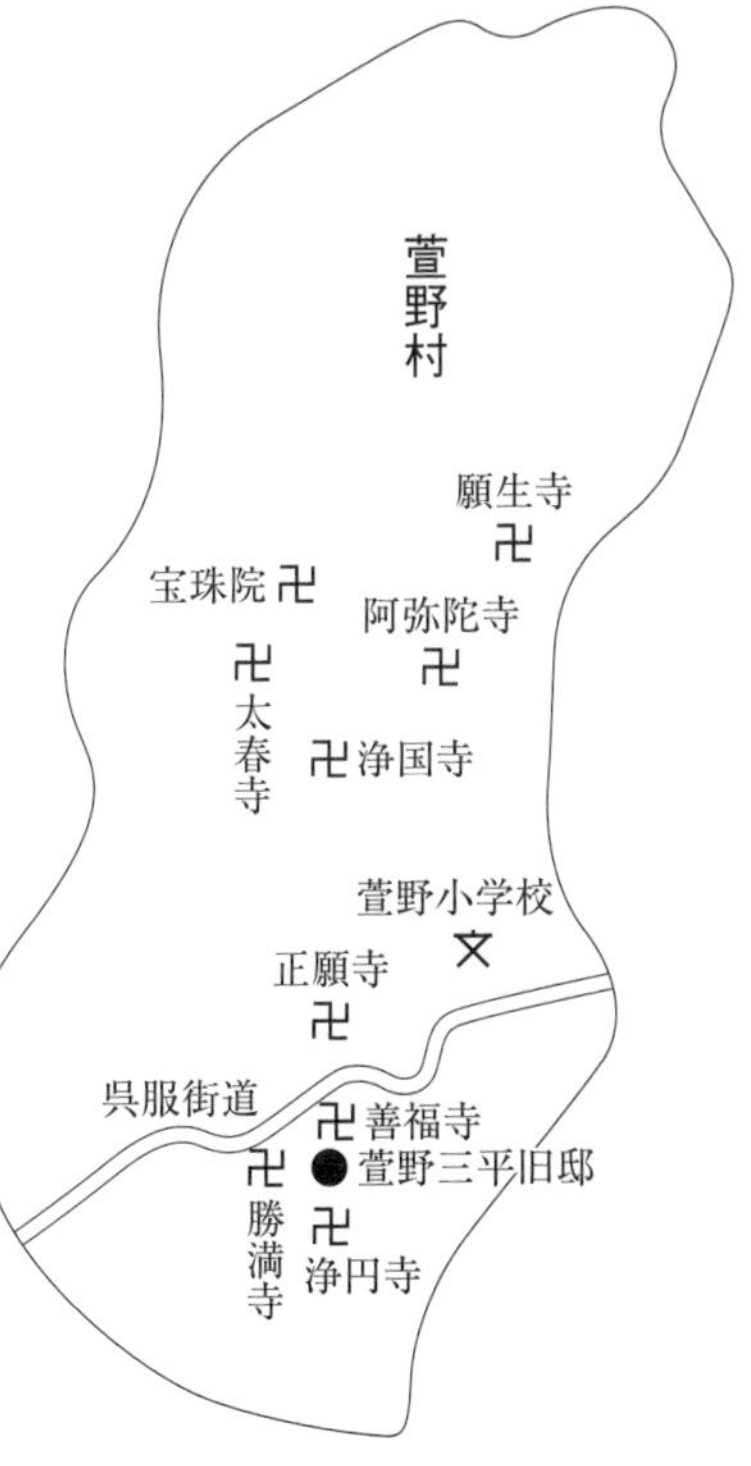

図 7　旧萱野村域

図 9　呉服街道（勝満寺近く）

図 8　呉服街道（萱野三平邸近く）

図10　萱野三平墓

業は会則の第四条に定められていた。会則が定める会の事業を見ると、この保存会がなぜ作られたか、その要因が必ずしも萱野三平の事蹟の顕彰だけにあるのではないことがよくわかる。

その第四条とは次の通りである。

第四条　本会ハ萱野三平ノ誠忠義烈ヲ不朽ニ追慕センカタメ左《さ》ノ事業ヲ実行ス。

一、萱野旧邸内建造物ノ修理保存並ニ維持。

二、墓地ヲ修理シ之ニ石垣築造及玉垣ヲ建造シ並ニ燈籠ヲ建設スルコト。

三、旧邸内ニ桜、楓《かえで》其他四季花木ヲ植付ケ小祠《しょうし》若クハ銅像ヲ建設スルコト。

四、遺物ヲ保存スルニ適当ナル建物ヲ建設シテ一般ニ発表スルコト。

五、邸内ニ休憩所ヲ建設スルコト。

六、呉服《くれは》街道ヨリ旧邸ニ至ル旧道ハ車馬ノ往復充分ナラサルニ付之レカ改修ヲナスコト。

七、図書ノ出版及編纂。(7)

三平邸の建造物の修理や三平の墓がある墓地の修理は言うまでもなく、墓地に灯籠を建設したり、三平邸内にサクラやカエデなどを植樹したり、さらには三平邸の前を通る呉服街道（西国街道の一部）を車馬が往来できるように改修することなども行なうこととなっていた（図8、9）。萱野村の中心、西国街道《さいごくかいどう》（呉服街道）沿いの地域環境の改善戦略として三平邸の保存運動が展開されているのではないかと推測される。現在、萱野三平の墓は、三平邸がある場所から南へ約二百数十メートルほどの所、千里川《せんりがわ》の南沿いにある（図10）。

このように、萱野出身の「偉人」を顕彰しながら、萱野村は地域のインフラ整備や環境

（7）前掲『萱野三平邸の保存運動』三四頁

整備のために「偉人」の存在を活用していったのである。史蹟の保存運動や顕彰運動が地域づくりにとって追い風になり、またむしろ地域づくりのために積極的に史蹟の存在がアピールされていったのである。

2　三平会の設立

旧邸保存会が設立されたあと、翌一九一九（大正八）年に、大阪府内務部社会課や豊能郡長などが深く関与する義士萱野三平遺跡保存会（「遺跡保存会」と略す）が設立された。一九二一年には三平邸を示す標石が建てられたが（図11）、その他はこの時期あまり保存運動で目立った動きはない。そのあと、動きがみられるのが、一九二九（昭和四）年になる。この年に三平会が設立される。設立したのは、室谷鉄腸《むろたにてっちょう》と福良虎雄《ふくらとらお》であった。室谷は兵庫県多紀郡出身で、大阪の郷土史や史蹟研究を行なうことを目的とする大阪史談会の会報の編集責任者であり、大阪以外でも和歌山県など近畿地方で史蹟顕彰や偉人顕彰事業を担う中心人物の一人であった。福良は、隣村の箕面村大字牧落に在住の夕刊大阪新聞社の記者であった。

彼らは、萱野三平が赤穂浪士の一人で、忠と孝に板挟みになって自害した「義士」であるにもかかわらず、その遺跡が萱野村にあることを知る者が少ないのを遺憾と考え、遺跡を顕彰し、その「義烈を偲《しの》はんため」、毎年の三平の命日（旧暦の一月一四日）に追慕会を催すことを目的として、この三平会を設立したのである。

図11　義士萱野三平旧跡の碑

図12　善福寺（箕面市芝）

一〇月六日には、郷土趣味大阪人主催による萱野三平遺跡訪問が開催され、萱野村青年団倶楽部で福良による講演「萱野三平に就《つい》て」が行なわれた(8)。

翌一九三〇年二月一〇日（旧暦一月一四日、つまり三平の命日に当たる）に第一回三平祭が村内大字芝の善福寺（図12）で開催され、追慕法要と講演会が行なわれ、小学校生徒や村民が大勢集まったという。

一九三一年の第二回三平祭から、主催は萱野村となった。主催案を提案した萱野村長の藤井儀作はその理由を、「物質文化ノ向上ニ依リ精神修養漸次等閉《(閑)》ニ附セラル、趨勢アルニ鑑ミ、国民精神ノ模範者義士萱野三平氏ノ祭典ヲ行ヒ、以テ国民精神修養ノ喚起ニ資スル」ためと説明する(9)。萱野村が隣村の箕面村の発展に対して、萱野村は青年に対する精神修養と文化財の保存などを中心に地域づくり

(8)　『郷土趣味大阪人』第三号、一九二九年一一月

(9)　前掲『萱野三平邸の保存運動』六五頁

を進めてきて、それが三平邸保存運動を後押ししてきた。商業主義や物質的な発展ではなく、文化的で精神的な発展を重視してきたのが、萱野村だったということが言えるだろう。仏教青年会の取り組みにも熱心であったことなどが、そのことを裏づけてもいる。

一九三〇年の昭和恐慌という未曾有の大恐慌があり、資本主義や都市文明への反省的な見直しが叫ばれはじめた。さらに第二回三平祭が開催された年である一九三一年の九月一八日には、中国東北地方（「満洲」と呼ばれた）で関東軍が柳条湖《りゅうじょうこ》事件を起こして満洲事変が始まった。大阪市内では、主婦を中心に国防婦人会がしだいに組織されていくようになる。三平祭が始まった時期は、そういう時代であった。

萱野三平が主君への忠義と父親への孝行の板挟みにあって自害したことが、忠孝両全の模範として評価されていくのは、こういった時代の要請でもあった。また、三平が近世以来、人形浄瑠璃の『仮名手本忠臣蔵』を通して知られていることもあり、『仮名手本忠臣蔵』の早野勘平（萱野三平）がどれほど「史実」に忠実なのかという点についての考証が行なわれたり、三平自身が俳人であったこともあって文化的な視点からの三平研究も進んだ。近世日本の対外交易史が専門の歴史学者である川島元次郎《もとじろう》（京都大学卒）が遺跡保存会の顧問になっていることも大きかった。

萱野三平邸保存運動や三平の顕彰運動のなかで、こういった文化人が果たした役割は決して小さくはなかった。そのなかでも大きな役割を果たしたのが、多田莎平《ただ さへい》であった。多田は、一八八九（明治二二）年に兵庫県揖保《いぼ》郡龍野《たつの》町に東本願寺派円光寺多田実了《じつりょう》の長男として生まれ、赤穂尋常小学校を卒業して龍野高等小学校、龍野中学校へ進学し、中学校を中退したあと、大日本国民中学校（通信教育）に入学した向学心ある学生であった。その後、各地の尋常小学校で訓導（教員）をしたあと、尼崎《あまがさき》市の第二尋常小学校で教壇に立つようになった。その頃から俳句創作に没頭し、昭和初期には『ちゝり』『コスモス』『二つの竹』といった俳句雑誌を創刊させた。

先ほども述べたように、萱野三平は俳人でもあり、辞世の句として次のような句を残している。

晴れゆくや　日ごろ心の　花曇り

おそらく多田が、萱野三平に関心を持ったのは三平が俳人であったことや、多田自身が赤穂で教員をしていた縁で、いわゆる「赤穂浪士」の一人であった三平に関心を持ったものと思われる。多田は、萱野村の三平祭に招かれて少なくとも二回講演している。一回目は第二回三平祭（一九三一年）で、もう一回が第一五回三平祭（一九四四年）であった。第二回三平祭で講演を行なった時は、多田は尼崎市立図書館長についており、彼は『仮名手本忠臣蔵』の「おかると勘平」で描かれる早野勘平が、父親を殺して、そのかどで母や同志から責められ割腹自殺をするという人物像であることを、それは「史実」とは異なるとし、実際は忠義心や孝行心に篤く、芝居のなかの早野勘平とは相反する人物であったことを証明しようとしていたのである。(10)

多田の研究は、三平の実像を「史実」にもとづいて実証しようというもので、戯曲などで曲げられた三平の虚像を否定しようというものであった。そこに大阪や兵庫の郷土史家など文化人たちが加わり、俳人としての三平像も含め、三平の姿が「史実」によって浮き彫りにされていくのであった。

このような萱野三平のイメージを整え、そして地域の「偉人」として顕彰していきなが

(10) 住友陽文「知識人と娯楽―多田莎平と萱野三平顕彰運動」、『地域史研究』第二一巻第二号、一九九二年二月

ら、三平会や萱野村は広く社会にもアピールしていくことになる。その際の広報は、マスメディアに期待された。大阪朝日新聞・大阪毎日新聞に萱野村の村長名で毎年の三平祭の開催通知が届けられ、また阪神急行電鉄株式会社（現、阪急電鉄株式会社）、大阪毎日新聞ラジオニュース、京阪バス枚方《ひらかた》営業所、大阪中央放送局（現、NHK大阪放送局）にも宣伝を依頼している。交通各社は萱野村が作成した宣伝ビラやポスターを車内に掲示した。ただ、大阪中央放送局に宣伝要請を萱野村は送ったが、プログラム編成上無理だということで、放送は実現しなかった。

3　戦時下の三平祭

日露戦後から昭和初期にかけて、萱野三平旧邸の保存運動、三平の実像研究と顕彰運動などの一連の動きが、鉄道の開通やマスメディアの発達などにも後押しされて盛り上がっていったあと、改めて三平の存在意義が時代の要請から大きくクローズアップされていくことになる。それは、戦時体制との関係においてであった。

一九三〇（昭和五）年から毎年続いてきた萱野村の三平祭が、一九三六年から軍事色が強まりだす。まず、表1のとおり、一九三六年から軍関係者が講演者になっている。一九四一年だけは神社の宮司であるが、それ以外はすべて軍関係者である。この頃から軍の関与が強まっていることがわかる。

一九四一年の三平祭の講演者は、大石神社の宮司飯尾巌夫《いいおいわお》であった。大石神社は兵庫県

表１　三平祭の講演者と演題

年　度	法要・講演の場所	講　演　者	演　題
第１回(1930)	善福寺（芝）	?	?
第２回(1931)	善福寺（芝）	多田莎平（尼崎市立図書館長）	萱野三平に就て
第３回(1932)	善福寺（芝）・萱野小学校	林　新（義士顕彰会）	大石の懐刀萱野三平
第４回(1933)	萱野小学校講堂	福良竹亭（大阪毎日新聞顧問）	日本人の頭脳に刻まれたる忠義の観念
第５回(1934)	?	—	—
第６回(1935)	萱野小学校講堂	福来友吉（文学博士）	武士道に就て
第７回(1936)	善福寺（芝）・萱野小学校	石川喜代見（陸軍大佐）	義士伝に関して
第８回(1937)	善福寺（芝）	—	—
第９回(1938)	?	—	—
第10回(1939)	善福寺（芝）・萱野小学校	戸波弁次（陸軍少将）	?
第11回(1940)	善福寺（芝）・萱野小学校	吉野栄一郎（陸軍少将）	?
第12回(1941)	善福寺（芝）	飯尾巌夫（大石神社社司）	?
第13回(1942)	萱野国民学校講堂	権藤伝次（陸軍中将）	?
第14回(1943)	萱野国民学校講堂	森下正（陸軍少将）	?
第15回(1944)	萱野国民学校講堂	多田莎平(大阪赤穂義士会副会長)	赤穂義士に就て
第16回(1945)	萱野邸	—	—

（出典）箕面市総務部総務課編『萱野三平邸の保存運動—近代日本の文化財問題』箕面市、1991年、161頁

赤穂郡赤穂町の赤穂城の西隣にある神社で、明治元（一八六八）年に創建され、一九〇〇年公許を得ている。また、一九一二（大正元）年には大石内蔵助以下四七人が祭神として合祀され、その後萱野三平も祭神となっている。萱野三平ら「赤穂浪士」にとっては特別な神社の宮司が、軍関係者に混じって英米開戦直前の三平祭で講演を行なったことになる。

もともと三平祭では、萱野三平の忠孝観念を最も顕彰すべき点

として評価していた。例えば、一九三二（昭和七）年第三回三平祭の祭文《さいもん》では三平のことを、「忠臣ニシテ又孝子タル、実ニ両全ノ志士ニシテ世界ニ類ヒナキ大和民族ノ亀鑑ナリ」と称え、その忠孝観念を顕彰している。(11)

一九三七年七月七日に盧溝橋《ろこうきょう》事件が起きて日中全面戦争が始まり、政府が国民精神総動員運動を展開すると、萱野村も戦時体制に組み込まれていくことになる。紀元節となる二月一一日から一週間が肇国《ちょうこく》精神強調週間と定められると、例年二月一〇日に三平祭が挙行されていたのを、一九三八年の三平祭は肇国精神強調週間に合わせて二月一一日紀元節当日に挙行されることとなったのである。

さらに翌年からは、追慕法要・講演・余興（ソバが振る舞われることもあった）などで構成されていた三平祭に、銃剣術大会が追加された。おそらくこの銃剣術大会が追加されたのは、軍部からの要請であると推測される。なぜなら、この二日前に萱野村当局は大字各区長や小学校長らとともに大阪赤穂義士会の会長である戸波弁次《となみべんじ》（陸軍少将、満洲事変には第二〇師団歩兵第七六聯隊長として従軍、堺聯区司令官などを歴任）と会合を持っていたからである。

また、アジア太平洋戦争下の第一三回三平祭（一九四二年）には、紀元節や特別の国家的行事以外では行なわれることのなかった宮城遙拝が行なわれた。「大東亜戦争必勝祈願」や「戦死者並びに皇軍に対する感謝の黙祷」も行なわれた。

以上のように、一九三六年から軍の関与が明確に始まり、その後日中戦争が始まると、戦時体制を盛り上げるための演出が三平祭のなかで見られるようになった。地域づくりや観光に資するための萱野三平邸保存運動や三平の顕彰運動は、戦時体制のなかに組み込ま

（11）前掲『萱野三平邸の保存運動』七一頁

れていくこととなったのである。

萱野三平の「義挙」は、すっかり戦時体制のために活用されるようになると、三平の「死」の意味も変化していくのである。戸波大阪赤穂義士会会長が三平祭に関わることが、その大きなきっかけとなっていた。戸波は、陸軍将校の親睦・研究団体である財団法人偕行社《かいこうしゃ》の機関誌『偕行社記事』第七四〇号（一九三六年五月）に「赤穂義士快挙の人柱――萱野三平の自刃――」という文章を掲載している。そこで戸波は、主君への忠義と父親への孝行に板挟みになって自害したことを「肉体に滅んで精神に生き」るものであったと評価した。そしてそれを、「我国民として忠と孝とを両全して身を処し得る現代の吾人は幸福であり、「時に死を以て、多数の皇道輔翼《りようよく》を催進し得る場合少なからざるは、茲《ここ》に喋々《ちようちよう》を要せざる所である」と述べた。つまり、戦時において国民は死をもって天皇の国（＝皇国）を守らなければならないと、三平の死を称賛することを説いたのである。

「忠孝両全」というが、戦時体制のなか天皇への「忠」が強く説かれ、その限りでの自害の意味が焦点化されており、もはや忠孝のバランスは欠いていた。また、「死ぬ」ことだけが強調されていく事態となっていったのである。三平祭の第一五回（一九四四年）の祭文では、「今ヽ一億国民烈々として燃ゆる闘志を懐きて鬼畜米英の首級を挙け、其完勝を祖宗《そそう》の神霊に拝跪奉告《はいきほうこく》すへき日のやがて来るへきを期する時、偉人追慕の念愈々《いよいよ》厚きものあり」と述べられた。(12)

(12) 前掲『萱野三平邸の保存運動』一七二―一七三頁

おわりに

萱野三平邸の保存運動自体は静かに始まった。やがて戦時体制の深まりのなかで、三平の存在は国家的価値をまとい、その存在は誰もが否定できないものとなっていった。いわば戦争が史蹟に付加価値をつけたのである。

一九四〇（昭和一五）年四月、萱野三平旧邸の長屋門（三平が自害した場所）の修復が完成し、同月二六日に大阪府の指定文化財などの指定替えで「史跡・萱野三平旧邸長屋門」（図13）となった。戦後になって一九七四年には、旧邸は全面改築がほどこされ、三平の命日である二月一〇日に竣工式典が挙行された。その後、忠臣蔵のシーズンには三平旧邸を人が訪れ、箕面市芝自治会によって旧邸が維持されていたが、一九九二（平成四）年に箕面市所有となり、現在にいたる。

図13　萱野三平旧邸

阪田三吉とその表象
――大阪の「自己欺瞞」としての――

酒井隆史

はじめに――最初の一手「9四歩」

まずはこの「戦の前夜に――坂田・木村両氏下見終る」というタイトルの記事（図1）をみてほしい。

一九三七（昭和一二）年二月四日付『読売新聞』に掲載された将棋観戦記の第一回目である。

この記事を読むと、この観戦記を書いている北斗星なる人物は、一戦のはじまる前日の夜に、翌日から対戦する坂田三吉と木村義雄という二人の棋士のすがたを描いていることがわかる。

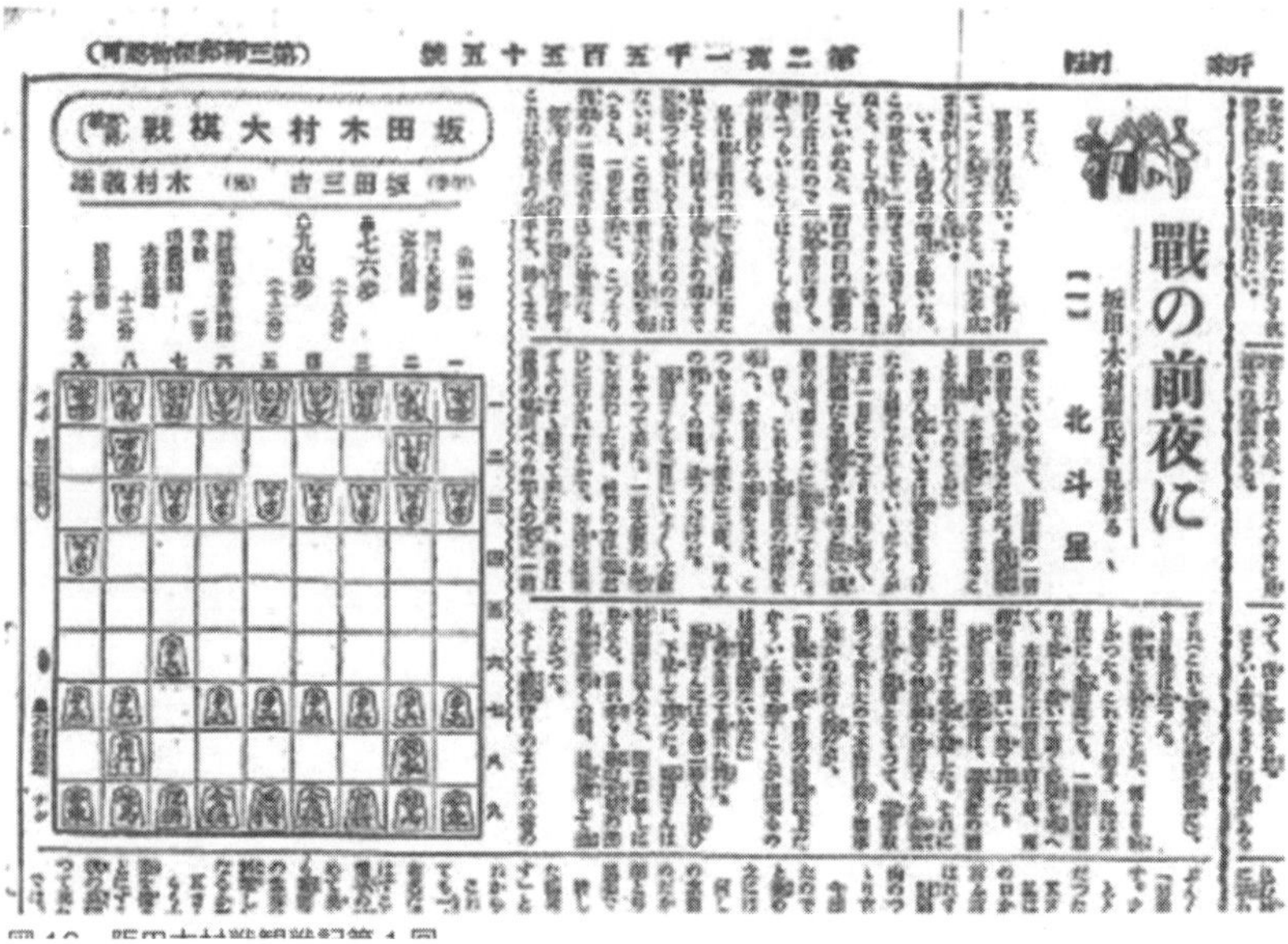
戦の前夜に
坂田木村大棋戦

図１　1937(昭和12)年２月４日付『読売新聞』に掲載された将棋観戦記

　ところが、左上に掲載された棋譜では、すでに両者が最初の一手をすでにすませている。これは、当時の新聞の時差であろう。観戦記を記事に仕上げるのにはまにあわなかったが、最初の一手を棋譜にするぐらいはまにあったのである。

　この日のこの新聞記事かどうかはわからないが、とにかくこの棋譜をみて狂喜した人物がいる。作家の織田作之助である。正確にいうと、織田作之助が、この一九三七年における対局の六年後に発表した短編小説「聴雨」にあらわれる「私」である。

　すでにご存じのかたも多いだろうが、織田作之助は、大阪を代表する作家である。とりわけ短編を得意とし、大阪の下町の市井の人たちの生活を、独特の躍動感のある文体で表現して、文学の世界にささやかな波紋を及ぼした。本格的なブレイクは戦後のことで、そのニヒリスティクであるが底辺を生きる人間たちの欲望や愛憎の明暗を巧みに浮き彫りにする手法が敗戦直後の世相にぴたりと符合した。かれは「無頼派」として太宰治や坂口安吾と並べられ、一躍売れっ子となる。しかし、その無理がたたった。もともと肺を病んでいたところに、ヒロポン（覚醒剤）を打ちながら大量の仕事をこなすなか、肉体は痛めつけられた。大ブレイクしてから二年もたたない、一九四七年の年明けに、この世を去っている。

「聴雨」は、かれが阪田三吉を主役に据えた短編小説である。この小説は、織田作之助がみずからの身の上を語りながらいつのまにか、この木村との対戦における阪田三吉が主役に入れ替わるという、変則的だがみごとな構成をとっている。

話はこのようにはじまる。六年前（一九四三年に織田作之助はこの小説を書いている）の冬、「私」こと織田作之助は、孤独で病身で、希望も感動もなく千日前を徘徊していたことをおもいだす。この当時、唯一、心の慰めである場所、大阪劇場の地下にある薄汚い将棋倶楽部の淀んだ空気に咳をしながら（かれは肺を病んでいた）、地下室を出て立ち寄った喫茶店で手に取った新聞の将棋欄に「私」は吸い寄せられる。世にも奇妙な棋譜がそこにあった。先手である木村義雄の角道が空けられている。これは定跡通りである。おどろくべきは後手、阪田三吉の一手である。これがなんと9四歩の端歩づきなである。ともかく、織田作之助の陰鬱たる心は、この棋譜と菅谷北斗星の興奮気味の解説を読み、一気に晴れ上がったのであった。「坂田はやったぞ、坂田はやったぞ」とつぶやきながら、「9四歩つきという一手のもつ青春に、むしろ恍惚としてしまった」というのである。六八歳という高齢にもかかわらず、「天馬の如き溌剌とした若々しい奇手を生み出す阪田の青春」。「私」はその夜一晩中、９四歩の一手について想いをめぐらし幸福感にひたっていた。

冒頭にあげた新聞記事も織田作之助も、「坂田」と表記している。ある時期までは「坂田」と「阪田」が混在していたが、これは現代では「阪田」と統一されている。したがって、ここでは当時の文章の引用をのぞいては「阪田三吉」と表記したい。

さて、この記事は阪田三吉と木村義雄という二人の将棋指しの対決のものである。この一戦は当時、ものすごい注目を浴びていた。この時代の将棋は、新聞というあたらしいメディアが将棋という民衆娯楽を記事にし、また棋士の対戦をみずから主催することで、販促のかっこうの材料にしていた（だからいまでも将棋の試合の主催や後援を新聞社がおこなっている）。いまもそれなりに将棋は人気があるが、当時の注目度はいまとは比較にならないとおもわれる。それをふまえておいてほしい。

1　「大阪人」阪田三吉と織田作之助

なぜそれでは、この一戦がそれほどの注目を浴びていたのか？　それは阪田三吉という棋士のカムバック戦だったからである。

阪田三吉は戦前において大阪を代表する将棋指しであった。その名は戦後になってとくに鳴り響く。亡くなったのは、織田作之助の少し前、一九四六年のことである。ところが、かれの名声はむしろ、戦後になって広範囲に及んだのである。いまではそれほどではないだろうが、戦後もある時期までは、大阪といえば阪田三吉、大阪気質といえば阪田三吉であった。そのイメージは、破天荒、ど根性、破滅型の天才、こうと決めたらゆずらない頑固者、などといったものだった。こうした「大阪人」のイメージは、「芸のためなら女房も泣かす、それがどうした文句があるか」といった流行歌にうたわれた落語家の（初代）桂春団治から漫才師の横山やすしにいたるまで、長い歴史をもつ（おそらく、その命脈がいま断たれつつある）。阪田三吉もあきらかに、このような大阪人イメージの典型におかれ、そしてそのイメージを拡散する役割をはたしたのである。

その阪田三吉は、現実には、長年にわたり、いまでいう業界から「干された」状態にあった。それも一年や二年ではない。ほとんど一〇年以上にわたって、しかも阪田の実力が頂点に達していたときに、かれのキャリアは突如として絶たれたのである。

そのキャリアの断絶のきっかけは、一九二五（大正一四）年の「関西名人位」襲名事件である。それまで全国統一の名人が一人であったはずの将棋界に、勝手に関西の名人を名乗ったのだ。それから阪田はじわじわと孤立をさせられ、やがていっさい、公の場での将棋ができなくなる。もしその始点をこの一九二五年にとるならば、この復活戦が一九三七年。ブランクは一二年となる。

これは確定することは不可能であるが、キャリアの中断する直前の阪田三吉は、おそらく日本でもっとも強い将棋指しであった。あるいは少なくとも最強を争う二、三人のうちの一人であり、そのなかでも最有力ともいえる根拠はあった。そんな棋士が、一〇年以上のブランクを強いられたのである。しかも注目すべきは、阪田のキャリアの中断のあいだ、将棋の世界は急速に変貌していたことである。

図２　阪田三吉（舳松歴史資料館編『反骨の棋士　阪田三吉―その栄光と苦難の道』舳松歴史資料館、1998年より）

一九二五（大正一四）年、まさに阪田三吉が掟破りの名人位を引き受けた年、つまり長いブランクの始まる年の二月、歴史の皮肉か、東京将棋連盟は持ち時間制度を導入した（そのとき同時に点数制による昇段規定も定められる）。一試合の総時間数一六時間、一人あたりの持ち時間一律八時間である。また一九三七（昭和一二）年には、短期名人制度へと移行する。それまでは一世一代の名人制だったのであり、これが阪田三吉の「関西名人位」事件のひとつの背景だった。名人位は実力によるものとなり、しかもいったん名人になれば生涯名人であるということもなくなった。それをふまえて、名人位を争う試合の形態も定められた。二期にわたる二年がかりの総当たり戦である。第一回目の名人戦は、（短期名人制度への移行以前の——だがすでに決定され発表されていた）、一九三五（昭和一〇）年六月一六日に幕開けする。一九三七（昭和一二）年一二月に短期名人制度での第一期名人となったのは、おなじ年に南禅寺で対戦しているその木村義雄であった。

時代は阪田のブランクのあいだ、急速に「近代化」していたのである。木村義雄はその新世代、「近代将棋」を代表する存在でもあった。

将棋の近代化は、持ち時間制の導入もあって、勝利への筋道の合理性が追求されるようになる。それまでの将棋が、持ち時間を気にすることなく、ゆっくりとした名乗り合いや探り合いからはじまり、勝負にもつれこんでいったのに対して、近代将棋においては、最短で効率的に確実に勝利にむかう方法が重視される。それゆえ、序の駒組、序の攻勢守勢の速度、位や駒の損得、これらの研究が「定跡」の研究の深化を通して急速に進んだのである。

こうした時代のめまぐるしいなかで沈黙を余儀なくされた、かつて最強であったと目される阪田三吉は「眠れる獅子」であった。だから、その復帰が待ち望まれていたのはよくわかるだろう。いったい、かれは若い世代の近代将棋とどう立ち向かうのか、勝つことができるのか、それとも完膚なきまでに時代遅れになっているのか。

その復帰戦の最初の一手がこの「9四歩」だったのである。

「9四歩」、すなわち端歩づきは素人的なムダな一手である。とりわけ、述べたように、無駄を排し、最短の効率のよい勝利をめざす近代将棋にとって、最初の一手を無駄にすることは、ありえない。しかも、阪田は後攻だった。先攻であれば、考えられないことはない。だが、後攻の端歩づきは二手損になる。注目された阪田の復活の最初の一手はまさに「自殺行為」だったのである。あまりに衝撃的であったがために、いまだに、この阪田三吉の「9四歩」は近代将棋史最大の謎のひとつとして、多くの現役棋士もふくめて、その解明を試みているほどである。

さて、織田作之助に戻ろう。この眠れる獅子の阪田三吉が「近代将棋」に挑んだ一戦は、阪田の敗北に終わる。織田作之助はそれを知り、失望する。というか、失望したふりをしながら、当時の世論に乗ってみせる。当時の世論は、基本線としては、阪田の近代以前の力将棋が、合理的な近代将棋に敗北したというものだった。「眠れる獅子」がめざめてはじめてくりだした奇手に王者の風格をみた大衆は、喝采をもって迎えた。だが、負けたとなると一転、それは老人のこけ脅しの一手に転落する。それからは罵倒に近い非難が渦巻くことになる。しょせんは近代には通用しない時代遅れの将棋指しぐらいだったらまだいいが、もともとそれほど強かったのかといった疑惑まで飛ぶ始末。「聴雨」では、「私」もこうした基本線をおおきく逸れることのない注釈をくり広げる。ところが、そのうち「私」はいつのまにか消えてしまい、阪田三吉の心理とその身ぶりの描写が話題の中心を占めることになる。このほんのわずかの閃くような転換は絶妙なものである。木村との一戦が終わった。「おおきにご苦労はんでござります」と、阪田三吉は、びっくりするほど丁寧なお辞儀をして歩く(阪田のおじぎはいったん頭をさげたらなかなか戻らないことで有名だった)。迎えの自動車に乗り込むとき、対局に付き添っていた阪田の娘は、胸を熱くする。クッションに身を埋めた父の体からガラガラと自信の崩れる音を聴くような気がする。阪田は不景気な顔でぼそぼそつぶやいていたが、自動車が急カーヴした拍子に、「あ、そや、そや」と叫ぶ。

「えッ　何だす?」玉江は俄かに生々として来た父の顔を見た。

「この次の花田はんとの将棋には、こんどは左の端の歩を突いたろと、いま想いついたんや」と、坂田は言おうとしたが、何故か黙ってしまった。そうして、その想いつきの痺れるような幸福感に暫らく揺られていた。

これが小説のむすびである。

その「想いつき」とは、次の花田戦では、初手に左の端歩をついてやろうというものである。このストーリーの展開は、実際に、阪田三吉がカムバック第二戦の相手、これも当時、「近代将棋」の若き騎手であった花田長太郎との対局がふまえられている。なんとここでも阪田三吉は、端歩づきをやったのである。今度は逆の側、1四歩という手であった。当時、もしかすると（またやるのではないか）という空気もあったらしい。しかし、さすがに負けたのだからそれはないだろう、そういった微妙な雰囲気だったらしい。だからこそ、この二戦目の端歩づきは、「ほんとにやった」という驚嘆をもってむかえられた。「よもやと思つた」と、菅谷北斗星の『読売新聞』における観戦記はそのとまどいを書き留めている。「前回木村氏の対局の場合に9四歩と突いてゐるだけに……。併しそれなら戦前私達が全然1四の歩を予想しなかつたか、と言ふのに、しなかつたと言へば、それは嘘になる。／なぜなら、木村氏との場合9四歩と突いてゐるだけに、反語的だが、こん度は逆に1四の感じもなくはなかつた。が、1四歩の戦法は眼前をかすめただけだつた。よもやと思つたのだ」（菅谷北斗星『坂田将棋・近代将棋争覇録』千倉書房、一九三七年、一三三頁）。

2　阪田三吉と『王将』

「眠れる獅子」のこの「血迷った」ともみえるカムバックに、先ほども述べたように失望とともにバッシングがわきおこる。小説に登場する「私」である織田作之助自身もそうしたさまざまな推測や分析をたどってみせる。だが、かれの最終的な回答は「聴雨」の阪田三吉像にあったといえる。つまり、阪田三吉は、あれこれの理屈を超えて、そのだれしも期待を裏切る予測不可能な奇手のよろこび、その無限の可能性をはらんだ将棋というゲームのよろこび、それがふたたびできるというよろこびゆえに端歩づきを敢行したのだ、と。[1] 織田作之助は死の一ヶ月ほど前に「可能性の文学」という有名なエッセイでみずからの文学論をまとめてみせる。このエッセイでは、またもや阪田三吉をひきあいにだし、日本の主流文学を斬ってみせる。まさに、阪田のその端歩突きこそ、定跡という「オルソドックス」に果敢に挑戦することで、日本のこの萎縮しきったあらゆる事象に抵抗して、無限の可能性という範疇を暴力的に導き入れるイメージである。文学はそれにつづくべし、というのである。

織田作之助のこのエッセイでは中央論壇に激しく挑みかかるというスタンスをとるなかで、論壇とみずからのたたかいに、中央(東京)・対・大阪という構図を重ねている。これは織田作之助に顕著な特徴でもあった。かれと親しかった、戦前から戦後の大阪を代表する詩人小野十三郎はつぎのように述懐している。

死んだ織田作之助には大作家になる素質があったと思うが、少壮気鋭の時代に没した彼は、東京文壇に対して、少し病的と思えるほどの強い対抗意識を持っていた。作家として希有な反俗的批評精神を持ちながら、東京の文壇ないしは東京の作家というものがいつも彼の念頭にあって、どうしてそんなつまらんことに織田作は興奮するのかといいたくなるような場合が多かった。斬死を覚悟で東京文壇になぐりこみをかけ

(1) 筆者は、織田作之助のこの阪田三吉像は、これまで阪田三吉について述べられてきた無数の言説のなかでも、もっともすぐれたもののひとつと考えている。それを東京・対・大阪という構図に重ねるところから、厄介な問題が生まれる。

るんだというような精神が、見かけとは反対に、織田作のいちばん弱いところであった。要するに、事業家にたとえていえば、当時彼はまだ小物であったために、いささか大阪の〝どしょうぼね〟〝どこんじょ〟でもって東京に立ち向い、其れを売り物にしなければならない理由があったのだろう（小野十三郎『大阪　昨日・今日・明日』角川新書、一九六七年）。

さて、阪田三吉から文学論を語るという織田作之助の「可能性の文学」を読んだある役者がいた。かれはそれで阪田三吉に興味をもち、戯曲にすることをおもいつく。そして座付き作家（堀江出身の北条秀司）に依頼して、ひとつの伝記ができあがる。『王将』という物語である。

もともとは舞台で上演されたこの阪田三吉一代記は、大ヒットし、さらに映画やテレビでもいくどもくり返しリメイクされることになる。そして、それが阪田三吉のイメージを決定づけることになるのである。

『王将』の数ある映画のなかでも、ある一作はその主題歌の大ヒットによってこの作品をさらにポピュラーなものにすると同時に、阪田三吉のイメージを全国に決定づけた。そのタイトルも「王将」。歌うのは村田英雄、作詞、西条八十、作曲、船村徹といった、当時はこれ以上望むべくもない一級の人びとであった。

吹けば飛ぶよな　将棋の駒に
賭けた命を　笑わば笑え

うまれ浪花の　八百八橋
月も知ってる　俺らの意気地
明日は東京へ　出て行くからは
なにがなんでも　勝たねばならぬ
空に灯がつく　通天閣に
俺の闘志が　また燃える

あの手この手の　思案を胸に
やぶれ長屋で　今年も暮れた
愚痴も言わずに　女房の小春
つくる笑顔が　いじらしい

これを主題歌にすえたのが映画版では三作目にあたる、一九六二年版の『王将』である。この歌詞は、阪田三吉の『王将』におけるイメージをなぞったものだ。阪田三吉といえば、将棋バカ、通天閣、貧乏長屋、女房の小春、そしてそこに通底しているのが、東京に乗り込む大阪代表といったイメージである。

このイメージがまったく根拠がないわけではない。しかし、そこでえがかれた阪田三吉のイメージと実像のずれも大きかった。

なぜこのような阪田三吉が、かくも長いあいだ将棋界から干されていたのかについて、先ほど「関西名人僭称問題」がきっかけであると述べた。だが、阪田三吉自身がこれを望んだわけではけっしてない。むしろ、阪田自身は、名人は一世名人ひとりであるという当時の決まりを破る気はまったくなかった。ところが、名人の後釜として最有力と目されていたのは、阪田三吉の終生のライバルだった関根金次郎という人物であり、かれは東京を代表する棋士とみなされていた（出身は東京ではない）。問題だったのは、当初は力において上回っていた関根をどんどん阪田が追い上げ、この名人継承問題が起きていたころには、阪田が数字だけみれば実力において関根を上回っていたことである。

それでも、阪田は名人については関根で決まるなら関根でよいという態度だったし、関根に決まったときも不平めいたことはいっさい述べていない（『王将』ではこの「名人位をゆずる」阪田の態度が美談調にえがかれる）。ところが、ゆるさなかったのは、大阪を中心とする阪田の取り巻き、将棋界というよりは、財界や政界、マスコミ界などの取り巻きだった。かれらは、関根の名人襲名に憤り、東京の傲慢に怒りながら、阪田を名人にとまつりあげる。阪田は当初、がんとしてその動きに乗らなかったが、みずからの信用する人物、恩人たちもすすめるなかで、ついに抗しきれず、「関西名人」なる勝手に創作された神輿にのるという横紙破りに出ることになる。そこからかれの命運は暗転する。将棋連盟は予想以上に強硬な姿勢にで、阪田との試合を影響下の棋士たちに禁止し、さらに大阪の将棋界においても阪田の孤立化の工作をおこなっていった。雲行きが怪しくなるとみるや、かれを神輿にもちあげていた取り巻きたちもつぎつぎと去っていく。たいていの『王将』物語は、関根の名人襲名で終わるが、それにはさらに、第二部、第三部があり、そこでは阪田の不遇時代がえがかれる。まわりからどんどんひとが消えていくなかで、どんどん人間不信となっていく阪田三吉がえがかれるのである。

3　大阪のもつ矛盾

そこからカムバックにいたるまではまたさまざまな事件があるのだが、ひとまず、このような文脈がカムバックの背景にあるとふまえておいてもらいたい。

さて、ここで少し考察をしてみたい。大阪という町はそれから一〇年あまり、大正から昭和へ、といった時代の転換のなかで、大阪は「大大阪」へと膨張し、私たちの知っている大阪市の輪郭を描きはじめた。決定的なメルクマールは、一九二五（大正一四）年四月一日の第二次市域拡張である（図3）。東成西成郡四四町村がこれによって大阪市に編入され、これまでの東西南北四区は八区に、これにあらたに五区がくわわって全部で一三区に拡大した。大阪市の北部は淀川（新淀川）を越えて延び、西北部は兵庫県境と接し、南部は大和川、東部は現在の東大阪市まで拡がることになる。それによって、大阪市の人口は二一一万四八〇四人、面積一八一・六八平方キロ。大阪市の成立した一八八九（明治二二）年からここまでの三六年間に人口は四・五倍、面積は一一・九倍になっている。人口は東京市を抜いて全国第一位、世界第六位。第二次市域拡張以降、一九三二（昭和七）年（この年、東京市が市域を拡張する）まで、全国一の工業生産額となる最大の都市となる。発展する大阪を祝うべく、『大阪毎日新聞』の主催で、天王寺公園と大阪城にて、「大大阪記念博覧会」が大々的に開催された。

阪田三吉の名人位僭称事件が起きたのは、まさにそんな華やかな気分に包まれたのとおなじ春であった。阪田三吉の運命が進路を見失うまさにそのときに、大阪市は大大阪として飛躍的な転換点を迎えるのである。これはたんなる偶然だろうか？　そうはおもえない。阪田三吉の名人僭称事件は、大阪から大大阪へ、つまり「日本一の都市」へという転換のなかで、大阪という都市がもった自意識が影を落としているようにみえるのである。大阪

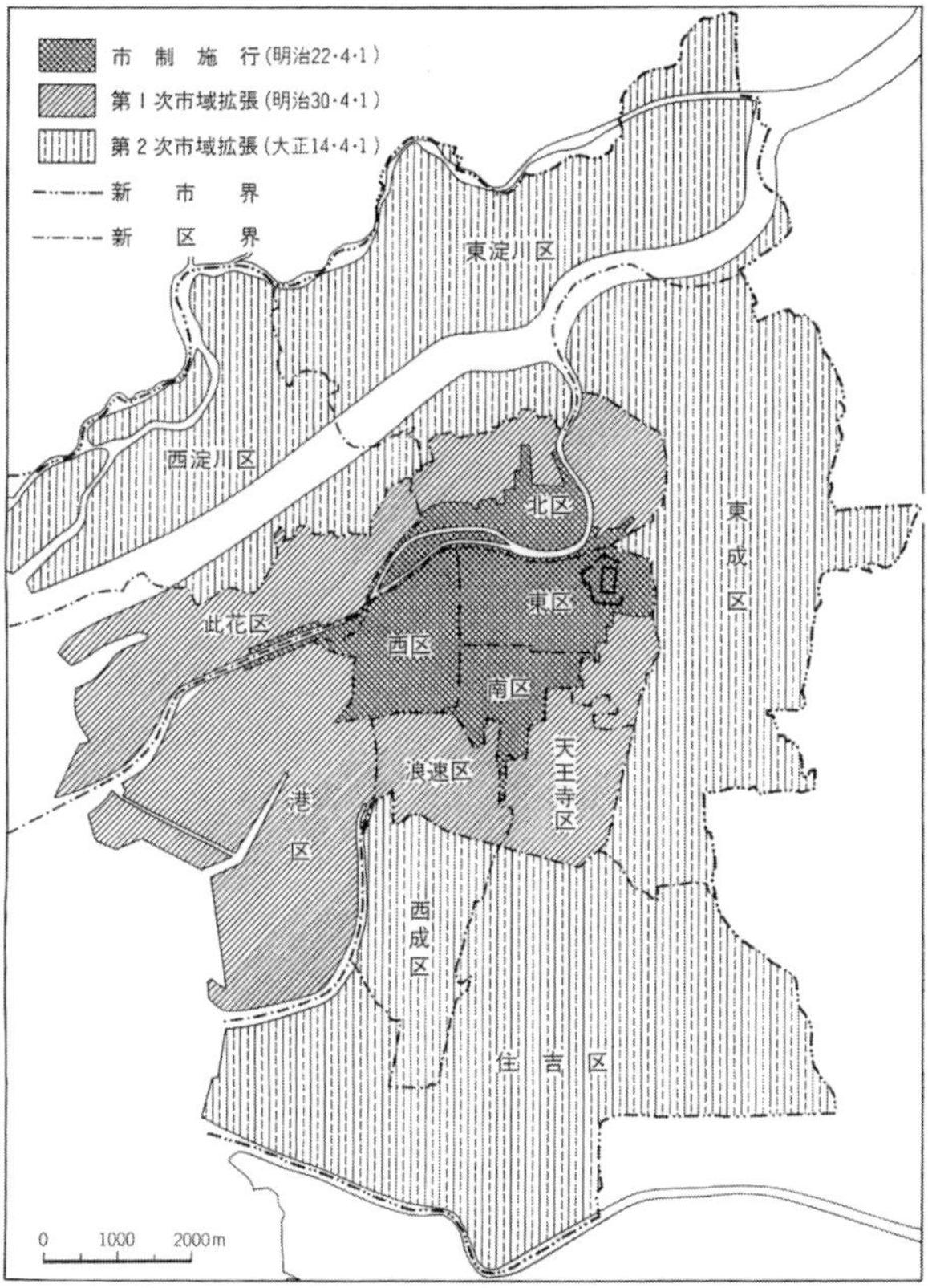

図3　1925（大正14）年の第二次市域拡張（『新修　大阪市史　第7巻』より）

こそが日本一の都市であるという、東京とのライバル関係のなかで（そのかなりが大阪の一方通行にすぎない）肥大したこの自意識に、阪田三吉はいわば捕獲されたのだ。「坂田の名人位は、大阪の東京に対する反目が生んだ産物だった。坂田はその犠牲者だった。錦の布に飾られて祭壇に上った生贄の羊だった」（岡本嗣郎『9四歩の謎　孤高の棋士・坂田三吉伝』集英社、一九九七年、一九五―一九六頁）。

先ほどの村田英雄の「王将」の歌詞には「うまれ浪花の　八百八橋／月も知ってる　おいらの意気地」とある。こうしたのちに与えられたイメージもあいまって、阪田三吉＝大阪代表というイメージは強化された。ところが、重要なことだが、阪田三吉の生まれは「浪花」ではない。地理的にも社会的にも、大阪の外部、せいぜい境界上に位置していたのである。

阪田三吉は、一八七〇（明治三）年六月三日に、和泉国大島郡舳松《へのまつ》村三五四番屋敷で生まれている。この場所は、現在の堺市のうちの一地域にあたるが、阪田三吉の生まれたところは、さらにいわゆる被差別部落であった。その住民は明治維新以前には堺にすらもふつうにいくことはできなかった。「江戸時代は、うちの村から堺の町の中へ行く人はあらへん。もし、かりに町ん中へ行くとしてもやで、南宗寺の西っかわにある山の口橋いうて、あそこで検問を受けてやで、そしてぞうりをぬいで、はだしで行かんな通らしてくれへんかったわけやねん。そんなんや。明治時代になっても、あんまり変わってないわなぁ」（長田洋丸、阪本ニシ子、泉谷二郎ほか『さんきい物語』部落解放同盟大阪府連堺支部・歴史編さん室、一九七七年、八頁）。大阪ならなおさらである。つまり阪田三吉は、「なにわ」どころか、大阪にとって幾重にも外部の存在であったのである。ところがそのかれが、「大阪」のシンボルに移動したのである。

阪田三吉は、無知無学といわれつづけたひとである。北条秀司の戯曲では、財界マスコミなどの大阪の支配層の人びとは、阪田をもちあげながら、影ではバカにしたり嘲笑している。この表象については、のちに批判もあった。しかし、北条は当時、戯曲を書くにあたっていまだ健在であった当事者たちに膨大な取材をしたといわれている。そこに誇張はあるかもしれないが、まったくの虚構であるとは考えにくい。阪田の破天荒や意固地といわれたものも、こうした社会からの距離とそこから受けたさまざまの傷に由来するものが多くあるだろう。

阪田も大阪にはよそものとしてやってきた。おなじようによそものとして大阪にきた人間がしばらく観察すれば気づくことは、いまでもやはり規模において世界有数であるこの大都市が、東京以上に国内外の移民からなるモザイク都市であることと、にもかかわらず「土着性」による支配的な大阪についてのイメージによってその事態が意識から消されがちであることのギャップである。たとえば「大阪らしい」とみなされている芸人でも意外と生粋の大阪出身者は少ないのである。ここに大阪の自己表象の問題がひそんでいるようにおもわれる。この点について、一九八〇年代にある労働者が書いた短いテキストがきわめて鋭く指摘している。学者などが書いたものではないから無視されやすいが、これまで大阪について書かれてきたもののなかでも最重要の文章のひとつである。

我々は、この大阪文化の中央性をはっきり捉える必要がある。そして同時に、このような大阪の文化の持つ中央性にもかかわらず、一方では大阪文化の停滞という情況が現出しているのは何故なのかを考えなければならない。

それは……大阪はその文化を大阪という地域とその中の人間という〝地方性〟の枠でしか捉えない事により、自らの中央性をあいまいにしてきたという事である。我々が決定的な問題と考えるのはまさにこの点であり、ここに大阪の大きなごまかしがあり堕落がある。大阪の文化が、あたかも大阪の地元の人間によってになわれてきたかのように、その中にどっぷりとつかっている情況からは何らの理想のかけらも感じられないし、その行先は退廃極まるものでしかないだろう。

我々の集団は、沖縄、奄美、九州、四国と西日本の各地から、農村を追われ、炭鉱を追われて、集団就職で、首切りによって、この大阪に来ざるを得なかった人間の集まりであり、大阪の一つの縮図でもある。大阪の文化は、このような民衆が大阪を最終的な拠所とし、そこに活路を求め、自らを賭けてやり合う中で育んできたものであり、昔から大阪に住んでいる人間だけによって創られ、大阪という地方に昔から存在するものでは決してありえない。大阪弁で、その地方の言葉を馬鹿にされ、大阪弁を使わされてきた人間が、必死の思いでそのくやしさを怒りを大阪弁を使う事によって表現し勝負してきた。そういう民衆の思いの込められた言葉としての蓄積こそが、大阪弁を迫力ある言葉として響かせているのである。

大阪の文化の中央性とは、大阪の地元の人間や自称文化人、知識人、まして関西財界などが形成してきたものでは断じてない。その中央性は、一九五〇年代後半まで、民衆にとってのもう一方の中央を形成していた北九州がつぶされていくという深刻な情況の中で、民衆にとっては、まさにこの大阪を最終的な拠所として、自らを賭けざるをえない所として形成してきたのであり、その息吹によってきたえられてきたのである（栄哲平「我々の文化闘争―南大阪を民衆の文化闘争の砦に」自主管理労組・全金　山科鉄工支部『南大阪　流民の論理』現代企画室、一九八一年、一〇四―一〇五頁）。

ここで栄のいうように、大阪は本当はさまざまの移民（よそもの）、しかも近代化する過程のなかで、故郷を追われたり、移民を余儀なくされた人びとによって形成された巨大な移民都市である。このことがここでは「中央性」と表現されている。ところが、大阪の自己イメージは「土着的」なものになる。大阪にはこうしたテレビ番組がたくさんある。たとえば東京からの大阪のイメージを扱って、それを笑う番組などである。タイガース、ヒョウ柄の「おばちゃん」、粉モン好み、お笑い文化などなど。それらがすべて、こうした大阪という都市の激しい交通のなかで形成されたものではなく、「大阪」の土着文化として認識される。

大阪の自己意識はこうした「自己欺瞞」をつねに抱えている。みずからのよそものをあたかもみずからの代表としてすえながら、しかもそのよそものはもちあげているようで実は差別意識や嫌悪感を手放さないといったような。たとえば「西成」のボクサーを大阪代表のように扱いながら、その「西成」には否定的な一言なしには語れないといったような自己欺瞞である。ここでその典型的な自己欺瞞を表現している一例として、阪本順治監督の『ビリケン』の存在を指摘しておこう。通天閣はしばしば「大阪」のシンボルとして担ぎだされるが、『ビリケン』ではオリンピックの開催地として名乗りをあげる大阪市が、その用地として新世界を指定し、通天閣も新世界もともに撤去する計画を発表する。まず通天閣を経営する会社の社員と地元の人々が反対の声をあげるものの、意外なことに（とおもうが、みてきたようにそうではない）大阪の人びとからは反対の声もあまり起きない。新世界の土地と通天閣の株の買収を進めるエージェントである浜村淳は、この作業のあくどさに嫌気がさし反抗的になってきた実はこの界隈出身である部下に対して「ここは日本のゴミ箱や」——要するに潰されてしかるべき——と本音を吐き、殴り飛ばされるのである。

ここでは二つの通天閣が分裂を起こしているようにもみえる。まず「ディープサウス」の表象としての通天閣、そして「大阪人」の自己イメージとしての「大阪」の表象としての通天閣である。後者は前者をしばしば利用しながらもどこかしら深い嫌悪を抱いている。それは表面上の対抗心の向こう側にある、本当は憧れている東京のまなざしに映し出された「大阪」の外部だからである。ところが、大阪の矛盾は、「大阪らしさ」といわれるものが、つねにその「まなざし」の外から出てきてしまうことである。阪田三吉はまさに、その典型的な力学を示しているのである。

あとがき

本書のメインテーマは、もちろん「大阪」なのであるが、もうひとつのテーマは、自然科学・社会科学・人文科学の連携によって大阪の地域特性を捉えるというところにある。

第一部の佐久間氏のコラムには、大阪が瀬戸内の一番奥に位置し、日本最大の湖である琵琶湖から流れる淀川や、奈良盆地から注ぐ大和川を抱くという地勢が、陸域・海域を豊かなものとし、港湾都市として発達する素地となっていることが端的に記されている。水野氏の東大阪市における産業集積のプロセスについての考察（第二部）の中においても、東大阪市で鋳物業が近世から地場産業となった要因として、生駒山系の水力が利用できるという自然環境の存在が取り上げられている。産業集積という社会環境の形成が、自然環境と関係づけられるのである。また、第一部の青木氏の論考では、『百人一首』に、古代の人々の「難波」のイメージが「葦の生い茂る潟」であったことを見いだす。そして、葦、葦原という自然事象を背景にした人々の暮らしの悲喜こもごもは、その後、一四世紀の世阿弥の謡曲、一八世紀末の地域ガイドブックであった『摂津名所図会』、そして二〇世紀に入り、谷崎潤一郎の作品においても描かれつづける。ここには自然環境と文化との関わりが見てとれる。

本書では、自然環境・社会環境・文化環境が関連しあいながら大阪という地域が成立しているることを、本書全体で描き出そうとしている。したがって、本書は、章立てのとおり、一定のストーリーとして読んでも良いが、自然・社会・文化のうちの、関心ある側面から読み始めて、別の側面との関連を探るような読み方もできる。大阪の自然・文化を楽しみ、大阪の社会で活動するために大阪を知ろうとするとき、本書を経由して、それまでよりも広い視野と関心が備わるようなことがあれば、望外の喜びである。もちろん、読者それぞれの関心から描き出される大阪像もまたそれぞれで、何か一つの正解があるわけではない。日本語の研究者である編者（西尾）の場合は、本書から以下のようなインスピレーションを得た。

大阪は、港湾都市として早くから発達する自然環境上の素地があった。そして、古代から日本列島を覆いつくしていく政治権力の中枢地域、大和、山城に隣接し、それらの地域と交通経路となる河川で結ばれる。やがて日本の首都機能を担う江戸は、大坂と東海道で結ばれ、日本の大動脈となる。このような自然環境上、社会環境上の条件は、古くから国内外の人々を大阪に集わせた。権力のそばにあり、人の地域的、民族的多様性が形成されれば、そこに様々な動植物、文物、思想が持ち込まれ、思いが交錯し強大なエネルギーが生まれる。第三部で久堀氏が紹介するように、人形浄瑠璃は、周囲では衰退しても、大坂・大阪では「文楽」としてエネルギーを保持し続けたのである。

ルーツが大坂・大阪ではない人、事物、思想は、様々な利害や権力、思想が渦巻くこの地で複雑にブレンドされ、「大阪的」になっていく。船場では秀吉がその政治権力で、近江商人、京都商人、堺商人を移住させて大坂城下町を形成し、大店では大坂外の各地から丁稚を呼び寄せた。近代に入ってからも、朝鮮半島、沖縄、西日本各地の人々が大阪に不足していた労働力を補っている。外部からの人や事物が、権力と関係しながら、大阪でエネルギーを得るという構図については、ほかにも仏教（その伝来や石山合戦、岸和田合戦など）、南蛮貿易、鉄砲の量産など、多くのことが思い浮かぶ。そのような状況が様々な社会問題を引き起こしながら、大坂・大阪は栄華を築いてきた。つまり、人や自然事象を含めた多様性から生まれるエネルギーと、そこから引き起こされる問題を抱え続けることとが両輪となって、大阪は気が遠くなるような歴史的、社会的な奥行きと繁栄を手にしてきたと考えられる。これはあたかも世界のグローバル化を先取りしているかのようである。

逆に、偏狭な大阪第一主義や、多様性から生じる諸問題から目を背け、覆い隠すような姿勢からは、多様性を取り込んで発展してきた大阪の輝かしい未来は望めないだろう。そんなことを考えながら、大阪の各地を歩けば、立派な天守閣だけでなく、一本の草花や街道、地名や建築物など、ちょっとした物や空間にも大阪の物語を紡ぎ出せるのではないだろうか。

最後に、関係各位に感謝の意を記しておきたい。本書の執筆陣である自然科学、社会科学、人文科学の研究者たちは、大阪に居ながら、それぞれ異なる「大阪」を凝視している。本書では、その知見を、何人かの執筆者の意見を聞きつつ住友氏を中心にまとめられた一つの筋書きのもとに集結させることができた。Universtity（大学）の語源であるラテン語のuniversitasには、全体、世界、宇宙という意味があるというが、諸科学の知見から大阪という世界を構築しようとした本書は、まさに「大学的」なものとなった。執筆の呼びかけに応じてくださった各位に、厚くお礼を申し上げる。また、この企画を大阪府立大学（刊行時は、大阪公立大学）で、とお声かけくださったのは、昭和堂の大石泉氏であった。その後も刊行に至るまで、終始、迅速かつ円滑に編集体制を整えてくださり、大変お世話になった。ここに謝意を表したい。

新型コロナ禍にあって、二度目の紅葉の時季を迎えた大阪・堺より

責任編集者　西尾純二

本書は、大阪公立大学現代システム科学域から、出版助成金を得て刊行されたものである。

索引

●あ行●

●か行●

●さ行●

●ま行●

●や行●

●ら行●

●わ行●

水野真彦（みずの・まさひこ）／大阪公立大学現代システム科学域・教授／経済地理学／『イノベーションの経済空間』京都大学学術出版会、2011年など

酒井隆史（さかい・たかし）／大阪公立大学現代システム科学域・教授／社会思想史・都市文化論／『通天閣——新・日本資本主義発達史』青土社、2011年など

西田芳正（にしだ・よしまさ）／大阪公立大学現代システム科学域・教授／教育社会学・都市社会学／『排除する社会・排除に抗する学校』大阪大学出版会、2012年など

西尾純二（にしお・じゅんじ）／大阪公立大学現代システム科学域・教授／日本語学・社会言語学／『関西弁事典』ひつじ書房、2018年など

久堀裕朗（くぼり・ひろあき）／大阪公立大学文学部・教授／日本近世文学・演劇／『上方文化講座 義経千本桜』（共編著）和泉書院、2013年など

秋庭　裕（あきば・ゆたか）／大阪公立大学現代システム科学域・教授／宗教社会学／『アメリカ創価学会〈SGI-USA〉の55年』新曜社、2017年など

執筆者紹介（執筆順：名前／所属〔2022年4月現在〕／専門分野／主要業績）

住友陽文（すみとも・あきふみ）／大阪公立大学現代システム科学域・教授／歴史学・日本近現代史／『皇国日本のデモクラシー――個人創造の思想史』有志舎、2011年など

中山祐一郎（なかやま・ゆういちろう）／大阪公立大学現代システム科学域・教授／雑草学・環境生物学／『山の農学―「山の日」から考える』（共著）養賢堂、2017年など

木村　進（きむら・すすむ）／大阪府立泉北高等学校元教諭・大阪自然環境保全協会事務局長／植物生態学・生物教育学／『タンポポ調査・西日本2020調査報告書』（編著）、タンポポ調査西日本実行委員会、2022年 など

佐久間大輔（さくま・だいすけ）／大阪市立自然史博物館学芸課長／菌類・植物生態学／『きのこの教科書　観察と種同定の入門』山と渓谷社、2019年など

和田　岳（わだ・たけし）／大阪市立自然史博物館主任学芸員／鳥類生態学／『日本 鳥の巣図鑑』（共著）東海大学出版会、2011年など

黒田桂菜（くろだ・かな）／大阪公立大学現代システム科学域・准教授／海洋環境学／「市民の大阪湾に対する意識に関する研究―阪南市を事例に―」『沿岸域学会誌』29、2016年など

青木賜鶴子（あおき・しづこ）／大阪公立大学現代システム科学域・教授／日本文学／『伊勢物語絵巻絵本大成』（共著）角川学芸出版、2007年など

阿久井康平（あくい・こうへい）／大阪公立大学現代システム科学域・助教／都市・地域計画／『生きた景観マネジメントの実践』（共著）鹿島出版会、2021年など

谷合佳代子（たにあい・かよこ）／大阪産業労働資料館（エル・ライブラリー）館長／労働運動史、図書館情報学／『ささえあう図書館　「社会装置」としての新たなモデルと役割』（共著）勉誠出版、2016年など

吉村智博（よしむら・ともひろ）／大阪人権博物館非常勤嘱託学芸員／近代都市周縁社会史・博物館表象論／『大阪マージナルガイド』解放出版社、2021年など

大橋眞由美（おおはし・まゆみ）／和歌山信愛大学教育学部非常勤講師／人間社会学・児童文化学／『近代日本の〈絵解きの空間〉－幼年用メディアを介した子どもと母親の国民化－』風間書房、2015年など

中　周子（なか・しゅうこ）／大阪樟蔭女子大学名誉教授、田辺聖子文学館館長／日本文学／『田辺聖子の万葉散歩』（解説）中央公論新社、2020年など

福田珠己（ふくだ・たまみ）／大阪公立大学現代システム科学域・教授／文化地理学／『郷土―表象と実践―』（共著）嵯峨野書院、2003年など

西田正宏（にしだ・まさひろ）／大阪公立大学国際基幹教育機構・教授／日本近世文学・古典学史／「古今集注釈史と万葉集 」『国語と国文学』第96巻 第11号、2019年11月など

山東　功（さんとう・いさお）／大阪公立大学国際基幹教育機構・教授／日本語学・日本思想史／『日本語の観察者たち―宣教師からお雇い外国人まで―』岩波書店、2013年など

大学的大阪ガイド―こだわりの歩き方

2022年4月25日　初版第1刷発行

編　者　大阪公立大学現代システム科学域
責任編集者　住友陽文・西尾純二

発行者　杉田　啓三
〒607-8494 京都市山科区日ノ岡堤谷町 3-1
発行所　株式会社　昭和堂
振込口座　01060-5-9347
TEL（075）502-7500 ／ FAX（075）502-7501
ホームページ　http://www.showado-kyoto.jp

印刷　亜細亜印刷

ISBN 978-4-8122-2114-3

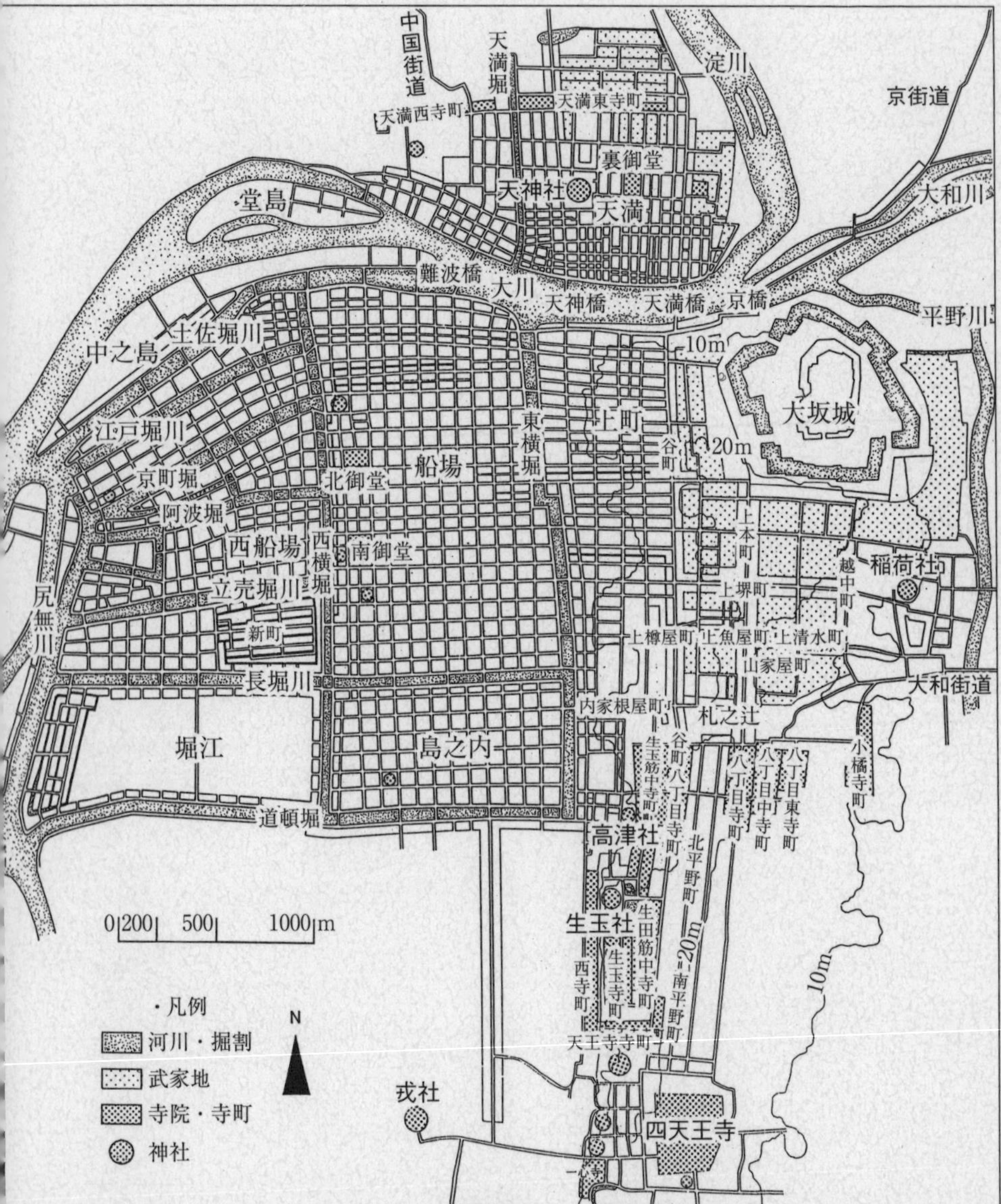

明暦期の大坂城下町復元図（宮本雅明原図制作、『まちに住まう―大阪都市住宅史』平凡社、1989年）